江苏省高等学校重点教材（编号：2021-2-139）
江苏省一流专业建设成果
中国大学MOOC配套教材

ZHONGJI

中级财务会计

CAIWU KUAIJI

田　林　吴敏艳　主　编
薛　文　刘菲菲　副主编

南京大学出版社

图书在版编目(CIP)数据

中级财务会计 / 田林,吴敏艳主编. —南京 : 南京大学出版社,2022.8

ISBN 978 - 7 - 305 - 25788 - 9

Ⅰ. ①中… Ⅱ. ①田… ②吴… Ⅲ. ①财务会计 Ⅳ. ①F234.4

中国版本图书馆 CIP 数据核字(2022)第 089113 号

出版发行 南京大学出版社
社　　址 南京市汉口路 22 号　　　　邮　　编 210093
出 版 人 金鑫荣

书　　名 **中级财务会计**
主　　编 田 林 吴敏艳
责任编辑 吕家慧　　　　　　　　编辑热线 025 - 83592315

照　　排 南京开卷文化传媒有限公司
印　　刷 南京京新印刷有限公司
开　　本 787×1092 1/16 印张 20.5 字数 499 千
版　　次 2022 年 8 月第 1 版　 2022 年 8 月第 1 次印刷
ISBN　978 - 7 - 305 - 25788 - 9
定　　价 53.80 元

网　　址:http://www.njupco.com
官方微博:http://weibo.com/njupco
微信服务号:njuyuexue
销售咨询热线:(025)83594756

前　言

　　会计事业的发展与经济社会发展交相辉映,在信息大爆炸、知识与经济融合的今天,会计在资本市场中的作用已经得到社会普遍的认可。会计事业的发展日益成熟、规范,会计人才的需求旺盛,给当前会计人才培养提出了更高的要求和使命。

　　本书依据最新的企业会计准则的规定、经济生活中出现的新业务、财政部出台相关的企业会计准则解释、会计理论前沿,追踪概括会计实务等最新的内容进行编纂。首先阐述了会计内涵、会计信息质量特征、会计基本假设、财务报告要素等基本理论基础。然后遵循制造业业务流程,从采购、生产、销售、投资、筹资、利润分配环节进行撰写,打破传统财务会计按照会计要素顺序进行谋篇布局的惯例,并配以中国大学 MOOC 视频。本书编写力求简洁精炼,以会计实务技能知识传授为主,适用于本科相关专业的中级财务会计课程学习。

　　为适应经济社会发展和会计人才培养的需要,依据经济、管理学科专业的一般培养目标与方案,我们先后编写相关讲义、教案,经过不断充实丰富得以修订完善,将有关的课程思政、案例分析等内容进行有机融合。近年来,会计环境发生了重大变化,国际会计准则做出了重大修订,会计实务界也面临一些新的情况亟待解决,财政部顺应了会计准则国际趋同潮流,按照增强会计规范和有效性目标,充分体现会计提供信息满足有关各方需求的宗旨。新会计准则自 2006 年颁布实施,企业会计准则由 1 项基本准则和 38 项具体准则构成,然后经历了不断修订过程,具体表现为:2014 年新增 3 项具体准则,分别是《企业会计准则第 39 号——公允价值计量》《企业会计准则第 40 号——合营安排》《企业会计准则第 41 号——在其他主体中权益的披露》,并修订 4 项准则,分别是《企业会计准则第 2号——长期股权投资(修订)》《企业会计准则第 9 号——职工薪酬(修订)》《企业会计准则第 30 号——财务报表列报(修订)》《企业会计准则第 33 号——合并财务报表(修订)》。2017 年新增 1 项准则,即《企业会计准则第 42 号——持有待售的非流动资产、处置组和终止经营》,并修订 6 项具体会计准则,分别是《企业会计准则第 22 号——金融工具确认和计量(修订)》《企业会计准则第 23 号——金融资产转移(修订)》《企业会计准则第 24号——套期会计(修订)》《企业会计准则第 37 号——金融工具列报(修订)》《企业会计准则第 14 号——收入(修订)》《企业会计准则第 16 号——政府补助(修订)》。2018 年修订1 项具体会计准则,即《企业会计准则第 21 号——租赁(修订)》。2019 年修订 2 项具体会计准则,即《企业会计准则第 7 号——非货币性资产交换(修订)》《企业会计准则第 12号——债务重组(修订)》。

　　基于上述会计环境、会计需求和会计规范等因素的变化,结合新形势、新准则和新制

度的要求,2022 年我们编写了《中级财务会计》,本书具有以下特点:

第一,注重启发性和渐进性。本书融合会计体系多领域理论知识,第一章围绕会计基本理论,按照导入会计概念,向本书使用者介绍了会计工作的全貌。从第二章起以工业企业业务流程为主线进行全面阐述,并配以相应的案例加以说明,易于理解和学习,遵循由简单到复杂、由具体到抽象的逻辑思维渐进过程,按照传授会计语言、认识会计理论、掌握会计技能与实务的会计教学与学习规律,培养学习者认识、发现、分析和解决会计问题的能力,养成学习者的会计思维能力。

第二,注重理论性和前瞻性。本书将当前理论界密切关注的原则作为会计实施的基本思维,在全书关于会计的一般原理、采购、生产、销售、筹资、投资、利润分配等有关内容中加以贯穿。

第三,注重时代性和务实性。在会计技能和会计实务部分,本书以中国企业会计准则为依据,并及时吸收相关的前沿知识对书中相关部分内容进行修订、更新和补充。同时响应教育主管部门的号召,融课程思政于专业知识讲授为一体,强化育人导向的功能。

本书由常熟理工学院田林教授和吴敏艳副教授撰写大纲,经本书全体参与编写人员讨论确定,最后由田林教授和吴敏艳副教授共同对本书的编写内容进行总纂。具体编写分工如下:第一、九、十、十一、十二章由田林教授执笔;第二、三章由刘非菲博士执笔;第四章由王一舒教授(常州大学)执笔;第五、六、七、十三章由吴敏艳副教授执笔;第八章由薛文(江苏常熟农村商业银行股份有限公司)执笔。另外,本书每章后附有大量的配套习题和扩展阅读,供师生扫码使用,本书有配套的中国大学 MOOC 线上资源(详见 https://www.icourse163.org/course/CSLG-1462096164)。

本书编写的部分内容是在原教案、讲义的基础上得以完善和成熟的,我们对参加教案、讲义编写工作的全体人员所付出的辛勤劳动致以衷心的感谢,特别感谢南京财经大学原副校长王开田教授和常熟农村商业银行薛文行长对本书撰写的关心与指导。由于我们学识疏浅、水平有限,相信书中还会存在错误和遗漏,敬祈读者批评指正。

编　者

2022 年 6 月

目　录

第一篇　总论篇

第一章　总　论

学习目标

1. 掌握会计要素的确认条件。
2. 掌握会计信息质量要求。
3. 掌握会计计量属性及其应用原则。
4. 熟悉财务报告目标。
5. 了解会计基本假设。

思政案例

2001年10月29日,时任国务院总理的朱镕基视察北京国家会计学院后,题字:"诚信为本,操守为重,遵循准则,不做假账。"2002年,第十六届世界会计师大会在香港会议展览中心隆重开幕,时任国务院总理的朱镕基出席开幕式并发表演讲。他指出,近几年来,一些国家发生的大公司财务欺诈案,使会计行业面临着"诚信危机"的挑战。朱镕基在演讲中说,中国政府特别重视会计职业道德建设,要求所有会计人员必须做到"诚信为本,操守为重,坚持准则,不做假账",不屈从和迎合任何压力与不合理要求,不以职务之便谋取一己私利,不提供虚假会计信息。

分析:真实而可靠的会计信息是企业科学管理和政府宏观经济决策的依据。虚假的会计信息必然会造成决策失误,经济秩序混乱。

结论:财务人员应当遵守相关职业道德,坚持诚信原则,依据会计准则处理相关业务。

阅读案例

黎明服饰案

沈阳黎明服饰服装有限公司(股票代码600167)1998年12月23日公开发行7 000万股社会公众股,1999年1月28日股票上市,公司主营业务:服装、服饰、毛纺品及原辅料开发设计、加工、制造、批发、仓储等。

上市当年该公司为粉饰经营业绩,通过非法手段变造虚假财务数据,虚增资产8 996万元,虚增负债1 957万元,虚增所有者权益7 413万元,虚增主营业务收入1.527亿元,虚增利润总额8 679万元,虚增主营业务收入和利润总额两项分别占对外披露数字的

37％和166％,于2001年被财政部驻辽宁省财政监察专员办事处查处。

思考:1. 刚上市,企业为什么要选择造假? 造假手段有哪些?

2. 会计信息应具备什么样的质量特征。

第一节　财务会计的基本概念

本节内容框架

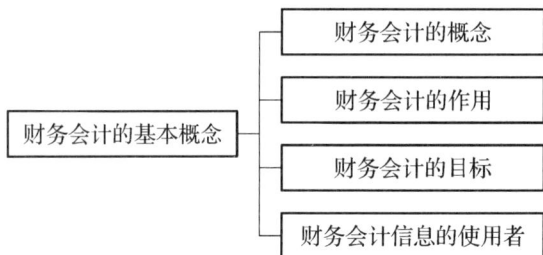

一、财务会计的概念

财务会计是依据公认会计准则对企业发生的会计事项进行确认、计量、记录和报告,向企业外部的信息使用者(如投资者、债权人、政府部门、公众等)定期提供反映企业财务状况、经营成果和现金流量等状况的信息,以满足其决策需要及反映企业管理层受托责任履行情况。因此财务会计又被称为对外报告会计。

财务会计与管理会计相比有如下几方面的特征。

(1) 财务会计以计量和传送信息为主要目标。

财务会计不同于管理会计的特点之一,是财务会计的目标主要是面向企业的投资者、债权人、政府部门,以及社会公众提供会计信息。从信息的性质来看,主要是反映企业整体情况,并着重历史信息。从信息的使用者来看,主要是外部使用者,包括投资者、债权人、社会公众和政府部门等。从信息的用途来看,主要是利用信息了解企业的财务状况和经营成果。而管理会计的目标则侧重于规划未来,对企业的重大经营活动进行预测和决策,以及加强事中控制。

(2) 财务会计以会计报告为工作核心。

财务会计作为一个会计信息系统,是以会计报表作为最终成果。会计信息最终是通过会计报表反映出来的。因此,财务报告是会计工作的核心。现代财务会计所编制的会计报表是以公认会计原则为指导而编制的通用会计报表,现代财务会计将会计报表的编制放在最突出的地位。而管理会计并不把编制会计报表当作它的主要目标,只是为企业的经营决策提供有选择的或特定的管理信息,其业绩报告也不对外公开发表。

(3) 财务会计仍然以传统会计模式作为数据处理和信息加工的基本方法。

为了提供通用的会计报表,财务会计还要运用较为成熟的传统会计模式作为处理和

加工信息的方法。传统会计模式是历史成本模式,其特点是:

① 会计反映依据复式簿记系统。复式簿记系统以账户和复式记账为核心,以凭证和账簿组织为形式,包括序时记录、分类记录、试算平衡、调整分录和对账结账等一系列步骤。

② 收入与费用的确认,以权责发生制为基础。

③ 会计计量遵循历史成本原则。历史成本原则的核心是指资产、负债等要素应按交易或事项发生时所确认的交换价格作为最初入账的计量标准。

二、财务会计的作用

财务会计在社会主义市场经济中的作用主要体现在以下几个方面:

(1) 财务会计有助于会计信息使用者做出合理决策。

(2) 财务会计有助于考核企业管理当局经济责任的履行情况。

(3) 财务会计有助于企业加强经营管理,提高经济效益,促进企业可持续发展。

(4) 为国家提供宏观调控所需要的特殊信息。

三、财务会计的目标

财务会计的目标也就是财务报告的目标,在整个财务会计系统和企业会计准则体系中具有十分重要的地位,是构建会计要素确认、计量和报告原则并制定各项准则的基本出发点。主要解决:第一,向谁提供会计信息;第二,提供什么样的会计信息。

(1) 财务会计及其报告应当为现实和潜在的投资者、信贷者和其他会计信息用户提供有用的信息,以使他们做出合理的投资、信贷和其他类似的决策。

(2) 财务会计及其报告应当为现实和潜在的投资者、信贷者和其他会计信息用户提供有用的信息,以使他们能够合理地估量有关企业期望的净现金流入量的数额、时间和不确定性。这类信息包括与股利、利息、证券买卖、借款取得与偿还等有关的现金流动信息。

(3) 财务会计及其报告还应当为会计信息的使用者提供以下信息:关于企业的经济资源,这些资源上的索取权(包括债权和股东权益)引起这些资源和对资源索取权发生变动的各种交易、事项和情况的信息。这类信息由企业的经济资源、债务和股东权益、企业的收益和业绩、企业的变现能力、偿债能力和资金周转、管理当局的受托责任和业绩、管理方面的说明和解释等内容构成。

综上所述,财务会计的目标是提供对会计信息的使用者进行经济决策有用的财务及其他经济信息,反映企业管理层受托责任履行情况,这些信息主要包括某一主体在某一时点的财务状况、某一时期的经营成果和现金流动的原因及结果以及重要的理财事项。我国财务会计的目标综合体现了受托责任观和决策有用观的双重性。

四、财务会计信息的使用者

一个企业必须发布各种各样的会计信息,以满足信息使用者的需要,这些会计信息需求因企业的规模、是否由公众持股以及管理政策等而有所不同,如银行、税务部门、政府部门等。总的来说,会计信息需求来自企业外部和内部两方面,它们分别是会计信息的外部使用者和内部使用者。

（一）会计信息的外部使用者

会计信息的外部使用者是与企业具有利益关系的个人和其他企业,但他们不参与该企业的日常管理。其具体包括:

（1）股东。企业的股东最关心公司的经营,他们需要评价过去和预测未来。有关年度财务报告是满足这些需要的最重要的手段,季报、半年报也是管理部门向股东报告的重要形式。

（2）债权人。企业债权人对公司的信誉、偿债能力以及公众的未来发展是非常关心的。公司的财务报告是这些信息的一个重要来源。债权人通过分析借款单位的会计资料来获取所需的有关借贷业务的常规信息。

（3）政府机关。政府的许多机关需要有关企业的信息。税务部门需要公司的有关缴税信息;社会保障机关需要有关企业缴纳各项社会保障基金的信息;国有企业还必须向国家财政、审计机关提供财务报告,以便接受经济监督。

（4）职工。作为一个利益集团,职工个人期望定期收到工资和薪金,并同时得到有关企业为个人提供社会保障的各类基金方面的信息和企业的某些综合性信息,诸如工资平均水平、福利金和利润等,职工代表大会、工会也会代表职工要求得到这些信息,这些信息大部分是由会计信息系统提供的。

（5）供应商。企业往往有很多的原材料、产成品或可供出售的商品。采取赊销方式的供应商需要了解客户有关经营稳定性、信用状况以及支付能力等方面的信息。

（6）顾客。在市场经济体制下,企业的顾客可以说是最重要的外部利益集团,顾客需要企业以及产品的信息,如价格、性能、企业信誉、企业商业信用方面的政策、可得到的折扣额等。这些常规的信息一般也是由会计系统提供。

向企业外部使用者所提供的会计信息,绝大部分是属于"强制性的"或是"必需的"。例如,向政府机构所报送的应税收益和代扣税款的报表,以及向股东所报送的财务报表,均属于强制性的信息。

（二）会计信息的内部使用者

会计信息内部使用者包括董事会、首席执行官（CEO）、首席财务官（CFO）、副董事长（主管信息系统、人力资源、财务等）,部门经理、分厂经理、分部经理、生产线主管等。每位员工使用会计信息的具体目标不同,但这些目标的宗旨是一样的,旨在帮助企业实现其总体的战略和任务。与外部的信息需要对比,向内部报送的会计信息显然具有较多的"自由性"。因此,设计满足企业经营管理需要的会计信息系统,比设计外部报表面临着更大的困难。

第二节 会计基本假设和要求

本节内容框架

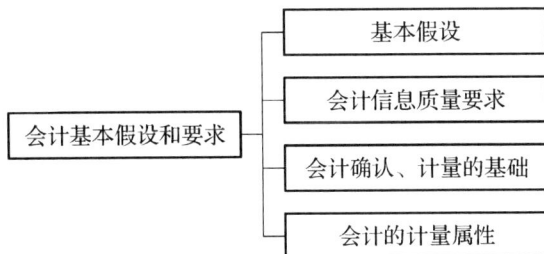

```
                          ┌─────────────────┐
                          │     基本假设      │
                          └─────────────────┘
                          ┌─────────────────┐
                          │  会计信息质量要求  │
┌──────────────┐         └─────────────────┘
│ 会计基本假设和要求 ├────────┤
└──────────────┘         ┌─────────────────┐
                          │ 会计确认、计量的基础 │
                          └─────────────────┘
                          ┌─────────────────┐
                          │   会计的计量属性   │
                          └─────────────────┘
```

一、基本假设

会计基本假设是企业会计确认、计量和报告的前提,是对会计核算所处时间、空间环境等所做的合理设定,是会计核算的基本前提。会计假设不是毫无根据的虚构设想,而是在长期的会计实践中人们逐步认识和总结形成的,是对客观情况合乎事理的推断。只有规定了这些会计假设,会计核算才能得以正常进行下去。会计基本假设通常包括以下四个方面。

(一) 会计主体

会计主体是指企业会计确认、计量和报告的空间范围,是会计工作为其服务的特定单位或组织。

会计主体可以是一个特定的企业,也可以是一个企业的某一特定部分(如分厂、分公司、门市部等),也可以是由若干家企业通过控股关系组织起来的集团公司,甚至可以是一个具有经济业务的特定非营利组织。

《企业会计准则》明确指出:"会计核算应当以企业发生的各项经济业务为对象,记录和反映企业本身的各项生产经营活动。"会计主体主要是规定会计核算的范围,它不仅要求会计核算应当区分自身的经济活动与其他企业单位的经济活动,而且必须区分企业的经济活动与投资者的经济活动。此外,会计主体与法律主体(即法人)是有区别的。会计主体可以是法人,也可以是非法人。例如,个人独资企业和合伙企业就是非法人,但其同样是会计主体。再如,集团公司是由若干具有法人地位的企业所组成的,但在编制集团公司合并报表时,报送的合并报表是以一个独立会计主体的身份出现的,因此需要采用特定的方法把集团公司所属企业之间的债权、债务相互抵销,并扣除内部销售活动产生的利润。

(二) 持续经营

持续经营是指在可以预见的将来,企业将会按照当前的规模和状态继续经营下去,不会停业,也不会大规模削减业务。在持续经营前提下,会计确认、计量和报告应当以企业持续、正常的生产经营活动为前提,这是对企业会计核算时间范围的界定。《企业会计准则》规定:"会计清算应当以企业持续、正常的生产经营活动为前提。"会计核算上所使用的一系列会计处理方法都是建立在持续经营的前提基础上,从而解决了很多常见的财产计价和收益确认问题,如历史成本计价方法、权责发生制核算基础等。

(三)会计分期

会计分期是指将企业持续不断的生产经营活动划分为一个个连续的、长短相同的期间。会计分期的目的在于通过会计期间的划分将持续进行的生产经营活动划分成连续相等的期间,据以结算盈亏,按期编报财务报告,从而及时向财务报告使用者提供有关企业财务状况、经营成果和现金流量的会计信息。

我国规定以公历年份作为企业的会计年度,通常以公历 1 月 1 日至 12 月 31 日作为一个会计年度。此外,企业还需按半年、季度、月份编制报表,即把半年、季度、月份也作为一种会计期间。由于有了会计期间才产生了本期与非本期的区别,由于有了本期与非本期的区别,才产生了权责发生制和收付实现制,进而产生了预收、应收、应付的会计处理方法。

(四)货币计量

货币计量是指会计主体在财务会计确认、计量和报告时以货币作为计量单位,记录和反映会计主体的生产经营活动。企业在日常经营活动中有大量的错综复杂的经济业务,涉及的业务又表现为一定的实物形态,如厂房、机器设备、现金、各种存货等。由于它们的实物形态不同,可采用的计量方式也多种多样,因此会计核算上需要统一的计量单位作为会计核算的计量尺度。《企业会计准则》规定,会计核算应当以人民币作为记账本位币。

二、会计信息质量要求

为了实现财务会计报告的目标,保证会计信息的质量,必须明确会计信息的质量要求。会计信息的质量要求是财务会计报告所提供的信息应达到的基本要求,是使财务报告中所提供的会计信息对投资者等使用者决策有用应具备的基本特征。会计信息质量要求的内容主要包括可靠性、相关性、可理解性、可比性、实质重于形式、重要性、谨慎性和及时性等。其中可靠性、相关性、可理解性、可比性是会计信息的首要质量要求,是财务报告中所提供的会计信息应具备的基本质量特征。实质重于形式、重要性、谨慎性和及时性是会计信息的次级质量要求,是对首要质量要求的补充和完善,尤其是对某些特殊交易或者事项进行处理时,需要根据这些质量要求来把握其会计处理原则。

(一)可靠性

可靠性要求企业应当以实际发生的交易或者事项为依据进行会计确认、计量和报告,如实反映符合确认和计量要求的各项会计要素及其他相关会计信息,保证会计信息真实可靠、内容完整。

(二)相关性

相关性要求企业提供的会计信息应当与投资者等财务报告使用者的经济决策需要相关,有助于财务报告使用者对企业过去、现在或者未来的情况做出评价或者预测。

（三）可理解性

可理解性要求企业提供的会计信息应当清晰明了,便于投资者等财务报告使用者理解和使用。信息若不能被使用者所了解,即使质量再好,也没有任何用途。可理解性是决策者与决策有用性的联结点。会计人员应尽可能传递表达易被人理解的会计信息,而使用者也应设法提高理解信息的能力。

（四）可比性

可比性是指一个企业的会计信息与其他企业的同类会计信息应该做到口径一致,相互可比。为保证会计信息的可比性,就必须有统一的会计准则和会计制度来保证不同企业的信息共性,这就是会计信息的统一性,也称为会计信息的横向可比。同时,为了使同一企业不同时期的会计信息具有可比性,会计人员在处理会计事项时,所采用的会计方法和会计程序前后各期应具有连贯性,前后一致,也称为会计信息的纵向可比。

1. 同一企业不同时期可比(纵向可比)

同一企业对于不同时期发生的相同或者相似的交易或者事项,应当采用一致的会计政策,不得随意变更。

会计政策可以变更的两种情况:自愿变更和法定变更。

2. 不同企业相同会计期间可比(横向可比)

不同企业的会计信息如能相互可比,就能大大增强信息的有用性。一家企业的会计信息与其他企业类似的会计信息相比较,则为横向可比。

（五）实质重于形式

实质重于形式要求企业应当按照交易或事项的经济实质进行会计确认、计量和报告,而不应仅仅以交易和事项的法律形式为依据。典型例子为融资租入的固定资产,从法律形式来看,所有权属于出租人,但是从经济实质上看,与该项固定资产有关的收益和风险已经转移给承租人,承租人实质上控制了这项资产,因此承租人应该将其视同自己的固定资产,一并计提折旧和大修理费用。

【同步思考例1-1】　单项选择题

下列各项中,体现实质重于形式会计信息质量要求的是(　　　　)。

A. 将处置固定资产产生的净损失计入资产处置损益

B. 对不存在标的资产的亏损合同确认预计负债

C. 将永续债划分为权益工具

D. 对无形资产计提减值准备

【答案】 C

【解析】 永续债虽然称之为"债",但需要根据其发行实质,区分其确认为权益工具还是金融负债,而不仅仅考虑其"债"的形式。

（六）重要性

重要性要求企业提供的会计信息应当反映与企业财务状况、经营成果和现金流量等有关的所有重要交易或事项。对某项会计事项判断其重要性,在很大程度上取决于会计人员的职业判断。但一般来讲,重要性可以从质和量两方面进行判断。从性质方面讲,只要该会计事项发生就可能对决策有重大影响时,则属于具有重要性的事项。从数量方面讲,当某一会计事项的发生额达到总资产的一定比例(如 5%)时,一般认为其具有重要性。

【同步思考例 1-2】 判断题

允许商品流通企业将采购商品过程中发生的金额较小的运杂费直接计入当期损益,体现了会计信息的重要性质量要求。 ( )

【答案】✓

【解析】重要性要求企业提供的会计信息应当反映与企业财务状况、经营成果和现金流量有关的所有重要交易或者事项。金额较小的运杂费属于不重要的事项,可以在发生时直接计入当期损益。

(七)谨慎性

谨慎性要求企业对交易和事项进行会计确认、计量和报告时,应当保持应有的谨慎,不应高估资产或收益、低估负债或费用,不得计提秘密准备。谨慎性原则要求体现于会计确认、计量的全过程,包括会计确认、计量、报告等会计确认、计量的各个方面。

(八)及时性

及时性要求企业对已经发生的交易或者事项,应当及时进行会计确认、计量和报告,不得提前或延后。会计信息的价值在于帮助会计信息的使用者做出经济决策,因此,具有时效性。任何信息如果不能及时提供,相关性也就失效,信息从而成为无用的信息。

三、会计确认、计量的基础

企业应当以权责发生制为基础进行会计确认、计量和报告,而不应以收付实现制为基础。权责发生制,也称应计制或应收应付制,是指收入、费用的确认应当以收入和费用的实际发生作为确认的标准,合理确认当期损益的一种会计基础。收付实现制,也称现金制,是以收到或支付现金作为确认收入和费用的标准,是与权责发生制相对应的一种会计基础。权责发生制是指凡是属于本期的收入或费用,不论款项是否收付都应当作为本期的收入或费用处理,凡是不属于本期的收入或费用,即使款项已经在本期收付,也不作为本期的收入或费用。按照权责发生制,对于收入的确认应当以实现为原则,主要看产品是否已经完成销售过程,劳务是否已经提供,如果产品已经完成销售过程,劳务已经提供,并已取得收款的权利,收入就算实现,而不管是否已经收到货款,都应计入当期收入。对费用的确认应以发生为原则,判断费用是否发生,主要看与其相关的收入是否已经实现,费用应与收入相配比。根据权责发生制进行收入与成本费用的核算,能够更加准确地反映特定会计期间真实的财务状况及经营成果。

四、会计的计量属性

计量属性是指被计量对象的特性或外在表现形式,即被计量对象予以数量化的特征。

从某种意义上讲,一种计量模式区别于另一种计量模式的标准就是计量属性。会计的计量属性主要包括历史成本、重置成本、可变现净值、现值和公允价值。

1. 历史成本

历史成本又称实际成本,是指企业取得或建造某项财产物资时实际支付的现金及现金等价物。在历史成本计量模式下,资产按照其购置时支付的现金或现金等价物的金额,或者是按照购置资产时所付出的对价的公允价值计量。负债按照其因承担现时义务而实际收到的款项或者资产的金额,或者承担现时义务的合同金额,或者按照日常活动中为偿还负债预期需要支付的现金或现金等价物的金额计量。

2. 重置成本

重置成本是指如果在现时重新取得相同的资产或与其相当的资产将会支付的现金或现金等价物,或者说是在本期重购或重置持有资产的成本,也叫现行成本。重置成本更具有相关性,有利于资本保全。在重置成本计量模式下,资产按照其正常对外销售所能收到现金或现金等价物的金额计量。负债按照现在偿付该项债务所需支付的现金或现金等价物的金额计量。

3. 可变现净值

可变现净值是指资产在正常经营状态下可带来的未来现金流入或将要支付的现金流出,又称为预期脱手价格。在可变现净值计量模式下,资产按照正常对外销售所能收到现金或现金等价物的金额扣减该资产至完工时估计将要发生的成本、估计的销售费用以及相关税金后的金额计量。

4. 现值

现值是指在正常经营状态下资产所带来的未来现金流入量的现值,减去为取得现金流入所需的现金流出量现值。在现值计量模式下,资产按照预计从其持续使用和最终处置中所产生的未来净现金流入量的折现金额计量;负债按照预计期限内需要偿还的未来净现金流出量的折现金额计量。该计量属性考虑了货币的时间价值,最难反映资产的经济价值,与经济决策更具有相关性,但其可靠性较差。

5. 公允价值

公允价值是市场参与者在计量日发生的有序交易中,出售一项资产所能收到或者转移一项负债所需支付的价格,即脱手价格。

新的定义强调以下几点:

(1)明确公允价值是脱手价格;

(2)基于市场的计量,即市场参与者角度;

(3)强调当前市场条件下的有序交易;

(4)计量日;

(5)假定发生交易。

6. 各种计量属性之间的关系

在各种会计计量属性中,历史成本通常反映的是资产或负债过去的价值,而重置成本、可变现净值、现值和公允价值通常反映的是资产或负债的现时成本或现时价值,是与历史成本相对应的计量属性。但它们之间也有密切联系,一般来说,历史成本可能是过去环境下某项资产或负债的公允价值,而在当期环境下某项资产或负债的公允价值也许就是未来环境下某项资产或负债的历史成本。公允价值可以是重置成本,也可以是可变现净值和以公允价值为计量目的的现值,但必须同时满足公允价值的条件。

【同步思考例1-3】 单项选择题

如果企业资产按照购买时所付出对价的公允价值计量,负债按照日常活动中为偿还负债预期需要支付的现金或者现金等价物的金额计量,则其所采用的会计计量属性为(   )。

A. 公允价值　　　　B. 历史成本　　　　C. 现值　　　　D. 可变现净值

【答案】B

【解析】属于历史成本计量属性。

第三节　财务报告要素

本节内容框架

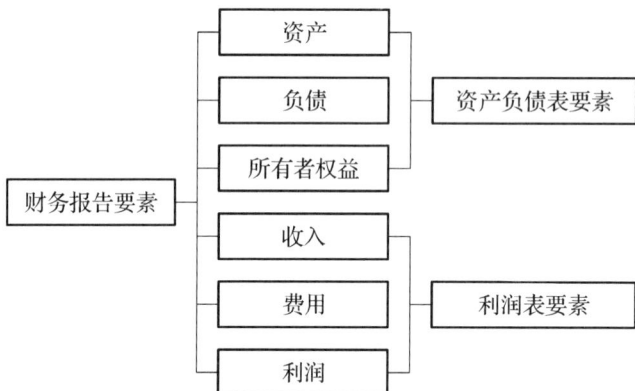

会计要素是根据交易或者事项的经济特征所确定的财务会计对象的基本分类。会计要素按照其性质分为资产、负债、所有者权益、收入、费用和利润。其中,资产、负债、所有者权益要素侧重反映企业的财务状况,收入、费用和利润要素侧重反映企业的经营成果。会计要素的界定和分类可使财务会计系统更加科学严密,为投资者等财务报告使用者提供更加有用的信息。

一、资产

资产是指企业过去的交易或事项形成的,由企业拥有或者控制的,预期会给企业带来经济利益的资源。它具有以下特征:

(1)资产预期会给企业带来经济利益。即资产是可望给企业带来现金流入的经济资源。资产必须具有交换价值和使用价值,可以可靠计量,即可以用货币进行计量。

(2)资产是由企业拥有或者控制的经济资源。一般来说,一项资源要作为企业的资产予以确认,对于企业来说,要拥有所有权,对于一些特殊方式形成的资产,企业虽然对其不拥有所有权,但能够实际控制的,也应将其作为企业的资产予以确认,如融资租入固定资产。

(3)资产是由企业过去的交易或者事项形成的。资产必须是现实资产,而不是预期的资产。对于企业未来交易或事项以及未发生的交易或事项可能产生的结果,则不属于现在的资产,不得作为资产确认。

资产可以按照不同的标准进行分类,比较常见的是按照流动性进行分类。按照流动性对资产进行分类,可以分为流动资产和非流动资产。通常情况下,流动资产主要包括现金、银行存款、短期投资、应收及预付款项、存货等,非流动资产主要包括长期股权投资、固定资产、无形资产等。

将一项资源确认为资产,首先应当符合资产定义。除此之外,还应当同时满足以下两个条件:

(1)与该资源有关的经济利益很可能流入企业。

(2)该资源的成本或者价值能够可靠地计量。

【同步思考例1-4】 判断题

企业拥有的一项经济资源,即使没有发生实际成本或者发生的实际成本很小,但如果公允价值能够可靠计量,也应认为符合资产能够可靠计量的确认条件。   (   )

【答案】 ✓

【解析】 如企业持有的某些衍生工具形成的资产,对于这些资产,尽管他们没有实际成本或者发生的实际成本很小,但是如果其公允价值能够可靠计量,应认为符合资产可计量性的确认条件。

二、负债

负债是指企业过去的交易或事项形成的,预期会导致经济利益流出企业的现时义务。它具有以下特征:

(1)负债是企业承担的现时义务。

负债必须是企业承担的现时义务,它是负债的一个基本特征。现时义务是指企业在现行条件下已承担的义务。未来发生的交易或事项形成的义务,不属于现时义务,不应当确认为负债。

(2)负债的清偿预期会导致经济利益流出企业。

无论负债以何种形式出现,其作为一种现时义务,最终的履行预期均会导致经济利益流出企业。具体表现为交付资产、提供劳务、将一部分股权转让给债权人等。

(3)负债是由过去的交易或事项形成的。

负债按照流动性可以分为流动负债和非流动负债。通常情况下,流动负债主要包括短期借款、应付票据、应付账款、预收账款、应付职工薪酬、应付股利、应交税费、其他暂收应付款项和一年内到期的长期负债等,这些项目的清偿到期日不超过一年或一个营业周期(两者孰长)。非流动负债包括长期借款、应付债券、长期应付款等。

将一项现实义务确认为负债,首先应当符合负债定义。除此之外,还应当同时满足以下两个条件:

(1) 与该义务有关的经济利益很可能流出企业。

(2) 未来流出的经济利益的金额能够可靠地计量。

三、所有者权益

所有者权益是指资产扣除负债后,由所有者享有的剩余权益。公司的所有者权益又称为股东权益。所有者权益是所有者对企业资产的剩余索取权,是企业资产扣除了债权人权益后应由所有者享有的部分。

所有者权益按其来源主要包括所有者投入的资本、直接计入所有者权益的利得和损失、留存收益等,通常由实收资本(或股本)、资本公积、盈余公积和未分配利润构成。留存收益是企业历年实现的净利润留存企业的部分,主要包括累计计提的盈余公积和未分配利润。

利得和损失分为两类,即直接计入当期利润的利得和损失和直接计入所有者权益的利得和损失。利得是指由企业非日常活动所形成的、会导致所有者权益增加的、与所有者投入资本无关的经济利益的流入。损失是指由企业非日常活动所发生的、会导致所有者权益减少的、与向所有者分配利润无关的经济利益的流出。

(1) 直接计入当期利润的利得和损失,是指应当计入当期损益、最终会引起所有者权益发生增减变动的、与所有者投入资本或者向所有者分配利润无关的利得或损失。一般指计入营业外收入和营业外支出的金额。其中利得包括非流动资产处置利得、债务重组利得、盘盈利得、捐赠利得等,记入"营业外收入"科目。损失包括非流动资产处置损失、债务重组损失、公益性捐赠支出、非常损失等,记入"营业外支出"科目。

(2) 直接计入所有者权益的利得和损失,是指不应计入当期损益、会导致所有者权益发生增减变动的、与所有者投入资本或向所有者分配利润无关的利得或损失。通常指的是"其他综合收益"科目的核算内容,主要包括如下项目:

① 可供出售金融资产公允价值变动记入"其他综合收益"科目。

② 非投资性房地产转换为公允价值模式后续计量的投资性房地产,贷方差额记入"其他综合收益"科目。

③ 权益法核算的"长期股权投资",享有的被投资单位实现的其他综合收益记入"其他综合收益"科目。

【同步思考例1-5】 单项选择题

下列各项中,将导致企业所有者权益总额发生增减变动的是(   )。

A. 实际发放股票股利   B. 提取法定盈余公积

C. 宣告分配现金股利   D. 用盈余公积弥补亏损

【答案】C

【解析】选项C,宣告分配现金股利,借方为利润分配,贷方为应付股利,所有者权益减少,负债增加。其他选项所有者权益总额不变。

四、收入

收入是指企业在日常活动中所形成的,会导致所有者权益增加的,与所有者投入资本无关的经济利益的总流入。收入具有以下几个方面的特征:

(1) 收入是企业在日常活动中形成的。

(2) 收入是与所有者投入资本无关的经济利益的总流入。收入应当会导致经济利益的流入,从而导致资产的增加。

(3) 收入最终会导致所有者权益增加。

与收入相关的经济利益的流入最终会导致所有者权益增加,不会导致所有者权益增加的经济利益的流入不符合收入定义,不应确认为收入。

按照收入的来源可以分为三类:一是销售商品取得收入,二是提供劳务取得收入,三是让渡资产使用权所取得的收入。让渡资产使用权主要表现为对外贷款、对外投资或者对外出租等。按照日常活动在企业所处的地位,收入可分为主营业务收入和其他业务收入。收入的确认除了应当符合定义外,还应当满足严格的确认条件。收入只有在经济利益很可能流入,从而导致企业资产增加或者负债减少,且经济利益的流入金额能够可靠计量时才能予以确认。

五、费用

费用是指企业在日常活动中所发生的,会导致所有者权益减少的,与向所有者分配利润无关的经济利益的总流出。它具有以下特征:

(1) 费用是企业在日常活动中发生的。

(2) 费用是与向所有者分配利润无关的经济利益的总流出。

(3) 费用会导致所有者权益减少。

按照费用与收入的关系,费用可以分为营业成本和期间费用。营业成本按照其在企业日常活动中所处的地位,可以分为主营业务成本和其他业务成本。期间费用包括管理费用、销售费用和财务费用。

费用的确认除了应当符合定义外,还应当满足严格的确认条件,即费用只有在经济利益很可能流出,从而导致资产减少或者负债增加,且经济利益的流出金额能够可靠计量时才能予以确认。

六、利润

利润是指企业在一定会计期间的经营成果。通常情况下,如果企业实现了利润,表明企业的所有者权益将增加,业绩得到了提升;反之,如果企业出现了亏损,表明企业的所有者权益将会减少,业绩下滑。

利润包括收入减去费用后的净额、直接计入当期利润的利得和损失等。收入减去费用后的净额反映的是企业日常活动的业绩,直接计入当期利润的利得和损失反映的是企业非日常活动的业绩。

利润的确认主要依赖于收入和费用以及利得和损失的确认,其金额的确定也主要取决于收入、费用、利得、损失金额的计量。

【同步思考例 1 - 6】 判断题

企业发生的各项利得或损失,均应计入当期损益。 ( )

【答案】×

【解析】企业发生的各项利得或损失,可能直接影响当期损益,可能直接影响所有者权益。

课后练习题　　　延伸阅读

第二篇　经营篇

第二章　采购业务

学习目标

1. 掌握现金盘盈盘亏的账务处理。
2. 熟悉银行存款余额调节表编制原理。
3. 掌握存货初始计量原则。
4. 掌握存货期末计量原则。
5. 掌握应付票据账务处理。
6. 熟悉应付账款的核算。
7. 了解应交税费的种类。
8. 掌握应交税费——应交增值税的具体核算原理。
9. 掌握消费税的账务处理原则。

思政案例

康美药业财务造假事件

2019 年,曾被誉为中国民族医药健康产业旗帜的康美药业被披露近 300 亿财务造假,是 A 股史上截止到 2019 年最大规模的财务造假案。

康美药业 2001 年上市之初市值仅为 8.9 亿元,2015 年突破千亿,市值增长 120 多倍,是 A 股市场上首个突破千亿市值的药企。2018 年 7 月,一篇名为《康美药业财报疑云:利息支出超 12 亿,账上 360 亿现金只是摆设?》的文章,被很多媒体转载;10 月 16 日,康美股价突然盘中跌停,标题为《千亿康美药业闪崩! 大存大贷大现金大质押哪个是坑?》的文章质疑康美药业,直接导致其股价在短短 10 个交易日之内由 22 元左右暴跌至 12 元。2018 年 12 月,因涉嫌信息披露违法违规,康美药业被证监会立案调查。

在证监会的调查下,2019 年 4 月 29 日,康美药业发布《关于前期会计差错更正的公告》称,由于财务数据出现会计差错,造成 2017 年营业收入多计入 88.98 亿元,营业成本多计入 76 亿元,销售费用少计入 5 亿元,财务费用少计入 2 亿元,销售商品多计入 102 亿元,货币资金多计入 299 亿元,筹资活动有关的现金项目多计入 3 亿元。

后经证监会查明,2016 年 1 月 1 日至 2018 年 6 月 30 日,康美药业通过财务不记账、虚假记账,伪造、变造大额定期存单或银行对账单,配合营业收入造假,伪造销售回款等方式,虚增货币资金。通过上述方式,康美药业《2016 年年度报告》虚增货币资金 225.8 亿元,占公司披露总资产的 41.13% 和净资产的 76.74%;《2017 年年度报告》虚增货币资金

299.4 亿元,占公司披露总资产的 43.57% 和净资产的 93.18%;《2018 年半年度报告》虚增货币资金 361.9 亿元,占公司披露总资产的 45.96% 和净资产的 108.24%。

2020 年 7 月,康美药业董事长马兴田因涉嫌违规披露、不披露重要信息罪被公安机关采取强制措施,已开始刑事追责,其他相关人员也在被调查当中。

分析:信息披露制度是资本市场健康发展的制度基石,是维护投资者权益的重要保障。上市公司应严格遵循信息披露各项规定。康美药业肆意妄为,毫无敬畏法治、敬畏投资者之心,丧失诚信底线,触碰法治红线,虚增货币资金,进行财务造假,严重偏离了"依法诚信"的基本底线,受到了法律的严惩。

结论:企业大股东和财务人员应该讲真话、做真账,否则将会受到法律的严惩,不能因为自身利益而违法乱纪,应当脚踏实地,以诚信守法为荣,以失信违法为耻。

阅读案例

獐子岛扇贝事件

2014 年 10 月,獐子岛公告称,因北黄海遭到几十年一遇的异常冷水团,公司在 2011 年和部分 2012 年播撒的 100 多万亩即将进入收获期的虾夷扇贝绝收。受此影响,獐子岛 2014 年亏损 11.89 亿元。2015 年,獐子岛又说扇贝生长非常好,很多扇贝都回来了。2016 年,獐子岛在财报中虚假减少了捕捞面积接近 14 万亩,从而降低了很大的成本,使公司在财务报表上扭亏为盈。2017 年计提跌价准备数据为 6.29 亿元,全部计入 2017 年损益。其中,拟对 107.16 万亩海域成本为 5.78 亿元的底播虾夷扇贝存货进行核销处理,对 24.3 万亩海域成本为 1.26 亿元的底播虾夷扇贝存货计提跌价准备 5 110.04 万元。2018 年 1 月,獐子岛再次发公告,表示公司发现部分海域的底播虾夷扇贝存货异常,预计 2017 年业绩由盈利 0.9 亿元至 1.1 亿元,变为亏损 5.3 亿至 7.2 亿元,原因是海洋灾害导致扇贝瘦死。2019 年 3 月獐子岛一季报又称,公司净利润亏损 4 314 万元,说明扇贝收获总量减少。

2019 年 11 月 11 日,獐子岛公告称其在 11 月 7 日开始启动了 2019 年秋季底播扇贝存量抽测活动,并在 8 日和 9 日进行两天抽测工作。抽测结果显示,底播扇贝在近期出现大比例死亡,其中部分海域死亡贝壳比例约占 80% 以上。随后,证监会调查人员利用卫星定位数据,还原出獐子岛公司采捕船只的实际捕捞轨迹图,发现獐子岛并没有如实记录捕捞海域。此外,獐子岛公司还涉及《年终盘点报告》和《核销公告》披露不真实、秋测披露不真实、不及时披露业绩变化情况等多项违法事实。

2020 年 6 月 24 日,证监会依法对獐子岛公司信息披露违法违规案做出行政处罚及市场禁入决定,对獐子岛公司给予警告,并处以 60 万元罚款,对 15 名责任人员处以 3 万元至 30 万元不等罚款,对 4 名主要责任人采取 5 年至终身市场禁入。

后经调查发现,2016 年,獐子岛公司已连续两年亏损,当年能否盈利直接关系到公司是否会"暂停上市"。为达到盈利目的,獐子岛利用底播养殖产品的成本与捕捞面积直接挂钩的特点,在捕捞记录中刻意少报采捕面积,通过虚减成本的方式来虚增 2016 年利润,实现了所谓的"账面盈利",保住了上市公司地位。2017 年,獐子岛故技重施,再度宣称扇贝跑路和死亡,借此消化掉前一年隐藏的成本和亏损,共计约 1.3 亿元。

分析:獐子岛将消耗性资产扇贝设为存货,利用调整存货跌价准备、虚报捕捞面积、虚增养殖成本等方法进行财务造假,比如 2016 年先通过虚减成本来达到虚增利润的目的,2017 年再宣称扇贝跑路和死亡,借此消化掉前一年隐藏的成本和亏损,达到财务造假的目的。

结论:消耗性生物资产、存货等流动资产较难计量,容易成为企业财务造假的对象,需要进行重点监管。

第一节 货币资金

本节内容框架

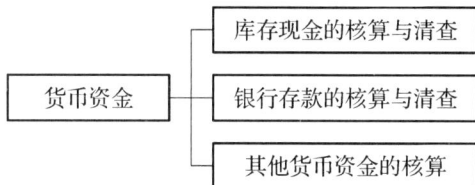

```
                    ┌─ 库存现金的核算与清查
                    │
          货币资金 ──┼─ 银行存款的核算与清查
                    │
                    └─ 其他货币资金的核算
```

货币资金是指在企业生产经营过程中处于货币形态的资金,可以随时用作购买手段和支付手段。货币资金的基本特点如下:

(1)货币资金是资金的一般形态。商品交换必须以其为媒介,并且是能够直接转化为其他任何资产形态的流动资产,使用时不受任何特定用途的限制。

(2)货币资金具有普遍的接受性和最强的流动性。企业拥有一定数量的货币资金,可以向任何供应单位购买材料,可以向税务机关交纳税金,可以给个人发放工资、股利,可以向银行支付利息,还可以向其他企业进行投资等。

(3)货币资金是分析判断偿债能力和支付能力的重要指标。

凡不能立即支付使用的,如银行冻结存款等,均不能视为货币资金。

货币资金按形态和用途的不同可分为:

(1)库存现金。现金是可直接使用的现钞,包括人民币和外币。

(2)银行存款。银行存款是存放在银行或其他金融机构的货币资金。

(3)其他货币资金。其他货币资金指现金、银行存款以外的货币资金,包括外埠存款、银行汇票存款和银行本票存款等。

会计上的现金有狭义和广义之分。狭义的现金一般是指库存现金,即人们经常接触的纸币和硬币等。广义的现金即货币资金,包括库存现金、银行存款、其他货币资金。本章节所涉及现金是狭义的现金。

一、库存现金的核算与清查

(一) 库存现金的核算

1.库存现金的概念

1) 库存现金的定义

库存现金是指存放于企业财会部门、由出纳人员经管的货币,是流动性最强的资产。

2) 库存现金的适用范围

企业日常支出业务既多又复杂,但并不是任何支出业务都可以用现金来支付。现金的使用要遵循其使用范围的规定。这是现金管理的一项重要内容。我国政府颁布的《现金管理暂行条例》对现金的使用范围有明确的规定。《现金管理暂行条例》规定了在银行开立账户的企业可以用现金办理结算的具体经济业务。这些经济业务包括:

(1) 职工工资、各种工资性津贴;

(2) 个人劳动报酬;

(3) 支付给个人的各种奖金,根据国家规定颁发给个人的科学技术、文化艺术、体育等各种奖金;

(4) 各种劳保、福利费用以及国家规定的对个人的其他现金支出,包括根据国家规定颁发给个人的各种科学技术、文化艺术、体育比赛等各种奖金;

(5) 收购单位向个人收购农副产品和其他物资支付的价款;

(6) 出差人员必须随身携带的差旅费;

(7) 结算起点以下的零星支出(结算起点为 1 000 元)。

按照我国政府关于《内部会计控制规范——货币资金(试行)》的规定,一个企业必须根据《现金管理暂行条例》的规定,结合本单位的实际情况,确定本单位现金的使用范围。除第(5)、(6)项外,开户单位支付给个人的款项,超过使用现金限额的部分,应当以支票或者银行本票等方式支付;确需全额支付现金的,经开户银行审核后,予以支付现金。不属于现金开支范围的业务应当通过银行办理转账结算。

3) 库存现金的限额管理

开户银行应当根据实际需要,核定开户单位 3 天至 5 天的日常零星开支所需的库存现金限额;边远地区和交通不便地区的开户单位的库存现金限额,可以多于 5 天,但不得超过 15 天的日常零星开支。企业每日的现金结存数不得超过核定的限额,超过的部分应当及时送存银行。企业如需要增加或减少库存限额的,应当向开户银行提出申请,由开户银行核定。

现金的流动性决定了现金内部控制的必要性。除了个人的道德与法制观念的建立之外,一个企业必须强调现金的内部控制,要严格现金内部控制的措施与手段,建立健全现金的内部控制制度,这样才能防止现金的丢失、被盗以及违法乱纪行为的发生,以保持现金流动的合理性、安全性,提高现金的使用效果与获利能力。

2.库存现金的账务处理

1) 科目设置

企业应当设置"库存现金"科目,库存现金是资产类账户,借方表示库存现金增加,贷方表示库存现金减少。企业内部各部门周转使用的备用金,可以单独设置"备用金"科目核算,也可以使用"其他应收款"科目核算。

【例2-1】 虞山股份有限公司 2021 年 9 月 5 日发生如下现金收入业务:收到零星销售收入 1 130 元(其中增值税可抵扣进项税 130 元),收到职工张三应交回的款项 300 元。

收到现金时,应编制的会计分录如下:

借:库存现金	1 430
贷:主营业务收入	1 000
应交税费——应交增值税(销项税额)	130
其他应收款——张三	300

2)备用金的核算

备用金是企业拨付给企业内部用款单位或职工个人作为零星开支的备用款项。备用金的业务处理有两种方法:随借随用、用后报销法和定额备用金法。

(1)随借随用、用后报销法。

企业采取随借随用、用后报销的方法,属于临时借用备用金,可以在财务部门预借备用金,此时会计处理为借记"备用金"科目,贷记"库存现金"科目;在报销时,如果退回部分备用金,则借记"管理费用"科目和"库存现金"科目,贷记"备用金"科目;如果实际使用超过备用金额度,可以借记"管理费用"科目,贷记"备用金"科目和"库存现金"科目,报销时备用金已注销。职工使用备用金办事完毕,要在规定期限内到财务部门报销,剩余备用金要及时交回,不得拖欠。企业要加强备用金管理,比如职工预借备用金时,要填写一式三联的"借款单",说明借款的用途和金额,经本部门和有关领导的批准后方可领取。

随借随用、用后报销制度,适用于不经常使用备用金的单位和个人。

(2)定额备用金法。

企业使用定额备用金方式时,可以在采购部门或者销售部门等设置常用的备用金。向财务部门预借备用金时,借记"备用金"科目,贷记"库存现金"科目;报销时,相当于补充相关部门的备用金,则借记"管理费用"科目,贷记"库存现金"科目;取消定额备用金时,需要注销备用金账号,会计分录为借记"管理费用"科目,贷记"备用金"科目。

定额备用金制度,适用于经常使用备用金的单位和个人。

表 2-1 备用金业务处理方法比较表

	预 借	报 销	注销备用金或其他应收款

随借随用、用后报销	借:备用金
	  贷:库存现金
		借:管理费用
		    库存现金
		  贷:备用金
		  (或贷:库存现金)
			报销时已注销

定额备用金	借:备用金
	  贷:库存现金
		借:管理费用
		  贷:库存现金
			取消定额备用金时注销
			借:管理费用
			    库存现金
			  贷:备用金

【例2-2】 虞山股份有限公司对其行政管理部门实行随借随用、用后报销制度。职工李四,2021年6月8日因公出差预借备用金350元,实际支出200元,经审核应予以报销,剩余现金150元交回财务部门。

(1)预借时,应编制的会计分录如下:

借:备用金——李四 350

　　贷:库存现金 350

(2)报销时,应编制的会计分录如下:

借:管理费用 200

　　贷:备用金——李四 200

(3)剩余现金交回财务部门时,应编制的会计分录如下:

借:库存现金 150

　　贷:备用金——李四 150

【例2-3】 虞山股份有限公司对供应部门实行定额备用金制度。

(1)根据核定的定额,付给定额备用金2 000元。

借:备用金——供应部门 2 000

　　贷:库存现金 2 000

(2)供应部门在一段时间内共发生备用金支出1 800元,持开支原始凭证到财务部门报销。财务部门审核以后报销现金1 800元,补足定额。

借:管理费用 1 800

　　贷:库存现金 1 800

(3)财务部门因管理需要决定取消定额备用金制度。供应部门持尚未报销的开支凭证100元和余款1 900元,到财务部门办理报销和交回备用金的手续。

借:管理费用 100

　　库存现金 1 900

　　贷:备用金——供应部门 2 000

(二)库存现金的核算

为了加强现金管理,企业应当设置现金日记账和现金总分类账对库存现金进行序时核算和总分类核算。现金日记账由出纳人员根据收付款凭证按照业务发生顺序逐日逐笔登记,每日终了应当在现金日记账上计算出当日的现金收入合计额、现金支出合计额和结余额,并将现金日记账的账面结余额与实际库存现金额相核对,保证账款相符。月度终了,现金日记账的余额应当与库存现金总账的余额核对,做到账账相符。

1)现金的序时核算

现金序时核算,是指对现金的收支业务逐日逐笔地在现金日记账上进行记录,并对其增减及结存情况做出计算与反映。现金日记账是核算和监督现金日常收付结存情况的序时账簿。通过它可以全面、连续地了解和掌握企业每日现金的收支动态和库存余额,为日常分析、检查企业的现金收支活动提供资料。

现金日记账一般采用收入、付出及结存三栏式格式(见表2-2)。

表 2-2 现金日记账

2021年		凭证种类及号数	摘 要	对方科目	收入	付出	结存
月	日						
6	1	现收 601	零星销售	主营业务收入	700		700
	1	现付 601	张三差旅费	备用金		500	200
	1	银付 601	提取现金	银行存款	1 000		1 200
	1	现付 602	职工困难补助	应付职工薪酬		200	1 000
			本日合计		1 700	700	1 000

现金日记账的收入栏和付出栏,是根据审核签字后的现金收、付款凭证和从银行提取现金时填制的银行存款付款凭证,按照经济业务发生的时间顺序,由出纳人员逐日逐笔地进行登记的。为了简化现金日记账的登记手续,对于同一天发生的相同经济业务,也可以汇总成一笔登记。

现金日记账的格式也可以采用多栏式现金日记账。在此种格式下,每月月末,要结出与现金账户相对应的各账户的发生额合计数,并据以登记有关各总账账户。由于采用多栏式现金日记账时所涉及的栏目很多,所以对现金的收入和支出一般都分别设置日记账予以核算,即现金收入日记账和现金支出日记账。多栏式现金日记账能够如实反映收入现金的来源和支出现金的用途情况,简化凭证编制手续。

2)现金的总分类与明细分类的核算

为了总括地反映和监督企业库存现金的收支结存情况,需要设置库存现金总分类账。库存现金总账的登记,可以根据现金收、付款凭证和从银行提取现金时填制的银行存款付款凭证逐笔登记,但是在现金收付款业务较多的情况下,这样登记必然会加大工作量,所以,在实际工作中,一般是把现金收付款凭证按照对方科目进行归类,定期、10 天或半个月填制汇总收付款凭证,据以登记库存现金总账。

一般企业没有库存现金明细分类核算,但在有多币种业务的情况下,库存现金亦需要按币种设置明细分类账进行明细分类核算。

(三)现金的清查

为了保护现金的安全完整,做到账实相符,必须做好现金的清查工作。现金清查的基本方法是实地盘点库存现金,并将现金实存数与现金日记账上的余额进行核对。实存数是指企业金库内实有的现款额,清查时不能用借条等单据来抵充现金。每日终了应查对库存现金实存数与其账面余额是否相符。为了防止挪用现金,各部门或车间必须配备备用金负责人进行管理,财务部门应进行抽查。对于现金清查中发现的账实不符,通过"待处理财产损溢——待处理流动资产损溢"科目进行核算。现金清查中发现短缺的现金,应按短缺的金额,借记"待处理财产损溢——待处理流动资产损溢"科目,贷记"库存现金"科目。现金清查中发现溢余的现金,应按溢余的金额,借记"库存现金"科目,贷记"待处理财产损溢——待处理流动资产损溢"科目,待查明原因后按如下要求进行处理。

（1）如为现金短缺，属于应由责任人赔偿的部分，借记"其他应收款"或"库存现金"等科目，贷记"待处理财产损溢——待处理流动资产损溢"科目；属于应由保险公司赔偿的部分，借记"其他应收款"科目，贷记"待处理财产损溢——待处理流动资产损溢"科目；属于无法查明的其他原因，根据管理权限，经批准后处理，借记"管理费用"科目，贷记"待处理财产损溢——待处理流动资产损溢"科目。

（2）如为现金溢余，属于应支付给有关人员或单位的，借记"待处理财产损溢——待处理流动资产损溢"科目，贷记"其他应付款"科目；属于无法查明原因的现金溢余，经批准后，借记"待处理财产损溢——待处理流动资产损溢"科目，贷记"营业外收入"科目。

表 2 - 3 现金清查业务处理比较表

	审批前	审批后	
短缺（盘亏）	借：待处理财产损溢 贷：库存现金	借：其他应收款 贷：待处理财产损溢	应由责任人赔偿或保险公司赔偿
		借：管理费用 贷：待处理财产损溢	无法查明原因的
溢余（盘盈）	借：库存现金 贷：待处理财产损溢	借：待处理财产损溢 贷：其他应付款	应支付给有关人员或单位的
		借：待处理财产损益 贷：营业外收入	无法查明原因的

【例 2 - 4】 虞山股份有限公司 2021 年 5 月 10 日，在对现金进行清查时，发现短缺 500 元。

借：待处理财产损溢——待处理流动资产损溢   500
　　贷：库存现金   500

如果上述现金短缺原因不明，经批准记入"管理费用"科目。

借：管理费用   500
　　贷：待处理财产损溢——待处理流动资产损溢   500

【例 2 - 5】 虞山股份有限公司 2021 年 9 月 30 日，在对现金进行清查时，发生溢余 100 元。

借：库存现金   100
　　贷：待处理财产损溢——待处理流动资产损溢   100

如果上述现金溢余原因不明，经批准记入"营业外收入"科目。

借：待处理财产损溢——待处理流动资产损溢   100
　　贷：营业外收入——盘盈利得   100

二、银行存款的核算与清查

（一）开立和使用银行存款账户的规定

银行存款是指企业存放于本地银行和其他金融机构的货币资金。企业收入的一切款项,除银行允许留存限额内的现金之外,都必须送存银行。企业的一切支出除规定可用现金支付之外,都必须遵守银行结算办法的有关规定,通过银行办理转账结算。中国人民银行制定的《银行账户管理办法》规定,一个企业可以根据需要在银行开立四种账户,包括基本存款账户、一般存款账户、临时存款账户和专用存款账户。

基本存款账户是企业办理日常结算和现金收付业务的账户。企业的工资、奖金等现金的支取只能通过本账户办理。一般存款账户是存款人因借款或其他结算需要,在基本存款账户开户银行以外的银行营业机构开立的银行结算账户。一般存款账户是存款人的辅助结算账户,借款转存、借款归还和其他结算的资金收付可通过该账户办理。该账户可以办理现金缴存,但不得办理现金支取。该账户开立数量没有限制。临时存款账户是企业因临时经营活动需要而开立的账户,企业可以通过本账户办理转账结算和根据国家现金管理的规定办理现金收付。专用存款账户是企业因特殊用途需要而开立的账户。

一个企业只能在一家银行开立一个基本账户,并且不得在同一家银行的几个分支机构开立一般存款账户。企业在办理存款账户以后,在使用账户时应严格执行银行结算纪律的规定。具体内容包括:合法使用银行账户,不得转借给其他单位或个人使用;不得利用银行账户进行非法活动;不得签发没有资金保证的票据和远期支票套取银行信用;不得签发、取得和转让没有真实交易和债权债务的票据,套取银行和他人的资金;不得无理拒绝付款,任意占用他人资金;不得违反规定开立和使用账户。

(二) 银行存款的日常核算

1. 银行存款的序时核算

银行存款的序时核算,是指根据银行存款的收支业务逐日逐笔地记录与计算银行存款的增减及结存情况。银行存款序时核算的方法是设置与登记银行存款日记账。银行存款日记账是特种日记账,是核算和监督银行存款日常收付结存情况的序时账簿。通过它可以全面、连续地了解和掌握企业每日银行存款的收支动态和余额,为日常分析、检查企业的银行存款收支活动提供资料。

银行存款日记账一般采用收入、付出及结存三栏式格式(见表2-4)。

表 2-4　银行存款日记账

2021年		凭证种类及号数	摘　要	对方科目	收入	付出	结存
月	日						
8	31		本月合计		80 000	30 000	50 000
9	1	银付 901	支付购货款	原材料		23 400	
	1	银收 901	收取 A 公司销货款	主营业务收入	58 500		
	1	银付 902	支付 B 货款	应付账款		11 700	73 400
			本日合计		58 500	35 100	73 400

银行存款日记账由出纳员根据银行存款收、付款凭证及现金存入银行时的现金付款凭证,按照经济业务发生的先后顺序,逐日逐笔登记。如果业务多,还需逐日合计收入合计、付出合计和结余数,月末时还应结出本月收入、付出的合计数和月末结余数。

2. 银行存款的总分类与明细分类的核算

银行存款的总分类核算是为了总括地反映和监督企业在银行开立结算账户的收支结存情况,为此,应设置银行存款总分类账。企业的外埠存款、银行本票存款、银行汇票存款等在"其他货币资金"账户核算,不在"银行存款"账户内核算。银行存款总账可以根据银行存款的收款凭证和付款凭证或根据记账凭证汇总表登记。

【例2-6】 虞山股份有限公司2021年7月2日发生如下收入银行存款业务:销售商品收到销售货款56 500元,其中应交增值税6 500元;收到购货单位预交的购货款30 000元。

借:银行存款		86 500
贷:主营业务收入		50 000
应交税费——应交增值税(销项税额)		6 500
预收账款		30 000

【例2-7】 虞山股份有限公司2021年7月2日发生如下支付银行存款业务:采购生产产品用材料支付银行存款67 800元,其中增值税进项税额7 800元;购买不需安装设备支付银行存款33 900元,其中增值税进项税额3 900元,设备已运达企业;预付购买材料货款80 000元。

借:材料采购	60 000
应交税费——应交增值税(进项税额)	11 700
固定资产	30 000
预付账款	80 000
贷:银行存款	181 700

银行存款一般企业没有明细分类核算,但在有多币种业务的情况下,银行存款亦需要按币种设置明细分类账进行明细分类核算。

(三)银行存款余额调节表

企业的往来结算业务,大部分通过银行进行办理,为了正确掌握企业银行存款的实有数,需要定期将企业银行存款日记账的记录与银行转来的对账单进行核对,每月至少要核对一次,如二者不符,应查明原因,予以调整。企业银行存款日记账按时间的先后顺序记录了引起银行存款增减变动的每一笔经济业务,银行转给企业的对账单列示了从上次对账到本次对账之间银行对引起企业银行存款增减变动的经济业务所做的全部记录。

一般情况下,二者是能够核对相符的,但也有核对不符的情况。造成不符的原因主要有两个方面:一是企业和银行双方存在一方或双方同时记账错误,如银行将企业支票存款串户记账,或者银行、企业记账时发生数字错误等。二是存在未达账项。未达账项是指由于企业间的交易采用的结算方式涉及的收付款结算凭证在企业和银行之间的传递上存在着时间的先后差别,造成一方收到凭证并已入账,而另一方尚未接到凭证仍未入账的款项。很显然,未达账项会使银行对账单上的存款余额同企业银行存款日记账的余额不相一致。未达账项归纳起来,一般有如下四种情况:

（1）企业已收款记账，而银行尚未收款记账。如企业将收到的转账支票存入银行，但银行尚未转账。

（2）企业已付款记账，而银行尚未付款记账。如企业开出支票并已根据支票存根记账，而持票人尚未到银行取款或转账。

（3）银行已收款记账，而企业尚未收款记账。如托收货款，银行已经入账，而企业尚未收到收款通知。

（4）银行已付款记账，而企业尚未付款记账。如借款利息，银行已经入账，而企业尚未收到付款通知。

上述第 1 种和第 4 种情况会使得企业银行存款日记账余额大于银行对账单存款余额，第 2 种和第 3 种情况会使得企业银行存款日记账余额小于银行对账单存款余额。

如上所述，由于记账错误和未达账项的存在，银行存款日记账的余额与银行对账单的余额是不相等的。此时，银行存款日记账的余额与银行对账单的余额有可能都不能代表企业银行存款的实有数。为了掌握企业银行存款的实有数，企业在收到银行转来的对账单以后，要仔细将企业银行存款日记账的记录与对账单的记录进行核对，判明企业和银行双方是否有记账错误，同时确定出所有的未达账项。经过上述工作以后，可以通过编制银行存款余额调节表的方法来确定企业银行存款的实有数。

实务中常用的银行存款余额调节表的编制方法是根据错记金额和未达账项同时将银行存款日记账余额和对账单余额调整到银行存款实有数。这种方法不仅能检验企业或银行的错记金额及未达账项的确定是否准确，而且还能确定企业银行存款的实有数。银行存款余额调节表格式如表 2-5 所示。

表 2-5　银行存款余额调节表

项　目	金　额	项　目	金　额
银行对账单余额 加：企业已收，银行未收 减：企业已付，银行未付 加或减：银行错账		企业银行存款日记账余额 加：银行已收，企业未收 减：银行已付，企业未付 加或减：企业错账	
调整后的余额		调整后的余额	

【例 2-8】　虞山股份有限公司 2021 年 12 月 31 日银行存款日记账的余额为 5 400 000 元，银行对账单的余额为 8 300 000 元。逐笔核对，发现以下未达账项：

（1）企业送存转账支票 6 000 000 元，并已登记银行存款增加，但银行尚未记账。

（2）企业开出转账支票 4 500 000 元，但持票单位尚未到银行办理转账，银行尚未记账。

（3）企业委托银行代收某公司购货款 4 800 000 元，银行已收妥并登记入账，但企业尚未收到收款通知，尚未登记。

（4）银行代企业支付电话费 400 000 元，银行已登记减少企业银行存款，但企业未收到银行付款通知，尚未记账。

表 2-6　银行存款余额调节表
2021 年 12 月 31 日

项　目	金　额	项　目	金　额
银行对账单余额 加:企业已收,银行未收 减:企业已付,银行未付 加或减:银行错账	8 300 000 6 000 000 4 500 000	企业银行存款日记账余额 加:银行已收,企业未收 减:银行已付,企业未付 加或减:企业错账	5 400 000 4 800 000 400 000
调整后的余额	9 800 000	调整后的余额	9 800 000

调整未达账项,需要编制银行存款余额调节表。第 1 种情况,企业送存转账支票 6 000 000 元,并已登记银行存款日记账,但银行尚未记账,属于企业已收、银行未收,是银行尚未记账,应该在银行对账单余额基础上加上 6 000 000 元;第 2 种情况,企业开出转账支票 4 500 000 元,但持票单位尚未到银行办理转账,银行尚未记账,属于企业已付、银行未付,应该在银行对账单余额基础上减去 4 500 000 元;第 3 种情况,企业委托银行代收某公司购货款 4 800 000 元,银行已收妥并登记入账,但企业尚未收到收款通知,尚未登记,属于银行已收、企业未收,是企业尚未记录,所以应该在企业银行存款日记账基础上加上 4 800 000 元;第 4 种情况,银行代企业支付电话费 400 000 元,银行已登记减少企业银行存款,但企业未收到银行付款通知,尚未记账,属于银行已付、企业未付,是企业尚未记录,应该在企业银行存款日记账基础上减去 400 000 元。调节后的存款余额为 9 800 000 元,两边相等,未达账项调整完毕。从表 2-6 可以看出,表中左右两方调整后的余额相等。这说明该公司银行存款的实有数既不是 5 400 000 元,也不是 8 300 000 元,而是 9 800 000 元。

值得注意的是,对于银行已经入账而公司尚未入账的未达账项,应在收到有关收付款原始凭证后,才能进行企业账务处理,不能直接以银行转来的对账单作为原始凭证记账。银行存款余额调节表只是为了核对账目,并不能作为调整银行存款账面余额的记账依据,也不能作为要求银行调整企业银行账户余额的依据。对于未达账项应通过编制"银行存款余额调节表"进行检查核对,如没有记账错误,调节后的双方余额应相等;如果调节后的银行存款余额仍不相符,则应进一步逐笔核对,发现错账、漏账立即予以纠正。经"银行存款余额调节表"调节后的金额就是企业实际可动用的银行存款金额。

三、其他货币资金的核算

(一)其他货币资金的内容

其他货币资金,是指除现金、银行存款之外的货币资金。其他货币资金包括外埠存款、银行汇票存款、银行本票存款、信用卡存款、信用证保证金存款以及存出投资款等。

(1)银行汇票存款,是指企业为取得银行汇票按照规定存入银行的款项。

(2)银行本票存款,是指企业为取得银行本票按照规定存入银行的款项。

(3)信用卡存款,是指企业为取得信用卡按照规定存入银行的款项。

(4)信用证保证金存款,是指企业为取得信用证按规定存入银行的保证金。

(5)存出投资款,是指企业已存入证券公司但尚未进行短期投资的款项。

(6)外埠存款,是指企业到外地进行临时或零星采购时,汇往采购地银行开立采购专户的款项。

（二）其他货币资金的核算

为了总括地反映企业其他货币资金的增减变动和结余情况,应设置"其他货币资金"账户进行其他货币资金的总分类核算。同时为了详细反映企业各项其他货币资金的增减变动及结余情况,还应在"其他货币资金"总账下按其他货币资金的组成内容的不同分设明细账户,并且按外埠存款的开户银行、银行汇票或银行本票的收款单位等设置明细账。

1. 银行汇票存款的核算

企业要使用银行汇票办理结算时,应填写"银行汇票委托书",并将相应金额的款项交存银行,取得银行汇票后,根据银行盖章退回的委托书存根联,借记"其他货币资金"科目,贷记"银行存款"科目。企业使用银行汇票后,应根据发票账单及开户银行转来的银行汇票第四联等有关凭证,借记"在途物资"等科目,贷记"其他货币资金"科目。银行汇票如有多余款或因超过付款期等原因而退回款项时,借记"银行存款"科目,贷记"其他货币资金"科目。

【例 2 - 9】 虞山股份有限公司为增值税一般纳税人,向银行申请办理银行汇票用以购买原材料。

(1)将款项 250 000 元交存银行转作银行汇票存款时,应编制的会计分录为:

借:其他货币资金——银行汇票　　　　　　　　　　　　250 000
　　贷:银行存款　　　　　　　　　　　　　　　　　　　　250 000

(2)虞山股份有限公司购入原材料一批,取得的增值税专用发票上的原材料价款为 200 000 元,增值税税额为 26 000 元,已用银行汇票办理结算,多余款项 24 000 元退回开户银行。此时,应编制的会计分录为:

借:原材料　　　　　　　　　　　　　　　　　　　　200 000
　　应交税费——应交增值税(进项税额)　　　　　　　　26 000
　　贷:其他货币资金——银行汇票　　　　　　　　　　　226 000
借:银行存款　　　　　　　　　　　　　　　　　　　　24 000
　　贷:其他货币资金——银行汇票　　　　　　　　　　　24 000

2. 银行本票存款的核算

企业要使用银行本票办理结算时,应填写"银行本票申请书",并将相应金额的款项交存银行,取得银行本票后,根据银行盖章退回的申请书存根联,借记"其他货币资金"科目,贷记"银行存款"科目。企业付出银行本票后,应根据发票账单等有关凭证,借记"原材料""应交税费"等科目,贷记"其他货币资金"科目。企业因本票超过付款期等原因而要求退款时,应填制进账单一式两联,连同本票一并交存银行,根据银行盖章退回的进账单第一联,借记"银行存款"科目,贷记"其他货币资金"科目。银行本票核算的账务处理程序与银行汇票是相同的,不同的是二者涉及的明细科目不一样。

【例 2 - 10】 虞山股份有限公司为增值税一般纳税人,为取得银行本票向银行提交"银行本票申请书",将 11 300 元银行存款转作银行本票存款。

(1)取得银行本票时,应编制的会计分录为:

借:其他货币资金——银行本票　　　　　　　　　　　　11 300
　　贷:银行存款　　　　　　　　　　　　　　　　　　　　　　　11 300

（2）用银行本票购买办公用品,价款 10 000 元,增值税发票上注明的增值税税额为 1 300元。此时,应编制的会计分录为:

借:管理费用　　　　　　　　　　　　　　　　　　　　　10 000
　　应交税费——应交增值税(进项税额)　　　　　　　　　1 300
　　贷:其他货币资金——银行本票　　　　　　　　　　　　　　　11 300

3. 信用卡存款的核算

企业申请使用信用卡时,应按规定填制申请表,并连同支票和有关资料一并送交发卡银行,根据银行盖章退回的进账单第一联,借记"其他货币资金"科目,贷记"银行存款"科目。企业用信用卡购物或支付有关费用,借记有关科目,如"管理费用""原材料"等,贷记"其他货币资金"科目。企业信用卡在使用过程中,需要向其账户续存资金的,借记"其他货币资金"科目,贷记"银行存款"科目。

【例 2-11】 虞山股份有限公司于 2021 年 8 月 24 日向银行申领信用卡,向银行交存50 000 元。2021 年 9 月 10 日,该公司用信用卡购买行政管理部门办公用品 3 000 元,增值税专用发票上注明的增值税税额为 390 元。

借:其他货币资金——信用卡　　　　　　　　　　　　　50 000
　　贷:银行存款　　　　　　　　　　　　　　　　　　　　　　　50 000
借:管理费用　　　　　　　　　　　　　　　　　　　　　3 000
　　应交税费——应交增值税(进项税额)　　　　　　　　　390
　　贷:其他货币资金——信用卡　　　　　　　　　　　　　　　　3 390

4. 信用证保证金存款的核算

企业申请使用信用证进行结算时,应向银行交纳保证金,根据银行退回的进账单,借记"其他货币资金"科目,贷记"银行存款"科目。根据开证行交来的信用证来单通知书及有关单据列明的金额,借记"在途物资""原材料""库存商品""应交税费——应交增值税"等科目,贷记"其他货币资金"科目。

【例 2-12】 2021 年 6 月 5 日,虞山股份有限公司因从国外进口货物向银行申请使用国际信用证进行结算,并按规定开出转账支票向银行交纳保证金 2 000 000 元,收到盖章退回的进账单第一联。

借:其他货币资金——信用证保证金　　　　　　　　　2 000 000
　　贷:银行存款　　　　　　　　　　　　　　　　　　　　　　2 000 000

5. 存出投资款的核算

企业在向证券市场进行股票、债券投资时,应向证券公司申请资金账号并划出资金,财务部门应按实际划出的金额,借记"其他货币资金"科目,贷记"银行存款"科目。购买股票、债券时,应按实际支付的金额,借记"交易性金融资产"等科目,贷记"其他货币资金"科目。

【例 2-13】 虞山股份有限公司向证券公司划出资金 100 000 元,按实际划出的金

额,虞山股份有限公司应编制如下分录:

  借:其他货币资金——存出投资款   100 000

   贷:银行存款   100 000

6.外埠存款的核算

为满足企业临时或零星采购的需要,将款项委托当地银行汇往采购地银行开立采购专户时,借记"其他货币资金"科目,贷记"银行存款"科目。财务部门在收到采购员交来的供应单位的材料账单、货物运单等报销凭证时,借记"在途物资""应交税费"等科目,贷记"其他货币资金"科目。采购员在离开采购地时,采购专户如有余额款项,应将剩余的外埠存款转回企业当地银行结算户,财务部门根据银行的收账通知,借记"银行存款"科目,贷记"其他货币资金"科目。

【例2-14】 虞山股份有限公司派采购员到异地采购原材料,2021年8月24日委托开户银行汇款100 000元到采购地设立采购专户。根据收到的银行汇款凭证回单联,虞山股份有限公司应编制如下会计分录:

  借:其他货币资金——外埠存款   100 000

   贷:银行存款   100 000

第二节　存货

本节内容框架

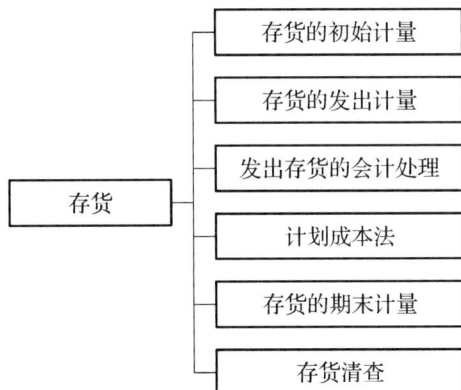

存货 → 存货的初始计量 / 存货的发出计量 / 发出存货的会计处理 / 计划成本法 / 存货的期末计量 / 存货清查

一、存货的初始计量

(一)存货的性质与确认

1.存货的性质

存货是指企业在日常活动中持有以备出售的产成品或商品、处在生产过程中的在产品、在生产过程或提供劳务过程中耗用的材料和物料等。存货是一种具有物质实体的有形资产,但其物质实体经常处于不断被销售或耗用以及不断被重置之中,因而属于一项流动资产,具有较强的变现能力和较大的流动性。

一个资产项目是否属于存货,主要取决于其在生产经营过程中的用途或所起的作用而不是物质实体。持有固定资产的主要目的是生产经营使用,而企业持有存货的最终目的是为了出售,包括可供直接出售的产成品、商品等以及需经过进一步加工后出售的原料等。例如,同样一台机器设备,对于生产和销售机器设备的企业来说,属于存货,而对于使用机器设备进行生产的企业来说,则属于固定资产。再如,企业因为建造固定资产等各项工程而储备的各种材料,虽然同属于材料,但是由于用于建造固定资产等各项工程不符合存货的定义,因此不能作为存货进行核算。应作为"工程物资"科目核算,列入"在建工程"项目。又如,企业为国家储备的特种物资、专项物资等,并不参加企业的生产经营,因而也不能列入存货进行核算,比如新冠疫情防疫物资、赈灾用的帐篷、为战争而储备的粮食等,因为不是日常活动,所以不属于存货,属于特种储备物资。

2. 存货的确认

企业在确认某项资产是否作为存货时,首先要视其是否符合存货的概念,在此前提下,应当同时满足存货确认的以下两个条件,才能加以确认:

(1) 该存货包含的经济利益很可能流入企业;

(2) 该存货的成本能够可靠地计量。

通常,随着存货实物的交付,存货所有权也随之转移,而随着存货所有权的转移,所有权上的主要风险和报酬也一并转移,此时,一般可以同时满足存货确认的两个条件。因此,存货确认的一个基本标志就是企业是否拥有某项存货的法定所有权。在会计期末,凡企业拥有法定所有权的货物,无论存放何处,通常都应包括在本企业的存货之中;而尚未取得法定所有权或者已将法定所有权转移给其他企业的货物,即使存放在本企业也不应包括在本企业的存货之中。

但必须注意,存货的交易方式多种多样,存货实物的交付、所有权的转移、所有权上主要风险和报酬的转移可能并不同步。比如委托代销商品,代销商品由委托方交付受托方,受托方作为代理人代委托方销售。代销商品在售出之前,商品的所有权属于委托方,因此,应包括在委托方的存货之中,可通过"委托代销商品"账户核算。对于受托方来说,尽管商品由其保管,但除了要保证代销商品的安全完整外,并不承担其他持有资产的风险。因此,不属于受托方的存货。但需要注意的是,为了促使受托方加强对代销商品的管理,我国企业会计制度要求受托方将受托代销的商品作为其存货入账,通过"受托代销商品"账户进行核算,同时,与受托代销商品对应的"代销商品款"作为一项负债反映。

(二)存货的分类

存货包括各类材料、在产品、半成品、产成品、商品以及包装物、低值易耗品、委托代销商品等,还包括房地产开发企业持有的以备出售的商品房和写字楼,后者的会计处理记入"开发产品"科目。存货分布于企业生产经营的各个环节,而且种类繁多,用途各异。为满足存货管理与核算的需要,应当对存货进行适当分类。

1. 存货按经济用途的分类

不同行业的企业，由于经济业务的具体内容各不相同，因而存货的构成也不尽相同。例如，服务性企业的主要业务是提供劳务，其存货以办公用品、家具用具为主。商品流通企业的主要业务是商品购销，其存货以待销售的商品为主，也包括少量的包装物、低值易耗品以及其他物料用品。制造企业的主要业务是生产和销售产品，其存货构成比较复杂，不仅包括各种将在生产过程中耗用的原材料、包装物和低值易耗品，也包括为了出售仍然处在生产过程中的在产品，还包括准备出售的产成品。因此，存货的具体内容和类别应依企业所处行业的性质而定。一般来说，存货按经济用途可进行如下分类：

（1）原材料。

原材料是指在生产过程中经加工改变其形态或性质，构成产品实体和有助产品形成的各种材料。原材料一般包括原料及主要材料、辅助材料、外购半成品、外购件、修理用备件、包装材料、燃料等。

（2）在产品。

在产品是指仍处于生产过程中，尚未完工入库的生产物品。在产品包括正处于各个生产工序尚未制造完成的在产品，以及虽已制造完成但尚未检验或虽已检验但尚未办理入库手续的产成品。

（3）半成品。

半成品是指经过一定生产过程并经检验合格交付半成品仓库保管，但尚未最终制造完成，仍需进一步加工的中间产品。半成品不包括从一个生产车间转给另一个生产车间继续加工的自制半成品以及不能单独计算成本的自制半成品。

（4）产成品。

产成品是指已经完成全部生产过程并经验收入库，可以按照合同规定的条件送交订货单位，或者可以作为商品对外销售的产品。企业接受外来原材料加工制造的代制品和为外单位加工修理的代修品，制造和修理完成验收入库后，应视同企业的产成品。

（5）商品。

商品是指可供销售的各种产品及商品。

（6）包装物。

包装物是指为了包装本企业产品及商品而储备的各种包装容器。包装物一般包括桶、箱、瓶、坛、袋等。

（7）低值易耗品。

低值易耗品是指单位价值相对较低，使用期限相对较短，或在使用过程中容易损坏，因而不能列入固定资产的各种工具用具物品。低值易耗品一般包括工具、管理用具、玻璃器皿、劳动保护用品以及在经营过程中周转使用的包装容器等。

2. 存货按存放地点的分类

存货按存放地点，可以分为库存存货、在途存货、在制存货和发出存货。

（1）库存存货。

库存存货是指已经购进或生产完工并经验收入库的各种原材料、包装物、低值易耗品、半成品、产成品以及商品等。

（2）在途存货。

在途存货是指已经取得所有权但尚在运输途中或虽已运抵企业但尚未验收入库的各种材料物资及商品。

（3）在制存货。

在制存货是指正处于本企业各生产工序加工制造过程中的在产品，以及委托外单位加工但尚未完成的材料物资。

（4）发出存货。

发出存货是指已发运给购货方但货物所有权并未同时转移，因而仍应作为销货方存货的发出商品、委托代销商品等。

3. 存货按取得方式的分类

存货按取得方式，可以分为外购存货、自制存货、委托加工存货、投资者投入的存货、接受捐赠取得的存货、接受抵债取得的存货、非货币性资产交换换入的存货、盘盈的存货等。

（三）生产成本的确定

存货的初始计价，是指企业在取得存货时，对存货入账价值的确定。存货的入账价值应以取得存货的实际成本为基础，实际成本包括采购成本、加工成本和其他成本。

（1）存货的采购成本一般包括购买价款、相关税费、运输费、装卸费、保险费以及其他可归属于存货采购成本的费用。其中，购买价款是指购入材料或商品的发票账单上列明的按价格计算的款额，不包括按规定可以抵扣的增值税税额；存货的相关税费是指企业购买存货发生的进口关税、消费税、资源税和不能抵扣的增值税进项税额以及相应的教育费附加等应计入存货采购成本的税费。

（2）存货的加工成本是指在存货的加工过程中发生的追加费用，包括直接材料、直接人工以及按照一定方法分配的制造费用等。

直接材料是指在生产产品和提供劳务过程中所使用的原料及主要材料、辅助材料、外购半成品、外购件、修理用备件、备品备件、包装材料、燃料等。

直接人工是指在生产产品和提供劳务过程中发生的直接从事产品生产和劳务提供人员的职工薪酬。

制造费用是指为生产产品和提供劳务而发生的各项间接费用。企业应当根据制造费用的性质，合理地选择制造费用分配方法。

在同一生产过程中，同时生产两种或两种以上的产品，并且每种产品的加工成本不能直接区分的，其加工成本应当按照合理且比较科学的方法在各种产品之间进行分配。

（3）其他可归属于存货采购成本的费用是指采购成本中除上述各项以外的可归属于存货采购的费用，如在存货采购过程中发生的保险费、仓储费、包装费、装卸费、运输途中的合理损耗、入库前的挑选整理费用等。企业设计产品发生的设计费用通常应计入当期损益，但是为特定客户设计产品所发生的、可直接确定的设计费用应计入存货的成本。

商品流通企业在采购商品过程中发生的运输费、装卸费、保险费以及其他可归属于存货采购成本的费用等进货费用，应当计入存货采购成本，也可以先进行归集，期末根据所购商品的存销情况进行分摊。对于已售商品的进货费用,计入当期损益;对于未售商品的进货费用,计入期末存货成本。企业采购商品的进货费用金额较小的,可以在发生时直接计入当期损益。

下列费用应当在发生时确认为当期损益,不计入存货成本。

(1)非正常消耗的直接材料、直接人工和制造费用。如由于自然灾害而发生的直接材料、直接人工和制造费用,由于这些费用的发生无助于使该存货达到目前场所和状态,不应计入存货成本,而应确认为当期损益。

(2)仓储费用,是指在存货采购入库后发生的储存费用。仓储费用一般应在发生时计入当期损益。但是,在生产过程中为达到下一个生产阶段所必需的仓储费用应计入存货成本。

(3)不能归属于使存货达到目前场所和状态的其他支出,应在发生时计入当期损益,不得计入存货成本。

(四)存货初始计量的账务处理

1. 外购存货

企业外购存货,由于距离采购地点远近不同、货款结算方式不同等原因,可能会导致存货的入库和货款的支付不在同一时间完成。此外,还存在预付款购货、附有现金折扣条件的购货等情况。

1)存货验收入库和货款结算同时完成

在单货同到的情况下,企业应于支付货款或开出承兑商业汇票,并且存货验收入库后按发票账单等结算凭证确定的存货成本,借记"原材料""库存商品"等存货科目,按增值税专用发票上注明的增值税税额,借记"应交税费——应交增值税(进项税额)"科目,按实际支付的款项或应付票据面值,贷记"银行存款"或"应付票据"等科目。

【例2-15】 虞山股份有限公司购入一批原材料,增值税专用发票上注明的材料价款为 50 000 元,增值税进项税额为 6 500 元。货款已通过银行转账支付,材料也已验收入库。

借:原材料　　　　　　　　　　　　　　　　　　　　50 000
　　应交税费——应交增值税(进项税额)　　　　　　　6 500
　　贷:银行存款　　　　　　　　　　　　　　　　　　　56 500

2)货款已结算但存货尚在运输途中

【例2-16】 虞山股份有限公司购入一批原材料,增值税专用发票上注明的材料价款为 200 000 元,增值税进项税额为 26 000 元;同时,销货方代垫运杂费不含税为 3 000 元,允许抵扣的运杂费增值税税额为 270 元。上列货款及销货方代垫的运杂费已通过银行转账支付,材料尚在运输途中。

(1)支付货款,材料尚在运输途中,应编制的会计分录如下:

借:在途物资　　　　　　　　　　　　　　　　　　　203 000
　　应交税费——应交增值税(进项税额)　　　　　　　26 270
　　贷:银行存款　　　　　　　　　　　　　　　　　　229 270

(2)原材料运达企业,验收入库时,应编制的会计分录如下:

借:原材料　　　　　　　　　　　　　　　　　　　　229 270
　　贷:在途物资　　　　　　　　　　　　　　　　　　229 270

3）存货已验收入库但货款尚未结算

【例 2 - 17】 （1）2021 年 3 月 28 日，虞山股份有限公司购入一批原材料，材料已运达企业并已验收入库，但发票账单等结算凭证尚未到达。

3 月 28 日，材料运达企业并验收入库，暂不做会计处理。

（2）月末时，该批货物的结算凭证仍未到达，虞山股份有限公司对该批材料估价35 000 元入账。此时，应编制的会计分录如下：

借：原材料 35 000
　　贷：应付账款——暂估应付账款 35 000

（3）4 月 1 日，编制红字记账凭证冲回估价入账分录。

借：原材料 35 000
　　贷：应付账款——暂估应付账款 35 000

（4）4 月 3 日，结算凭证到达企业，增值税专用发票上注明的原材料价款为 36 000元，增值税进项税额为 4 680 元，货款通过银行转账支付。

4 月 3 日，收到结算凭证并支付货款时，应编制的会计分录如下：

借：原材料 36 000
　　应交税费——应交增值税（进项税额） 4 680
　　贷：银行存款 40 680

4）外购存货发生短缺的会计处理

（1）属于运输途中的合理损耗，应计入有关存货的采购成本。

（2）属于供货单位或运输单位的责任造成的存货短缺，应由责任人补足存货或赔偿货款，计入其他应收款。

（3）属于自然灾害或意外事故等非常原因造成的存货毁损，报经批准处理后，将扣除保险公司和过失人赔款后的净损失，计入营业外支出。

2. 自制存货

1）自制存货的成本

企业自制存货的成本主要由采购成本和加工成本构成，某些存货还包括使存货达到目前场所和状态所发生的其他成本。

2）自制存货的会计处理

企业自制并已验收入库的存货，按计算确定的实际成本，借记"周转材料""库存商品"等存货科目，贷记"生产成本"科目。

【例 2 - 18】 虞山股份有限公司的基本生产车间制造完成一批产成品，已验收入库。经计算，该批产成品的实际成本为 80 000 元。此时，应编制的会计分录如下：

借：库存商品 80 000
　　贷：生产成本——基本生产成本 80 000

3. 委托加工存货

1）委托加工存货的成本

委托外单位加工完成的存货，其成本包括实际耗用的原材料或者半成品、加工费、装卸费、保险费、委托加工的往返运输费等费用以及按规定应计入成本的税费。

2）委托加工存货的会计处理

（1）委托加工存货收回后直接用于销售，由受托加工方代收代交的消费税应计入委托加工存货成本，借记"委托加工物资"科目，贷记"银行存款""应付账款"等科目，待销售委托加工存货时，不需要再交纳消费税。

（2）委托加工存货收回后用于连续生产应税消费品，由受托加工方代收代交的消费税按规定准予抵扣的，借记"应交税费——应交消费税"科目，贷记"银行存款""应付账款"等科目；待连续生产的应税消费品生产完成并销售时，从生产完成的应税消费品应纳消费税额中抵扣。

【例2-19】　虞山股份有限公司发出一批A材料，委托乙公司加工成B材料（属于应税消费品）。发出A材料的实际成本为25 000元，支付加工费和往返运杂费15 000元，支付由受托加工方代收代交的增值税1 760元、消费税4 000元。委托加工的B材料收回后用于连续生产应税消费品。

（1）发出委托加工的A材料时，应编制的会计分录如下：

借：委托加工物资　25 000

　　贷：原材料——A材料　25 000

（2）支付加工费和往返运杂费时，应编制的会计分录如下：

借：委托加工物资　15 000

　　贷：银行存款　15 000

（3）支付增值税和消费税时，应编制的会计分录如下：

借：应交税费——应交增值税（进项税额）　1 760

　　贷：银行存款　1 760

借：应交税费——应交消费税　4 000

　　贷：银行存款　4 000

（4）收回加工完成的B材料时，应编制的会计分录如下：

借：原材料——B材料　40 000

　　贷：委托加工物资　40 000

4. 投资者投入存货

1）投资者投入存货的成本

投资者投入存货的成本，应当按照投资合同约定的价值确定，但合同约定价值不公允的除外。在投资合同约定价值不公允的情况下，按照该项存货的公允价值作为其入账价值。

2）投资者投入存货的会计处理

【例2-20】　虞山股份有限公司收到甲股东作为资本金投入的一批原材料。增值税专用发票上注明的原材料价格为650 000元，进项税额为84 500元，经投资各方确认，甲股东的投入资本按原材料发票金额确定，可折换虞山股份有限公司每股面值1元的普通股股票500 000股。此时，应编制的会计分录如下：

借：原材料　650 000

　　应交税费——应交增值税（进项税额）　84 500

贷:股本——甲股东   500 000

   资本公积——股本溢价   234 500

二、存货的发出计量

(一)存货成本流转假设

企业取得存货的目的,在于满足生产和销售的需要。随着存货的取得,存货源源不断地流入企业,而随着存货的销售或耗用,存货则从一个生产经营环节流向另一个生产经营环节,并最终流出企业。存货的这种不断流动,就形成了生产经营过程中的存货流转。存货流转包括实物流转和成本流转两个方面,从理论上说,存货的成本流转应当与实物流转相一致,即取得存货时确定的各项存货入账成本应当随着各该存货的销售或耗用而同步结转。但在实务中,由于存货品种繁多,流进流出频繁且数量较大,而且同一存货因不同时间、不同地点、不同方式取得而单位成本各异,很难保证存货的成本流转与实物流转完全一致,因此,会计上很自然地出现了存货成本流转假设。

存货成本流转假设,是指确定发出存货成本时,对成本流转方式所做的逻辑假定。存货成本流转假设忽略存货的成本流转与实物流转相一致,而只做出计算发出存货成本的逻辑假定,采用不同的存货成本流转假设,在期末结存存货与本期发出存货之间分配存货成本,就产生了不同的发出存货计价方法,如个别计价法、先进先出法、加权平均法和移动平均法等。

由于不同的存货计价方法得出的计价结果各不相同,因此,存货计价方法的选择将对企业的财务状况和经营成果产生一定的影响,这些影响主要体现在以下三个方面:

(1)对损益结果有影响。如果期末存货计价过低,发出成本就会过高,就会低估当期收益。反之,则会高估当期收益。而如果期初存货计价过低,就会高估当期收益,反之则会低估当期收益。

(2)对资产负债表和利润表的有关项目数额的结果有直接影响。采用不同的计价方法,对营业成本、流动资产、所有者权益等项目数额的大小,可以产生直接影响。

(3)对应交所得税的数额有一定影响。由于以上两项所产生的影响,会使利润数发生变动,因此所得税就会受到影响。

因此,企业在选择发出存货成本计价方法时,应当根据实际情况和存货成本流转假设,综合考虑存货收发的特点和管理要求,以及财务报告目标、税收负担、现金流量、股票市价、经理人员业绩评价等各种因素,选择适当的存货计价方法,合理确定发出存货的实际成本。

存货计价方法一经确定,除特殊情况外,前后各期应当保持一致,并在会计报表附注中予以披露。

(二)存货发出成本的计价方法

1. 个别计价法

个别计价法是以个别发生假设为依据设计的。个别计价法,也称个别认定法或具体辨认法,是指本期发出存货和期末结存存货的成本,完全按照该存货所属购进批次或生产批次入账时的实际成本进行确定的一种方法。

由于采用该方法要求各批发出存货必须可以逐一辨认所属的购进批次或生产批次，因此，需要对每一存货的品种规格、入账时间、单位成本、存放地点等做详细记录。

【例2-21】 虞山股份有限公司的甲商品本月购进、发出和结存资料如表2-7所示。

表2-7 存货明细账

存货类别： 计量单位：元/件
存货编号： 最高存量：
存货名称及规格：甲商品 最低存量：

2021年		凭证编号	摘 要	收 入			发 出			结 存		
月	日			数量	单价	金额	数量	单价	金额	数量	单价	金额
11	1		期初结存							100	60	6 000
	6		购进	500	62	31 000				600		
	8		发出				300			300		
	17		购进	400	65	26 000				700		
	19		发出				600			100		
	28		购进	500	66	33 000				600		
	29		发出				400			200		
11	30		期末结存	1 400		90 000	1 300			200		

经具体辨认，11月8日发出的300件甲商品中，有100件属于期初结存的商品，有200件属于11月6日第一批购进的商品；11月19日发出的600件甲商品中，有200件属于11月6日第一批购进的商品，其余400件属于11月17日第二批购进的商品；11月29日发出的400件甲商品均属于11月28日第三批购进的商品。虞山股份有限公司采用个别计价法计算的甲商品本月发出和期末结存成本如下：

11月8日发出甲商品成本＝100×60＋200×62＝18 400（元）

11月19日发出甲商品成本＝200×62＋400×65＝38 400（元）

11月29日发出甲商品成本＝400×66＝26 400（元）

期末结存甲商品成本＝100×62＋100×66＝12 800（元）

根据上述计算，本月甲商品的收、发、存情况如表2-8所示。

表2-8 存货明细账（个别计价法）

存货类别： 计量单位：元/件
存货编号： 最高存量：
存货名称及规格：甲商品 最低存量：

2021年		凭证编号	摘 要	收 入			发 出			结 存		
月	日			数量	单价	金额	数量	单价	金额	数量	单价	金额
11	1		期初结存							100	60	6 000
	6		购进	500	62	31 000				600		37 000

续　表

2021年		凭证编号	摘　要	收　入			发　出			结　存		
月	日			数量	单价	金额	数量	单价	金额	数量	单价	金额
	8		发出				300		18 400	300		18 600
	17		购进	400	65	26 000				700		44 600
	19		发出				600		38 400	100		6 200
	28		购进	500	66	33 000				600		39 200
	29		发出				400		26 400	200		12 800
11	30		期末结存	1 400		90 000	1 300		83 200	200		12 800

　　个别计价法的特点是成本流转与实物流转完全一致,因而能准确地反映本期发出货和期末结存存货的成本。但采用该方法必须具备详细的存货收、发、存记录,日常核算非常烦琐,存货实物流转的操作程序也相当复杂。

　　个别计价法适用于不能替代使用的存货或为特定项目专门购入或制造的存货,以及品种数量不多、单位价值较高或体积较大、容易辨认的存货的计价,如房产、船舶、飞机、重型设备以及珠宝、名画等贵重物品。

　　2. 先进先出法

　　先进先出法是以先进先出假设为依据设计的。先进先出法是指对先发出的存货按先入库的存货单位成本计价,后发出的存货按后入库的存货单位成本计价,据以确定本期发出存货和期末结存存货成本的一种方法。

　　【例2－22】承【例2－21】,虞山股份有限公司采用先进先出法计算的甲商品本月发出和期末结存成本如下:

　　11月8日发出甲商品成本＝100×60＋200×62＝18 400(元)

　　11月19日发出甲商品成本＝300×62＋300×65＝38 100(元)

　　11月29日发出甲商品成本＝100×65＋300×66＝26 300(元)

　　期末结存甲商品成本＝200×66＝13 200(元)

　　根据上述计算,本月甲商品的收、发、存情况如表2－9所示。

表 2－9　存货明细账(先进先出法)

存货类别:　　　　　　　　　　　　　　　　　　　计量单位:元/件
存货编号:　　　　　　　　　　　　　　　　　　　最高存量:
存货名称及规格:甲商品　　　　　　　　　　　　　最低存量:

2021年		凭证编号	摘　要	收　入			发　出			结　存		
月	日			数量	单价	金额	数量	单价	金额	数量	单价	金额
11	1		期初结存							100	60	6 000
	6		购进	500	62	31 000				600		37 000
	8		发出				300		18 400	300		18 600
	17		购进	400	65	26 000				700		44 600

2021年		凭证编号	摘　要	收　入			发　出			结　存		
月	日			数量	单价	金额	数量	单价	金额	数量	单价	金额
	19		发出				600		38 100	100		6 500
	28		购进	500	66	33 000				600		39 500
	29		发出				400		26 300	200		13 200
11	30		期末结存	1 400		90 000	1 300		82 800	200		13 200

采用先进先出法进行存货计价,可以随时确定发出存货的成本,从而保证了产品成本和销售成本计算的及时性,并且期末存货成本是按最近购货成本确定的,比较接近现行的市场价值。但采用该方法计价,有时对同一批发出存货要采用两个或两个以上的单位成本计价,计算烦琐,对存货进出频繁的企业更是如此。从该方法对财务报告的影响来看,在物价上涨期间,会高估当期利润和存货价值。反之,会低估当期利润和存货价值。

3. 月末一次加权平均法

月末一次加权平均法是指以本月全部进货数量加上月初存货数量作为权数,去除本月全部进货成本加上月初存货成本,计算出存货的加权平均单位成本,以此为基础,计算出本月发出存货的成本和期末存货成本的一种方法。月末一次加权平均单位成本的计算公式如下:

$$加权平均单位成本 = \frac{月初结存存货成本 + 本月购进存货成本}{本月初结存存货数量 + 本月购进存货数量}$$

【例2-23】承【例2-21】,虞山股份有限公司采用加权平均法计算的甲商品本月加权平均单位成本及本月发出和期末结存成本如下:

加权平均单位成本 = (6 000+90 000)÷(100+1 400)=64(元/件)

期末结存甲商品成本 = 200×64=12 800(元)

本月发出甲商品成本 = (6 000+90 000)×12 800=83 200(元)

由于加权平均单位成本往往不能除尽,为了保证期末结存商品的数量,单位成本与总成本的一致性,应先按加权平均单位成本计算期末结存商品成本,然后倒减出本月发出商品成本,将计算尾差计入发出商品成本。

根据上述计算,本月甲商品的收、发、存情况如表2-10所示。

表2-10　存货明细账(月末一次加权平均法)

存货类别：　　　　　　　　　　　　　　　　　　　计量单位：元/件
存货编号：　　　　　　　　　　　　　　　　　　　最高存量：
存货名称及规格：甲商品　　　　　　　　　　　　　最低存量：

2021年		凭证编号	摘　要	收　入			发　出			结　存		
月	日			数量	单价	金额	数量	单价	金额	数量	单价	金额
11	1		期初结存							100	60	6 000
	6		购进	500	62	31 000				600		

续　表

2021年		凭证编号	摘　要	收　入			发　出			结　存		
月	日			数量	单价	金额	数量	单价	金额	数量	单价	金额
	8		发出				300			300		
	17		购进	400	65	26 000				700		
	19		发出				600			100		
	28		购进	500	66	33 000				600		
	29		发出				400			200		
11	30		期末结存	1 400		90 000	1 300		83 200	200	64	12 800

采用加权平均法,只在月末一次计算加权平均单位成本并结转发出存货成本即可。平时不对发出存货计价,因而日常核算工作量较小,简便易行,适用于存货收发比较频繁的企业。但也正因为存货计价集中在月末进行,所以平时无法提供发出存货和结存存货的单价及金额,不利于存货的管理。

4.移动加权平均法

移动加权平均法是指平时每入库一批存货,就以原有存货数量加上本批入库存货数量为权数,去除原有存货成本加上本批入库存货成本,计算出存货的加权平均单位成本,据以对其后发出存货进行计价的一种方法。移动加权平均单位成本的计算公式如下:

$$移动加权平均单位成本 = \frac{原有存货成本 + 本批入库存货成本}{原有存货数量 + 本批入库存货数量}$$

$$本批发出存货成本 = 最近移动加权平均单位成本 \times 本批发出存货的数量$$

$$期末结存存货成本 = 期末移动加权平均单位成本 \times 本期结存存货的数量$$

【例2-24】承【例2-21】,虞山股份有限公司采用移动平均法计算的甲商品本月移动加权平均单位成本及本月发出和期末结存成本如下:

11月6日购进后移动平均单位成本=(6 000+31 000)÷(100+500)=61.67(元)

11月8日结存甲商品成本=300×61.67=18 501(元)

11月8日发出甲商品成本=37 000-18 501=18 499(元)

11月17日购进后移动平均单位成本=(18 501+26 000)÷(300+400)=63.57(元)

11月19日结存甲商品成本=100×63.57=6 357(元)

11月19日发出甲商品成本=44 501-6 357=38 144(元)

11月28日购进后移动平均单位成本=(6 357+33 000)÷(100+500)=65.60(元)

11月29日结存甲商品成本=200×65.60=13 120(元)

11月29日发出甲商品成本=39 357-13 120=26 237(元)

期末结存甲商品成本=200×65.60=13 120(元)

根据上述计算,本月甲商品的收、发、存情况如表2-11所示。

表 2-11 存货明细账(移动加权平均法)

存货类别: 计量单位:元/件
存货编号: 最高存量:
存货名称及规格:甲商品 最低存量:

2021年		凭证编号	摘 要	收 入			发 出			结 存		
月	日			数量	单价	金额	数量	单价	金额	数量	单价	金额
11	1		期初结存							100	60	6 000
	6		购进	500	62	31 000				600	61.67	37 000
	8		发出				300		18 499	300	61.67	18 501
	17		购进	400	65	26 000				700	63.57	44 501
	19		发出				600		38 144	100	63.57	6 357
	28		购进	500	66	33 000				600	65.60	39 357
	29		发出				400		26 237	200	65.60	13 120
11	30		期末结存	1 400		90 000	1 300		82 880	200	65.60	13 120

和月末一次加权平均法相比,移动加权平均法的特点是将存货的计价和明细账的登记分散在平时进行,从而可以随时掌握发出存货的成本和结存存货的成本,为存货管理及时提供所需信息。但采用这种方法,每次购货都要计算一次平均单位成本,计算工作量较大,不适合收发存货比较频繁的企业使用。

我国 2006 年颁布的《企业会计准则第 1 号——存货》中规定,企业应当采用先进先出法、加权平均法(包括月末一次加权平均法和移动加权平均法)或者个别计价法确定发出存货的实际成本。对于性质和用途相似的存货,应当采用相同的成本计算方法确定发出存货的成本。

三、发出存货的会计处理

(一)库存商品

库存商品通常用于对外销售,但也可能用于本企业的固定资产建造工程、职工福利、对外投资、捐赠赞助等方面。

【例 2-25】 虞山股份有限公司本月销售甲产品的成本为 500 000 元。

其会计分录为:

借:主营业务成本　　　　　　　　　　　　　　　　　　　　　500 000
　　贷:库存商品　　　　　　　　　　　　　　　　　　　　　　　500 000

(二)原材料

原材料在生产经营过程中领用后,其原有实物形态会发生改变乃至消失,其成本也随之形成相关资产成本或直接转化为费用。根据原材料的消耗特点、领用部门和用途,分别计入有关成本费用项目。领用原材料时,按其实际成本,借记"生产成本""制造费用""在建工程""销售费用""管理费用"等科目,贷记"原材料"科目。如果领用原材料用于建造房屋、仓库等,要确认增值税进项税额转出;如果不是用于建造房屋,而是建造生产设备等,就不需要确认增值税的进项税额转出。

【例 2 - 26】 虞山股份有限公司本月领用原材料的实际成本为 252 000 元。其中,基本生产领用 150 000 元,辅助生产领用 70 000 元,生产车间一般耗用 20 000 元,在建工程领用 8 000 元,管理部门领用 4 000 元。

借:生产成本——基本生产成本   150 000

    ——辅助生产成本   70 000

 制造费用   20 000

 在建工程   8 000

 管理费用   4 000

 贷:原材料   252 000

【例 2 - 27】 虞山股份有限公司自建一座仓库,领用库存材料 10 000 元,不予抵扣的增值税税额为 1 300 元。

其会计分录为:

借:在建工程   11 300

 贷:原材料   10 000

  应交税费——应交增值税(进项税额转出) 1 300

出售原材料取得的收入作为其他业务收入,相应的原材料成本应计入其他业务成本。出售原材料时,按已收或应收的价款,借记"银行存款""应收账款"等科目,按实现的营业收入,贷记"其他业务收入"科目,按增值税销项税额,贷记"应交税费——应交增值税(销项税额)"科目。账户月末按出售原材料的实际成本结转销售成本,借记"其他业务成本"科目,贷记"原材料"科目。

【例 2 - 28】 虞山股份有限公司销售一批原材料,售价 2 000 元,增值税税额 260 元,原材料实际成本 1 500 元。

其会计分录为:

借:银行存款   2 260

 贷:其他业务收入   2 000

  应交税费——应交增值税(销项税额)   260

借:其他业务成本   1 500

 贷:原材料   1 500

福利部门领用的原材料,相应的增值税进项税额不予抵扣,应当随同原材料成本一并计入福利费开支。领用原材料时,按实际成本加上不予抵扣的增值税进项税额,借记"应付职工薪酬"等科目,按实际成本,贷记"原材料"科目,按不予抵扣的增值税进项税额,贷记"应交税费——应交增值税(进项税额转出)"科目。

(三)周转材料

1. 周转材料定义及内容

周转材料,是指企业能够多次使用,不符合固定资产定义,逐渐转移其价值但仍保持原有形态,不确认为固定资产的材料。企业的周转材料包括包装物和低值易耗品。

包装物,是指为了包装本企业商品而储备的各种包装容器,如桶、箱、瓶、坛、袋等。具体包括:生产过程用于包装产品作为产品组成部分的包装物计入生产成本;随同商品出售而不单独计价的包装物计入销售费用;随同商品出售单独计价的包装物计入其他业务成本;出租给购买单位使用的包装物计入其他业务成本;出借给购买单位使用的包装物计入销售费用。

低值易耗品,是指单项价值在规定限额以下并且使用期限不满一年,能多次使用而基本保持其实物形态的劳动资料。作为存货核算和管理的低值易耗品,一般划分为一般工具、专用工具、替换设备、管理用具、劳动保护用品、其他用具等。

2. 包装物的会计核算

包装物既有在生产环节领用的,也有在销售环节领用的,还有用于出租或出借的。不同环节领用的包装物以及不同用途的包装物,会计处理不尽相同。对于包装物的核算可以设置"周转材料——包装物"科目,也可单独设置"包装物"科目。

生产部门领用的用于包装产品的包装物,构成产品实体的一部分,因此,应将包装物成本计入产品生产成本。领用包装物时,借记"生产成本"科目,贷记"包装物"科目。

1)随同商品出售的包装物

随同商品出售的包装物,应分别按照以下两种情况进行会计处理:

(1)随同商品出售但不单独计价的包装物,应将包装物的成本计入销售费用。领用包装物时,借记"销售费用"科目,贷记"包装物"科目。

(2)随同商品出售并单独计价的包装物,应视同材料销售,将出售包装物取得的收入,作为其他业务收入,相应的包装物成本计入其他业务成本。结转出售包装物的成本时,借记"其他业务成本"科目,贷记"包装物"科目。

2)出租或出借的包装物

出租包装物属于企业的一项附加业务,收取的包装物租金应计入"其他业务收入"科目,相应的包装物成本应计入"其他业务成本"科目;出借包装物通常是为了方便本企业商品的销售,因而其成本应作为一项销售费用,计入"销售费用"科目。出租或出借包装物报废时,其残料价值应相应冲减其他业务成本或销售费用。

出租或出借包装物收取的押金,性质上属于暂收应付款项,应作为其他应付款入账。对逾期未退还包装物而没收的押金,应视为销售包装物取得的收入,计入其他业务收入并计算相应的增值税销项税额。

由于出租或出借的包装物可以重复周转使用,并且在使用过程中基本不改变原来的物质形态,其价值是随着使用而逐渐消耗的。因此,包装物成本应当采用适当的摊销方法分期计入各期损益。

3. 周转材料摊销

1)一次转销法

一次转销法是指在领用周转材料时,将其账面价值全部计入领用当期有关成本费用的一种方法。采用一次转销法,领用周转材料时,按其实际成本,借记"其他业务成本"或

"销售费用"科目,贷记"周转材料"科目。一次转销法适合于出租或出借包装物业务不多,一次领用金额不大的企业使用。

【例2-29】 虞山股份有限公司的管理部门某月领用一批低值易耗品,账面价值为1 000元,采用一次转销法。当月,报废一批管理用低值易耗品,残料作价50元,作为原材料入库。

(1) 领用低值易耗品。

借:管理费用   1 000

 贷:周转材料   1 000

(2) 报废低值易耗品,残料作价入库。

借:原材料   50

 贷:管理费用   50

2) 五五摊销法

五五摊销法是指在领用周转材料时先摊销其账面价值的50%,待报废时再摊销其账面价值的50%的一种摊销方法。

采用五五摊销法时,"包装物"科目下应设置"在库""在用""摊销"三个明细科目。领用包装物时,按包装物的实际成本,借记"包装物——在用"科目,贷记"包装物——在库"科目,同时按库存未用包装物账面价值的50%,借记"其他业务成本"或"销售费用"科目,贷记"包装物——摊销"科目;包装物报废时,按包装物其余50%的账面价值,借记"其他业务成本"或"销售费用"科目,贷记"包装物——摊销"科目,同时,转销包装物全部已提摊销额,借记"包装物——摊销"科目,贷记"包装物——在用"科目。

报废包装物的残料价值,借记"原材料"等科目,贷记"其他业务成本"或"销售费用"科目。

【例2-30】 虞山股份有限公司领用了一批全新的包装箱,无偿提供给客户周转使用。包装箱账面价值50 000元,采用五五摊销法摊销。该批包装箱报废时,残料估价2 000元作为原材料入库。

(1) 领用包装箱并摊销其账面价值的50%。

借:周转材料——在用   50 000

 贷:周转材料——在库   50 000

借:销售费用   25 000

 贷:周转材料——摊销   25 000

(2) 包装箱报废,摊销其余50%的账面价值并转销全部已提摊销额。

借:销售费用   25 000

 贷:周转材料——摊销   25 000

借:周转材料——摊销   50 000

 贷:周转材料——在用   50 000

(3) 报废包装箱的残料作价入库。

借:原材料   2 000

 贷:销售费用   2 000

采用五五摊销法计算出租或出借包装物的摊销价值,虽然会计处理略显烦琐,但出租或出借包装物在报废之前,始终有 50% 的价值保留在账面上,有利于加强对出租或出借包装物的管理与核算,适合于出租或出借包装物频繁、数量多、金额大的企业使用。

3)分次摊销法

分次摊销法是指根据周转材料可供使用的估计次数,将其成本分期计入有关成本费用的一种摊销方法。

【例2-31】 虞山股份有限公司甲车间本月领用一批定型模板,账面价值12 000元,预计可使用6次,采用分次摊销法摊销。领用当月,实际使用2次;领用第2个月,实际使用3次;领用第3个月,该批模板报废,将残料售出,收取价款1 000元存入银行。

(1)领用模板。

借:周转材料——在用　　　　　　　　　　　　　　　　　12 000
　　贷:周转材料——在库　　　　　　　　　　　　　　　　　　　12 000

(2)领用当月,摊销模板账面价值。

领用当月模板摊销额＝2 000×2＝4 000(元)

借:工程施工　　　　　　　　　　　　　　　　　　　　　4 000
　　贷:周转材料——摊销　　　　　　　　　　　　　　　　　　　4 000

(3)领用第2个月,摊销模板账面价值。

第2个月模板摊销额＝2 000×3＝6 000(元)

借:工程施工　　　　　　　　　　　　　　　　　　　　　6 000
　　贷:周转材料——摊销　　　　　　　　　　　　　　　　　　　6 000

(4)领用第3个月,模板报废,将账面摊余价值一次摊销并转销全部已提摊销额。

账面摊余价值＝12 000－4 000－6 000＝2 000(元)

借:工程施工　　　　　　　　　　　　　　　　　　　　　2 000
　　贷:周转材料——摊销　　　　　　　　　　　　　　　　　　　2 000

借:周转材料——摊销　　　　　　　　　　　　　　　　　12 000
　　贷:周转材料——在用　　　　　　　　　　　　　　　　　　　12 000

(5)将报废模板残料售出,收取价款存入银行。

借:银行存款　　　　　　　　　　　　　　　　　　　　　1 000
　　贷:工程施工　　　　　　　　　　　　　　　　　　　　　　　1 000

四、计划成本法

(一)计划成本法基本原理

存货采用实际成本进行日常核算,要求存货的收入和发出凭证、明细分类账、总分类账全部按实际成本计价,这对于存货品种、规格、数量繁多的企业来说,日常核算工作量很大,核算成本较高,且会影响会计信息的及时性。为了简化存货的核算和便于成本管理绩效考核,并能及时地提供成本信息,企业可以采用计划成本法对存货的收入、发出及结存进行日常核算。

1. 计划成本法的基本核算程序

计划成本法是指存货的日常收入、发出和结存均按计划成本计价,期末按差异调整为实际成本的一种核算方法。

在采用计划成本法核算的情况下需设置"材料成本差异""产品成本差异"等科目登记实际成本与计划成本之间的差异,月末再通过对存货成本差异的分摊,将发出存货的计划成本和结存存货的计划成本调整为实际成本进行反映。

采用计划成本法进行存货日常核算的基本程序如下:

(1) 制定存货目录。存货目录规定存货的分类及存货的名称、规格、编号、计量单位和单位计划成本。对每一品种、规格的存货制定计划成本。计划成本是指在正常的市场条件下,企业取得存货应当支付的合理成本,包括采购成本、加工成本和其他成本,其组成内容应当与实际成本完全一致。计划成本一般由会计部门会同采购、生产等部门共同制定,制定的计划成本应尽可能接近实际,以利于发挥计划成本的考核和控制功能。除特殊情况外,计划成本在年度内一般不做调整。

(2) 设置"材料成本差异"科目,登记存货实际成本与计划成本之间的差异。取得存货并形成差异时,实际成本高于计划成本的超支差异,在该科目的借方登记,实际成本低于计划成本的节约差异,在该科目的贷方登记。发出存货并分摊差异时,超支差异从该科目的贷方用蓝字转出,节约差异从该科目的贷方用红字转出或从借方用蓝字转出。

(3) 设置"材料采购"科目,对购入或入库存货的实际成本与计划成本进行计价对比。"材料采购"等科目的借方登记购入或入库存货的实际成本,贷方登记购入存货的计划成本,并将计算的实际成本与计划成本的差额,转入"材料成本差异"等科目。

(4) 存货的日常收入与发出均按计划成本计价,月末通过存货成本差异的分摊,将本月发出存货的计划成本和月末结存存货的计划成本调整为实际成本。

2. 存货成本差异的形成

企业外购的存货,需要专门设置"材料采购"科目进行计价对比,以确定外购存货实际成本与计划成本的差异,而自制、委托加工、投资者投入、接受捐赠、盘盈的存货,应根据实际成本与计划成本的差额直接确定材料成本差异,不需要通过"材料采购"科目进行计价对比。企业购进存货时,按确定的实际采购成本,借记"材料采购"科目,按增值税专用发票上注明的增值税税额,借记"应交税费——应交增值税(进项税额)"科目,按已支付或应支付的金额,贷记"银行存款""应付票据""应付账款"等科目。

已购进的存货验收入库时,按计划成本,借记"原材料"等存货科目,贷记"材料采购"科目。已购进并已验收入库的存货,按实际成本大于计划成本的超支差额,借记"材料成本差异"科目,贷记"材料采购"科目;按实际成本小于计划成本的节约差额,借记"材料采购"科目,贷记"材料成本差异"科目。

月末,对已验收入库但尚未收到发票账单的存货,按计划成本暂估入账,借记"原材料"等存货科目,贷记"应付账款——暂估应付账款"科目,下月初再用红字做相同的会计分录予以冲回,以便下月收到发票账单和结算时,按正常的程序进行会计处理。

【例 2-32】 虞山股份有限公司 2021 年 11 月发生下列材料采购业务:

（1）11月4日，购入一批原材料，增值税专用发票上注明的价款为200 000元，增值税税额为26 000元。货款已通过银行转账支付，材料经验收入库。该批原材料的计划成本为210 000元。

其会计分录为：

① 借：材料采购 200 000
　　应交税费——应交增值税（进项税额） 26 000
　　　贷：银行存款 226 000

② 借：原材料 210 000
　　　贷：材料采购 210 000
　　借：材料采购 10 000
　　　贷：材料成本差异 10 000

（2）11月8日，购入一批原材料，增值税专用发票上注明的价款为100 000元，增值税税额为13 000元。货款尚未支付，材料尚在运输途中。虞山股份有限公司应编制的会计分录为：

借：材料采购 100 000
　应交税费——应交增值税（进项税额） 13 000
　　贷：银行存款 113 000

（3）11月15日，收到11月8日购进的原材料并验收入库。该批原材料的计划成本为95 000元。虞山股份有限公司应编制的会计分录为：

借：原材料 95 000
　　贷：材料采购 95 000
借：材料成本差异 5 000
　　贷：材料采购 5 000

会计实务中，为了简化收入存货和结转存货成本差异的核算手续，企业平时收到存货时，也可以先不记录存货的增加，也不结转形成的存货成本差异，月末时再将本月已付款或已开出承兑商业汇票并已验收入库的存货，按实际成本和计划成本分别汇总，一次登记本月存货的增加，并计算和结转本月存货成本差异。

【例2-33】承【例2-32】，虞山股份有限公司在采用月末汇总登记存货的增加和结转存货成本差异的方法时，平时取得存货时先不记录存货的增加，也不结转形成的存货成本差异。月末时，将本月已验收入库的存货，按实际成本和计划成本分别汇总，一次登记本月存货的增加，并计算和结转本月存货成本差异。

虞山股份有限公司应编制的会计分录为：

11月30日，汇总本月已付款或已开出承兑商业汇票并已验收入库的原材料实际成本和计划成本，登记本月存货的增加，并计算和结转本月存货成本差异。

原材料实际成本＝200 000＋100 000＝300 000（元）

原材料计划成本＝210 000＋95 000＝305 000（元）

原材料成本差异＝300 000－305 000＝－5 000（元）

借：原材料 305 000

贷:材料采购		305 000
借:材料采购	5 000	
贷:材料成本差异		5 000

3. **存货成本差异的分摊**

采用计划成本法对存货进行日常核算,发出存货时先按计划成本计价,即按发出存货的计划成本,借记"生产成本""制造费用""管理费用"等有关成本费用科目,贷记"原材料"等存货科目。

月末,再将期初结存存货的成本差异和本月取得存货形成的成本差异,在本月发出存货和期末结存存货之间进行分摊,将本月发出存货和期末结存存货的计划成本调整为实际成本。

计划成本、成本差异与实际成本之间的关系如下:

$$实际成本=计划成本+超支差异$$

或

$$实际成本=计划成本-节约差异$$

为便于存货成本差异的分摊,企业应当计算材料成本差异率,作为分摊存货成本差异的依据。

材料成本差异率包括本月材料成本差异率和上月材料成本差异率两种。其计算公式如下:

$$本月材料成本差异率=\frac{月初结存存货的成本差异+本月收入存货的成本差异}{月初结存存货的计划成本+本月收入存货的计划成本}$$

$$上月材料成本差异率=\frac{月初结存存货的成本差异}{月初结存存货的计划成本}$$

企业应当区分原材料、包装物、低值易耗品等,按照类别或品种对存货成本差异进行明细核算,并计算相应的材料成本差异率,不能使用一个综合差异率。企业在计算发出存货应负担的成本差异时,除委托外部加工发出存货可按上月差异率计算外,一般应使用本月差异率计算。如果上月的成本差异率与本月成本差异率相差不大,也可按上月的成本差异率计算。材料成本差异率的计算方法一经确定,不得随意变更。如果确需变更,应在会计报表附注中予以说明。

本月发出存货应负担的成本差异及实际成本和月末结存存货应负担的成本差异及实际成本,可按如下公式计算:

$$本月发出存货应负担的差异=发出存货的计划成本×材料成本差异率$$

$$本月发出存货的实际成本=发出存货的计划成本+发出存货应负担的差异$$

$$月末结存存货应负担的差异=结存存货的计划成本×材料成本差异率$$

$$月末结存存货的实际成本=结存存货的计划成本+结存存货应负担的差异$$

　　发出存货应负担的成本差异,必须按月分摊,不得在季末或年末一次分摊。企业在分摊发出存货应负担的成本差异时,按计算的各成本费用项目应负担的差异金额,借记"生产成本""制造费用""管理费用"等有关成本费用科目,贷记"材料成本差异"科目。实际成本大于计划成本的超支差异,用蓝字登记;实际成本小于计划成本的节约差异,用红字登记。

　　本月发出存货应负担的成本差异从"材料成本差异"科目转出之后,该科目的余额为月末结存存货应负担的成本差异。

　　在编制资产负债表时,月末结存存货应负担的成本差异应作为存货的调整项目将结存存货的计划成本调整为实际成本列示。

　　【例 2-34】　虞山股份有限公司 11 月份领用原材料的计划成本为 250 000 元,其中,基本生产领用 200 000 元,车间一般耗用 40 000 元,管理部门领用 10 000 元。已知虞山股份有限公司 2021 年 11 月 1 日,结存原材料的计划成本为 45 000 元,"材料成本差异——原材料"账户的借方余额为 8 500 元。

　　虞山股份有限公司应编制的会计分录为:

　　(1) 按计划成本发出原材料。

借:生产成本——基本生产成本　　　　　　　　　　　　　　　　　200 000
　　制造费用　　　　　　　　　　　　　　　　　　　　　　　　　40 000
　　管理费用　　　　　　　　　　　　　　　　　　　　　　　　　10 000
　　贷:原材料　　　　　　　　　　　　　　　　　　　　　　　　　　　250 000

　　(2) 月末计算本月材料成本差异率。

$$本月材料成本差异率 = \frac{8\,500 - 5\,000}{45\,000 + 305\,000} = 1\%$$

　　(3) 分摊材料成本差异。

本月发出存货应负担的差异＝发出存货的计划成本×材料成本差异率
　　　　　　　　　　　　　＝250 000×1%＝2 500(元)
生产成本(基本生产成本)＝200 000×1%＝2 000(元)
制造费用＝40 000×1%＝400(元)
管理费用＝10 000×1%＝100(元)

借:生产成本——基本生产成本　　　　　　　　　　　　　　　　　2 000
　　制造费用　　　　　　　　　　　　　　　　　　　　　　　　　400
　　管理费用　　　　　　　　　　　　　　　　　　　　　　　　　100
　　贷:材料成本差异　　　　　　　　　　　　　　　　　　　　　　　　2 500

　　(4) 月末,计算结存原材料实际成本,据以编制资产负债表。

"原材料"账户期末余额＝(45 000＋305 000)－250 000＝100 000(元)
"材料成本差异"账户期末借方余额＝(8 500－5 000)－2 500＝1 000(元)
结存原材料实际成本＝100 000＋1 000＝101 000(元)

　　月末编制资产负债表时,存货项目中的原材料存货,应当按上列结存原材料实际成本 101 000 元列示。

（二）计划成本法的主要优点

1. 可以简化存货的日常核算手续

在计划成本法下，同一种存货只有一个单位计划成本。因此，存货明细账平时可以只登记收、发、存数量，而不必登记收、发、存金额。需要了解某项存货的收、发、存金额时，以该项存货的单位计划成本乘以相应的数量即可求得，避免了烦琐的发出存货计价，简化了存货的日常核算手续。

2. 有利于考核采购部门的工作业绩

计划成本法的显著特点是可以通过实际成本与计划成本的比较，得出实际成本脱离计划成本的差异，并通过对差异的分析，寻求实际成本脱离计划成本的原因，据以考核采购部门的工作业绩，促使采购部门不断降低采购成本。鉴于上述优点，计划成本法在我国制造业企业应用比较广泛。

五、存货的期末计量

（一）成本与可变现净值孰低法

为了在资产负债表中更合理地反映期末存货的价值，企业应当选择适当的计价方法对期末存货进行再计量。我国《企业会计准则》规定，存货的期末计价应当采用成本与可变现净值孰低法。

成本与可变现净值孰低法，是指按照存货的成本与可变现净值两者之中的较低者对期末存货进行计价的一种方法。采用成本与可变现净值孰低法计价，当期末存货的成本低于可变现净值时，存货仍按成本计价，当期末存货的可变现净值低于成本时，存货则按可变现净值计价。

这里的成本是指期末存货的实际成本，即采用先进先出法、加权平均法等存货计价方法，对发出存货或期末存货进行计价所确定的期末存货账面价值。如果存货的日常核算采用计划成本法等简化核算方法，则期末存货的实际成本是指通过差异调整而确定的存货成本。

可变现净值是指在日常活动中，以存货的估计售价减去至完工时估计将要发生的成本、销售费用以及相关税费后的金额。采用成本与可变现净值孰低法对期末存货进行计价，当某项存货的可变现净值跌至成本以下时，表明该项存货为企业带来的未来经济利益将低于账面价值，企业应按可变现净值低于成本的金额确认存货跌价损失，并将其从存货价值中扣除，否则，就会虚计当期利润和存货价值。而当可变现净值高于成本时，企业则不能按可变现净值高于成本的金额确认这种尚未实现的存货增值收益，否则，也会虚计当期利润和存货价值。因此，成本与可变现净值孰低法体现了谨慎性会计原则的要求。

（二）存货可变现净值的确定

根据存货的账面记录，可以很容易地获得存货的成本资料，因此，运用成本与可变现净值孰低法对期末存货进行计价的关键，是合理确定存货的可变现净值。

1. 确定存货可变现净值应考虑的主要因素

企业确定存货的可变现净值，应当以取得的确凿证据为基础，并且考虑持有存货的目的、资产负债表日后事项的影响等因素。

（1）存货可变现净值的确凿证据。可变现净值的确凿证据,是指对确定存货的可变现净值有直接影响的客观证明,如产品的市场销售价格、与企业产品相同或类似商品的市场销售价格、供货方提供的有关资料、销售方提供的有关资料、生产成本资料等。

（2）持有存货的目的。企业持有存货有两个基本目的,即持有以备出售和持有以备耗用。持有存货的目的不同,可变现净值的确定方法也不尽相同。

持有以备出售的产成品或商品以及直接用于出售的原材料等存货,可变现净值按照在正常生产经营过程中,以存货的估计售价减去估计的销售费用和相关税费后的金额确定。

仍然处在生产过程中的在产品,以及将在生产过程或提供劳务过程中耗用的材料、物料等存货,可变现净值按照在正常生产经营过程中,以存货的估计售价减去至完工估计将要发生的成本、估计的销售费用以及相关税费后的金额确定。

（3）资产负债表日后事项的影响。企业在确定资产负债表日存货的可变现净值时,不仅要考虑资产负债表日与该项存货相关的价格与成本波动,而且还应考虑未来的相关事项。

2. 可变现净值的确定

（1）产成品、商品和用于出售的材料等直接用于出售的商品存货,其可变现净值为:在正常生产经营过程中,该存货的估计售价减去估计的销售费用和相关税费后的金额。

（2）需要经过加工的材料存货,用其生产的产成品的可变现净值高于成本的,该材料仍然应当按照成本计量,材料价格的下降表明产成品的可变现净值低于成本的,该材料应当按照可变现净值计量,其可变现净值为:在正常生产经营过程中,以该材料所生产的产成品的估计售价减去至完工时估计将要发生的成本、销售费用和相关税费后的金额。

（3）为执行销售合同或者劳务合同而持有的存货,其可变现净值应当以合同价格为基础计算。

【例2-35】 2021年9月15日,虞山股份有限公司与乙公司签订了一份不可撤销的销售合同,双方约定,2022年1月31日,虞山股份有限公司按每台125万元的价格(不包括增值税)向乙公司提供A型设备50台。2021年12月31日,虞山股份有限公司库存A型设备40台,每台单位成本98万元,总成本为3 920万元;库存用于生产A型设备的甲材料2 000千克,每千克单位成本0.25万元,总成本为500万元,可以生产10台A型设备。虞山股份有限公司将甲材料生产成A型设备,每台估计尚需投入人工及制造费用48万元;销售A型设备,估计每台会发生销售费用以及相关税费5万元。2021年12月31日,A型设备的市场销售价格为每台120万元。

A型设备与甲材料的可变现净值计算如下:

A型设备可变现净值＝125×40－5×40＝4 800(万元)

甲材料可变现净值＝125×10－48×10－5×10＝720(万元)

（4）企业持有的同一项存货的数量多于销售合同或劳务合同订购数量的,应分别确定其可变现净值,并与其相对应的成本进行比较,分别确定存货跌价准备的计提或转回金额,超出合同部分的存货的可变现净值,应当以一般销售价格为基础计算。

(5) 如果企业持有存货的数量少于销售合同或劳务合同订购数量,实际持有的与该合同相关的存货应当以合同所规定的价格作为可变现净值的计算基础。

(6) 没有销售合同或者劳务合同约定的存货(不包括用于出售的原材料、半成品等存货),其可变现净值应当以产成品或商品的一般销售价格作为计算基础。

(7) 用于出售的原材料、半成品等存货,通常应当以该原材料或半成品的市场销售价格作为其可变现净值的计算基础。如果用于出售的原材料或半成品存在销售合同约定,应按合同价格作为其可变现净值的计算基础。

【例 2－36】 虞山股份有限公司根据市场需求的变化,决定从 2021 年 1 月 1 日起,全面停止 B 型设备的生产,并决定将库存原材料中专门用于生产 B 型设备的外购乙材料予以出售。2020 年 12 月 31 日,乙材料的账面成本为 200 万元,市场销售价格为 160 万元,销售乙材料估计会发生销售费用及相关税费共计 3 万元。

分析:本例中,由于虞山股份有限公司已经决定从 2019 年 1 月 1 日起全面停止 B 型设备的生产,因此,专门用于生产 B 型设备的外购乙材料的可变现净值不能再以 B 型设备的销售价格作为基础,而应按乙材料本身的市场销售价格作为计算基础。乙材料的可变现净值计算如下:

乙材料可变现净值＝160－3＝157(万元)

(三) 存货跌价准备的会计处理方法

1. 存货减值的判断依据

存货存在下列情况之一的,表明存货的可变现净值低于成本:

(1) 该存货的市场价格持续下跌,并且在可预见的未来无回升的希望。

(2) 企业使用该项原材料生产的产品的成本大于产品的销售价格。

(3) 企业因产品更新换代,原有库存原材料已不适应新产品的需要,而该原材料的市场价格又低于其账面成本。

(4) 因企业所提供的商品或劳务过时或消费者偏好改变,而使市场的需求发生变化导致市场价格逐渐下跌。

(5) 其他足以证明该项存货实质上已经发生减值的情形。

存货存在下列情形之一的,表明存货的可变现净值为零:

(1) 已霉烂变质的存货。

(2) 已过期且无转让价值的存货。

(3) 生产中已不再需要,并且已无使用价值和转让价值的存货。

(4) 其他足以证明已无使用价值和转让价值的存货。

2. 存货跌价准备的计提

企业应当定期对存货进行全面检查,如果由于存货毁损,全部或部分陈旧过时或销售价格低于成本等原因,使存货可变现净值低于其成本,应按可变现净值低于成本的部分计提存货跌价准备。

在一般情况下,存货跌价准备应当按照单个存货项目计提,即应当将每一存货项目的成本与可变现净值逐一进行比较,取其低者计量存货,并按可变现净值低于成本的差额计提存货跌价准备。但在某些情况下,比如与具有类似目的或最终用途并在同一地区生产和销售的产品系列相关,且难以将其与该产品系列的其他项目区别开来进行估价的存货,可以合并计提存货跌价准备。此外,对于数量繁多、单价较低的存货,也可以按存货类别计提存货跌价准备。

在具体进行存货跌价准备的会计处理时,首先应按本期存货可变现净值低于成本的金额确定本期存货的减值金额,然后将本期存货的减值金额与"存货跌价准备"科目的余额进行比较,本期应计提的存货跌价准备金额计算公式如下:

$$\text{某期应计提的存货跌价准备} = \text{当期可变现净值低于成本的金额} - \text{"存货跌价准备"科目原有余额}$$

根据上述公式,如果本期存货减值的金额与"存货跌价准备"科目的贷方余额相等,则不需要计提存货跌价准备;如果本期存货减值的金额大于"存货跌价准备"科目的贷方余额,应按二者之差补提存货跌价准备,借记"资产减值损失"科目,贷记"存货跌价准备"科目;如果本期存货减值的金额小于"存货跌价准备"科目的贷方余额,表明存货的价值得以恢复,应按二者之差冲减已计提的存货跌价准备,借记"存货跌价准备"科目,贷记"资产减值损失"科目。

3. 存货跌价准备的转回

当以前减记存货价值的影响因素已经消失,减记的金额应当予以恢复,并在原已计提的存货跌价准备金额内转回,转回的金额计入当期损益(资产减值损失),借记"存货跌价准备"科目,贷记"资产减值损失"科目。

4. 存货跌价准备的结转

企业计提了存货跌价准备,如果其中有部分存货已经销售,则企业在结转销售成本时,应同时结转对其已计提的存货跌价准备。按存货类别计提存货跌价准备的,也应按比例结转相应的存货跌价准备。

(1) 生产经营领用的存货,领用时一般可不结转相应的存货跌价准备,待期末计提存货跌价准备时一并调整。如果需要同时结转已计提的存货跌价准备,应借记"存货跌价准备"科目,贷记"生产成本"等科目。

(2) 销售的存货,在结转销售成本的同时,应结转相应的存货跌价准备,借记"存货跌价准备"科目,贷记"主营业务成本""其他业务成本"等科目。

【例 2 - 37】　虞山股份有限公司本月生产领用一批 B 材料。领用的 B 材料账面余额为 20 000 元,相应的存货跌价准备为 1 000 元。

借:生产成本　　　　　　　　　　　　　　　　　　　　　　　　　20 000
　　贷:原材料——B 材料　　　　　　　　　　　　　　　　　　　　　　20 000

如果需要同时结转 B 材料已计提的跌价准备,则:

借:存货跌价准备——B 材料　　　　　　　　　　　　　　　　　　　1 000
　　贷:生产成本　　　　　　　　　　　　　　　　　　　　　　　　　　1 000

【例 2 - 38】　虞山股份有限公司在半年末和年末对存货按成本与可变现净值孰低法计价。

有关业务如下：

(1) 2021 年 6 月 30 日，甲商品的账面成本为 80 000 元，可变现净值跌至 70 000 元。

其会计分录为：

借：资产减值损失   10 000

　　贷：存货跌价准备   10 000

(2) 2021 年 12 月 31 日，甲商品尚未售出，可变现净值已跌至 65 000 元。

甲商品的减值金额＝80 000－65 000＝15 000(元)

应计提的跌价准备＝15 000－10 000＝5 000(元)

其会计分录为：

借：资产减值损失   5 000

　　贷：存货跌价准备   5 000

(3) 2022 年 6 月 30 日，甲商品仍未售出，可变现净值回升至 68 000 元。

甲商品的减值金额＝80 000－68 000＝12 000(元)

应计提的跌价准备＝12 000－15 000＝－3 000(元)

其会计分录为：

借：存货跌价准备   3 000

　　贷：资产减值损失   3 000

假定甲商品的可变现净值升至 85 000 元，高于甲商品的成本，则应将甲商品的账面价值恢复至初始成本，即将已计提的存货跌价准备全部转回。

已计提的存货跌价准备＝10 000＋5 000＝15 000(元)

其会计分录为：

借：存货跌价准备   15 000

　　贷：资产减值损失   15 000

(4) 2022 年 8 月 15 日，将甲商品按 70 000 元(不含增值税)售出。

其会计分录为：

借：银行存款   79 100

　　贷：主营业务收入   70 000

　　　　应交税费——应交增值税(销项税额)   9 100

借：主营业务成本   68 000

　　存货跌价准备   12 000

　　贷：库存商品——甲商品   80 000

六、存货清查

(一) 存货清查的意义与方法

存货是企业资产的重要组成部分，且处于不断销售或耗用以及重置之中，具有较强的流动性。为了加强对存货的控制，维护存货的安全完整，企业应当定期或不定期对存货的实物进行盘点和抽查，并与账面记录进行核对，确保存货账实相符。企业至少应当在编制年度财务会计报告之前，对存货进行一次全面的清查盘点。

存货的清查采用实地盘点和账实核对的方法。清查盘点前,应将已经收发的存货数量全部登记入账,并准备盘点清册,抄列各种存货的编号、名称、规格和存放地点。盘点时,应在盘点清册上逐一登记各种存货的账面结存数量和实存数量,并进行核对。对于账实不符的存货,应查明原因,分清责任,并根据清查结果编制"存货盘存报告单"作为存货清查的原始凭证。

在进行存货清查盘点时,如果发现存货盘盈或盘亏,应于期末前查明原因,并根据企业的管理权限,报经股东大会或董事会、经理(厂长)会议或类似机构批准后,在期末结账前处理完毕。

(二)存货盘盈与盘亏的会计处理

1. 存货盘盈

存货盘盈,是指存货的实存数量超过账面结存数量的差额。存货发生盘盈,应按照同类或类似存货的市场价格作为实际成本及时登记入账,借记"原材料"等存货科目,贷记"待处理财产损溢——待处理流动资产损溢"科目,待查明原因,报经批准处理后,冲减当期管理费用。

【例2-39】 虞山股份有限公司在存货清查中发现盘盈一批 A 材料,市场价格为 2 000 元。

其会计分录为:

(1)发现盘盈。

借:原材料——A 材料	2 000	
贷:待处理财产损溢——待处理流动资产损溢		2 000

(2)报经批准处理。

借:待处理财产损溢——待处理流动资产损溢	2 000	
贷:管理费用		2 000

2. 存货盘亏

存货盘亏,是指存货的实存数量少于账面结存数量的差额。存货发生盘亏,应将其账面成本及时转销,借记"待处理财产损溢——待处理流动资产损溢"科目,贷记"原材料"等存货科目;因非常损失而造成的存货毁损,还应将不能抵扣的增值税进项税额一并转出,借记"待处理财产损溢——待处理流动资产损溢"科目,贷记"应交税费——应交增值税(进项税额转出)"科目。

待查明原因,报经批准处理后,根据造成盘亏的原因,分别按以下情况进行会计处理。

(1)属于定额内自然损耗和收发计量差错造成的短缺,直接计入管理费用。

(2)属于管理不善等原因造成的短缺或毁损,在减去过失人或者保险公司等赔款和残料价值之后,将净损失计入管理费用;其中,因管理不善造成被盗、丢失、霉烂变质的存货,相应的进项税额不得从销项税额中抵扣,应当予以转出。

(3)属于自然灾害或意外事故造成的毁损,在减去保险公司赔款和残料价值之后,将净损失计入营业外支出。

【例2-40】 虞山股份有限公司在存货清查中发现盘亏一批 B 材料,账面成本为

5 000元。虞山股份有限公司应编制的会计分录为：

（1）发现盘亏。

借：待处理财产损溢——待处理流动资产损溢　　　　　　5 000

　　贷：原材料——B材料　　　　　　　　　　　　　　　　　　5 000

（2）查明原因，属于收发计量差错，报经批准处理。

借：管理费用　　　　　　　　　　　　　　　　　　　5 000

　　贷：待处理财产损溢——待处理流动资产损溢　　　　　　　5 000

（3）假定属于管理不善造成存货霉烂变质，由过失人赔偿部分损失3 000元。

借：银行存款　　　　　　　　　　　　　　　　　　　3 000

　　管理费用　　　　　　　　　　　　　　　　　　　2 650

　　贷：待处理财产损溢——待处理流动资产损溢　　　　　　　5 000

　　　　应交税费——应交增值税（进项税额转出）　　　　　　 650

　　　如果盘盈或盘亏的存货在期末结账前尚未经批准，在对外提供财务会计报告时，应先按上述方法进行会计处理，并在会计报表附注中做出说明。如果其后批准处理的金额与已处理的金额不一致，应当调整当期会计报表相关项目的年初数。如果发现的是以前会计期间的存货盘亏，应当作为前期差错更正处理。

第三节　短期借款、应付账款、应付票据与预收账款的核算

本节内容框架

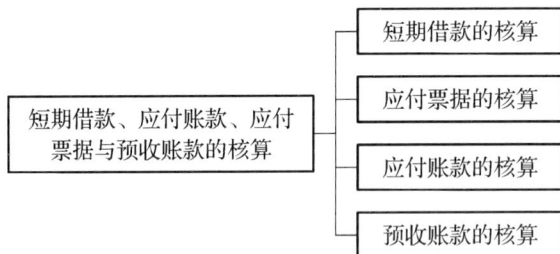

一、短期借款的核算

（一）短期借款的核算内容

　　短期借款，是指企业从银行或者其他金融机构借入的期限在一年以内（含一年）的各种借款。企业在日常生产经营活动中面临资金短缺时，通常会考虑从银行借入资金。银行经常会根据企业的资信状况事先给予企业一定的信用额度，企业可以在需要资金时从银行账户的信用额度之内支取现金，并在双方约定的期限内偿还借款和利息，从而形成企业的一项短期借款。

（二）短期借款的会计核算

1. 短期借款取得时的会计核算

企业应当设置"短期借款"科目,核算企业从银行实际取得和归还短期借款的经济业务。企业取得一项短期借款时,借记"银行存款"等科目,贷记"短期借款"科目。

2. 短期借款利息的会计核算

企业对于取得短期借款的利息,通常应当按照合同规定于每个季度末根据借款本金和合同利率确定的金额支付。根据权责发生制的要求,企业还应当在每个月末计提借款利息,将当期应付未付的利息确认为一项流动负债,计入应付利息,同时确认为当期损益。

3. 短期借款到期偿还的会计核算

企业应于短期借款到期日偿还短期借款的本金以及尚未支付的利息,借记"短期借款""应付利息""财务费用"等科目,贷记"银行存款"科目。

【例 2 - 41】 虞山股份有限公司 2021 年 8 月 1 日从银行取得短期借款 100 000 元。借款合同规定,借款利率为 6%,期限为 1 年,到期日为 2021 年 8 月 1 日。假定虞山股份有限公司每个月末计提利息,每个季末支付利息。

虞山股份有限公司对于该项短期借款的有关账务处理如下:

(1) 2021 年 8 月 1 日,虞山股份有限公司实际取得短期借款时。

借:银行存款   100 000

    贷:短期借款   100 000

(2) 2021 年 8 月 31 日,虞山股份有限公司计提借款利息时。

应付利息＝100 000×6%÷12＝500(元)

借:财务费用   500

    贷:应付利息   500

(3) 2021 年 9 月 30 日,虞山股份有限公司支付 8 月份和 9 月份的利息时。

借:应付利息   500

    财务费用   500

    贷:银行存款   1 000

(4) 2021 年 8 月 1 日,虞山股份有限公司到期偿还短期借款的本金和尚未支付的利息时。

借:短期借款   100 000

    应付利息   500

    贷:银行存款   100 500

二、应付票据的核算

（一）应付票据的核算内容

应付票据核算企业采用商业汇票支付方式购买材料、商品或者接受劳务等而承兑的商业汇票。当企业购买的材料、商品或者接受劳务的金额较大时,一般被要求提供商业汇票以保证会按期付款。

商业汇票是出票人签发的,委托付款人在指定日期无条件支付确定的金额给收款人或者持票人的票据。商业汇票的优点在于有固定的到期日,付款人必须于到期日支付款项给票据的收款人。比如,2021 年 3 月 1 日,虞山股份有限公司从乙公司购买材料时开出并承兑一张到期日为 2021 年 4 月 1 日的商业汇票,则虞山股份有限公司必须在 4 月 1 日将款项支付给乙公司。

商业汇票根据承兑人的不同,可以分为银行承兑汇票和商业承兑汇票。商业承兑汇票是出票人签发的,委托付款人在指定日期无条件支付确定的金额给收款人或者持票人的票据。银行承兑汇票是指由在承兑银行开立存款账户的存款人签发,向开户银行申请并经银行审查同意承兑的,保证在指定日期无条件支付确定的金额给收款人或持票人的票据。

(二) 应付票据的会计核算

1. 应付票据发生时的会计核算

企业在购买材料、商品或者接受劳务并以商业汇票作为结算方式时,应当按照商业汇票的票面金额借记"原材料""应交税费——应交增值税(进项税额)"等科目,贷记"应付票据"科目。对于企业申请并签发的银行承兑汇票应支付给银行的手续费,直接计入当期损益。

2. 应付票据到期时的会计核算

企业应于到期日按照商业汇票的票面金额偿还应付票据,对于带息的商业汇票还应当根据票面金额和票面利率计算并支付相应的利息。企业到期日付款时,借记"应付票据""财务费用"等科目,贷记"银行存款"科目。

【例 2 - 42】 2021 年 3 月 5 日,虞山股份有限公司从乙公司购买一批原材料,该材料的不含税价格为 30 000 元,增值税为 3 900 元。虞山股份有限公司签发一张面值为 33 900元的银行承兑汇票,期限为 3 个月。该批材料已经验收入库。对于上述银行承兑汇票,虞山股份有限公司支付给银行手续费 50 元。

虞山股份有限公司与该应付票据有关的账务处理如下:

(1) 2021 年 3 月 5 日,虞山股份有限公司签发银行承兑汇票时,应编制的会计分录为:

借:原材料   30 000
  应交税费——应交增值税(进项税额)   3 900
   贷:应付票据   33 900

(2) 2021 年 3 月 5 日,虞山股份有限公司支付银行手续费时,应编制的会计分录为:

借:财务费用   50
   贷:银行存款   50

(3) 2021 年 6 月 5 日,银行承兑汇票到期,虞山股份有限公司按期付款时,应编制的会计分录为:

借:应付票据   33 900
   贷:银行存款   33 900

企业如果在商业汇票到期时无法支付票据款项,则应当考虑承兑人的不同而进行相应处理。如果是商业承兑汇票,企业应当将应付的票据金额,结转至"应付账款"科目;如果是银行承兑汇票,由银行支付票据款项给收款人,企业应当将应付银行的款项视同一项短期借款,借记"应付票据"科目,贷记"短期借款"科目。

三、应付账款的核算

(一)应付账款的核算内容

应付账款,是指企业因购买材料、商品或接受劳务等经营活动而应支付的款项。通常企业在购买材料、商品或接受劳务时,会取得一项商业信用。比如,供货商在发货时同意给予买方 30 天的信用期,这时买方就取得了一项短期融资,应当确认为应付账款。应付账款应当于收到相关发票时按照发票账单注明的价款入账,具体内容包括:

(1)因购买材料、商品或者接受劳务时应向销货方或劳务提供方支付的合同或协议价款;

(2)按照货款计算的增值税进项税额;

(3)购买材料或商品时应负担的运杂费和包装费等。

(二)应付账款的会计核算

企业应设置"应付账款"科目,贷方登记:企业购买材料、商品和接受劳务等而发生的应付账款(增加);借方登记:偿还的应付账款,或开出商业汇票抵付应付的款项,或冲销无法支付的应付账款(减少);余额一般在贷方,表示企业尚未支付的应付账款余额。

1. 发生与偿还应付账款

应付账款的入账价值＝应付的货款＋增值税进项税额＋对方代垫费用

使用赊购方式购买材料时,借记"原材料"等科目,同时借记"应交税费——应交增值税(进项税额)"科目,确认应付账款,贷记"应付账款"科目。偿还款项时,借记"应付账款"科目,贷记"银行存款"科目。如果到期无法偿还款项,开出商业汇票抵付,则贷记"应付票据"科目。

【例 2 - 43】　虞山股份有限公司为增值税一般纳税人。2021 年 8 月 1 日,从甲公司购入一批材料,增值税专用发票上注明的价款为 100 000 元,增值税税额为 13 000 元;同时,对方代垫运杂费 1 000 元,增值税税额 90 元,已收到对方转来增值税专用发票。材料验收入库(该企业材料按实际成本计价核算),款项尚未支付。7 月 10 日,虞山股份有限公司以银行存款支付购入材料相关款项 117 110 元。

虞山股份有限公司应编制如下会计分录:

(1)确认应付账款。

借:原材料	101 000
应交税费——应交增值税(进项税额)	13 090
贷:应付账款——甲公司	114 090

(2)偿还应付账款。

借:应付账款——甲公司	114 090

贷：银行存款	114 090

2. 外购电力、燃气动力等

外购电力、燃气动力等时，付款时先做暂付款处理，借记"应付账款"科目。月末按照用途，计入"应付账款"科目和对应成本或费用。

【例2-44】 虞山股份有限公司于2021年8月支付水费10 000元，8月30日经成本核算，分配给生产车间中直接应用于生产产品的水费8 000元，车间一般用水500元，行政部门用水1 500元（暂不考虑增值税）。

（1）付款时，应编制的会计分录为：

借：应付账款——水费	10 000
贷：银行存款	10 000

（2）月末计入对应成本和费用时，应编制的会计分录为：

借：生产成本	8 000
制造费用	500
管理费用	1 500
贷：应付账款——水费	10 000

3. 货物和发票同时到达的会计核算

企业确认应付账款，应当考虑所购买的货物与相关发票到达企业时间之间的关系。大多数情况下，企业通过商业信用购买的货物和相关发票会同时到达企业。在这种情况下，企业应当在确认原材料、库存商品等存货的同时，根据发票金额及相关税费确认应付账款。

【例2-45】 2021年4月10日，虞山股份有限公司从乙公司购买一批原材料，收到的增值税专用发票上注明的价款为50 000元，增值税为6 500元。材料已经验收入库，款项尚未支付。

对于该业务，虞山股份有限公司在材料验收入库时，应编制的会计分录为：

借：原材料	50 000
应交税费——应交增值税（进项税额）	6 500
贷：应付账款	56 500

4. 发票先到而货物未到的会计核算

在有些情况下，企业通过商业信用购买的货物尚未到达，而相关发票已经收到。在这种情况下，企业应当在收到发票时根据发票金额及相关税费确认在途物资存货，同时确认应付账款。

【例2-46】 2021年4月10日，虞山股份有限公司从丙公司购买一批原材料，收到的增值税专用发票上注明的价款为50 000元，增值税为6 500元。材料尚未收到，款项尚未支付。

对于该业务，虞山股份有限公司应编制的会计分录为：

借：在途物资	50 000
应交税费——应交增值税（进项税额）	6 500
贷：应付账款	56 500

5. 货物先到而发票未到的会计核算

企业对于月末购买的存货已经入库但发票账单尚未到达的,应当按照暂估金额或计划成本确定应付账款的入账价值,待下月初将暂估价值冲销,等收到发票账单时再重新入账。

【例 2 - 47】 2021 年 3 月 10 日,虞山股份有限公司购买一批原材料,材料已经入库,但到月末尚未收到发票账单。已知该批材料的计划成本为 60 000 元。

(1) 2021 年 3 月 31 日,虞山股份有限公司应编制的会计分录为:

借:原材料　　　　　　　　　　　　　　　　　　　60 000

　　贷:应付账款　　　　　　　　　　　　　　　　　　　60 000

(2) 2021 年 4 月 1 日,虞山股份有限公司冲销上月末暂估的应付账款价值,应编制的会计分录为:

借:原材料　　　　　　　　　　　　　　　　　　　60 000

　　贷:应付账款　　　　　　　　　　　　　　　　　　　60 000

6. 确实无法支付应付账款的会计核算

在某些情况下,付款人可能因为某些原因确实无法支付某项应付账款。比如,由于销货方破产导致债务人确实无法支付应付账款。此时,企业应当将该应付账款确认为一项利得,计入"营业外收入"科目。

（三）应付账款的列报

"应付账款"科目所属明细科目的期末贷方余额在流动负债中"应付票据及应付账款"项目下列报;"应付账款"科目所属明细科目的期末借方余额在流动资产中"预付款项"项目下列报。

四、预收账款的核算

（一）预收账款的核算内容

预收账款,是指企业按照合同规定从购货方或接受劳务方预收的款项。比如,虞山股份有限公司和乙公司签订一项劳务合同,双方约定乙公司在一个月内为虞山股份有限公司提供运输服务,在签约日乙公司根据合同约定收到 2 000 元定金,而此时并没有向虞山股份有限公司提供任何劳务,这时就形成一项现时义务,即在未来某一期限内按照合同约定必须向虞山股份有限公司提供一定数量的劳务,因而,乙公司应当在收到 2 000 元定金时确认一项负债,计入预收账款。企业预收账款不多的,也可以不设置"预收账款"科目,将发生的预收账款直接记入"应收账款"科目的贷方。

（二）预收账款的会计核算

1. 预收货款时的会计核算

企业因销售商品或提供劳务等按照合同规定预收款项时,应当按实际收到的金额借记"银行存款"等科目,贷记"预收账款"科目。

2. 销售商品或提供劳务时的会计核算

企业如果采用预收账款的方式销售商品或提供劳务,应当在确认销售收入时按合同价款及相关税费,借记"预收账款"科目,贷记"主营业务收入""应交税费——应交增值税(销项税额)"等科目。

3.收到剩余价款或退回多余价款时的会计核算

企业销售商品或提供劳务后,如果预收账款的金额不足以支付全部价款和相关税费,则应当在收到剩余补付金额时,借记"银行存款"科目,贷记"预收账款"科目。

企业销售商品或提供劳务后,如果预收账款的金额超过全部价款和相关税费,则应当在办理转账手续退回多余价款时,借记"预收账款"科目,贷记"银行存款"科目。

【例2-48】 2021年4月10日,虞山股份有限公司根据合同规定收到丁公司支付的货款定金2 000元。2021年4月20日,虞山股份有限公司按照合同规定向丁公司发出商品,并开出增值税专用发票,注明的货款为20 000元,增值税为2 600元,该批商品的实际成本为16 000元。2021年4月24日,虞山股份有限公司收到丁公司支付的剩余价款,金额为20 600元。

(1)2021年4月10日,虞山股份有限公司收到预收账款时,应编制的会计分录为:

借:银行存款 2 000
 贷:预收账款 2 000

(2)2021年4月20日,虞山股份有限公司发出商品确认收入时,应编制的会计分录为:

借:预收账款 22 600
 贷:主营业务收入 20 000
  应交税费——应交增值税(销项税额) 2 600

同时结转商品成本:

借:主营业务成本 16 000
 贷:库存商品 16 000

(3)2021年4月25日,虞山股份有限公司收到剩余货款时,应编制的会计分录为:

借:银行存款 20 600
 贷:预收账款 20 600

第四节　应交税费的核算

本节内容框架

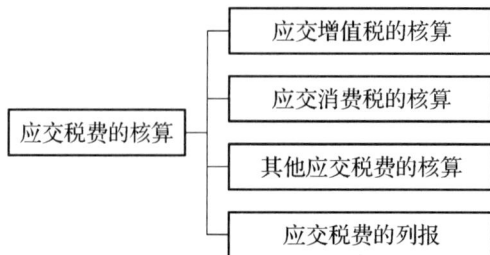

```
                    ┌── 应交增值税的核算
                    │
                    ├── 应交消费税的核算
  应交税费的核算 ──┤
                    ├── 其他应交税费的核算
                    │
                    └── 应交税费的列报
```

企业根据税法规定应交纳的各种税费包括增值税、消费税、城市维护建设税、资源税、企业所得税、土地增值税、房产税、车船税、土地使用税、教育费附加、矿产资源补偿费、印花税、耕地占用税等。企业交纳的印花税、契税、耕地占用税、车辆购置税等不需要预计应交数的税金，不通过"应交税费"科目核算。

一、应交增值税的核算

（一）增值税概述

1. 概念

增值税是以商品（含应税劳务、应税行为）在流转过程中产生的增值额作为计税依据而征收的一种流转税。

根据经营规模大小及会计核算水平的健全程度，增值税纳税人分为一般纳税人和小规模纳税人。

一般纳税人是指年应税销售额超过财政部、国家税务总局规定标准的增值税纳税人；小规模纳税人是指年税销售额未超过规定标准，并且会计核算不健全，不能提供准确税务资料的增值税纳税人。

2. 计税方法

1）一般纳税人（扣税法）

销项税额是一般纳税人在销售货物时，按照销售额和适用税率计算并向购货方收取的货物增值税税额。进项税额是一般纳税人购进货物或者接受应税劳务所支付或者负担的增值税税额。

当期销项税额的计算公式为：

$$销项税额＝销售额（不含增值税）×对应增值税税率$$

进项税一般情况下凭票抵扣；当期销项税额小于当期进项税额不足抵扣时，其不足部分可以结转下期继续抵扣。

计算公式如下：

$$当期应纳税额＝当期销项税额－当期进项税额$$

2）小规模纳税人（简易计税法）

小规模纳税人核算增值税采用简化的方法，即购进货物、接受应税劳务和应税行为支付的增值税，一律不予抵扣，直接计入有关货物或劳务的成本。销售货物、提供应税劳务和应税行为时，按照不含税的销售额和规定的增值税征收率计算应交纳的增值税，但不得开具增值税专用发票。计算公式如下：

$$不含税销售额＝不含税销售额÷（1＋征收率）$$

$$应纳税额＝不含税销售额×征收率$$

（二）账务处理

1. 增值税核算应设置的会计科目

为了核算企业应交增值税的发生、抵扣、交纳、退税及转出等情况，增值税一般纳税人应当在"应交税费"科目下设置"应交增值税""未交增值税""预缴增值税""待抵扣进项税额""待认证进项税额""待转销项税额"等明细科目。

（1）"应交增值税"明细账内设置"进项税额""销项税额抵减""已交税金""转出未交增值税""减免税款""销项税额""出口退税""进项税额转出""转出多交增值税""简易计税"等专栏。其中：①"进项税额"专栏，记录一般纳税人购进货物、加工修理修配劳务、服务、无形资产或不动产而支付或负担的、准予从销项税额中抵扣的增值税额；②"销项税额抵减"专栏，记录一般纳税人按照现行增值税制度规定因扣减销售额而减少的销项税额；③"已交税金"专栏，记录一般纳税人已交纳的当月应交增值税额；④"转出未交增值税"和"转出多交增值税"专栏，分别记录一般纳税人月度终了转出当月应交未交或多交的增值税额；⑤"减免税款"专栏，记录一般纳税人按照现行增值税制度规定准予减免的增值税；⑥"销项税额"专栏，记录一般纳税人销售货物、加工修理修配劳务、服务、无形资产或不动产应收取的增值税额，以及从境外单位或个人购进服务、无形资产或不动产应扣缴的增值税额；⑦"出口退税"专栏，记录一般纳税人出口产品按规定退回的增值税额；⑧"进项税额转出"专栏，记录一般纳税人购进货物、加工修理修配劳务、服务、无形资产或不动产等发生非正常损失以及其他原因而不应从销项税额中抵扣，按规定转出的进项税额；⑨"简易计税"专栏，记录一般纳税人采用简易计税方法应交纳的增值税额。

（2）"未交增值税"明细科目，核算一般纳税人月度终了从"应交增值税"或"预缴增值税"明细科目转入当月应交未交、多交或预缴的增值税额，以及当月交纳以前期间未交的增值税额。

（3）"预缴增值税"明细科目，核算一般纳税人转让不动产、提供不动产经营租赁服务、提供建筑服务、采用预收款方式销售自行开发的房地产项目等，按现行增值税制度规定应预缴的增值税额。

2. 销项税额的账务处理

企业销售货物、提供加工修理修配劳务、销售服务、无形资产或不动产，应当按应收或已收的金额，借记"应收账款""应收票据""银行存款"等科目，按取得的收入金额，贷记"主营业务收入""其他业务收入""固定资产清理"等科目，按现行增值税制度规定计算的销项税额（或采用简易计税方法计算的应纳增值税额），贷记"应交税费——应交增值税（销项税额或简易计税）"科目。

【例2-49】 2021年7月15日，虞山股份有限公司销售给甲公司一批日用品。销售合同中注明的合同价款为80 000元（不含税），适用的增值税税率为13%。已知虞山股份有限公司生产该批产品的成本为70 000元。产品已经发出，货款尚未收到。虞山股份有限公司为了提前回笼资金，给甲公司开出的现金折扣条件为"1/10，n/20"。假定折扣仅限于产品的价款部分。

分析：本例中虞山股份有限公司的增值税销项税额应当根据该批产品不含税的合同

价款和适用税率计算。

  应交增值税销项税额＝80 000×13％＝10 400(元)

  2021年7月15日,虞山股份有限公司销售商品时应编制的会计分录为:

  借:应收账款——甲公司   90 400

    贷:主营业务收入   80 000

     应交税费——应交增值税(销项税额)   10 400

  借:主营业务成本   70 000

    贷:库存商品   70 000

  3.进项税额的账务处理

  企业购进不动产、原材料等资产时,应当按取得资产的成本,借记“固定资产”“在建工程”等科目,按当期可抵扣的增值税额,借记“应交税费——应交增值税(进项税额)”科目,按应付或实际支付的金额,贷记“应付账款”“应付票据”“银行存款”等科目。

  【例2-50】 2021年5月10日,虞山股份有限公司从乙公司购买一批木材,取得的增值税专用发票上注明的材料价款(不含税)为200 000元,增值税为26 000元。另外虞山股份有限公司取得的运输费用增值税专用发票上注明运输费(不含税)为5 000元,增值税为450元(运输费增值税税率为9％)。货款和运输费尚未支付,材料已经收到并已验收入库。虞山股份有限公司采用实际成本法对原材料进行计量。

  2021年5月10日,虞山股份有限公司应编制的会计分录为:

  借:原材料   205 000

    应交税费——应交增值税(进项税额)   26 450

    贷:应付账款   231 450

  4.进项税额转出的账务处理

  企业已单独确认进项税额的购进货物、加工修理修配劳务或者服务、无形资产或者不动产但其事后改变用途(如用于简易计税方法计税项目、免征增值税项目、非增值税应税项目等),或发生非正常损失,企业应将已计入“应交税费——应交增值税(进项税额)”科目的金额转入“应交税费——应交增值税(进项税额转出)”科目。这里所说的“非正常损失”,是指因管理不善造成被盗、丢失、霉烂变质的损失,以及被执法部门依法没收或者强令自行销毁的货物。进项税额转出的会计处理为,借记“待处理财产损溢”“应付职工薪酬”等科目,贷记“应交税费——应交增值税(进项税额转出)”科目。属于转作待处理财产损失的进项税额,应与非正常损失的购进货物、在产品或库存商品、固定资产和无形资产的成本一并处理。

  【例2-51】 2021年12月,虞山股份有限公司对存货进行盘点,发现之前购进的一批食材因管理不善发生霉烂。该批原材料的材料成本为30 000元,进项税额为3 900元。虞山股份有限公司查明原因并经过批准,应由责任人赔偿损失25 000元,其余部分为净损失。

  (1)虞山股份有限公司发生材料损失时的账务处理如下:

  借:待处理财产损溢   33 900

贷：原材料   30 000

  应交税费——应交增值税（进项税额转出）   3 900

（2）虞山股份有限公司查明原因批准处理后的账务处理如下：

借：其他应收款   25 000

  管理费用   8 900

  贷：待处理财产损溢   33 900

5. 月末转出多交增值税和未交增值税

月度终了，企业应当将当月应交未交或多交的增值税自"应交增值税"明细科目转入"未交增值税"明细科目。对于当月应交未交的增值税，借记"应交税费——应交增值税（转出未交增值税）"科目，贷记"应交税费——未交增值税"科目；对于当月多交的增值税，借记"应交税费——未交增值税"科目，贷记"应交税费——应交增值税（转出多交增值税）"科目。

6. 简易计税的账务处理

小规模纳税人进行账务处理时，只需在"应交税费"科目下设置"应交增值税"明细科目，该明细科目不再设置专栏。"应交税费——应交增值税"科目贷方登记应交纳的增值税，借方登记已交纳的增值税；期末贷方余额反映尚未交纳的增值税，借方余额反映多交纳的增值税。

小规模纳税人购进货物或接受应税劳务、应税行为，按照应付或实际支付的全部款项，借记"材料采购""在途物资""原材料"等科目，贷记"应付账款""应付票据""银行存款"等科目。销售货物、提供应税劳务和应税行为，应按全部价款借记"银行存款"等科目，按不含税的销售额贷记"主营业务收入"等科目，按应征税额贷记"应交税费——应交增值税"科目。

【例 2-52】 甲企业为小规模纳税人。2021 年 7 月，甲企业销售一批产品，开出的普通发票上注明的产品价款为 30 900 元（含税）。货款尚未收到。该批产品的成本为 26 000 元。适用的增值税征收率为 3%。

甲企业在销售货物时应编制的会计分录为：

借：应收账款   30 900

  贷：主营业务收入   30 000

    应交税费——应交增值税   900

此分录应注意，"应交增值税"后面没有三级科目（销项税额），因为一般情况下，小规模纳税人按照 3% 征收率计税，但是不能抵扣进项税，所以也就没有"销项税额"的明细账。

同时结转商品成本：

借：主营业务成本   26 000

  贷：库存商品   26 000

二、应交消费税的核算

（一）消费税概述

消费税是指在我国境内生产、委托加工和进口应税消费品的单位和个人，按其流转额交纳的一种税。消费税一般是单一环节征税。

消费税的计税方法包括从价定率、从量定额、从价定率和从量定额复合计税三种。采取从价定率方法征收的消费税,以不含增值税的销售额为税基,按照税法规定的税率计算。企业的销售收入包含增值税的,应将其换算为不含增值税的销售额。采取从量定额计证的消费税,根据按税法确定的企业应税消费品的数量和单位应税消费品应缴纳的消费税计算确定。复合计税是指对应税消费品既按照价格从价定率又按照数量从量定额计算消费税。消费税的复合计税针对的是应税消费品,而不是纳税环节,委托加工卷烟、白酒时,受托方所代收代缴的消费税,同样实行复合计税。

消费税计税依据为含消费税、不含增值税的销售额。计算公式为:

$$消费税＝销售额(不含增值税) \times 消费税税率$$

(二) 消费税的账务处理

企业应在"应交税费"科目下设置"应交消费税"明细科目,核算应交消费税的发生、交纳的情况。该科目贷方登记应交纳的消费税,借方登记已交纳的消费税;期末贷方余额反映企业尚未交纳的消费税,借方余额反映企业多交纳的消费税。

1. 销售应税消费品

企业销售应税消费品应交纳的消费税,应借记"税金及附加"科目,贷记"应交税费——应交消费税"科目。

【例 2 - 53】　虞山股份有限公司销售所生产的化妆品,价款 1 000 000 元(不含增值税),开具的增值税专用发票上注明的增值税税额为 160 000 元,适用的消费税税率为 30％,款项已存入银行。虞山股份有限公司应编制如下会计分录:

(1) 取得价款和税款时。

借:银行存款　　　　　　　　　　　　　　　　　　　　1 130 000
　　贷:主营业务收入　　　　　　　　　　　　　　　　　1 000 000
　　　　应交税费——应交增值税(销项税额)　　　　　　　130 000

(2) 计算应交纳的消费税税款。

借:税金及附加　　　　　　　　　　　　　　　　　　　　300 000
　　贷:应交税费——应交消费税　　　　　　　　　　　　　300 000

2. 自产自用的应税消费品

企业将生产的应税消费品用于在建工程等非生产机构时,按规定应交纳消费税,借记"在建工程"等科目,贷记"应交税费——应交消费税"科目。如果是应税消费品用于职工福利、个人消费,视同销售,也应贷记"应交税费——应交消费税"科目。

【例 2 - 54】　虞山股份有限公司在建工程领用自产柴油,成本为 50 000 元,应纳消费税 6 000 元。不考虑其他相关税费。应编制如下会计分录:

借:在建工程　　　　　　　　　　　　　　　　　　　　　56 000
　　贷:库存商品　　　　　　　　　　　　　　　　　　　　50 000
　　　　应交税费——应交消费税　　　　　　　　　　　　　6 000

（三）委托加工应税消费品的账务处理

委托加工是指由委托方提供原料和主要材料或由生产提供单位自行采购原料，受托方只代垫部分辅助材料，按照委托方的要求加工货物并收取加工费的经营活动。应注意由受托方提供原材料生产的产品，或者受托方先将原材料卖给委托方，然后再接受加工的产品，以及由受托方以委托方名义购进原材料生产的产品，不论在财务上是否做销售处理，都不得作为委托加工产品。

（1）委托加工收回后直接用于销售的，不需要补交消费税，应将消费税直接计入委托加工产品的成本，借记"委托加工物资"科目，贷记"应付账款"或"银行存款"科目。

（2）企业委托加工物资收回后，用于连续生产应税消费品，应借记"应交税费——应交消费税"科目，贷记"应付账款"或"银行存款"科目。委托加工物资收回后，还需继续加工，成本会继续提高，企业需要按照更高的款项计算缴纳消费税，准予扣除委托加工环节已交的消费税。

（四）进口应税消费品

企业进口应税物资在进口环节应交的消费税，计入该项物资的成本，借记"材料采购""固定资产"等科目，贷记"银行存款"科目。

【例 2 - 55】 虞山股份有限公司从国外进口一批需要交纳消费税的商品，商品价值 1 000 000元（不含增值税），进口环节需要交纳的消费税为 200 000 元，采购的商品已验收入库，货款和税款已经用银行存款支付。虞山股份有限公司应编制如下会计分录：

借：库存商品　　　　　　　　　　　　　　　　　1 200 000

　　贷：银行存款　　　　　　　　　　　　　　　　　　　　1 200 000

三、其他应交税费的核算

其他应交税费是指除上述应交税费以外的其他各种税费，包括城市维护建设税、资源税、土地增值税、房产税、土地使用税、车船税、个人所得税、教育费附加、矿产资源补偿费等。企业应当在"应交税费"科目下设置相应的明细科目进行核算，贷方登记应交纳的有关税费，借方登记已交纳的有关税费，期末贷方余额反映尚未交纳的有关税费。

（一）应交资源税

资源税是对我国境内开采矿产品或者生产盐的单位和个人征收的税。

企业对外销售应税产品应交纳的资源税时，应借记"税金及附加"科目，贷记"应交税费——应交资源税"科目。自产自用应税产品应交纳的资源税时，应借记"生产成本"或"制造费用"等科目，贷记"应交税费——应交资源税"科目。

（二）应交城市维护建设税和教育费附加

城市维护建设税和教育费附加是以实际缴纳的增值税、消费税为计税依据征收的一种税。计算应交的城市维护建设税和教育费附加时，应借记"税金及附加"科目，贷记"应交税费——应交城市维护建设税""应交税费——应交教育费附加"科目。

缴纳城市维护建设税和教育费附加时，应借记"应交税费——应交城市维护建设税""应交税费——应交教育费附加"科目，贷记"银行存款"科目。

（三）应交房产税、城镇土地使用税、车船税和矿产资源补偿费

计算应交的房产税、城镇土地使用税、车船税和矿产资源补偿费等税费时，应借记"税金及附加"科目，贷记"应交税费——应交房产税""应交税费——应交城镇土地使用税""应交税费——应交车船税""应交税费——应交矿产资源补偿费"等科目。

（四）应交个人所得税

企业职工按规定应交纳的个人所得税通常由单位代扣代缴。企业按规定计算的代扣代缴的职工个人所得税，借记"应付职工薪酬"科目，贷记"应交税费——应交个人所得税"科目；企业交纳个人所得税时，借记"应交税费——应交个人所得税"科目，贷记"银行存款"科目。

【例 2-56】 虞山股份有限公司结算当月应付职工工资总额 300 000 元，按税法规定应代扣代缴的职工个人所得税共计 9 000 元，实发工资 293 000 元。该企业应编制如下会计分录：

（1）企业代扣个人所得税时。

借：应付职工薪酬——工资、奖金、津贴和补贴　　　　9 000
　　贷：应交税费——应交个人所得税　　　　　　　　　　9 000

（2）交纳个人所得税时。

借：应交税费——应交个人所得税　　　　　　　　　　9 000
　　贷：银行存款　　　　　　　　　　　　　　　　　　9 000

四、应交税费的列报

各项税费均应当在一年内支付完成，因而"应交税费"总账科目的期末余额在资产负债表流动负债中"应交税费"项目下单独列报。

课后练习题　　　　　　　　延伸阅读

第三章 生产业务

1. 掌握职工薪酬的定义和确认条件。
2. 掌握短期薪酬的会计处理方法。
3. 掌握应付账款的列报方式。

春秋航空成本领先战略案例

《国务院关于印发降低实体经济企业成本工作方案的通知》(国发〔2016〕48 号)指导思想为:全面贯彻党的十八大及十八届三中、四中、五中全会精神和习近平总书记系列重要讲话精神,落实党中央、国务院决策部署,按照"五位一体"总体布局和"四个全面"战略布局,牢固树立和贯彻落实创新、协调、绿色、开放、共享的发展理念,推进供给侧结构性改革,采取针对性、系统性措施,有效降低实体经济企业成本,优化企业发展环境,助推企业转型升级,进一步提升产业竞争力,增强经济持续稳定增长动力。目标任务包括经过 1~2 年的努力,降低实体经济企业成本工作取得初步成效,3 年左右使实体经济企业综合成本合理下降,盈利能力较为明显增强。一是税费负担合理降低。二是融资成本有效降低。三是制度性交易成本明显降低。四是人工成本上涨得到合理控制。五是能源成本进一步降低。六是物流成本较大幅度降低。

春秋航空(Spring Airlines)股份有限公司,是首个中国民营资本独资经营的低成本航空公司专线,也是首家由旅行社起家的低成本航空公司。春秋航空成本领先战略包括以下几点:

(1) 提高飞机利用率及客座率。

低成本航空公司为旅客推出了低价机票,为了补偿机票成本,就要寻求部分辅助收入,比如机上销售日用品、食品以及旅游纪念品等。

(2) 选择单一机型、单一舱。

春秋航空统一使用 A320 机型飞机,在世界范围内的短程航线中,这种机型的安全性以及燃油经济性都相对较高。采用同一机型的方式可以有效缩减航材的备件,也让人员具备相同的"构型",使人员成本有效下降。

A320 机型的客舱采用 180 个座位的全经济舱布局,虽然座位间距较窄,春秋航空加大了对旅客解释与推广的力度,在乘机过程中让乘务员引导旅客做一些锻炼操,从而减轻旅客的劳累感受,提升了用户体验,逐渐得到了市场的认可。

（3）采用新模式。

春秋航空公司推出了"旅游＋航空＋航空旅游"的业务模式。对上下游的产业资源进行有机组合,可以增强综合竞争力,进而在市场中占据竞争优势。2005年刚刚开航时,春秋航空的航线大多是非旅游航线,春秋国旅是主要的旅客来源,在旅客总数中的占比超过了70％,之后,春秋航空在市场中的占有率不断提升,个人旅游以及商务旅游也逐渐倾向于春秋航空。

（4）降低期间费用。

航空公司的成本费用一般由30％左右的燃油支出、16％左右的飞机租赁费、11％左右的机场费用、11％左右的机场起降费、10％左右的飞机维护费、15％左右的工资支出、5％左右的销售费用以及2％左右的其他费用共同组成。在以上所有的费用中,不可控成本以及控制空间极小的成本占到了80％左右,所以航空公司降低成本的空间也相对较小。

春秋航空自成立开始就坚持自主创新和研发,发展了自身销售系统,使用直销模式来有效缩减销售费用。出于提升网络销量的目的,还在网上推出了特价机票。按照2014年的销售量来算,省俭的代理佣金费达到了上亿元。低成本航空公司还制定严格制度来降低管理成本。

分析:企业要坚决落实党中央、国务院决策部署,切实抓好降低成本的各项工作,进一步降低物流成本、融资成本、创新成本,针对新形势、新情况拿出精准、务实、有效的降本减负新举措,不断提振发展信心,激发企业活力和创新动力,做实做强做优,实现高质量发展。

结论:成本对于企业的生存发展至关重要,国家政策也大力支持减负降本,财务人员要做好成本核算工作,为进一步降低成本提供依据。

（资料来源:杨峥嵘.成本领先战略的运用分析——基于春秋航空的案例研究[D].石家庄:河北经贸大学,2019.）

阅读案例

京东物流成本分析案例

京东是中国自营式B2C零售购物网站之一,依托于其物流配送中心为消费者提供速度快、高质量的物流送达服务。现在的京东物流中心已扩增为华北、华东、华南、西南、华中、东北六大物流中心,同时在360座城市建立配送站点。目前,90％的自营订单在24小时内可以送达。京东物流的配送模式主要是仓储配送一体化,在成本、库存周转效率和客户体验度上优于第三方卖家的"第三方配送"。

（1）采购成本。近5年,京东的采购成本占营业收入比重普遍维持在86％左右（2015年:86.61％,2016年:86.31％,2017年:85.98％,2018年:85.72％,2019年第三季度:85.13％）。而世界最大的在线商品零售商亚马逊,其采购成本占营业收入比重在近几年已经下降到60％以内,可看出京东存在着采购成本偏高的问题。此外,京东最初聚焦于

3C类产品,当聚焦于其他商品时,国美、苏宁、天猫都会与之竞争,所以议价能力可能会低于同行业的竞争者。

(2)仓储成本。京东的存货周转天数在40天左右(2015年:37.52天,2016年:40.33天,2017年:40.8天,2018年:38.96天,2019年第三季度:48天),而亚马逊的存货周转天数普遍低于30天。这表示京东的存货占用水平较高,流动性较差,资产变现能力较弱,应加强库存管理能力。另一方面,京东为占领市场,需要不断地建设仓储,不仅要付出巨额的用地租金,还要投入高昂的研发费用,难免会出现成本过高,导致资金短缺的问题。同时,由于京东的货物往往较小,多为人工处理,导致储存设备的利用率不高,甚至出现闲置状态,造成资源严重浪费和储存费用耗费巨大。

(3)配送成本。据京东年报披露,京东自营订单的80%和部分第三方商家的订单业务是通过京东物流进行配送的。仅考虑在京东配送的订单情况下,2015年,平均每单处理成本是11.02元,2016年高达13.20元,而后几年一直到2019年成本下降并控制在10元左右。现在,京东物流成本包含大家电在内的,大约为10元;不包含大家电在内的,如消费品、日用品、小家电等每单的处理成本为8元左右。当然在保证订单量维持较高数量时,京东平均每单处理成本还能有所下降,这很大程度上得益于京东自建物流体系。随着未来基础设施得到改善,京东每单的处理成本会继续下降。此外,退换货产生的人工成本和物流成本,京东应制定有效的控制机制,从而进一步降低成本。

(4)人力成本。2018年,京东整个集团有近20万人,其中80%为快递员。职工数量大,职工薪酬和福利支出较高。同时,一线工人普遍素质不高,工作效率低。而京东为建设物流系统自动化,需要招聘大量专业人才,人力资源成本会进一步增加。另一方面,人员的需求和供给不匹配,在短时间内招聘大量职工,会降低岗位匹配的效率,增加管理费用。

分析:企业核算成本时需要注意各种发生的成本与费用,比如核算京东的物流成本包括供应商转移商品到当地仓库的采购成本,原材料在不同站点转移和存储的仓储成本,仓库到客户的配送成本,及其他整个物流运行活动中发生的人工、管理、销售、财务等费用。

结论:企业需要全面综合地核算企业成本,成本是补偿生产耗费的尺度、制订产品价格的基础、计算企业盈亏的依据、企业进行决策的依据,也是综合反映企业工作业绩的重要指标。

(资料来源:吕镇宇.京东物流成本管理研究[D].广州:广东工业大学,2018.)

第一节　生产成本及期间费用核算

本节内容框架

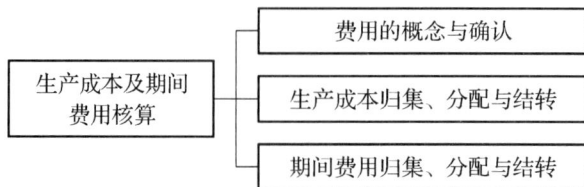

生产成本及期间费用核算 —— 费用的概念与确认 / 生产成本归集、分配与结转 / 期间费用归集、分配与结转

一、费用的概念与确认

（一）费用的概念

1. 费用的定义

费用是指企业在日常活动中发生的、会导致所有者权益减少的、与向所有者分配利润无关的经济利益的总流出。费用有狭义和广义之分。广义的费用泛指企业各种日常活动发生的所有耗费,狭义的费用仅指与本期营业收入相配比的那部分耗费。费用应按照权责发生制和配比原则确认,凡应属于本期发生的费用,不论其款项是否支付,均确认为本期费用;反之,不属于本期发生的费用,即使其款项已在本期支付,也不确认为本期费用。

在确认费用时,首先应当划分生产费用与非生产费用的界限。生产费用是指与企业日常生产经营活动有关的费用,如生产产品所发生的原材料费用、人工费用等;非生产费用是指不属于生产费用的费用,如用于购建固定资产所发生的费用。其次,应当分清生产费用与产品成本的界限。生产费用与一定的期间相联系,而与生产的产品无直接关系;产品成本与一定品种和数量的产品相联系,而不论发生在哪一期。第三,应当分清生产费用与期间费用的界限。生产费用应当在期末进行分配后计入产品成本;而期间费用直接计入当期损益。

在确认费用时,对于确认为期间费用的费用,必须进一步划分为管理费用、销售费用和财务费用。对于几种产品共同发生的生产费用,必须按受益原则,采用一定方法和程序将其分配计入相关产品的生产成本。

2. 费用的特征

费用的发生会导致企业经济资源减少,最终导致企业所有者权益减少。支付费用,比如支付管理部门的水费,会表现为企业的实际现金支出,令经济利益流出企业,增加了管理费用,减少了当期利润,最终使所有者权益减少。费用可以是现金支出,还可以是非现金支出,也可以是预期的现金支出。

3. 费用与资产、成本和损失的关系

1）费用与资产

从费用的定义可以看出,费用与资产有着密切联系,又有明显的区别。按照我国《会计准则》对资产的定义,资产是指由过去的交易、事项形成,并由企业拥有或控制的资源,该资源预期会给企业带来经济利益,所以资产从本质上讲是一种经济资源,是能给企业带来未来经济利益的耗费。费用也是一样,企业为了得到未来的经济利益,通过交换从其他个体取得资产时,要牺牲别的资产或者要承诺负债,而这项负债将来要用某项资产来偿还,也就产生了费用。但是资产的有形损耗与无形损耗需要依据折旧计量,费用则是计入当期损益,所以资产可以视为需要长期分摊计入各期的损耗,而费用是计入当期的损耗。

2）费用与成本

成本是企业为生产商品和提供劳务等所耗费物化劳动或劳动中必要劳动的价值的货币表现,是生产活动中所使用的生产要素的价格,成本也称为生产费用。而费用一般是不能够直接对应产品的,只能对应期间。所以,能够对应产品的耗费计入成本,因不能直接对应产品而对应期间的计入费用。

3）费用与损失

从广义上讲,费用包括了损失,都是经济利益的减少。但从狭义上讲,费用与损失是有区别的。费用是相对于收入而言的,两者存在着配比关系,比如主营业务收入、主营业务成本;而损失与利得是相对应的,但两者不存在配比关系,比如营业外收入、营业外支出。

（二）费用的分类

1. 按照经济内容分类

按照经济内容将费用分类,可以分为:

（1）外购材料,指企业为进行生产而耗用的一切从外部购入的原材料及主要材料、半成品、辅助材料、包装物、修理用备件和低值易耗品等。

（2）外购燃料,指企业为进行生产而耗用的从外部购进的各种燃料。

（3）外购动力,指企业为进行生产而耗用的从外部购进的各种动力。

（4）工资,指企业应计入成本费用的职工工资。

（5）提取的职工福利费用,指按照一定比例从成本费用中提取的职工福利费用。

（6）折旧费,指企业按照核定的固定资产折旧率计算提取的折旧基金。

（7）利息支出,指企业应计入成本费用的利息支出减去利息收入后的净额。

（8）税金,指企业应计入成本费用的各种税金。

（9）其他支出,指不属于以上各要素的费用支出。

2. 按照经济用途分类

按照经济用途将费用分类,可以分为:

（1）直接材料,指构成产品实体,或有助于产品形成的各项原料及主要材料、辅助材料、燃料、备品备件、外购半成品和其他直接材料。

（2）直接人工,指直接从事产品生产人员的工资、奖金、津贴和补贴。

（3）其他直接支出,指直接从事产品生产人员的职工福利费。

（4）制造费用,指企业各生产单位为组织和管理生产所发生的各项费用。

（5）期间费用,指企业在生产经营过程中发生的销售费用、管理费用和财务费用。

（三）费用的确认

确认费用的标准主要有两点:

（1）某项资产的减少或负债的增加,如果不会减少企业的经济利益,就不能确认为费用;

（2）某项资产的减少或负债的增加必须能够准确地加以计量。

在确认费用的基础上,应按照联系收入来确认费用的配比原则来确认费用的实现:① 按因果关系直接确认;② 按系统且合理的分配方法加以确认;③ 按期间配比确认。

需要说明的是,由于费用一般被视为资产价值的减少,而理论上已耗用的资产又可以从不同的角度来计量,所以,与之相适应的费用也可采用不同的计量属性。不过,通常的费用计量标准是实际成本。费用的实际成本是按企业为取得商品和劳务而放弃的资源的实际价值来计量的,即按交换价值或市场价格计量的。费用采用实际成本计量属性来计量,是由于实际成本代表了企业获得商品或劳务时的交换价值由交易双方认可,具有客观性和可验证性,从而能够使会计信息具有足够的可靠性。

二、生产成本归集、分配与结转

(一)生产费用的概念

生产费用,是指一定期间生产产品所发生的直接费用和间接费用的总和,一般包括直接材料、燃料及动力、直接人工、制造费用等。

(二)生产成本核算应设置的账户

企业为了核算各种产品所发生的各项生产费用,应设置"生产成本"科目和"制造费用"科目。

"生产成本"科目是用来核算企业进行工业性生产所发生的各项生产费用,包括生产各种产成品、自制半成品、提供劳务、自制材料、自制工具以及自制设备等所发生的各项费用。"生产成本"科目的借方登记月份内发生的全部生产费用;贷方登记应结转的完工产品的实际生产成本。月末的借方余额,表示生产过程中尚未完工的在产品实际生产成本。"生产成本"科目应设置"基本生产成本"和"辅助生产成本"两个明细科目。

"制造费用"科目是用来核算企业为生产产品和提供劳务而发生的各项间接费用,包括生产车间管理人员的职工薪酬、折旧费、修理费、办公费、水电费、机物料消耗、劳动保护费、租赁费、保险费、季节性和修理期间的停工损失等。"制造费用"科目借方反映企业发生的各项制造费用,贷方反映期末按一定的分配方法和分配标准将制造费用在各成本计算对象间的分配结转,期末结转后本账户一般无余额。

(三)生产费用的归集和分配

1. 材料费用的归集和分配

在一般情况下,它包括产品生产中消耗的原料、主要材料、辅助材料和外购半成品等。材料费用的归集和分配,是由财会部门在月份终了时,将当月发生应计入成本的全部领料单、限额领料单、退料单等各种原始凭证,按产品和用途进行归集,编制"发出材料汇总表"。

用于制造产品的材料费用,能够直接计入生产成本的,直接计入该产品成本计算单中"直接材料"项目。

【例 3-1】　虞山股份有限公司本月发生的材料费用如表 3-1 所示。

根据表 3-1 中的有关数字编制如下会计分录:

(1)借:生产成本——基本生产成本(甲产品)　　　　　　40 000
　　　　　　　——基本生产成本(乙产品)　　　　　　27 000
　　　　　　　——辅助生产成本　　　　　　　　　　 2 500
　　　　制造费用　　　　　　　　　　　　　　　　　 2 500
　　　　管理费用　　　　　　　　　　　　　　　　　　 400
　　　　　贷:原材料　　　　　　　　　　　　　　　　　　　　72 400
(2)借:制造费用　　　　　　　　　　　　　　　　　 10 500
　　　　生产成本——辅助生产成本　　　　　　　　　　 500

```
    管理费用                                          450
        贷:低值易耗品                                      11 450
```

表 3-1 发出材料汇总表

2021 年 12 月 31 日   单位:元

会计科目	领用单位及用途	原材料	低值易耗品	合　计
生产成本	一车间:甲产品	20 000		20 000
	乙产品	15 000		15 000
	二车间:甲产品	20 000		20 000
	乙产品	12 000		12 000
	小　计	67 000		67 000
制造费用	一车间	1 000	7 500	8 500
	二车间	1 500	3 000	4 500
	小　计	2 500	10 500	13 000
生产成本	机　修	2 500	500	2 800
管理费用	厂　部	400	450	850
合　计		72 400	11 450	83 850

2. 制造费用的归集和分配

由于生产车间管理人员的职工薪酬、折旧费、修理费、办公费、水电费、机物料消耗、劳动保护费、租赁费、保险费、季节性和修理期间的停工损失等很难直接对应具体产品,所以不能计入"生产成本"科目,只能先使用"制造费用"科目归集,期末再进行分配后计入"生产成本"科目。

【例 3-2】 虞山股份有限公司甲车间生产 A、B 两种产品,本月发生各种费用如下:

(1) 计提本月甲车间使用的固定资产折旧,共计 40 000 元,应编制的会计分录为:

```
    借:制造费用                                      40 000
        贷:累计折旧                                      40 000
```

(2) 甲车间领用一般性消耗材料,其实际成本为 5 000 元,应编制的会计分录为:

```
    借:制造费用                                       5 000
        贷:原材料                                         5 000
```

(3) 支付甲车间本月固定资产租金 4 000 元,以银行存款支付,应编制的会计分录为:

```
    借:制造费用                                       4 000
        贷:银行存款                                       4 000
```

(4) 以现金 100 元购买甲车间办公用品,应编制的会计分录为:

```
    借:制造费用                                         100
        贷:库存现金                                         100
```

(5) 甲车间办事员王某报销差旅费 1 500 元,预借款为 2 000 元,剩余资金 500 元以现金交回。应编制的会计分录为:

借:制造费用　　　　　　　　　　　　　　　　　　　　　　　　1 500

　　库存现金　　　　　　　　　　　　　　　　　　　　　　　　　500

　　贷:其他应收款　　　　　　　　　　　　　　　　　　　　　　　　　2 000

(6) 应付当月甲车间管理人员工资6 000元,应编制的会计分录为:

借:制造费用　　　　　　　　　　　　　　　　　　　　　　　　6 000

　　贷:应付职工薪酬　　　　　　　　　　　　　　　　　　　　　　　6 000

(7) 甲车间领用活扳手,价值12 000元(该厂低值易耗品采用分次摊销法,分6个月摊销),应编制的会计分录为:

借:周转材料——在用　　　　　　　　　　　　　　　　　　　12 000

　　贷:周转材料——在库　　　　　　　　　　　　　　　　　　　　12 000

借:制造费用　　　　　　　　　　　　　　　　　　　　　　　　2 000

　　贷:周转材料——摊销　　　　　　　　　　　　　　　　　　　　　2 000

(8) 甲车间支付本月设备租金3 000元,以银行存款支付,应编制的会计分录为:

借:制造费用　　　　　　　　　　　　　　　　　　　　　　　　3 000

　　贷:银行存款　　　　　　　　　　　　　　　　　　　　　　　　　3 000

(9) 分配甲车间本期制造费用,总计61 600元,其中A产品负担32 400元,B产品负担29 200元,应编制的会计分录为:

借:生产成本——基本生产成本(A产品)　　　　　　　　　　32 400

　　　　　　——基本生产成本(B产品)　　　　　　　　　　29 200

　　贷:制造费用　　　　　　　　　　　　　　　　　　　　　　　　61 600

3. 辅助生产费用的归集和分配

辅助生产主要是为基本生产服务的,它所生产的产品和劳务,大部分都被基本生产车间和管理部门所消耗,一般很少对外销售。

辅助生产按其提供产品或劳务的种类不同,可以分为以下两类:

(1) 只生产一种产品或劳务的辅助生产,如供电、供水、蒸汽、运输等。

(2) 生产多种产品或劳务的辅助生产,如工具、模型、机修等。

【例3-3】　虞山股份有限公司有供电、供水两个辅助生产车间,本月供电车间直接发生的费用为30 800元,供水车间直接发生的费用为21 000元,采用直接分配法对辅助生产费用进行分配。直接分配法是指对辅助生产费用不进行辅助车间之间的交互分配,而直接在辅助生产车间以外各受益对象之间进行分配。劳务供应通知单中各车间和管理部门耗用劳务的数量如表3-2所示、辅助生产费用分配表如表3-3所示。

表3-2　劳务供应通知单

受益单位	用电度数(度)	用水吨数(吨)
供电车间		700
供水车间	14 000	
第一生产车间	72 800	1 344

受益单位	用电度数（度）	用水吨数（吨）
第二生产车间	56 000	1 036
管理部门	11 200	420
合 计	154 000	3 500

表 3-3 辅助生产费用分配表

数量单位:度、吨
金额单位:元

项 目	分配费用	分配数量	分配率	分配额			
				生产成本		管理费用	
				数 量	金 额	数 量	金 额
供电车间	30 800	140 000	0.22	128 800	28 336	11 200	2 464
供水车间	21 000	2 800	7.50	2 380	17 850	420	3 150

根据表 3-3 的分配结果,应编制的会计分录为:

(1) 借:生产成本——基本生产成本 　　　　　28 336

　　　　管理费用 　　　　　2 464

　　　　贷:生产成本——辅助生产成本(供电) 　　　　　30 800

(2) 借:生产成本——基本生产成本 　　　　　17 850

　　　　管理费用 　　　　　3 150

　　　　贷:生产成本——辅助生产成本(供水) 　　　　　21 000

(四) 在产品成本的计算和完工产品成本的结转

期末时,产品成本需要在完工产品和在产品之间进行分配,完工产品成本一般按下式计算:

$$完工产品成本＝月初在产品成本＋本月发生费用－月末在产品成本$$

1. 在产品成本的计算

工业企业的在产品是指生产过程中尚未完工的产品。企业应根据生产特点、月末在产品数量的多少、各项费用比重的大小,以及定额管理基础的好坏等具体条件,采用适当的方法计算在产品成本。如果在产品数量很少,计算或不计算在产品成本对完工产品成本的影响都很小,为了简化计算工作,可以不计算在产品成本。

2. 完工产品成本的结转

在计算出当期完工产品成本后,对验收入库的产成品,应结转成本。结转本期完工产品成本时,借记"产成品"或"库存商品"科目,贷记"生产成本"科目。

【例 3-4】 虞山股份有限公司 2021 年 12 月完工产品成本汇总分配情况如表 3-4 所示。

表 3-4　完工产品成本汇总计算表

2021 年 12 月　　　　　　　　　　　　　　　　　　金额单位:元,元/件

成本项目	产品名称:A 产品规格: 产量:100 件		产品名称:B 产品规格: 产量:250 件		合　计
	总成本	单位成本	总成本	单位成本	
直接材料	33 000	330	15 000	60	48 000
燃料和动力	6 100	61	3 500	14	9 600
直接工资	10 500	105	8 000	32	18 500
制造费用	15 600	156	11 000	44	26 600
合　计	65 200	652	37 500	150	102 700

期末应将产品成本在完工产品 A、B 之间进行分配,应编制的会计分录为:

借:产成品——A 产品　　　　　　　　　　　　　　　　　65 200
　　产成品——B 产品　　　　　　　　　　　　　　　　　37 500
　　贷:生产成本　　　　　　　　　　　　　　　　　　　　　102 700

三、期间费用归集、分配与结转

期间费用是企业当期发生的费用中的重要组成部分,是指企业日常活动发生的不能计入特定核算对象的成本,而应计入发生当期损益的费用。期间费用包括销售费用、管理费用、财务费用。

(一) 销售费用

1. 销售费用的内容

(1) 产品自销费用,是指应由本企业负担的包装费、运输费、装卸费、保险费。

(2) 产品促销费用,是指展览费、广告费、经营租赁费、销售服务费。

(3) 销售部门的费用,一般是指专设销售机构的职工工资及福利费、类似工资性质的费用、业务费等经营费用。企业内部销售部门所发生的费用,不包括在销售费用中,而应列入管理费用中。

(4) 委托代销费用,主要是指企业委托其他单位代销,按代销合同规定支付的委托代销手续费。

(5) 商品流通企业的进货费用,是指商品流通企业在进货过程中发生的运输费、装卸费、包装费、保险费、运输途中的合理损耗和入库前的挑选整理费等。

2. 销售费用的核算

企业发生的销售费用在"销售费用"科目中核算,并按费用项目设置明细账进行明细核算。企业发生的各项销售费用借记该科目,贷记"库存现金""银行存款""应付职工薪酬"等科目;月末,将借方归集的销售费用全部由本科目的贷方转入"本年利润"科目的借方,计入当期损益。结转销售费用后,"销售费用"科目期末无余额。

【例 3-5】 虞山股份有限公司 8 月份发生的销售费用包括：以银行存款支付广告费 5 000 元；以现金支付应由公司负担的销售 A 产品的运输费 800 元；本月分配给专设销售机构的职工工资 4 000 元，提取的职工福利费是 560 元。月末将全部销售费用予以结转。

根据上述资料，应编制如下会计分录：

（1）支付广告费时。

借：销售费用——广告费　　　　　　　　　　　　　　　　5 000

　　贷：银行存款　　　　　　　　　　　　　　　　　　　　5 000

（2）支付运输费时。

借：销售费用——运输费　　　　　　　　　　　　　　　　800

　　贷：库存现金　　　　　　　　　　　　　　　　　　　　800

（3）分配职工工资及提取福利费时。

借：销售费用——工资及福利费　　　　　　　　　　　　　4 560

　　贷：应付职工薪酬——工资　　　　　　　　　　　　　　4 000

　　　　　　　　　　——福利费　　　　　　　　　　　　　560

（4）月末结转销售费用时。

借：本年利润　　　　　　　　　　　　　　　　　　　　　10 360

　　贷：销售费用　　　　　　　　　　　　　　　　　　　　10 360

（二）管理费用

1. 管理费用的内容

管理费用主要包括企业管理部门发生的直接管理费用，比如公司经费等；用于企业直接管理之外的费用，主要包括董事会费、咨询费、聘请中介机构费、诉讼费等；提供生产技术条件的费用，主要包括研究费用、无形资产摊销、长期待摊费用摊销；业务招待费是企业为业务经营的合理需要而支付的招待费用；还有不包括在以上各项之内又应列入管理费用的其他费用。

2. 管理费用的核算

企业应设置"管理费用"科目，发生的管理费用在"管理费用"科目中核算，并按费用项目设置明细账进行明细核算。期末，将本科目借方归集的管理费用全部由本科目的贷方转入"本年利润"科目的借方，计入当期损益。结转管理费用后，"管理费用"科目期末无余额。

【例 3-6】 虞山股份有限公司 2021 年 8 月份发生以下管理费用：以银行存款支付业务招待费 7 200 元；计提管理部门使用的固定资产折旧费 8 000 元；分配管理人员工资 12 000 元，提取职工福利费 1 680 元；以银行存款支付董事会成员差旅费 3 500 元；摊销无形资产 2 000 元。月末结转管理费用。根据上述资料，应编制如下会计分录：

（1）支付业务招待费时。

借：管理费用——业务招待费　　　　　　　　　　　　　　7 200

　　贷：银行存款　　　　　　　　　　　　　　　　　　　　7 200

（2）计提折旧费时。

借：管理费用——折旧费　8 000

　　贷：累计折旧　8 000

（3）分配工资及计提福利费时。

借：管理费用——工资及福利费　13 680

　　贷：应付职工薪酬——工资　12 000

　　　　　　　　　　——福利费　1 680

（4）支付董事会成员差旅费时。

借：管理费用——董事会费　3 500

　　贷：银行存款　3 500

（5）摊销无形资产时。

借：管理费用——无形资产摊销　2 000

　　贷：累计摊销　2 000

（6）结转管理费用时。

借：本年利润　34 380

　　贷：管理费用　34 380

（三）财务费用

1．财务费用的内容

（1）利息净支出，是指企业短期借款利息、长期借款利息、应付票据利息、票据贴现利息、应付债券利息、长期应付引进外国设备款利息等利息支出减去银行存款等利息收入后的净额。

（2）汇兑净损失，是指企业因向银行结售或购入外汇而产生的银行买入、卖出价与记账所采用的汇率之间的差额，以及月度终了各种外币账户的外币期末余额，按照期末汇率折合的记账本位币金额与账面记账本位币金额之间的差额等。

（3）金融机构手续费，是指发行债券所需支付的手续费、开出汇票的银行手续费、调剂外汇手续费等。

（4）其他费用，比如融资租入固定资产发生的融资租赁费用，以及筹集生产经营资金发生的其他费用等。

2．财务费用的核算

企业发生的财务费用在"财务费用"科目中核算，并按费用项目设置明细账进行明细核算。企业发生的各项财务费用借记该科目，贷记"银行存款"等科目；企业发生利息收入、汇兑收益时，借记"银行存款"等科目，贷记该科目。月末，将借方归集的财务费用全部由该科目的贷方转入"本年利润"科目的借方，计入当期损益。结转当期财务费用后，"财务费用"科目期末无余额。

【例3-7】虞山股份有限公司2021年8月份发生如下事项：

（1）接银行通知，已划拨本月银行借款利息5 000元时，应编制的会计分录为：

借：财务费用——利息支出　5 000

  贷:银行存款   5 000

（2）银行转来存款利息 2 000 元时,应编制的会计分录为:

借:银行存款   2 000

  贷:财务费用——利息收入   2 000

（3）月末结转财务费用时,应编制的会计分录为:

借:本年利润   3 000

  贷:财务费用   3 000

第二节　应付职工薪酬的核算

本节内容框架

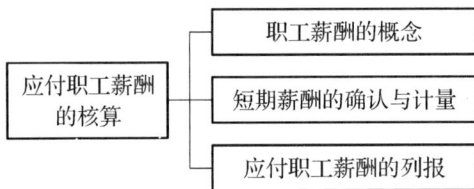

一、职工薪酬的概念

（一）职工薪酬的含义

职工薪酬,是指企业为获得职工提供的服务或解除劳动关系而给予的各种形式的报酬或补偿。根据《企业会计准则第 9 号——职工薪酬》(2014)的规定,职工薪酬包括短期薪酬、离职后福利、辞退福利和其他长期职工福利。企业提供给职工配偶、子女、受赡养人、已故员工遗属及其他受益人等的福利,也属于职工薪酬。

（二）职工的范围

职工薪酬中所指的职工,涵盖的范围非常广泛,具体包括以下三类人员:

（1）与企业订立正式劳动合同的所有人员,含全职、兼职和临时职工。

（2）虽未与企业订立劳动合同、但由企业正式任命的人员,比如公司的董事会成员和监事会成员。

（3）未与企业订立劳动合同或未由其正式任命,但向企业所提供服务与职工所提供服务类似的人员,包括通过企业与劳务中介公司签订用工合同而向企业提供服务的人员。

（三）职工薪酬包括的内容

1. 短期薪酬的内容

短期薪酬,是指企业在职工提供相关服务的年度报告期间结束后十二个月内需要全部予以支付的职工薪酬,因解除与职工的劳动关系给予的补偿除外。短期薪酬具体包括:

（1）职工工资、奖金、津贴和补贴。这是指按照国家规定构成职工工资总额的计时工资、计件工资、各种因职工超额劳动报酬和增收节支而支付的奖金,为补偿职工特殊贡献或额外劳动而支付的津贴、支付给职工的交通补贴、通讯补贴等各种补贴。

（2）职工福利费。这是指职工因公负伤赴外地就医路费、职工生活困难补助、未实行医疗统筹企业的职工医疗费用等。

（3）医疗保险费、工伤保险费和生育保险费等社会保险费。这是指企业按照规定的基准和比例计算,并向社会保障经办机构缴纳的医疗保险费、工伤保险费和生育保险费等。

（4）住房公积金。这是指企业按照国家规定的基准和比例计算,并向住房公积金管理机构缴存的用于购买商品房的长期储金。

（5）工会经费和职工教育经费。这是指为改善职工文化生活,为职工学习先进技术和提高文化水平和业务素质,用于开展工会活动和职工教育及职工技能培训等的相关支出。

（6）短期带薪缺勤。这是指企业支付工资或提供补偿的职工缺勤,包括年休假、病假、短期伤残、婚假、产假等。

（7）短期利润分享计划。这是指因职工提供服务而与职工达成的基于利润或其他经营成果提供薪酬的协议。

（8）非货币性福利以及其他短期薪酬。这是指企业为自产产品或外购商品发放给职工作为福利,将自己拥有的资产或租赁的资产无偿提供职工使用、为职工无偿提供医疗保健服务,或者向职工提供企业支付了一定补贴的商品或服务等。

2. 离职后福利的内容

离职后福利,是指企业为获得职工提供的服务而在职工退休或与企业解除劳动关系后,提供的各种形式的报酬和福利。离职后福利计划包括设定提存计划和设定受益计划。设定提存计划,是指向独立的基金缴存固定费用后,企业不再承担进一步支付义务的离职后福利计划;设定受益计划,是指除设定提存计划以外的离职后福利计划。

3. 辞退福利的内容

辞退福利,是指在职工劳动合同尚未到期前与职工解除劳动关系而给予的补偿。辞退福利包括以下两方面的内容:职工没有选择权的辞退福利;职工有选择权的辞退福利。

4. 其他长期职工福利的内容

其他长期职工福利是指除短期薪酬、离职后福利和辞退福利以外的其他所有职工福利,包括长期带薪缺勤、其他长期服务福利、长期残疾福利、长期利润分享计划和长期奖金计划等。

二、短期薪酬的确认与计量

（一）货币性职工薪酬

（1）计提货币性职工薪酬时,应该按照薪酬负担的部门,生产工人的薪酬,借记"生产成本"科目;车间管理人员的薪酬,借记"制造费用"科目;提供劳务人员的薪酬,借记"劳务成本"科目;行政管理和财务部人员的薪酬,借记"管理费用"科目;销售机构人员的薪酬,借记"销售费用"科目;在建工程人员的薪酬,借记"在建工程"科目;研发支出人员的薪酬,借记"研发支出"科目;贷记"应付职工薪酬"科目。

(2)支付货币性薪酬时,应借记"应付职工薪酬——职工福利费"科目,按照实际支出款项,贷记"银行存款"或"库存现金"科目。如果之前有企业为职工代垫的各种款项,冲销代垫款项,则贷记"其他应收款"科目。企业代扣个人所得税,应借记"应付职工薪酬——职工福利费"科目,贷记"应交税费——应交个人所得税"科目。

(3)企业向职工食堂、职工医院、生活困难职工等支付职工福利费时,应借记"应付职工薪酬——职工福利费"科目,按照实际支出款项,贷记"银行存款"或"库存现金"科目。

【例 3-8】 虞山股份有限公司 2021 年 3 月职工薪酬明细表如表 3-5 所示,假定虞山股份有限公司职工的医疗保险费、住房公积金、工会经费和职工教育经费分别按照工资总额的 10%、12%、2% 和 8% 提取(不考虑个人所得税)。

表 3-5 虞山股份有限公司职工薪酬明细表

2021 年 3 月
单位:元

部　门	工资总额	医疗保险费 (10%)	公积金 (12%)	工会经费 (2%)	职工教育 经费(8%)	合　计
基本生产车间	80 000	8 000	9 600	1 600	6 400	105 600
车间管理部门	10 000	1 000	1 200	200	800	13 200
行政管理部门	30 000	3 000	3 600	600	2 400	39 600
财务部门	20 000	2 000	2 400	400	1 600	26 400
销售部门	25 000	2 500	3 000	500	2 000	33 000
合　计	165 000	16 500	19 800	3 300	13 200	217 800

根据职工薪酬明细表,应编制如下会计分录:

借:生产成本　105 600
　制造费用　13 200
　管理费用　66 000
　销售费用　33 000
　贷:应付职工薪酬——工资　165 000
　　　——医疗保险费　16 500
　　　——住房公积金　19 800
　　　——工会经费　3 300
　　　——职工教育经费　13 200

(二)短期带薪缺勤

(1)累积带薪缺勤,是指带薪权利可以结转下期的带薪缺勤,本期尚未用完的带薪缺勤权利可以在未来期间使用。企业应当在职工提供了服务从而增加了其未来享有的带薪缺勤权利时,借记"管理费用"科目,贷记"应付职工薪酬——短期带薪缺勤(累积带薪缺勤)"科目。

（2）非累积带薪缺勤，是指带薪权利不能结转下期的带薪缺勤，本期尚未用完的带薪缺勤权利将予以取消，并且职工离开企业时也无权获得现金支付。我国企业职工休婚假、产假、丧假、探亲假、病假期间的工资通常属于非累积带薪缺勤。企业确认职工享有的与非累积带薪缺勤权利相关的薪酬，视同职工出勤确认的当期损益或相关资产成本，不必额外做相应的账务处理。

【例 3 - 9】　虞山股份有限公司共有 2 000 名职工，从 2021 年 1 月 1 日起，该企业实行累积带薪缺勤制度。该制度规定，每个职工每年可享受 5 个工作日带薪年休假，未使用的年休假只能向后结转一个公历年度，超过 1 年未使用的权利作废，在职工离开企业时也无权获得现金支付；职工休年休假时，首先使用当年可享受的权利，再从上年结转的带薪年休假中扣除。

2021 年 12 月 31 日，虞山股份有限公司预计 2022 年有 1 900 名职工将享受不超过 5 天的带薪年休假，剩余 100 名职工每人将平均享受 6.5 天年休假，假定这 100 名职工全部为总部各部门经理，该企业平均每名职工每个工作日工资为 300 元。不考虑其他相关因素。2021 年 12 月 31 日，虞山股份有限公司应编制如下会计分录：

借：管理费用[100×(6.5-5)×300]　　　　　　　　　　　　45 000
　　贷：应付职工薪酬——短期带薪缺勤(累积带薪缺勤)　　　　　45 000

（三）非货币性职工薪酬

（1）企业以其自产产品作为非货币性福利发放给职工的，应当根据受益对象，按照该产品的含税公允价值，计入相关资产成本或当期损益，同时确认应付职工薪酬，借记"管理费用""生产成本""制造费用"等科目，贷记"应付职工薪酬——非货币性福利"科目。

在发放非货币性职工薪酬时，应借记"应付职工薪酬——非货币性福利"科目，贷记"主营业务收入"和"应交税费——应交增值税(销项税额)"科目。同时结转发放产品的成本，借记"主营业务成本""存货跌价准备"(若有)科目，贷记"库存商品"科目。

（2）企业将拥有的房屋等资产无偿提供给职工使用的，应当根据受益对象，将该住房每期应计提的折旧计入相关资产成本或当期损益，同时确认应付职工薪酬。在提供房屋等资产为职工无偿使用时，借记"管理费用""生产成本""制造费用"等科目，贷记"应付职工薪酬——非货币性福利"科目。同时，在期末时应计提房屋等资产的累计折旧，借记"应付职工薪酬——非货币性福利"科目，贷记"累计折旧"科目。

（3）企业将租赁的住房无偿提供给职工使用的，应将每期应付的租金作为应付职工薪酬计入相关资产成本或当期费用，借记"生产成本""管理费用"等科目，贷记"应付职工薪酬——非货币性福利(应付租金)"科目。在企业支付租金时，借记"应付职工薪酬——非货币性福利"科目，按照实际支付的租金，贷记"银行存款"科目。

【例 3 - 10】　虞山股份有限公司从 2021 年 1 月 1 日起开始向总经理提供一辆轿车作为非货币性福利，已知该轿车的成本为 200 000 元，预计净残值为 10 000 元，预计使用寿命为 10 年，采用直线法计提折旧。假定甲公司按年计提折旧。

2021 年 12 月 31 日，虞山股份有限公司确认该管理人员的非货币性福利时，应编制的会计分录为：

借：应付职工薪酬——非货币性福利　　　　　　　　　　　　19 000

   贷:累计折旧   19 000
  借:管理费用   19 000
   贷:应付职工薪酬——非货币性福利   19 000

三、应付职工薪酬的列报

  "应付职工薪酬"科目的期末余额中将在一年或一个营业周期之内支付的短期薪酬、离职后福利、辞退福利等职工薪酬项目,应当在流动负债中"应付职工薪酬"项目下单独列报;"应付职工薪酬"科目的期末余额中将在一年或一个营业周期以上支付的长期带薪缺勤、长期辞退福利等职工薪酬项目,应当在非流动负债中"其他非流动负债"项目下列报。

    课后练习题   延伸阅读

第四章　收入和利润

学习目标

1. 掌握五步法的具体应用。
2. 掌握特定交易(或事项)的处理。
3. 掌握合同成本。
4. 了解收入的列报与披露。
5. 掌握利润的形成及其核算过程。

思政案例

为避免退市,满足维持上市地位所需的营业收入等财务条件,部分 ST 或 *ST 股通常采取措施以增加公司营业收入,这也是其财务调节和造假最常见的动机。但 ST 或 *ST 企业是摘帽还是退市,从他们的财务报表中,就能初见端倪。通过子公司或者关联企业来暗箱操作,抑或是虚构客户、伪造合同、隐瞒费用,最终虚增收入和利润,使得利润表收入大幅增长。然而天网恢恢,疏而不漏。剥去虚假的繁荣,剩下的可能只是欺诈和财务黑洞。最终等待他们的不是摘帽,而是退市以及相关法律的制裁。

分析:财务造假最终损失的不仅是企业,更直接影响投资者的利益。企业需切记铤而走险,偷梁换柱之计不可取。企业应发扬实干精神,充分披露财务信息,使得其良好发展。

结论:一方面,加大对上市公司的监管和相关违法行为的惩处力度;另一方面,提高财务人员的职业道德。进一步减少财务造假行为,创建资本市场的健康生态。

阅读案例

瑞幸咖啡(Luckin Coffee)是国内新兴的咖啡品牌,自 2017 年 6 月注册成立以来一直保持快速发展的态势。2019 年年末,瑞幸咖啡门店数量超过 4 500 家,成为国内咖啡市场最大的一匹"黑马"。同时,瑞幸咖啡是世界范围内从成立到 IPO 用时最短的公司。

2020 年 4 月 2 日,瑞幸咖啡在 SEC 新公布的一份文件显示,公司 COO 刘建及其部分下属员工从 2019 年第二季度起从事某些不当行为,伪造销售额约 22 亿元,而瑞幸咖啡 2019 年前 3 个季度的主营业务收入为 29.29 亿元,即 22 亿元的造假金额几乎为前 3 个季度的总收入。此消息一经公布,瑞幸咖啡当日股价下跌 75.57%,市值蒸发 49.7 亿美元,每股股价由 26.2 美元降至 4.6 美元以下。

分析:瑞幸咖啡财务造假动因:① 贪婪因素:企图采用"烧钱式"营销模式迅速占领市场。② 机会因素:注册会计师缺乏独立性,能力不足;国家监管体制不完善;管理层和会计人员没有恪尽职守。③ 需求因素:发展初期需要大量、持续的资金支持。

结论:无论企业的运营模式如何创新,背后的商业实质从未改变。任何公司不可能靠炒作概念和造假发展下去,最终要实现盈利才能生存。

第一节　收入

本节内容框架

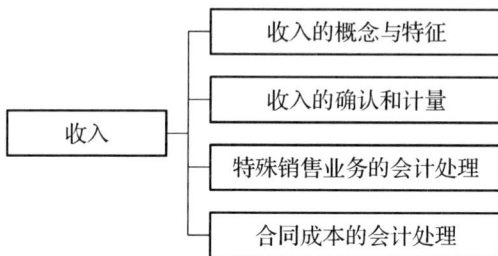

一、收入的概念与特征

（一）收入的概念

收入,是指企业在日常活动中形成的、会导致所有者权益增加的、与所有者投入资本无关的经济利益的总流入。

【同步思考例 4 - 1】　单项选择题

下列各项中,不属于收入的定义的是(　　)。

A. 收入是企业在日常活动中形成的经济利益的总流入

B. 收入会导致企业所有者权益的增加

C. 收入形成的经济利益总流入的形式多种多样,既可能表现为资产的增加,也可能表现为负债的减少。

D. 收入与所有者投入资本有关

【答案】D

（二）收入的特征

1. 收入是企业在日常活动中形成的

日常活动是指企业为完成其经营目标所从事的经常性活动以及与之相关的活动。例如,工业企业制造并销售产品、商业企业销售商品、保险公司签发保单、咨询公司提供咨询服务、软件企业为客户开发软件、安装公司提供安装服务、商业银行对外贷款、租赁公司出租资产等,均属于企业的日常活动。

明确界定日常活动是为了将收入与利得相区分。日常活动是确认收入的重要判断标准。凡是日常活动所形成的经济利益的流入应当确认为收入;反之,非日常活动所形成的经济利益的流入不能确认为收入,而应当计入利得。比如,处置固定资产、无形资产属于非日常活动,所形成的净利益就不应确认为收入,而应当确认为利得。

2. 收入会导致所有者权益的增加

不会导致所有者权益增加的经济利益的流入不符合收入的定义,不应确认为收入。例如,企业向银行借入款项,尽管也导致了企业经济利益的流入,但该流入并不导致所有者权益的增加,而使企业承担了一项现时义务,不应将其确认为收入,应当确认一项负债。

3. 收入是与所有者投入资本无关的经济利益的总流入

收入应当会导致经济利益的流入,从而导致资产的增加。例如,企业销售商品,应当收到现金或者未来有权收到现金,才表明该交易符合收入的定义。但是,经济利益的流入有时是所有者投入资本的增加所致,所有者投入资本的增加不应当确认为收入,应当将其直接确认为所有者权益。

【同步思考例 4-2】　单项选择题

(　　)的特征将收入与利得区别开来。

A. 收入会导致企业所有者权益的增加

B. 收入与所有者投入资本无关

C. 收入会导致企业资产的增加或负债的减少

D. 收入形成于企业日常活动

【答案】 D

二、收入的确认和计量(五步法模型)

(一)收入确认和计量五步法模型概述

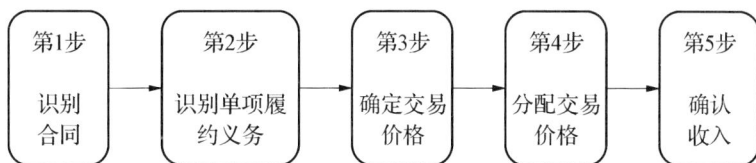

图 4-1　收入确认和计量五步法模型

【例 4-1】　虞山股份有限公司 2021 年 12 月 25 日与客户订立软件许可合同,合同总价款为 200 万元。内容包括:① 为期两年的软件许可权;② 标准安装服务;③ 18 个月的售后技术支持服务。客户于 2021 年 12 月 31 日向虞山公司支付合同价款 200 万元。虞山公司于 2020 年 1 月 1 日为客户安装软件,该服务为标准安装服务,不涉及对软件的重大修订。该安装服务亦经常由其他企业提供。虞山公司也向其他客户单独销售上述项目,为期两年的该软件许可权的单独售价为 195 万元,标准安装服务的单独售价为 3 万元,18 个月的售后技术支持服务单独售价为 8 万元。

第一步:识别与客户之间的合同:软件许可合同。

第二步:识别合同中的单独履约义务:① 软件许可权;② 安装服务;③ 售后服务。

第三步:确定交易价格:200 万元。

第四步:将交易价格分配至合同中各项履约义务。

表 4-1 基于各履约义务相关的单独售价分摊交易价格

履约义务	单独售价(万元)	比例(%)	分摊交易价格(万元)	计 算
软件许可权	195	94.66	189.32	200×94.66%
安装服务	3	1.46	2.91	200×1.46%
售后服务	8	3.9	7.77	200×3.88%
	206		200	

第五步:在企业履行履约义务时确认收入。

(1) 软件许可权:交付软件时(2022 年 1 月 1 日);

(2) 安装服务:提供安装服务(2022 年 1 月 1 日);

(3) 售后服务(18 个月,一段时间提供服务,在 18 个月内分摊收入)。

注意:本题中假设软件是静态的,后续不需要升级换代。所有软件许可权在交付软件时点上确认收入。假设软件后续需要升级换代,则需要"一段时间"确认收入。

表 4-2 本案例五步法模型应用总结

第一步	识别与客户的合同	软件许可合同		
第二步	识别履约义务	软件许可权	安装服务	售后服务
第三步	确定交易价格	合同交易价格 200 万元		
第四步	将交易价格分摊至合同中各项履约义务	189.32 万元	2.91 万元	7.77 万元
第五步	履行履约义务时确认收入	交付软件	提供安装服务	提供售后服务

(二) 识别与客户之间的合同

1. 客户与合同的定义

客户,是指与企业订立合同以向该企业购买其日常活动产出的商品或服务并支付对价的一方。

合同,是指双方或多方之间订立有法律约束力的权利义务的协议,包括书面形式、口头形式以及其他可验证的形式。

2. 合同属性

当企业与客户之间的合同同时满足下列条件时,企业应当在客户取得相关商品控制权时确认收入:

(1) 合同各方已批准该合同并承诺将履行各自的义务。

(2) 该合同明确了合同各方与所转让商品或提供劳务(以下简称"转让商品")相关的权利和义务。

（3）该合同有明确的与所转让商品相关的支付条款。

（4）该合同具有商业实质，即履行该合同将改变企业未来现金流量的风险、时间分布或金额。

（5）企业因向客户转让商品而有权取得的对价很可能收回。

对于不符合规定的合同，企业只有在满足下列两个条件时，才能将已收取的对价确认为收入（如逾期押金和质保金）：① 不再负有向客户转让商品的剩余义务；② 且已向客户收取的对价无需退回。否则，应当将已收取的对价作为负债进行会计处理。没有商业实质的非货币性资产交换，不确认收入。

3. 合同变更

合同变更，是指经合同各方批准对原合同范围或价格做出的变更。合同变更既可能形成新的具有法律约束力的权利和义务，也可能是变更了合同各方现有的具有法律约束力的权利和义务。与合同初始订立时相同，合同各方可能以书面形式、口头形式或其他形式（如隐含于企业以往的习惯做法中）批准合同变更。

企业应当区分下列三种情形对合同变更分别进行会计处理：

（1）合同变更部分作为单独合同。合同变更增加了可明确区分的商品及合同价款，且新增合同价款反映了新增商品单独售价的，应当将该合同变更部分作为一份单独的合同进行会计处理。此类合同变更不影响原合同的会计处理。

（2）合同变更作为原合同终止及新合同订立。合同变更不属于上述第（1）种情形，且在合同变更日已转让的商品或已提供的服务与未转让的商品或未提供的服务之间可明确区分的，应当视为原合同终止，同时，将原合同未履约部分与合同变更部分合并为新合同进行会计处理。新合同的交易价格应当为下列两项金额之和：一是原合同交易价格中尚未确认为收入的部分（包括已从客户收取的金额）；二是合同变更中客户已承诺的对价金额。

（3）合同变更部分作为原合同的组成部分。合同变更不属于上述第（1）种情形，且在合同变更日已转让的商品与未转让的商品之间不可明确区分的，应当将该合同变更部分作为原合同的组成部分进行会计处理，由此产生的对已确认收入的影响，应当在合同变更日调整当期收入。

【同步思考例 4-3】　单项选择题

2021 年 2 月 1 日，甲公司与乙公司签订了一项总额为 20 000 万元的固定造价合同，在乙公司自有土地上为乙公司建造一栋办公楼。截至 2021 年 12 月 20 日止，甲公司累计已发生成本 6 500 万元，2021 年 12 月 25 日，经协商合同双方同意变更合同范围，附加装修办公楼的服务内容，合同价格相应增加 3 400 万元，假定上述新增合同价款不能反映装修服务的单独售价。不考虑其他因素，下列各项关于上述合同变更会计处理的表述中，正确的是（　　）。

A. 合同变更部分作为单独合同进行会计处理

B. 合同变更部分作为原合同组成部分进行会计处理

C. 合同变更部分作为单项履约义务于完成装修时确认收入

D. 原合同未履约部分与合同变更部分作为新合同进行会计处理

【答案】B

【解析】在合同变更日已转让商品与未转让商品之间不可明确区分的,应当将该合同变更部分作为原合同的组成部分,在合同变更日重新计算履约进度,并调整当期收入和相应成本等。

(三) 识别合同中的各项履约义务

合同开始日,企业应当对合同进行评估,识别该合同所包含的各单项履约义务,并确定各单项履约义务是在某一时段内履行,还是在某一时点履行,然后,在履行了各单项履约义务时分别确认收入。

履约义务,是指合同中企业向客户转让可明确区分商品的承诺。企业应当将下列向客户转让商品的承诺作为单项履约义务。

1. 企业向客户转让可明确区分商品(或者商品或服务的组合)的承诺

企业向客户承诺的商品同时满足下列条件的,应当作为可明确区分商品,如图 4-2 所示。

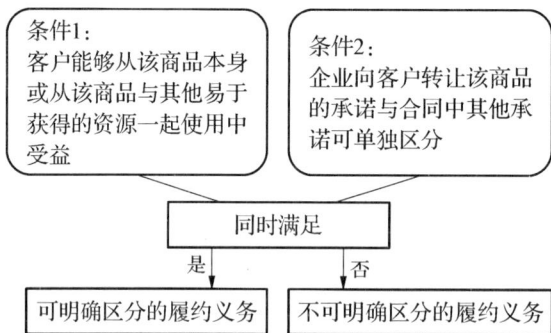

图 4-2 识别合同中的履约义务

2. 企业向客户转让一系列实质相同且转让模式相同的、可明确区分商品的承诺

企业应当将实质相同且转让模式相同的一系列商品视为单项履约义务,即使这些商品可明确区分。转让模式相同,是指每一项可明确区分商品均满足在某一时段内履行履约义务的条件,且采用相同方法确定其履约进度。例如,客户与物业管理公司签订的长期劳务合同,合同内容包括保洁服务、安保服务和设备维护服务。

【同步思考例 4-4】 判断题

甲公司同意为乙公司设计一种实验性的新产品并生产该产品的 20 个样品。产品规格包含尚未得到证实的功能。甲公司应根据客户意见,不断改进样品,直到客户满意。上述业务为单项履约业务。 ( )

【答案】√

【解析】设计服务与生产服务高度关联,不可明确区分,应作为单项履约业务。

(四) 确定交易价格

企业应当按照分摊至各单项履约义务的交易价格计量收入。交易价格是指企业因向客户转让商品而预期有权收取的对价金额。企业代第三方收取的款项以及企业预期将退还给客户的款项,应当作为负债进行会计处理,不计入交易价格。

1. 可变对价

企业与客户的合同中约定的对价金额可能会因折扣、价格折让、返利、退款、奖励积分、激励措施、业绩奖金、索赔等因素而变化。此外,根据一项或多项或有事项的发生而收取不同对价金额的合同,也属于可变对价的情形。

1) 可变对价最佳估计数的确定

企业应当按照期望值或最可能发生金额确定可变对价的最佳估计数。

2) 计入交易价格的可变对价金额的限制

企业按照期望值或最可能发生金额确定可变对价金额之后,计入交易价格的可变对价金额还应该满足限制条件,即包含可变对价的交易价格,应当不超过在相关不确定性消除时,累计已确认的收入极可能不会发生重大转回的金额。

需要说明的是,将可变对价计入交易价格的限制条件不适用于企业向客户授予知识产权许可并约定按客户实际销售或使用情况收取特许权使用费的情况。

每一资产负债表日,企业应当重新估计应计入交易价格的可变对价金额,包括重新评估将估计的可变对价计入交易价格是否受到限制,以如实反映报告期末存在的情况以及报告期内发生的情况变化。

表 4 - 3　可变对价确定的两种方法及适用条件

	期望值	最有可能的金额
计算过程	各种可能的对价金额按概率加权平均金额之和	各种可能的对价金额中单一最有可能的金额
适用条件	在交易具有大量可能的结果时可预计性最高,可以给予有限的不相关的结果和概率	在交易中只有两种可能的结果时可能是恰当的

2. 重大的融资成分

合同中存在重大融资成分的,企业应当按照假定客户在取得商品控制权时即以现金支付的应付金额确定交易价格。该交易价格与合同对价之间的差额,应当在合同期间内采用实际利率法摊销。

合同开始日,企业预计客户取得商品控制权与客户支付价款间隔不超过一年的,可以不考虑合同中存在的重大融资成分。

提示 1:合同包含两项交易:销售交易和融资交易。

提示 2:我国收入准则先确定现金价格,再确定折现率。(国际会计准则 IFRS15:先确定折现率——合同开始时企业与其客户进行单独的融资交易所反映的折现率,再确定现金价格)

提示 3:收入准则强调"现金售价计量"。

提示 4:准则考虑了双向融资:当客户拖延支付时,企业是在向客户提供融资,对价的一部分将被确认为利息收入;相反,当客户提前支付时,企业是从客户取得融资,企业将确认与预付款融资有关的利息费用。

3. 非现金对价

客户支付非现金对价的,企业应当按照非现金对价的公允价值确定交易价格。非现金对价的公允价值不能合理估计的,企业应当参照其承诺向客户转让商品的单独售价间接确定交易价格。非现金对价的公允价值因对价形式以外的原因而发生变动的,应当作为可变对价,按照与计入交易价格的可变对价金额的限制条件相关的规定进行处理;合同开始日后,非现金对价的公允价值因对价形式而发生变动的,该变动金额不应计入交易价格。

【同步思考例 4-5】 单项选择题

甲公司与乙公司签订合同,为乙公司建造一项大型设备。合同约定,乙公司向甲公司支付 1 000 万元现金以及一批材料。该批材料公允价值为 500 万元,甲公司无须为该批材料额外支付价款,且必须将该批材料用于该设备的建造。设备于 3 个月内建造完成移交乙公司,乙公司在该时点获得了设备的控制权。甲公司确定的收入金额为( )万元。

A. 1 500   B. 1 200   C. 1 000   D. 500

【答案】 A

【解析】 甲公司所获得材料,无须单独支付对价,因此,乙公司应将该批材料按公允价值计量,作为设备销售的收入进行确认,即该大型设备的销售收入为 1 500 万元。

4. 应付客户对价

企业应付客户(或向客户购买本企业商品的第三方)对价的,应当将该应付对价冲减交易价格,并在确认相关收入与支付(或承诺支付)客户对价二者孰晚的时点冲减当期收入,但应付客户对价是为了向客户取得其他可明确区分商品的除外。

企业应付客户对价是为了向客户取得其他可明确区分商品的,应当采用与本企业其他采购相一致的方式确认所购买的商品。企业应付客户对价超过向客户取得可明确区分商品公允价值的,超过金额应当冲减交易价格。向客户取得的可明确区分商品公允价值不能合理估计的,企业应当将应付客户对价全额冲减交易价格。

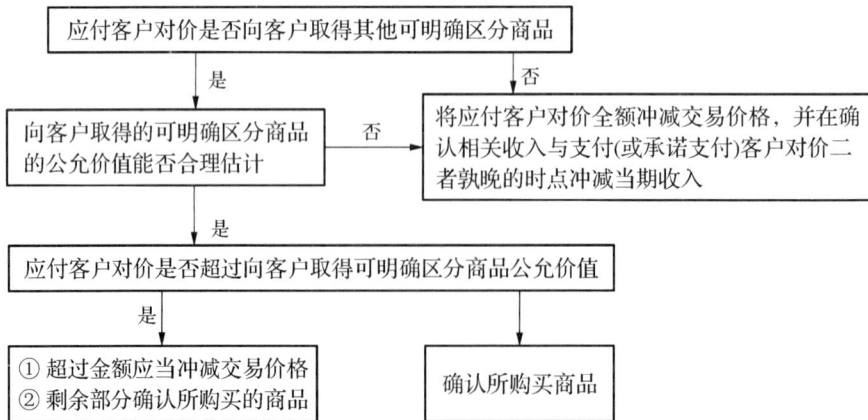

图 4-3 应付客户对价确认与计量

【同步思考例 4‑6】　单项选择题

某消费品制造商甲公司与一家大型连锁超市签订了一项销售 B 商品一年期合同,客户承诺在合同期内至少购买价值 2 000 万元的 B 商品。合同同时规定,甲公司须在合同开始时,向客户支付 200 万元的不可返还款项,作为客户改造货架以适合摆放 B 产品的补偿。第一个月向客户转让了发票金额为 250 万元的 B 产品。第一个月甲公司确认收入(　　)万元。

A. 200 　　　　　　　　　　　　B. 250

C. 225 　　　　　　　　　　　　D. 275

【答案】 C

【解析】 由于甲公司未取得对客户货架的任何控制权,因而向客户支付对价的目的并不是取得可明确区分的商品。甲公司向客户支付的 200 万元对价作为合同交易价格的抵减。在确认转让 B 产品收入时,按应付客户对价占商品交易价格的比例 10% 冲减收入。第一个月甲公司确认收入 225 万元[＝250×(1−10%)]

(五) 将交易价格分摊至各单项履约义务

1. 基本原则

合同中包含两项或多项履约义务的,企业应当在合同开始日,按照各单项履约义务所承诺商品的单独售价的相对比例,将交易价格分摊至各单项履约义务。企业不得因合同开始日之后单独售价的变动而重新分摊交易价格。

2. 单独售价的确定(不是公允价值)

(1) 必须在合同开始时估计单独售价;

(2) 企业在类似环境下向类似客户单独销售商品的价格,应作为确定该商品单独售价的最佳证据。

(3) 单独售价无法直接观察的,企业应当综合考虑其能够合理取得的全部相关信息,采用市场调整法、成本加成法、余值法等方法合理估计单独售价。

市场调整法,是指企业根据某商品或类似商品的市场售价,考虑本企业的成本和毛利等进行适当调整后,确定其单独售价的方法。

成本加成法,是指企业根据某商品的预计成本加上其合理毛利后的价格,确定其单独售价的方法。

余值法,是指企业根据合同交易价格减去合同中其他商品可观察的单独售价后的余值,确定某商品单独售价的方法。仅适用于商品近期售价波动幅度巨大或者因未曾单独销售的情况下。

3. 合同折扣的分摊

合同折扣,是指合同中各单项履约义务所承诺商品的单独售价之和高于合同交易价格的金额。企业应按相对单独售价比例分摊折扣至各单项履约义务,下列情形除外:

(1) 有确凿证据表明合同折扣仅与合同中一项或多项履约义务相关的,企业应当将该合同折扣分摊至相关一项或多项履约义务。

（2）合同折扣仅与合同中一项或多项履约义务相关，且企业采用余值法估计单独售价的，应当首先按照前款规定在该一项或多项履约义务之间分摊合同折扣，然后采用余值法估计售价。

4. 交易价格后续变动

（1）应当以合同开始日确定的单独售价为基础分摊至相关履约义务。

（2）企业不得因合同开始日之后的单独售价的变动而重新分摊交易价格。

（3）对于已履行的履约义务，其分摊的可变对价后续变动额，应当调整变动当期的收入。

【同步思考例 4-7】 判断题

某企业与客户签订一合同以出售 A、B、C 三种产品，交易总价为 200 万元。A、B、C 各产品的单独售价分别为 80 万元、110 万元、90 万元，合计 280 万元。因为该企业经常将 B 产品和 C 产品合并按 120 万元价格出售，经常将 A 产品按 80 万元出售，故合同中 80 万元的折扣应全部分摊给 B 产品和 C 产品。A、B、C 产品的交易价格分别为 80 万元、66 万元、54 万元。 （　　）

【答案】 √

【解析】 B 产品的交易价格＝110－110÷200×80＝66（万元）

C 产品的交易价格＝90－90÷200×80＝54（万元）

A 产品的交易价格为 80 万元。

（六）履行每一单项履约义务时确认收入

企业应当在履行了合同中的履约义务，即客户取得相关商品控制权时确认收入。企业应当根据实际情况，首先判断履约义务是否满足在某一时段内履行的条件，如不满足，则该履约义务属于在某一时点履行的履约义务。

1. 收入确认的原则

在客户取得相关商品（或服务）控制权时确认收入。

控制权，是指能够主导该商品的使用并从中获得几乎全部的经济利益。

（1）能力：只有当客户获得主导该商品的使用并从中获得几乎全部剩余利益的现时权利时，企业才能确认收入。

（2）主导作用：客户在其活动中使用该资产，允许另一企业在其活动中使用该资产或限制另一个企业不得使用该资产的权利。

（3）获取收益：客户拥有获得资产几乎全部剩余利益的能力，才视为获得对资产的控制。

2. 在某一时段内履行的履约义务的收入确认条件

满足下列条件之一的，属于在某一时段内履行履约义务；否则，属于在某一时点履行履约义务，如表 4-4 所示。

表 4 - 4　履约义务的确认条件

条件	履约义务	举例
(1)	客户在企业履约的同时即取得并消耗企业履约所带来的经济利益	常规或经常性的服务
(2)	客户能够控制企业履约过程中在建的商品	在客户场地上建造资产
(3)	企业履约过程中所产出的商品不具有可替代用途，且该企业在整个合同期间内有权就累计至今已完成的履约部分收取款项	建造只有客户能够使用的专项资产，或按照客户的指示建造资产

3. 在某一时段内履行的履约义务的收入确认方法

对于在某一时段内履行的履约义务,企业应当在该段时间内按照履约进度确认收入,但是,履约进度不能合理确定的除外。企业应当考虑商品的性质,采用产出法或投入法确定恰当的履约进度,并且在确定履约进度时,应当扣除那些控制权尚未转移给客户的商品和服务。

1) 产出法

产出法主要是根据已转移给客户的商品对于客户的价值确定履约进度,主要包括按照实际测量的完工进度、评估已实现的结果、已达到的里程碑、时间进度、已完工或交付的产品等确定履约进度的方法。产出法是按照已完成的产出直接计算履约进度,通常能够客观地反映履约进度。当产出法所需要的信息可能无法直接通过观察获得,或者为获得这些信息需要花费很高的成本时,可采用投入法。

2) 投入法

投入法主要是根据企业履行履约义务的投入确定履约进度,主要包括以投入的材料数量、花费的人工工时或机器工时、发生的成本和时间进度等投入指标确定履约进度。

4. 在某一时点履行的履约义务

当一项履约义务不属于在某一时段内履行的履约义务时,应当属于在某一时点履行的履约义务。在判断客户是否已取得商品控制权时,企业应当考虑下列迹象:

(1) 企业就该商品享有现时收款权利,即客户就该商品负有现时付款义务。

(2) 企业已将该商品的法定所有权转移给客户,即客户已拥有该商品的法定所有权。

(3) 企业已将该商品实物转移给客户,即客户已占有该商品实物。

(4) 企业已将该商品所有权上的主要风险和报酬转移给客户,即客户已取得该商品所有权上的主要风险和报酬。

(5) 客户已接受该商品。

(6) 其他表明客户已取得商品控制权的迹象。

【同步思考例 4 - 8】　判断题

对于在某一时点履行的履约义务,企业应当在客户取得相关商品控制权时确认收入。在判断客户是否取得商品的控制权时,企业只用考虑客户是否已拥有该商品的法定所有权。

（　　）

【答案】×

【解析】在判断客户是否已取得商品控制权时,企业应当考虑下列迹象:① 企业就该商品享有现时收款权利,即客户就该商品负有现时付款义务;② 企业已将该商品的法定所有权转移给客户,即客户已拥有该商品的法定所有权;③ 企业已将该商品实物转移给客户,即客户已实物占有该商品;④ 企业已将该商品所有权上的主要风险和报酬转移给客户,即客户已取得该商品所有权上的主要风险和报酬;⑤ 客户已接受该商品等。

三、特殊销售业务的会计处理

(一) 附有销售退回条款的销售

对于附有销售退回条款的销售,企业应当在客户取得相关商品控制权时,按照因向客户转让商品而预期有权收取的对价金额(即不包含预期因销售退回将退还的金额)确认收入,按照预期因销售退回将退还的金额确认负债;同时,按照预期将退回商品转让时的账面价值,扣除收回该商品预计发生的成本(包括退回商品的价值减损)后的余额,确认为一项资产,按照所转让商品转让时的账面价值,扣除上述资产成本的净额结转成本。

每一资产负债表日,企业应当重新估计未来销售退回情况,如有变化,应当作为会计估计变更进行会计处理。

【例4-2】 虞山股份有限公司以每件200元的价格销售50件虞山产品,收到10 000元的货款。按照销售合同,客户可以在30天内退回任何没有损坏的产品,并得到全额现金退款。每件虞山产品的成本为150元。虞山公司预计会有3件(6%)产品被退回,而且即使估算发生后续变化,也不会导致大量收入的转回。虞山预计收回产品的成本不会太大,并认为再次出售产品时还能获得利润。在退货期满有2件商品退回。

问题:上述业务如何进行会计处理?

第一步:因向客户转让商品而预期有权收取的对价金额(不包含预期因销售退回将退还的金额)确认收入。

第二步:预期因销售退回将退还的金额确认合同负债。

借:银行存款(按照合同数量已取得收款权)　　　　　　　10 000
　　贷:主营业务收入(企业预计有权获得的对价金额)　　　　9 400
　　　　预计负债——应付退货款(预计退还的金额)　　　　　600

(注意:如果考虑增值税,应为10 000×13%)

第三步:预期将退回商品转让时的账面价值,扣除收回该商品预计发生的成本(包括退回商品的价值减损)后的余额,确认为一项合同资产。

第四步:所转让商品转让时的账面价值,扣除上述资本成本(合同资产)的净额结转成本。

借:主营业务成本　　　　　　　　　　　　　　　　　　　7 050
　　应收退货成本　　　　　　　　　　　　　　　　　　　450
　　贷:库存商品　　　　　　　　　　　　　　　　　　　7 500

7 050元(=7 500-450)为所转让商品转让时的账面价值扣除确认的合同资产;450元为预期将退回商品转让时的账面价值扣除收回该商品预计发生成本;7 500元为转让商

品转让时的账面价值。

两件商品被退回：

借：预计负债——应付退货款 400

    贷：银行存款 400

借：库存商品 300

    贷：应收退货成本 300

退货期满：

借：预计负债——应付退货款 200

    贷：主营业务收入 200

借：主营业务成本 150

    贷：应收退货成本 150

（二）附有质量保证条款的销售

1.服务型质保

（1）如果客户有单独购买质保的选择权或质保除提供产品销售时存在的缺陷修复外还向客户提供额外服务，属于服务型质保。

（2）服务型质保是一项可明确区分的服务而且是一项单项履约义务；基于估计的服务型质保单独售价，企业将交易价格的一部分分配至服务型质保部分。

（3）企业在提供质保服务的期间内确认已分配的收入。

2.保证型质保

如果质保不向客户提供额外的商品或服务（不是单项履约义务），通过提供此类质保，销售企业实际上提供了质量担保，准则规定将这些类型的质保作为质保义务进行处理，并且按照CAS13《企业会计准则第13号——或有事项》规定进行会计处理。（预估担保费用，计入预计负债：借记"营业费用"科目，贷记"预计负债"科目）

3.区分服务型质保与保证型质保

在评估质保是否向客户提供除产品符合商定规格的保证之外的服务时，企业应考虑如下因素：

（1）质保是否为法定要求——表明承诺的质保不是一项履约服务；

（2）保修期的长度——保修期越长，承诺的质保越可能为履约义务；

（3）企业承诺执行的任务的性质——如果企业为了就产品符合商定规格提供保证而必须执行规定的任务，则这些任务可能不会产生履约义务。

总之，一般行业内质保惯例及企业自身有关质保的商业惯例为保证型质保。

如果保证型质保和服务型质保能被单独处理，企业需要计提与保证型质保相关的预计成本并递延服务型质保的收入（即保证型质保执行CAS13；服务型质保执行CAS14）。

如果企业在一份合同内同时提供保证型质保和服务型质保且企业不能合理地对其进行单独处理，则两类质保会被合并作为一项履约义务处理，即收入会被分配至整项质保并且在提供质保服务的期间内确认（合并执行CAS14）。

判断的因素：
① 是否法定要求
② 质保期限长度
③ 质保的性质(符合商定规格)

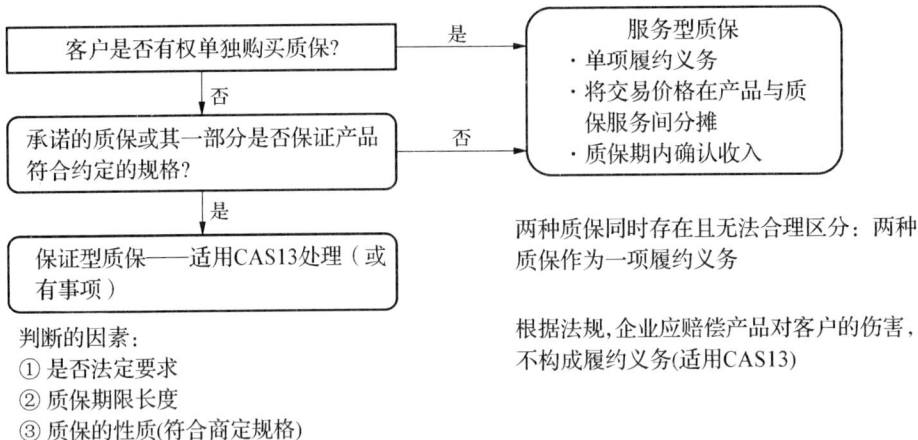

图 4-4　服务型质保和保证型质保的确认条件

【例 4-3】　虞山股份有限公司签订了销售一批电脑的合同,合同约定:电脑销售价款 360 万元,同时提供"延长保修"服务,即从法定质保 90 天到期之后的三年内该企业将对任何损坏的部件进行保修或更换。该批电脑和"延长保修"服务各自的单独售价分别为 320 万元和 40 万元。该批电脑的成本为 144 万元。而且基于其自身经验,该企业估计维修在法定质保的 90 天保修期内出现损坏的部件将花费 2 万元。(假设不考虑相关税费)

借:银行存款　　　　　　　　　　　　　　　　　360
　　贷:主营业务收入　　　　　　　　　　　　　　　320
　　　　合同负债(服务型质保)　　　　　　　　　　 40
借:主营业务成本　　　　　　　　　　　　　　　144
　　贷:库存商品　　　　　　　　　　　　　　　　144
借:营业费用　　　　　　　　　　　　　　　　　　2
　　贷:预计负债　　　　　　　　　　　　　　　　　 2

(三)多方交易主要责任人或代理人识别与处理

企业应当根据其在向客户转让商品前是否拥有对该商品的控制权,来判断其从事交易时的身份是主要责任人还是代理人。企业在向客户转让商品前能够控制该商品的,该企业为主要责任人,应当按照已收或应收对价总额确认收入;否则,该企业为代理人,应当按照预期有权收取的佣金或手续费的金额确认收入,该金额应当按照已收或应收对价总额扣除应支付给其他相关方的价款后的净额,或者按照既定的佣金金额或比例等确定。企业与客户订立的包含多项可明确区分商品的合同中,企业需要分别判断其在这不同履约义务中的身份是主要责任人还是代理人。

【例 4-4】　虞山股份有限公司下设子公司虞山旅行社与东方航空公司协商以折扣价格购买一定数量的机票,并且无论其能否转售,都必须对这些机票进行支付。虞山旅行社自主决定向哪个旅客出售机票,并自主决定向旅客出售机票时的价格。虞山旅行社协助旅客解决针对东方航空公司所提供服务的投诉。但是,东方航空公司将自行负责履行与票务相关的义务,包括对客户不满意服务的补救措施。

问题：虞山旅行社是主要责任人还是代理人？

解析：虞山旅行社是主要责任人。

（1）识别特定商品或服务：乘坐特定航班的权利（飞行权）。

（2）向客户转移商品或服务之前是否控制飞行权：

① 虞山旅行社取得了对乘坐特定航班的权利（该权利以机票形式存在）的控制，然后虞山又将该项权利转售给它的客户。

② 考虑主要责任人迹象：虞山旅行社需要承担机票带来的存货风险；虞山公司自主确定客户购买特定机票所支付的价格

【例 4－5】 虞山股份有限公司销售某餐厅的礼品券，持礼品券的客户可在指定餐厅用餐。礼品券向客户提供了显著低于餐饮正常售价的重大折扣（客户支付 100 元购买礼品券，持礼品券能在餐厅享用售价为 200 元的餐饮）。虞山公司在客户有需求时才进行购买礼品券。礼品券通过公司的网站销售，并且礼品券不可退回；虞山公司与餐厅共同确定向客户销售礼品券的价格。礼品券出售后公司有权收取礼品券出售价格的 30％的金额。因客户在购买时及时付款，企业不承担信用风险。虞山公司协助客户解决对餐饮的投诉并且有一项客户满意度计划。但是，由餐厅负责履行与礼品券相关的义务，包括针对客户不满意服务的补救措施。

问题：虞山公司是主要责任人还是代理人？

解析：虞山企业是代理人。

考虑代理人迹象：

（1）履约不承担主要责任（虞山公司本身并未对提供餐饮承担责任）。

（2）无权自主决定商品或服务定价（虞山公司与餐厅共同确定向客户销售礼品券的价格，收取 30％佣金）。

（3）企业在交易期间任何时点均没有存货风险（虞山公司在客户有需求时才进行购买礼品券。礼品券通过企业的网站销售，并且礼品券不可退回）。

（四）附有客户额外购买选择权的销售

对于附有客户额外购买选择权的销售，企业应当评估该选择权是否向客户提供了一项重大权利。企业提供重大权利的，应当作为单项履约义务，按照本节有关交易价格分摊的要求将交易价格分摊至该履约义务，在客户未来行使购买选择权取得相关商品控制权时，或者该选择权失效时，确认相应的收入。客户额外购买选择权的单独售价无法直接观察的，企业应当综合考虑客户行使和不行使该选择权所能获得的折扣的差异、客户行使该选择权的可能性等全部相关信息后，予以合理估计。

【例 4－6】 虞山股份有限公司设有一项客户忠诚度计划，客户每购买 10 元商品即被授予一个客户忠诚度积分。每个积分可在未来购买企业产品时按 1 元的折扣兑现。2019 年，客户购买了 10 万元产品，获得可在未来购买时兑现的 10 000 个积分。对价是固定的，并且已购买产品的单独售价为 10 万元，每个积分的单独售价为 0.95 元。① 在 2020 年年末，有 4 500 个积分被兑现；② 在 2021 年年末，累计有 8 500 个积分兑现。

问题：不考虑相关税费，虞山公司如何对上述客户忠诚度计划进行会计处理？

解析：（1）将积分兑换作为一个单项履约义务。

（2）积分兑换售价＝0.95×10 000＝9 500(元)。

（3）将交易价格分摊至各单项履约义务。

表 4-5　根据履约义务各自单独售价分配交易价格

项　　目	交易价格	单独售价	分配比例(%)	分配交易价格
产品		100 000	100 000÷109 500	91 324(主营业务收入)
积分		9 500	9 500÷109 500	8 676(合同负债)
合　　计	100 000	109 500		100 000

2019 年销售商品时。

借:银行存款　　　　　　　　　　　　　　　　　　　　　　　100 000

　　贷:主营业务收入　　　　　　　　　　　　　　　　　　　　91 324

　　　　合同负债　　　　　　　　　　　　　　　　　　　　　　8 676

2020 年客户兑换积分时,确认相关积分收入。

借:合同负债(4 500×8 676÷10 000)　　　　　　　　　　　3 904.2

　　贷:主营业务收入　　　　　　　　　　　　　　　　　　　3 904.2

2021 年客户兑换积分时,确认相关积分收入。

借:合同负债[(8 500×8 676÷10 000)－3 904.2]　　　　　3 470.4

　　贷:主营业务收入　　　　　　　　　　　　　　　　　　　3 470.4

(五)授予知识产权许可

1. 授予客户对企业拥有知识产权的权利(性质)

（1）功能性知识产权:包括软件、生物化合物或药物配方、已制作完成的媒体内容(如电影、电视节目或音乐)

（2）象征性知识产权:包括品牌、团队或商标名称、标识及特许经营权。

提示:知识产权许可保留所有权,只有一段时间使用权。

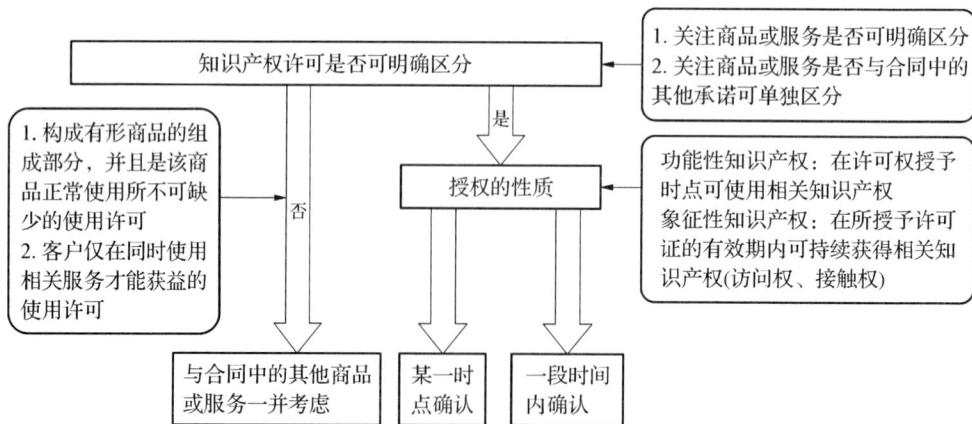

图 4-5　授予知识产权许可的收入确认

2. 授予客户知识产权许可的处理原则

同时满足下列标准属于一段时间内确认：

（1）根据合同要求或客户能够合理预期企业将从事对授予客户的知识产权产生重大影响的活动；

（2）许可证所授予客户的权利使其直接受到主体活动正面或负面的影响；

（3）企业在开展这些活动时并未向客户转让商品或服务。

【例 4-7】 甲公司为一家有名的快餐连锁企业。2021 年 1 月 1 日,甲公司授权加盟店在指定的地点经营快餐店,该快餐店将使用甲公司的品牌,并有权在未来 5 年内销售甲公司的产品。甲公司将开展活动以维护其品牌形象,包括改进产品、市场营销等,甲公司将要开展的活动并不导致向加盟店转移商品或服务。甲公司一次性收取 5 年的固定品牌使用费 500 万元。

问题:甲公司应当何时确认收入?

解析:甲公司应当在 5 年内分期确认收入。

（1）甲公司将开展活动以维护其品牌形象,包括改进产品、市场营销等;

（2）甲公司的品牌价值会受到上述活动的影响;

（3）甲公司将要开展的活动并不导致向加盟店转移商品或服务。

【例 4-8】 甲企业是一家唱片公司,其向客户授予针对一张 1975 年录制的某一著名管弦乐团所演奏的古典交响乐的唱片许可证。该客户是一家消费品公司,其拥有在两年内所有商业渠道(包括电视、广播和网络广告)使用该交响乐唱片的权利。甲企业因提供许可证而每月收取 10 万元的固定对价,共计 240 万元。该份合同未包括企业提供的其他商品或服务。该合同不可撤销。

问题:甲企业如何确认收入?

解析:企业在获得唱片许可证时确认收入。

（1）企业只有一项履约义务是授予该许可;

（2）企业没有任何合同义务或隐含义务改变已获许可的唱片,客户有权拥有的知识产权是不变的;

（3）企业的履约(在期初)和客户的按月付款之间的时间长度超过两年(不可撤销),企业应考虑确定是否存在重大融资成分。

3. 基于销售或使用的许可收入确认的例外规定

企业向客户授予知识产权许可,并约定按客户实际销售或使用情况收取特许权使用费的,应当在下列两项孰晚的时点确认收入:

（1）客户后续销售或使用行为实际发生;

（2）企业履行相关履约义务。

【例 4-9】 甲企业是一家知名运动队,就其名称和队徽向客户授予许可证,客户为一家服装设计公司,有权在一年内在包括 T 恤、帽子、杯子和毛巾的各个项目上使用该运动队的名称和队徽。因提供许可证,企业将收取固定对价 200 万元以及按使用队名和队徽的项目售价的 5% 收取特许权使用费。客户预期企业将继续参加比赛并保持队伍的竞争力。

问题：该企业如何确认收入？

解析：(1) 企业只有一项转让许可证的履约义务，因为与许可证相关的额外活动并不会直接向客户转让商品或服务，这些活动是企业授予许可证的承诺的一部分，其实际上改变了客户享有相关权利的知识产权。

(2) 企业转让许可证的承诺的性质是为客户提供获得于整个许可证有效期内存在的企业知识产权的权利，企业应作为一段时间内履行的履约义务。(理由：① 客户合理预期企业将从事对授予客户的知识产权——队名和队徽产生重大影响的活动——继续比赛保持竞争力；② 许可证所授予客户的权利使其直接受到企业活动正面或负面的影响；③ 企业在开展这些活动——参加比赛时并未向客户转让商品或服务。)

(3) 对于基于销售的特许使用费收入，企业应当在下列两项孰晚的时点确认收入：① 客户后续销售或使用行为实际发生；② 企业履行相关履约义务即企业应在客户使用队名或队徽的项目销售发生时确认收入。

（六）售后回购

售后回购，是指企业销售商品的同时承诺或有权选择日后再将该商品(包括相同或几乎相同的商品，或以该商品作为组成部分的商品)购回的销售方式。对于不同类型的售后回购交易，企业应当区分下列两种情形分别进行会计处理：

(1) 企业因存在与客户的远期安排而负有回购义务或企业享有回购权利的，表明客户在销售时点并未取得相关商品控制权，企业应当作为租赁交易或融资交易进行相应的会计处理。其中，回购价格低于原售价的，应当视为租赁交易，按照租赁准则进行会计处理；回购价格不低于原售价的，应当视为融资交易，在收到客户款项时确认金融负债，并将该款项和回购价格的差额在回购期间内确认为利息费用等。企业到期未行使回购权利的，应当在该回购权利到期时终止确认金融负债，同时确认收入。

(2) 企业负有应客户要求回购商品义务的，应当在合同开始日评估客户是否具有行使该要求权的重大经济动因，客户具有行使该要求权重大经济动因的，企业应当将售后回购作为租赁交易或融资交易，按照上述第(1)种情形进行会计处理；否则，企业应当将其作为附有销售退回条款的销售交易进行会计处理。在判断客户是否具有行权的重大经济动因时，企业应当综合考虑各种相关因素，包括回购价格与预计回购时市场价格之间的比较，以及权利的到期日等。例如，如果回购价格明显高于该资产回购时的市场价值，则表明客户有行权的重大经济动因。

【例 4-10】 2021 年 1 月 1 日，虞山公司与客户签订了一项销售设备的合同，交易价格为 100 万元。设备的预计使用年限为 10 年。该合同包含一项企业回购选择权，即虞山公司有权于 2021 年 12 月 31 日选择以 110 万元的价格回购该设备。

问题：虞山公司 2021 年 1 月 1 日对该交易应当如何进行会计处理？

解析：虞山公司 2021 年 1 月 1 日对该交易应当做融资处理。(回购价格＞原价)

(1) 由于虞山公司有回购该设备的权利，客户对于设备的以下权利受到限制：① 主导该设备的使用；② 获得其几乎所有剩余利益的能力。因此，2021 年 1 月 1 日的该设备的控制权未转移给客户，回购价格＞原价。属于融资安排，即继续确认资产，将收到的款项确认为负债,回购期间按期计提利息费用。

(2) 企业到期未行使回购权利的,应当在该回购权利到期时终止确认金融负债,同时确认收入。

【例 4-11】 2021 年 1 月 1 日,虞山公司与客户签订了一项销售设备的合同,交易价格为 100 万元。设备的预计使用年限为 10 年。合同约定,客户有权要求虞山公司于 2021 年 12 月 31 日以 90 万元的价格回购该设备。该设备 2021 年 12 月 31 日的市场价值预计为 75 万元。

问题:虞山公司 2021 年 1 月 1 日对该交易应当如何进行会计处理?

解析:虞山公司 2021 年 1 月 1 日对该交易应当做租赁处理。

由于回购价格 90 万元＜原价 100 万元,且由于回购价格 90 万元＞回购日的市场价值 75 万元,可以判断客户有重大的经济动因去行使出售选择权。

【例 4-12】 2021 年 3 月 1 日,虞山股份有限公司与 B 公司签订一项售后回购合同。合同约定,虞山公司向 B 公司销售一批商品,售价为 500 000 元,增值税专用发票上注明的增值税销项税额为 80 000 元;虞山公司应于 2021 年 12 月 31 日将所售商品购回,回购价格为 520 000 元,增值税为 83 200 元。2021 年 3 月 1 日,虞山公司收到 B 公司支付的货款,商品发出成本 350 000 元;2021 年 12 月 31 日,虞山公司购回所售商品。

(1) 2021 年 3 月 1 日,虞山公司收到货款,发出商品。

借:银行存款	580 000
贷:应交税费——应交增值税(销项税额)	80 000
其他应付款——B 公司	500 000
借:发出商品	350 000
贷:库存商品	350 000

(2) 2021 年 3 月 31 日,虞山公司计提利息。

回购价格大于原售价的差额＝520 000－500 000＝20 000(元)

每月计提利息费用＝20 000÷10＝2 000(元)

借:财务费用	20 000
贷:其他应付款——B 公司	20 000

以后各月计提利息费用处理同上。

(3) 2021 年 12 月 31 日,虞山公司按约定的价格回购该批商品。

借:其他应付款——B 公司	520 000
应交税费——应交增值税(进项税额)	83 200
贷:银行存款	603 200
借:库存商品	350 000
贷:发出商品	350 000

(七) 客户有未行使合同权利销售

企业向客户预收销售商品款项的,应当首先将该款项确认为负债,待履行了相关履约义务时再转为收入。当企业预收款项无须退回,且客户可能会放弃其全部或部分合同权利时,如放弃储值卡的使用等,企业预期将有权获得与客户所放弃的合同权利相关的金额的,应当按照客户行使合同权利的模式按比例将上述金额确认为收入;否则,企业只有在客户要求其履行剩余履约义务的可能性极低时,才能将上述负债的相关余额转为收入。企业在确定其是否预期将有权获得与客户所放弃的合同权利相关的金额时,应当考虑将估计的可变对价计入交易价格的限制要求。

如果有相关法律规定,企业所收取的与客户未行使权利相关的款项须转交给其他方的(如法律规定无人认领的财产需上交政府),企业不应将其确认为收入。

表 4-6 客户有未行使合同权利销售收入确认条件

客户有未行使的权利	预期将有权获得	按照客户行使合同权利的模式按比例确认收入
	预期无权获得	在客户要求其履行剩余履约义务的可能性极低时确认收入
	相关法律规定须交给其他方	不应确认收入

【例 4-13】 甲美容美发公司于 2020 年年末向客户出售 1 张美容卡,面值 300 元,客户可以凭此卡享受 2 年内 10 次美发服务,即 30 元/次。2021 年 1 月份实际使用了 3 次美发服务,美容卡消费次数预计 20% 未使用。

问题:2021 年 1 月份,甲公司应当如何对该客户已使用的美容卡进行会计处理?

解析:第一种情形:甲公司预计 20% 的美容卡余额(60 元)不会被使用,且无须退回未使用的金额。确认收入 112.5 元=已使用(30×3)+按照已行使权利总额和比例计算得出未行使权利金额(60×3÷8)。

第二种情形:甲公司并不预期能获得客户未使用金额。甲公司应确认 90 元的收入,未使用的金额在客户行权可能性极低时确认。

【例 4-14】 2021 年 1 月 1 日,虞山股份有限公司与乙公司签订了一项合同对价为 58 000 元(含增值税)的商品转让合同。合同约定,乙公司应于 2021 年 1 月 31 日向虞山公司预付全部合同价款,虞山公司则于 2021 年 3 月 31 日向乙公司交付商品。乙公司未能按合同约定的日期支付价款,而是推迟到 2021 年 3 月 1 日才支付价款;虞山公司于 2021 年 3 月 31 日向乙公司交付了商品。区分以下两种情形分别讨论会计处理:

(1) 假定虞山公司与乙公司签订的是一项可撤销的合同,乙公司在向虞山公司支付合同价款之前均可以撤销合同。

(2) 假定虞山公司与乙公司签订的是一项不可撤销的合同。

解析:(1) 2021 年 1 月 31 日,不做会计处理。由于合同可撤销,因此,在乙公司向虞山公司支付合同价款之前,虞山公司并不拥有无条件收取合同价款的权利。

2021 年 3 月 1 日,收到乙公司预付款。

借:银行存款	58 000
贷:合同负债	58 000

2021 年 3 月 31 日,交付商品。

借:合同负债	58 000
贷:主营业务收入	50 000
应交税费——应交增值税(销项税额)	8 000

（2）2021 年 1 月 31 日,虞山公司确认应收账款和合同负债。

　借:应收账款　　　　　　　　　　　　　　　　　　　　　58 000

　　　贷:合同负债　　　　　　　　　　　　　　　　　　　　　　58 000

2021 年 3 月 1 日,虞山公司收到乙公司预付价款。

　借:银行存款　　　　　　　　　　　　　　　　　　　　　　58 000

　　　贷:应收账款　　　　　　　　　　　　　　　　　　　　　　58 000

2021 年 3 月 31 日,虞山公司向乙公司交付商品。

　借:合同负债　　　　　　　　　　　　　　　　　　　　　　58 000

　　　贷:主营业务收入　　　　　　　　　　　　　　　　　　　　50 000

　　　　　应交税费——应交增值税(销项税额)　　　　　　　　　 8 000

（八）无需退回的初始费用

（1）如果该初始费用与合同中已承诺的某项商品相关,企业应判断其是否构成单项履约义务:① 该商品构成单项履约义务,在转让该相关商品时按照分摊至该商品的交易价格确认收入;② 该商品不构成单项履约义务,企业应在包含该商品的单项履约义务履行时,按照分摊至该单项履约义务的交易价格确认收入。

（2）如果该笔无需退回的初始费用与合同中承诺的商品不相关,该初始费用应当作为未来将转让商品的预收款,在未来转让该商品时确认为收入。

【例 4 - 15】　虞山股份有限公司与客户订立一个关于 1 年交易处理服务的合同,合同具有适用所有客户的标准条款。合同要求客户支付预付费用 2 万元,以在企业的系统和流程中对客户进行注册,预付费用不可返还,客户可每年对合同进行续约且无须支付额外费用。

问题:虞山公司对于预付费用如何进行会计处理?

解析:(1)公司未向客户转让商品或服务,不形成一项履约义务;

（2）续约选择权并未向客户提供在不订立合同的情况下无法获得的重大权利,也不形成一项履约义务;

（3）预付费用是针对未来交易处理服务的预付款,公司确定交易价格包括不可返还的预付费用,应在交易处理服务提供过程中确认该服务收入。

四、合同成本的会计处理

（一）合同履约成本

企业为履行合同可能会发生各种成本,企业在确认收入的同时应当对这些成本进行分析,属于存货、固定资产、无形资产等规范范围的,应当按照相关章节进行会计处理;不属于其他章节规范范围且同时满足下列条件的,应当作为合同履约成本确认为一项资产:

（1）该成本与一份当前或预期取得的合同直接相关。

预期取得的合同应当是企业能够明确识别的合同,如现有合同续约后的合同、尚未获得批准的特定合同等。与合同直接相关的成本包括直接人工(如支付给直接为客户提供所承诺服务的人员的工资、奖金等)、直接材料(如为履行合同耗用的原材料、辅助材料、构配件、零件、半成品的成本和周转材料的摊销及租赁费用等)、制造费用或类似费用(如组织和管理生产、施工、服务等活动发生的费用,包括管理人员的职工薪酬、劳动保护费、固定资产折旧费及修理费、物料消耗、取暖费、水电费、办公费、差旅费、财产保险费、工程保修费、排污费、临时设施摊销费等)、明确由客户承担的成本以及仅因该合同而发生的其他成本(如支付给分包商的成本、机械使用费、设计和技术援助费用、施工现场二次搬运费、生产工具和用具使用费、检验试验费、工程定位复测费、工程点交费用、场地清理费等)。

(2)该成本增加了企业未来用于履行(或持续履行)履约义务的资源。

(3)该成本预期能够收回。

企业应当在下列支出发生时,将其计入当期损益:① 管理费用,除非这些费用明确由客户承担。② 非正常消耗的直接材料、直接人工和制造费用(或类似费用),这些支出为履行合同发生,但未反映在合同价格中。③ 与履约义务中已履行(包括已全部履行或部分履行)部分相关的支出,即该支出与企业过去的履约活动相关。④ 无法在尚未履行的与已履行(或已部分履行)的履约义务之间区分的相关支出。

【同步思考例 4-9】 单项选择题

下列各项中,应作为合同履约成本确认为合同资产的是( )。

A. 为取得合同发生但预期能够收回的增量成本

B. 为组织和管理企业生产经营发生并由客户承担的管理费用

C. 无法在尚未履行的与已履行(或已部分履行)的履约义务之间区分的支出

D. 为履行合同发生的非正常消耗的直接材料、直接人工和制造费用

【答案】 B

【解析】 选项 A,为取得合同发生但预期能够收回的增量成本应作为合同取得成本确认为一项资产;选项 B,与组织和管理生产相关的且明确由客户承担的成本应作为合同履约成本;选项 C 和 D,应在发生时计入当期损益。

(二)合同取得成本

企业为取得合同发生的增量成本预期能够收回的,应当作为合同取得成本确认为一项资产。增量成本,是指企业不取得合同就不会发生的成本,如销售佣金等。为简化实务操作,该资产摊销期限不超过一年的,可以在发生时计入当期损益。企业采用该简化处理方法的,应当对所有类似合同一致采用。企业为取得合同发生的、除预期能够收回的增量成本之外的其他支出,如无论是否取得合同均会发生的差旅费、投标费、为准备投标资料发生的相关费用等,应当在发生时计入当期损益,除非这些支出明确由客户承担。

【同步思考例 4-10】 单项选择题

甲公司是一家咨询公司,其通过竞标赢得一个新客户,为取得和该客户的合同,甲公司发生下列支出:聘请外部律师进行尽职调查的支出、因投标发生的差旅费、销售人员佣金,甲公司预期这些支出未来能够收回。此外,甲公司根据其年度销售目标、整体盈利情况及个人业绩等,向销售部门经理支付年度奖金。上述各项支出中,应作为合同取得成本确认为一项资产的是( )。

A. 销售人员佣金

B. 聘请外部律师进行尽职调查的支出

C. 因投标发生的差旅费

D. 向销售部门经理支付的年度奖金

【答案】A

【解析】选项 A,甲公司向销售人员支付的佣金属于为取得合同发生的增量成本,应当将其作为合同取得成本确认为一项资产。选项 B 和 C,甲公司聘请外部律师进行尽职调查发生的支出、为投标发生的差旅费,无论是否取得合同都会发生,不属于增量成本,因此,应当于发生时直接计入当期损益。选项 D,甲公司向销售部门经理支付的年度奖金也不是为取得合同发生的增量成本,因为该奖金发放与否以及发放金额还取决于其他因素(包括公司的盈利情况和个人业绩),并不能直接归属于可识别的合同。

【例 4 - 16】　2021 年 11 月 25 日,虞山股份有限公司与乙公司签订了一项设备安装服务合同,乙公司将其购买的一套大型设备交由虞山公司安装。根据合同约定,设备安装费总额为 200 000 元,乙公司预付 50%,其余 50% 待设备安装完成、验收合格后支付。2021 年 12 月 31 日,实际发生安装成本 60 000 元,其中支付安装人员薪酬 36 000 元,领用库存原材料 5 000 元,以银行存款支付其他费用 19 000 元;据合理估计,至设备安装完成,还会发生安装成本 90 000 元。2022 年 2 月 10 日,设备安装完成,实际发生安装成本 92 000 元,其中,支付安装人员薪酬 65 000 元,领用库存原材料 2 000 元,以银行存款支付其他费用 25 000 元。设备经检验合格后,乙公司如约支付剩余安装费。乙公司能够控制虞山公司履约过程中的在安装设备。虞山公司判断,因向客户提供安装服务而有权取得的对价很可能收回。虞山公司按已经发生的成本占估计总成本的比例确定履约进度。假设不考虑相关税费,写出上述业务的会计处理分录。

解析:(1) 2021 年 12 月 1 日,预收 50% 的合同价款。

借:银行存款　　　　　　　　　　　　　　　　　　　　　　　　　　100 000

　　贷:合同负债——乙公司　　　　　　　　　　　　　　　　　　　　　　100 000

(2) 支付 2021 年实际发生的安装成本。

借:合同履约成本——服务成本　　　　　　　　　　　　　　　　　　　60 000

　　贷:应付职工薪酬　　　　　　　　　　　　　　　　　　　　　　　　　36 000

　　　　原材料　　　　　　　　　　　　　　　　　　　　　　　　　　　　5 000

　　　　银行存款　　　　　　　　　　　　　　　　　　　　　　　　　　19 000

(3) 2021 年 12 月 31 日,确认收入并结转成本。

履约进度＝6÷(6＋9)＝40%

应确认收入＝20×40%＝80 000(元)

应结转成本＝60 000(元)

借:合同负债——乙公司　　　　　　　　　　　　　　　　　　　　　　80 000

　　贷:主营业务收入　　　　　　　　　　　　　　　　　　　　　　　　　80 000

借:主营业务成本　　　　　　　　　　　　　　　　　　　　　　　　　60 000

　　贷:合同履约成本——服务成本　　　　　　　　　　　　　　　　　　　60 000

（4）支付 2022 年发生的安装成本。

借：合同履约成本——服务成本　92 000

　　贷：应付职工薪酬　65 000

　　　　原材料　2 000

　　　　银行存款　25 000

（5）设备验收合格后,乙公司如约支付剩余安装费。

借：银行存款　100 000

　　贷：合同负债——乙公司　100 000

（6）2022 年 2 月 10 日,确认收入并结转成本。

借：合同负债——乙公司　120 000

　　贷：主营业务收入　120 000

借：主营业务成本　92 000

　　贷：合同履约成本——服务成本　92 000

（三）与合同履约成本和合同取得成本有关的资产的摊销和减值

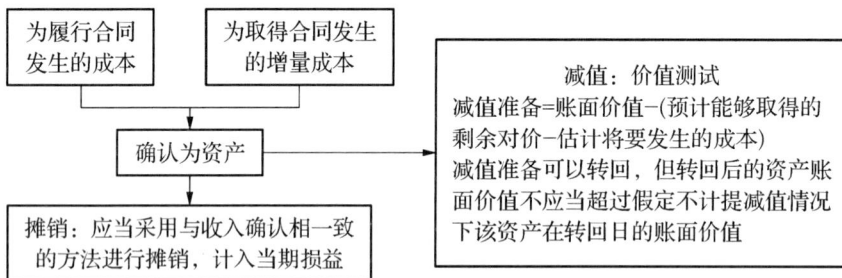

图 4-6　与合同成本有关的资产的摊销和减值

1. 摊销

对于确认为资产的合同履约成本和合同取得成本,企业应当采用与该资产相关的商品收入确认相同的基础(即在履约义务履行的时点或按照履约义务的履约进度)进行摊销,计入当期损益。在确定与合同履约成本和合同取得成本有关的资产的摊销期限和方式时,如果该资产与一份预期将要取得的合同(如续约后的合同)相关,则在确定相关摊销期限和方式时,应当考虑该预期将要取得的合同的影响。但是,对于合同取得成本而言,如果合同续约时,企业仍需要支付与取得原合同相当的佣金,这表明取得原合同时支付的佣金与预期将要取得的合同无关,该佣金只能在原合同的期限内进行摊销。企业为合同续约仍需支付的佣金是否与原合同相当,需要根据具体情况进行判断。例如,如果两份合同的佣金按照各自合同金额的相同比例计算,通常表明这两份合同的佣金水平是相当的。企业应当根据预期向客户转让与上述资产相关的商品的时间,对资产的摊销情况进行复核并更新,以反映该预期时间的重大变化。此类变化应当作为会计估计变更进行会计处理。

2. 减值

合同履约成本和合同取得成本的账面价值高于下列两项的差额的,超出部分应当计提减值准备,并确认为资产减值损失:① 企业因转让与该资产相关的商品预期能够取得的剩余对价;② 为转让该相关商品估计将要发生的成本。估计将要发生的成本主要包括直接人工、直接材料、制造费用(或类似费用)、明确由客户承担的成本以及仅因该合同而发生的其他成本(如支付给分包商的成本)等。以前期间减值的因素之后发生变化,使得前款①减②的差额高于该资产账面价值的,应当转回原已计提的资产减值准备,并计入当期损益,但转回后的资产账面价值不应超过假定不计提减值准备情况下该资产在转回日的账面价值。在确定合同履约成本和合同取得成本的减值损失时,企业应当首先确定其他资产减值损失;然后,按照本节的要求确定合同履约成本和合同取得成本的减值损失。企业按照《企业会计准则第 8 号——资产减值》测试相关资产组的减值情况时,应当将按照上述规定确定上述资产减值后的新账面价值计入相关资产组的账面价值。

【同步思考例 4-11】　单项选择题

下列关于合同取得成本和合同履约成本,表述不正确的是(　　　)。

A. 对于确认为资产的合同履约成本和合同取得成本,企业应采用与该资产相关的商品收入确认相同的基础进行摊销,计入当期损益

B. 企业应当根据预期向客户转让与资产相关的商品的时间,对资产的摊销情况进行复核并更新,并作为会计估计变更处理

C. 合同履约成本和合同取得成本的账面价值,高于企业因转让与该资产相关的商品预期能够取得的剩余对价与为转让该相关商品估计将要发生的成本之间的差额,应当将超出部分计提减值准备

D. 在确定合同履约成本和合同取得成本的减值损失时,企业应当首先确定合同履约成本和合同取得成本的减值损失,然后再确认其他资产减值损失

【答案】 D

【解析】 选项 D,在确定合同履约成本和合同取得成本的减值损失时,企业应当首先确定其他资产减值损失,然后再确认合同履约成本和合同取得成本的减值损失。

第二节　利润

本节内容框架

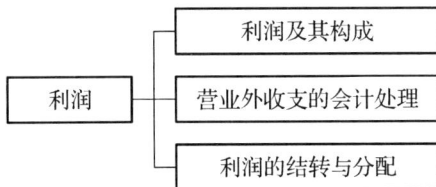

利润 ── 利润及其构成 ／ 营业外收支的会计处理 ／ 利润的结转与分配

一、利润及其构成

企业作为独立的经济实体,应当以自己的经营收入抵补其成本费用,并且实现盈利。企业盈利的大小在很大程度上反映企业生产经营的经济效益,表明企业在每一会计期间的最终经营成果。

利润是指企业在一定会计期间的经营成果。利润包括收入减去费用后的净额、直接计入当期利润的利得和损失等。

直接计入当期利润的利得和损失,是指应当计入当期损益、会导致所有者权益发生增减变动的、与所有者投入资本或者向所有者分配利润无关的利得或者损失。

(一)营业利润

$$
\begin{aligned}
\text{营业利润} = & \text{营业收入} - \text{营业成本} - \text{税金及附加} - \text{销售费用} - \text{管理费用} - \text{研发费用} - \text{财务费用} + \text{其他收益} + \text{投资收益(}-\text{投资损失)} + \\
& \text{净敞口套期收益(}-\text{净敞口套期损失)} + \text{公允价值变动收益(}-\text{公允价值变动损失)} - \text{信用减值损失} - \text{资产减值损失} + \\
& \text{资产处置收益(}-\text{资产处置损失)}
\end{aligned}
$$

【同步思考例 4-12】 单项选择题

甲公司 2021 年发生以下交易或事项:① 销售商品确认收入 24 000 万元,结转成本 19 000 万元;② 采用公允价值进行后续计量的投资性房地产取得出租收入 2 800 万元,2021 年公允价值变动收益 1 000 万元;③ 报废固定资产损失 600 万元;④ 因持有以公允价值计量且其变动计入其他综合收益的金融资产确认公允价值变动收益 800 万元;⑤ 确认商誉减值损失 2 000 万元,不考虑其他因素,甲公司 2021 年的营业利润是( )万元。

A. 5 200　　　　　B. 8 200　　　　　C. 6 200　　　　　D. 6 800

【答案】 D

【解析】 营业利润 = 事项①商品销售收入 24 000 - 结转销售成本 19 000 + 事项②租金收入 2 800 + 公允价值变动收益 1 000 - 事项⑤资产减值损失 2 000 = 6 800(万元)

(二)利润总额

$$\text{利润总额} = \text{营业利润} + \text{营业外收入} - \text{营业外支出}$$

其中,营业外收入是指企业发生的与其日常活动无直接关系的各项利得。营业外支出是指企业发生的与其日常活动无直接关系的各项损失。

(三)净利润

$$\text{净利润} = \text{利润总额} - \text{所得税费用}$$

其中,所得税费用是指企业确认的应从当期利润总额中扣除的所得税费用。

二、营业外收支的会计处理

(一)营业外收入

营业外收入是指企业发生的营业利润以外的收益,主要包括非流动资产毁损报废利得、与企业日常活动无关的政府补助、盘盈利得,捐赠利得等。

提示:(1)盘盈利得一般指的是现金盘盈;

(2)企业接受控股股东(或控股股东的子公司)或非控股股东(或非控股股东的子公司)直接或间接代为偿债、债务豁免或捐赠,经济实质表明属于控股股东或非控股股东对企业的资本性投入,应当将相关的利得计入所有者权益(资本公积);

(3)企业发生破产重整,其非控股股东因执行人民法院批准的破产重整计划,通过让渡所持有的该企业部分股份向企业债权人偿债的,企业应将非控股股东所让渡股份按照其在让渡之日的公允价值计入所有者权益(资本公积),减少所豁免债务的账面价值,并将让渡股份公允价值与被豁免的债务账面价值之间的差额计入当期损益。

(二)营业外支出

营业外支出是指企业发生的营业利润以外的支出,主要包括非流动资产毁损报废损失、公益性捐赠支出、非常损失、固定资产盘亏损失等。

三、利润的结转与分配

(一)结转本年利润的方法

会计期末,结转本年利润的方法有表结法和账结法两种。

1)表结法

表结法下,各损益类科目每月末只需结计出本月发生额和月末累计余额,不结转到"本年利润"科目,只有在年末时才将全年累计余额结转入"本年利润"科目。但每月末要将损益类科目的本月发生额合计数填入利润表的本月数栏,同时将本月末累计余额填入利润表的本年累计数栏,通过利润表计算反映各期的利润(或亏损)。表结法下,年中损益类科目无须结转入"本年利润"科目,从而减少了转账环节和工作量,同时并不影响利润表的编制及有关损益指标的利用。

2)账结法

账结法下,每月末均需编制转账凭证,将在账上结计出的各损益类科目的余额结转入"本年利润"科目。结转后"本年利润"科目的本月余额反映当月实现的利润或发生的亏损,"本年利润"科目的本年余额反映本年累计实现的利润或发生的亏损。账结法在各月均可通过"本年利润"科目提供当月及本年累计的利润(或亏损)额,但增加了转账环节和工作量。

(二)结转本年利润的账务处理

企业应设置"本年利润"科目,核算企业本年度实现的净利润(或发生的净亏损)。会计期末,企业应将"主营业务收入""其他业务收入""其他收益""营业外收入"等科目的余额分别转入"本年利润"科目的贷方,将"主营业务成本""其他业务成本""税金及附加""销售费用""管理费用""财务费用""信用减值损失""资产减值损失""营业外支出""所得税费用"等科目的余额分别转入"本年利润"科目的借方。企业还应将"投资收益""公允价值变动损益""资产处置损益"科目的净收益转入"本年利润"科目的贷方,将"投资收益""公允价值变动损益""资产处置损益"科目的净损失转入"本年利润"科目的借方。结转后"本年利润"科目如为贷方余额,表示当年实现的净利润;如为借方余额,表示当年发生的净亏损。

年度终了,企业还应将"本年利润"科目的本年累计余额转入"利润分配——未分配利润"科目。如"本年利润"为贷方余额,借记"本年利润"科目,贷记"利润分配——未分配利润"科目;如为借方余额,做相反的会计分录,借记"利润分配——未分配利润"科目,贷记"本年利润"科目。结转后,"本年利润"科目应无余额。

【同步思考例 4-13】 单项选择题

进行利润分配的最后一项是( )。
A. 弥补以前年度亏损 B. 提取企业公积金
C. 向投资者分配利润或股利 D. 未分配利润
【答案】D
【解析】本题考查的是利润分配。税后利润分配的顺序:① 弥补公司以前年度亏损;② 提取法定公积金;③ 经股东会或者股东决议提取任意公积金;④ 向投资者分配的利润或股利;⑤ 未分配利润。

【同步思考例 4-14】 简答题

1. 简述收入的特征。
【答案】① 收入是企业在日常活动中形成的;② 收入会导致所有者权益的增加;③ 收入是与所有者投入资本无关的经济利益的总流入。

2. 简述收入准则确认收入的五步法模型。
【答案】① 识别与客户之间的合同;② 识别合同中的单项履约义务;③ 确定交易价格;④ 将交易价格分配至单项履约义务;⑤ 在企业履行履约义务时确认收入。

3. 企业向客户授予知识产权许可,同时满足哪些条件时应当作为在某一时段内履行的履约义务确认相关收入。
【答案】① 合同要求或客户能够合理预期企业将从事对该项知识产权有重大影响的活动;② 该活动对客户将产生有利或不利影响;③ 该活动不会导致向客户转让某项商品。

4. 同时满足哪些条件的,应当作为合同履约成本确认为一项资产。
【答案】① 该成本与一份当前或预期取得的合同直接相关;② 该成本增加了企业未来用于履行(或持续履行)履约义务的资源;③ 该成本预期能够收回。

5. 利润构成包括哪些项目。
【答案】① 营业利润;② 利润总额;③ 净利润。

课后练习题　　　　　延伸阅读

第三篇 投资篇

第五章 固定资产

1. 掌握固定资产的概念及特点。
2. 掌握固定资产入账价值的核算。
3. 掌握固定资产折旧的概念及特点。
4. 熟悉固定资产后续支出的核算。
5. 了解固定资产处置的核算。

某事业单位资产管理内部控制制度部分内容

国有资产的使用包括自用、出租、出借以及事业单位利用国有资产对外投资、担保等行为。中心不得利用国有资产对外投资、担保或者举办经济实体,法律、行政法规另有规定的除外。国有资产应建立严格的国有资产管理责任制,健全资产领用和使用管理制度,建立资产使用部门登记和卡片管理制度,切实规范国有资产领用和使用行为。

(1)财务室及相关使用部门应当定期做好资产清查盘点工作,做到家底清楚,账、卡、物相符。对清查盘点中出现的资产损益或盘盈,要及时查明原因,按规定进行报批处理。

(2)中心将国有资产对外出租出借的,应进行可行性论证,报市财政局审批(备案)。论证结果为不宜对外出租、出借的,也要报市财政局备案。对外出租采取拍租等公开竞价方式;因特殊情况无法公开拍租的资产,应报市财政局审批后采取其他方式出租。未经批准,严禁擅自对外出租出借本单位国有资产。对出租出借形成的收入,应按照非税收入管理规定上缴国库。

分析:国有资产管理是一项重要的工作,涉及国有资产的保值增值过程。在资产管理中应该建立严格的内部控制制度、职责分工及考核,贯彻职业道德要求。

结论:企事业单位应该加强固定资产管理工作。

阅读案例

贵州茅台(600519)于 2014 年 12 月 18 日发布的公告内容

一、概述

根据 2014 年 10 月 20 日财政部、国家税务总局发布的《关于完善固定资产加速折旧企业所得税政策的通知》(财税〔2014〕75 号)(以下简称"通知")及 2014 年 11 月 14 日国家税务总局发布的 2014 年第 64 号公告《关于固定资产加速折旧税收政策有关问题的公告》文件规定,结合公司实际情况,对固定资产折旧政策做出以下调整:

(1) 对于 2014 年 1 月 1 日后新购进的专门用于研发的仪器、设备,金额在 100 万元以下的,一次性计入当期成本费用。

(2) 2014 年 1 月 1 日后新购进的专门用于研发的仪器、设备,超过 100 万元的,折旧年限变更如下:

资产类别	原折旧年限	变更后折旧年限
机器设备	10 年	6 年
电子设备	5 年	2 年

(3) 对于 5 000 元以下的固定资产,一次性计入当期成本费用。

二、本次估计变更对公司的影响

本次会计估计变更对公司的主营业务范围无影响,预计影响公司 2014 年所有者权益和净利润分别减少人民币约 1 700 万元,本次会计估计变更的影响额将不会超过 2014 年度本公司所有者权益及净利润绝对值的 50%,也不会使公司 2014 年度的盈亏性质发生变化,因此无须提交公司股东大会审议。

(资料来源:贵州茅台 2014 年 12 月 18 日公告,https://vip.stock.finance.sina.com.cn/corp/view/vCB_AllBulletinDetail.php? stockid=600 519&id=1 578 525)

思考:1. 阐述固定资产的概念及特点。

2. 阐述固定资产折旧的概念及特点。

3. 变更折旧方法后对企业报表的影响程度。

第一节　固定资产概述

本节内容框架

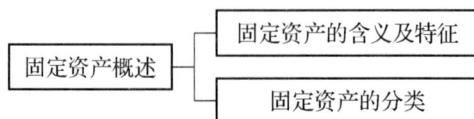

一、固定资产的含义及特征

我国《企业会计准则第 4 号——固定资产》给固定资产做了较为明确的定义,指出"固定资产,是指同时具有下列特征的有形资产:① 为生产商品、提供劳务、出租或经营管理而持有的;② 使用寿命超过一个会计年度"。从定义可以看出,固定资产在其有形性、持有目的以及使用寿命三个方面具有一定特点。就固定资产不同的具体实物形态而言,固定资产一般包括房屋、建筑物、机器、机械、运输工具以及其他与生产经营有关的设备、器具、工具等。另外,在实务上,对于不属于生产经营主要设备的物品,如果单位价值在 2 000 元以上,并且使用年限超过两年的,也作为固定资产进行处理。这些固定资产在生产经营过程中所起的作用是不同的。有些固定资产是直接参加劳动过程,如机器设备、生产工具等;有些固定资产起着辅助生产的作用,如动力设备、传导设备、运输工具等;还有一些固定资产是作为进行生产经营的必要条件而存在的,如房屋、建筑物等。需要说明的是,固定资产的另外一个显著特征是它的单位价值问题。单位价值的高低使得固定资产与存货,特别是存货中的低值易耗品和包装物有了显著的区别。一般认为,固定资产与低值易耗品、包装物相比有较高的单位价值。

综上所述,固定资产的特征一般表现为以下四个方面:

(1) 固定资产是有形资产。固定资产有一个实体存在,可以看得见、摸得着。这与企业的无形资产、应收账款、其他应收款等资产不同。对于无形资产,虽然可供企业长期使用,甚至使用期限超过固定资产,但由于其无形性而不能作为企业的固定资产;对企业持有的某些具有实物形态,而且具有固定资产某些特征的实物资产,如工业企业持有的工具、用具、备品备件、维修设备等资产,施工企业持有的模板、挡板等周转材料,虽然其使用期限超过一年,但由于数量多、单价低,如果采用折旧的方法实现价值的转移不符合成本效益原则,所以在实务中通常确认为存货。相反,如果价值很高,并且符合固定资产定义和确认条件的,应当确认为固定资产,如民用航空运输企业持有的高价周转件等。

(2) 可供企业长期使用。固定资产属于长期耐用资产,其使用寿命超过一个会计年度。固定资产的使用寿命,是指企业使用的固定资产的预计期间,或者该固定资产所能生产产品或提供劳务的数量。一般情况下固定资产的使用寿命是指使用固定资产的预计期间,如自用房屋建筑物的使用寿命以使用年限表示。但是对于某些机器设备或运输设备等固定资产,其使用寿命往往以该固定资产所能生产产品或提供劳务的数量来表示,如发电设备按其预计发电量估计使用寿命,汽车或飞机等按其预计行驶里程估计使用寿命。固定资产虽然可以长期使用,但实物形态却不会因为使用而发生变化或显著损耗,其账面价值通过计提折旧方式而逐渐减少,这也有别于存货等流动资产。

(3) 不以投资和销售为目的。企业取得各种固定资产的目的是为了服务于企业自身的生产经营活动。企业可以通过固定资产生产出产品,并通过产品的销售而赚取销售收入;可以用于企业的行政管理,从而提高企业的管理水平。固定资产是企业的劳动工具或手段,企业持有固定资产的目的不是为了出售,或将其对企业外部进行投资。

（4）具有可衡量的未来经济利益。企业取得固定资产的目的是为了获得未来的经济利益，虽然这种经济利益是来自对固定资产服务潜能的利用，而不是来自可直接转换为多少数量的货币，但它能在未来为企业带来可以用货币加以合理计量的经济利益，而且这种经济利益一般是可以衡量的。

二、固定资产的分类

在企业中，固定资产的数量是很多的，为了便于固定资产的实物管理和价值的核算，需要对固定资产进行科学、合理的分类。一般可以按如下标准对固定资产进行分类。

（一）固定资产按经济用途分类

按照经济用途可以将固定资产划分为经营用固定资产和非经营用固定资产两大类。经营用固定资产是指直接参加或直接服务于生产经营过程的各种固定资产，如用于企业生产经营的房屋、建筑物、机器设备、运输设备、工具器具等。非经营用固定资产是指不直接服务于生产经营过程中的各种固定资产，如用于职工住宅、公共福利设施、文化娱乐等方面的房屋、建筑物、设施和器具等。

（二）固定资产按使用情况分类

按照使用情况可以将固定资产划分为使用中固定资产、未使用固定资产、出租固定资产和不需用固定资产四大类。使用中固定资产，是指企业正在使用的经营用固定资产和非经营用固定资产。企业的房屋、建筑物无论是否在实际使用，都应视为使用中固定资产。由于季节性生产经营或进行大修理等原因而暂时停止使用以及存放在生产车间或经营场所备用、轮换使用的固定资产，也属于使用中固定资产。未使用固定资产，是指已购建完成但尚未交付使用的新增固定资产以及进行改建、扩建等暂时脱离生产经营过程的固定资产。出租固定资产，是指企业根据租赁合同的规定，以经营租赁方式出租给其他企业临时使用的固定资产。不需用固定资产，是指本企业多余或不适用、待处置的固定资产。

除上述基本分类外，固定资产还可按其他标准进行分类，如按固定资产的所有权分类，可分为自由固定资产和租入固定资产；按固定资产的性能分类，可以分为房屋和建筑物、动力设备、传导设备、工具、仪器及生产经营用具、运输设备等；按固定资产的来源渠道分类，可分为外购的固定资产、自行建造的固定资产、投资者投入的固定资产、融资租入的固定资产、改扩建新增的固定资产、接受抵债取得的固定资产、非货币性资产交换换入的固定资产、接受捐赠的固定资产、盘盈的固定资产等。

在会计实务中，企业为了更好地满足固定资产管理和核算的需要，往往将几种分类标准结合起来，采用综合的标准对固定资产进行分类。企业应当根据固定资产的定义，结合本企业的具体情况，制定适合本企业的固定资产目录、分类方法、每类或每项固定资产的折旧年限、折旧方法，为进行固定资产的实物管理和价值核算提供依据。

第二节　固定资产的确认与初始计量

本节内容框架

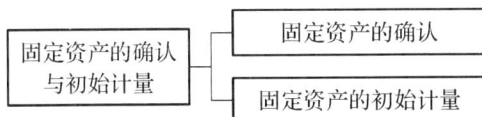

固定资产的确认与初始计量 —— 固定资产的确认

固定资产的初始计量

一、固定资产的确认

固定资产的确认是指企业在什么时候和以多少金额将固定资产作为企业所拥有或控制的资源进行反映。一般来讲,固定资产只有在同时满足以下两个条件时,才能加以确认:

(1)该固定资产包含的经济利益很可能流入企业。这一条件要求企业必须要有一定的证据对所确认固定资产未来经济利益流入企业的确定程度做出可靠的估计,只有在企业确认通过该项资产很可能获得报酬时才确认为企业的固定资产。这个条件实质上是涉及固定资产的所有权问题。如果一个企业对某项固定资产拥有所有权,说明与该项固定资产相关的风险和报酬已经转归企业,该项资产在未来所能带来的经济利益也应该流入企业的。但在实务上,有时即使企业对该项固定资产没有所有权,由于与资产相关的风险和报酬发生了转移,企业能够控制该项资产带来的经济利益,使之能够流入企业,则该项固定资产也应作为企业的固定资产予以确认,如融资租入的固定资产。

(2)该固定资产的成本能够可靠地计量。这是资产确认的一个基本条件,也就是确定资产的价值量问题。如果企业对固定资产能够拥有和控制,那么其价值量在大多数情况下的确定并不是一件很困难的事情。例如,外购固定资产,在交易时就确定了它的大部分价值;自建的资产,可以根据企业购买的材料、发生的人工费和建造过程中的其他投入对其成本进行可靠计量等。从取得固定资产的角度而言,固定资产成本的计量就是以货币为计量单位计算固定资产的价值,包括企业最初取得固定资产的成本,即原始价值,以及在以后某个时点上重新取得同样固定资产的成本,即重置完全价值。

原始价值简称原价或原值,也称实际成本、历史成本等,是指取得某项固定资产时和直至使该项固定资产达到预定可使用状态前所实际支付的各项必要的、合理的支出,一般包括买价、进口关税、运输费、场地整理费、装卸费、安装费、专业人员服务费和其他税费等。固定资产的来源渠道不同,原始价值的具体内容就会有所不同。在确定固定资产的原始价值时,有两个问题需要注意:一是企业为购建固定资产而借入款项所发生的借款费用资本化的会计处理问题。关于这个问题,国际上通行的做法是,只有固定资产建造期间实际发生的利息成本才能予以资本化,我国基本上依照国际惯例。我国会计准则规定,在固定资产达到预定可使用状态之前发生的借款费用,按规定计算应予资本化的金额,计入购建资产的价值,不能资本化的部分,计入当期费用;在固定资产达到预定可使用状态之后发生的借款费用,计入当期费用,不能资本化。

重置完全价值是指在现时的生产技术和市场条件下,重新购置同样的固定资产所需支付的全部代价。重置完全价值所反映的是固定资产的现时价值,从理论上讲,比采用原始价值计价更为合理。但由于重置完全价值本身具有经常变化的特点,因此在会计实务中的可操作性受到一定限制。实务中企业如果由于无法取得固定资产原始价值资料而不能确定固定资产原始价值时,才以重置完全价值对固定资产成本进行计量,如盘盈固定资产、接受捐赠固定资产成本的确定等。

企业在对固定资产进行确认时,应当按照固定资产的定义和确认条件,考虑企业的具体情形加以判断。例如,企业的环保设备和安全设备等资产,虽然不符合固定资产定义的要求(即不能直接为企业带来经济效益),但这类资产却有助于企业从其他相关资产上获得经济利益,因此也应当确认为固定资产。另外,一项资产是否应单独作为一项固定资产予以确认也是值得考虑的问题。例如,在某些情况下,将某项资产的总支出分配给各组成部分并对每个组成部分单独进行核算也是必要的,而且由于资产的各组成部分具有不同的使用寿命或以不同的方式为企业提供经济利益,因而采用的折旧率和折旧方法也有所不同,这种情况下就需要将它们各自作为单独的固定资产来确认。

二、固定资产的初始计量

固定资产的初始计量是指企业最初取得固定资产时对其入账价值的确定。固定资产取得方式的不同决定了其入账价值所包含的经济内容也不同,其账务处理程序也体现不同的特点。下面分别按照不同的固定资产取得方式来说明固定资产入账价值的确定方法和账务处理程序。

(一)外购固定资产

外购方式是企业取得固定资产的重要途径和主要方式。企业外购的固定资产,其成本包括实际支付的买价、进口关税和其他税费,以及使固定资产达到预定可使用状态前所发生的可归属于该项资产的费用,如场地整理费、运输费、装卸费、安装费和专业人员服务费等。我国从 2009 年 1 月 1 日起对增值税的管理实行了生产型向消费型的转变,在征收增值税时,允许企业将外购固定资产所含的增值税进项税额一次性全部扣除,所以企业外购固定资产增值税专用发票所列应交增值税税额不能计入固定资产价值,而是作为进项税额单独核算。企业购买的不动产如果属于企业职工集体福利设施,进项税额不能抵扣,应计入不动产成本。企业外购的固定资产,在投入使用前,有的需要安装,有的则不需要安装。购入不需要安装的固定资产,达到预定可使用状态的,按确认的入账价值直接增加企业的固定资产;购入需要安装的固定资产,先通过"在建工程"科目归集工程成本,待固定资产达到预定可使用状态时,再转入"固定资产"科目。

【例 5-1】 虞山股份有限公司购入一台不需要安装的设备,发票上注明设备价款30 000 元,应交增值税 3 900 元,支付的场地整理费、装卸费等合计 1 200 元。上述款项企业已用银行存款支付。其账务处理如下:

借:固定资产	31 200
应交税费——应交增值税(进项税额)	3 900
贷:银行存款	35 100

【例 5 - 2】　2021 年 9 月 10 日,虞山股份有限公司从甲公司购入 2016 年 4 月 30 日前建造的厂房一栋,增值税专用发票注明价款 15 000 000 元,应交增值税 750 000 元,款项 15 750 000 元已通过银行存款支付。

此例中,甲公司出售 2016 年 4 月 30 日前建造的不动产,选择简易计税方法,按 5% 计算应交增值税。

借:固定资产　　　　　　　　　　　　　　　　　　　　 15 000 000
　　应交税费——应交增值税(进项税额)　　　　　　　　 750 000
　　　贷:银行存款　　　　　　　　　　　　　　　　　　 15 750 000

如果企业购入的是需要安装的固定资产,由于从固定资产运抵企业到交付使用,尚需经过安装和调试过程,并会发生安装调试成本。因此,应先通过“在建工程”科目核算购置固定资产所支付的价款、运输费和安装成本等,待固定资产安装完毕并达到预定可使用状态后,再将“在建工程”科目归集的固定资产成本一次转入“固定资产”科目。

【例 5 - 3】　虞山股份有限公司购入一台需要安装的专用设备,发票上注明设备价款 50 000 元,应交增值税 6 500 元,支付运输费、装卸费等合计 2 100 元,支付安装成本 800 元。以上款项均通过银行支付。其账务处理如下:

(1) 设备运抵企业,等待安装。

借:工程物资　　　　　　　　　　　　　　　　　　　　　 52 100
　　应交税费——应交增值税(进项税额)　　　　　　　　　 6 500
　　　贷:银行存款　　　　　　　　　　　　　　　　　　　 58 600

(2) 设备投入安装,并支付安装成本。

借:在建工程　　　　　　　　　　　　　　　　　　　　　 52 900
　　贷:工程物资　　　　　　　　　　　　　　　　　　　　 52 100
　　　　银行存款　　　　　　　　　　　　　　　　　　　　　 800

(3) 设备安装完毕,达到预定可使用状态。

借:固定资产　　　　　　　　　　　　　　　　　　　　　 52 900
　　贷:在建工程　　　　　　　　　　　　　　　　　　　　 52 900

【同步思考例 5 - 1】　单项选择题

某企业为增值税一般纳税人,购入一台不需要安装的设备,增值税专用发票上注明的价款为 50 000 元,增值税税额为 8 000 元,另发生运输费 1 000 元、包装费 500 元(均不考虑增值税)。不考虑其他因素,该设备的入账价值为(　　)元。

　　A. 50 000　　　　　　 B. 60 000　　　　　　 C. 58 500　　　　　　 D. 51 500

【答案】D

【解析】该设备的入账价值＝50 000＋1 000＋500＝51 500(元)

(二)自行建造固定资产

企业自行建造的固定资产,应按照建造该项固定资产达到预定可使用状态前所发生的全部支出,作为入账价值。自行建造的固定资产,从发生第一笔购置支出到固定资产完工交付使用,通常需要经历一段较长的建造期间。为了便于归集和计算固定资产的实际建造成本,企业应设置"在建工程"科目。本科目核算企业基建、更新改造等在建工程发生的支出。本科目应当按照"建筑工程""安装工程""在安装设备""待摊支出"以及单项工程进行明细核算。

在建工程发生减值的,可以单独设置"在建工程减值准备"科目进行核算。

自行建造的固定资产按营建方式的不同,可分为自营工程和出包工程。

1. 自营工程

自营工程是指企业利用自身的生产能力进行的固定资产建造工程。较为常见的是企业通过这种方式自制一些专用设备。

自营工程由于是利用自身的生产能力进行的固定资产建造工程,因此,固定资产的建造成本往往很难与产品的生产成本完全划分清楚。为了简化核算,企业通常只将固定资产建造工程中所发生的直接支出计入工程成本,按规定,其内容主要包括消耗的工程物资、原材料、库存商品、负担的职工薪酬,辅助生产部门为工程提供的水、电、设备安装、修理、运输等劳务支出,以及工程发生的待摊支出(包括工程管理费、征地费、可行性研究费、临时设施费、公证费、监理费及应负担的税费等)。

至于一些间接支出,如制造费用等并不分配计入固定资产建造工程成本。这种做法的理由主要是:第一,制造费用一般属于固定费用,不会因偶尔进行的固定资产建造工程而增加;第二,固定资产建造工程通常是在营业淡季进行的,如果将一部分制造费用计入工程成本,就会夸大当期正常营业的净收益;第三,固定资产建造工程通常是利用企业的闲置生产能力进行的,如果正常的营业活动并未因进行固定资产建造工程而受到影响,就没有理由由固定资产建造工程负担制造费用。

在确定自营工程成本时还需要注意以下几个方面的问题:

(1) 自营工程购入工程物资如果用于生产经营所用设备的建造,所支付的增值税税额,不应计入工程成本,应作为进项税额单独列示,从销项税额中抵扣;如果用于企业职工集体福利设施工程,则支付的增值税税额不得抵扣,而应计入工程成本。

(2) 自营工程领用外购存货,应按成本转出,计入工程成本。如果领用外购存货用于企业职工集体福利设施工程,则支付的增值税税额不能从销项税额中抵扣,而应转出计入工程成本。

(3) 自营工程领用自制半成品和产成品,应按其生产成本计入自营工程成本。若自营工程属于企业职工集体福利设施工程,领用自制半成品、产成品,应视同企业销售货物按适用税率计算销项税额,并计入自营工程成本。

(4) 在建工程进行负荷联合试车发生的费用,计入工程成本(待摊支出);试车期间形成的产品或副产品对外销售或转为库存商品时,应借记"银行存款""库存商品"等科目,贷记"在建工程"科目(待摊支出)。

(5) 建设期间发生的工程物资盘亏、报废及毁损净损失,计入工程成本,借记"在建工程"科目,贷记"工程物资"科目;盘盈的工程物资或处置净收益做相反的会计处理。

(6) 工程完工后发生的工程物资盘盈、盘亏、报废、毁损,计入当期营业外收支。

(7) 在建工程完工,对于已领出的剩余物资应办理退库手续,借记"工程物资"科目,贷记"在建工程"科目。

（8）在建工程达到预定可使用状态时，对发生的待摊支出应分配计算，计入各工程成本中。

【例 5-4】 虞山股份有限公司利用剩余生产能力自行制造一台设备，该设备用于产品生产。在建造过程中主要发生下列支出：

2021 年 1 月 6 日用银行存款购入工程物资 90 400 元，其中价款 80 000 元，应交增值税 10 400 元，工程物资验收入库。

2021 年 1 月 20 日工程开工，当日实际领用工程物资 80 000 元；领用库存材料一批，实际成本 6 000 元；领用库存产品若干件，实际成本 8 100 元；辅助生产部门为工程提供水、电等劳务支出共计 5 000 元；工程应负担直接人工费 10 260 元。

2021 年 4 月 30 日工程完工，并达到预定可使用状态。其账务处理如下：

（1）2021 年 1 月 6 日，购入工程物资，验收入库。

借：工程物资	80 000	
应交税费——应交增值税（进项税额）	10 400	
贷：银行存款		90 400

（2）2021 年 1 月 20 日，领用工程物资，投入自营工程。

借：在建工程	80 000	
贷：工程物资		80 000

（3）2021 年 1 月 20 日，领用库存材料。

借：在建工程	6 000	
贷：原材料		6 000

（4）2021 年 1 月 20 日，领用库存产成品。

借：在建工程	8 100	
贷：库存商品		8 100

（5）结转应由工程负担的水电费。

借：在建工程	5 000	
贷：生产成本		5 000

（6）结转应由工程负担的直接人工费。

借：在建工程	10 260	
贷：应付职工薪酬		10 260

（7）2021 年 4 月 30 日，工程完工，并达到预定可使用状态，计算并结转工程成本。

设备制造成本＝80 000＋6 000＋8 100＋5 000＋10 260＝109 360（元）

借：固定资产	109 360	
贷：在建工程		109 360

2. 出包工程

如果企业没有多余的生产能力或其他条件，可以采用出包的方式建造固定资产，进而形成出包工程。出包工程是指企业委托建筑公司等其他单位进行的固定资产建造工程。出包工程多用于企业的房屋、建筑物的新建、改建及扩建工程等。具体核算内容略。

（三）投资转入固定资产

根据企业经营管理的需要,可以接受投资者投资转入的固定资产。该类固定资产应按投资各方签订的合同或协议约定的价值和相关的税费,作为固定资产的入账价值计价入账。合同或协议约定的价值不公允的除外。转入固定资产时,借记"固定资产"科目,贷记"实收资本"或"股本"科目。

【例5-5】 虞山股份有限公司根据投资各方达成的协议,按资产评估确认的价值作为投资各方投入资本价值确认的标准。在各方的投资中A股东以一座厂房作为投资投入该公司,该厂房经评估确认的价值为1 260 000元,增值税选择采用简易计税法计算,按协议可折换成每股面值为1元、数量为1 000 000股股票的股权;B股东以一台设备作为投资投入该公司,该设备经评估确认价值为200 000元,应交增值税26 000元,按协议可折换成每股面值为1元、数量为160 000股股票的股权。此项设备需要安装才能达到预定可使用状态,公司支付设备安装成本3 000元。其账务处理如下:

(1) A股东投入厂房。

增值税进项税额＝1 260 000÷(1＋5％)×5％＝60 000(元)

借:固定资产		1 200 000
应交税费——应交增值税(进项税额)		60 000
贷:股本——A股东		1 000 000
资本公积		260 000

(2) B股东投入设备,设备运抵企业,等待安装。

借:工程物资		200 000
应交税费——应交增值税(进项税额)		26 000
贷:股本——B股东		160 000
资本公积		66 000

(3) 设备投入安装,用银行存款支付安装成本。

借:在建工程		203 000
贷:工程物资		200 000
银行存款		3 000

(4) 设备安装完毕,计算并结转工程成本。

借:固定资产		203 000
贷:在建工程		203 000

（四）租入固定资产

1. 经营性租入固定资产

经营性租入固定资产是指就租入单位而言的采用经营性租赁的方式租入的固定资产。对于不想取得固定资产的所有权而只重视使用权或者暂时没有足够的资金取得固定资产所有权的企业而言,采用租赁的方式以换得固定资产的使用权不失为一项正确的经济行为。因为租赁可以使企业在不付或者先付很少资金的情况下,就可以得到所需的资产或设备,这对于资金短缺和正处于发展阶段的企业来说更加适合。租赁是出租人在承租人给以一定报酬的条件下,授予承租人在约定的期限内占有和使用租赁财产(不动产或动产)权利的一种协议。按照租赁资产的风险和报酬是否从出租人转移给承租人,可以将租赁分为经营性租赁和融资性租赁两大类。租赁资产的风险是指由于生产能力的闲置或工艺技术的陈旧可能造成的损失,以及由于经济情况的变动可能造成收入的变动。租赁资产的报酬是指在资产的有效使用年限内直接使用租赁资产而可能获得的利益,以及因资产升值或变卖余值可能实现的收入。如果出租人实质上将与租赁资产所有权有关的风险和报酬转移给承租人,那么这种租赁则为融资性租赁;反之,则为经营性租赁。经营性租赁租入的固定资产是为了满足企业生产经营中临时的需要,承租人只为取得固定资产的使用权,而不谋求固定资产的所有权。因为对这些固定资产的需用时间很短,因此没有必要购买。例如,企业为整修厂区而租入施工机械,为吊装设备而租入起重机械等。经营性租赁具有以下特点:

(1)出租的固定资产由出租人根据市场需求来选购,然后再寻找承租人;承租人则根据自己的需要,向拥有自己所需固定资产的出租人租入现成的固定资产。

(2)固定资产的租赁期较短,一般长则几个月,短则几天甚至几小时。

(3)租赁的固定资产在租赁期间由出租人负责维修、保养、保险、纳税及提取折旧,承租人必须保证租入固定资产的安全完整,并不得任意对租入固定资产进行改造,持有固定资产的一切风险实际上由出租人承担。

(4)租赁费用相对较低,一般仅包括租赁期间的折旧费、利息及手续费等。

(5)承租人可根据实际需要,在租赁期满时将租入固定资产退还出租人或继续租用,也可以在租赁期满前中途解约。

企业采用经营性租赁方式租入的固定资产,由于没有所有权,因此不能作为固定资产的增加记入正式会计账簿,但为了便于对实物的管理,应当在备查簿中进行登记。对于支付的租赁费,应根据租入固定资产的用途,分别计入制造费用、管理费用、销售费用、在建工程等。经出租人同意,对租入固定资产进行改良所发生的支出,如果数额很大,摊销期在1年以上,应作为长期待摊费用并分期摊销。

【例5-6】 虞山股份有限公司行政管理部门因管理需要而临时租入一台办公设备,租赁合同规定,租赁期1个月,租金2 200元于租赁开始时一次付清。租赁期满,及时归还设备。

(1)租入时,将所租办公设备在备查登记簿中登记。

(2)支付租金2 200元。

借:管理费用 2 200
　　贷:银行存款 2 200

(3)租赁期满归还办公设备时,将其在备查登记簿中注销。

2.融资性租入固定资产

融资性租入固定资产是指就租入单位而言的采用融资性租赁的方式租入的固定资产。融资性租赁是为了满足企业生产经营的长期需要而租入资产的一种方式。当企业急需某种固定资产(一般为设备),直接购买需支付大额资金,而企业资金又不是很充足,这时可采用融资租赁方式先租入固定资产,以期尽快投入使用,然后再以分期支付租赁费的方式支付固定资产价款及其他有关费用,最终获得固定资产大部分经济使用年限内的使用权。采用这种租赁方式,既可以满足企业生产经营对固定资产的需要,又解决了购买固定资产所面临的资金问题,以融物的形式达到了融资的目的。因此,可能的话,企业还是乐于接受这种资产租赁方式的。

(五)接受捐赠固定资产

接受捐赠的固定资产,应根据具体情况合理确定其入账价值。一般分为两种情况:

(1)捐赠方提供了有关凭据的,按凭据上标明的金额加上应支付的相关税费,作为入账价值。

(2)捐赠方没有提供有关凭据的,按如下顺序确定其入账价值:

① 同类或类似固定资产存在活跃市场的,按同类或类似固定资产的市场价格估计的金额,加上应支付的相关税费,作为入账价值。

② 同类或类似固定资产不存在活跃市场的,按该接受捐赠固定资产预计未来现金流量的现值,加上应支付的相关税费,作为入账价值。

企业接受捐赠的固定资产在按照上述会计规定确定入账价值以后,按接受捐赠金额,计入营业外收入。

【例 5-7】 虞山股份有限公司接受一台全新专用设备的捐赠,捐赠者提供的有关价值凭证上标明的价格为 117 000 元,应交增值税 15 210 元,办理产权过户手续时支付相关税费 2 900 元。

借:固定资产	119 900
应交税费——应交增值税(进项税额)	15 210
贷:营业外收入——捐赠利得	132 210
银行存款	2 900

(六)盘盈固定资产

前面提到的几项业务都会使固定资产在量上产生增加。每项业务发生时,会计部门都应及时将增加的固定资产记录在相关的账簿内。但有时企业固定资产的增加却不是容易被及时掌握的,所以企业需要定期或不定期地对固定资产进行清查。通过清查,确定企业的固定资产是否与账簿记录相一致。如果通过清查发现有的固定资产在企业账簿上并没有做记录,那么这种情况就是"实大于账"了,这在会计上被称为固定资产的盘盈。

盘盈固定资产入账价值的确定方法是,如果同类或类似固定资产存在活跃市场的,应按同类或类似固定资产的市场价格,减去按该项固定资产新旧程度估计价值损耗后的余额确定;如果同类或类似固定资产不存在活跃市场的,应按盘盈固定资产的预计未来现金流量的现值计价入账。盘盈的固定资产待报经批准处理后,应作为企业以前年度的差错,记入"以前年度损益调整"科目。

【例 5-8】 虞山股份有限公司在固定资产清查中,发现一台仪器没有在账簿中记录。该仪器当前市场价格 8 000 元,根据其新旧程度估计价值损耗 2 000 元。会计分录为:

借:固定资产	6 000
贷:以前年度损益调整	6 000

第三节　固定资产的后续计量

本节内容框架

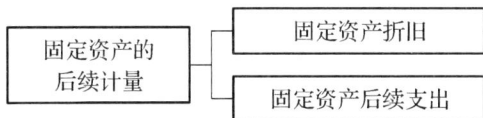

```
固定资产的        固定资产折旧
后续计量
                 固定资产后续支出
```

经过初始计量的固定资产,在其后期存续的过程中由于受到自然力的作用、正常的使用以及所面临的外部环境因素的影响,其价值也在发生变化。固定资产后续计量是指固定资产在其后期存续过程中变化的价值金额以及最终价值额的确定。固定资产后续计量主要包括固定资产折旧的计提、减值损失的确定以及后续支出的计量三项业务。其中,固定资产减值损失的确定在资产减值问题中单独阐述,不在本章中涉及。

一、固定资产折旧

(一)固定资产折旧及其性质

关于固定资产折旧的定义有多种表述。有的认为固定资产折旧是指固定资产价值逐渐减少的现象;有的认为固定资产折旧是指按期系统地转入营业成本或费用中的固定资产成本;我国《企业会计准则第4号——固定资产》对固定资产折旧定义的表述是,固定资产折旧是指在固定资产使用寿命内,按照确定的方法对应计折旧额进行系统分摊。虽然人们对固定资产折旧定义的表述不尽相同,但要正确理解固定资产折旧的定义,一般需注意两个问题:一是固定资产的成本转入营业成本或费用中的原因与目的;二是固定资产的成本如何转入营业成本或费用中。

企业取得固定资产是由于固定资产能够在未来给企业带来一定的经济利益。这种经济利益是来自企业对固定资产服务潜能的利用。但是,固定资产的服务潜能是有限的,随着固定资产在生产经营过程中的不断使用,这种服务潜力会逐渐衰减直至消逝。企业为了使成本和相应的收入相配比,就必须按消逝的服务能力的比例,将固定资产的取得成本转入营业成本或费用中,以正确确定企业的收益。从量上来说,准确地确定固定资产已消逝的服务能力几乎是不可能的,特别是某一期间内消逝的服务能力更是如此。但是,人们可以通过采用一定的方法计算转入营业成本或费用中的固定资产成本,并且这种方法一经确定,在固定资产整个的经济使用年限内一般不许变更,具有连续性和规律性,这在会计上被称为"合理而系统"的方法。

固定资产服务潜力的逐渐消逝,是因为固定资产在使用过程中会发生各种损耗。固定资产损耗可分为有形损耗和无形损耗。有形损耗是指固定资产在使用过程中由于磨损而发生的使用性损耗和由于受自然力影响而发生的自然损耗;无形损耗是指由于技术进步、消费偏好的变化及经营规模扩充等原因引起的损耗,这种损耗的特点是固定资产在物质形态上仍具有一定的服务潜力,但已不再适用或继续使用已不经济。一般而言,有形损耗决定固定资产的最长使用年限,即物质使用年限;无形损耗决定固定资产的实际使用年限,即经济使用年限。

固定资产折旧的过程实际上是一个持续的成本分配过程,并不是为了计算固定资产的净值。折旧就是企业采用合理而系统的分配方法将固定资产的取得成本在固定资产的经济使用年限内进行合理分配,使之与各期的收入相配比,以正确确认企业的损益。

(二)影响固定资产折旧计算的因素及折旧范围

1. 影响固定资产折旧计算的因素

影响固定资产折旧计算的因素主要有三个,即原始价值、预计净残值和预计使用年限。在这三个因素中除了原始价值之外,其他两个因素如果有确凿的证据表明固定资产受到其所处的经济环境、技术环境以及其他环境的较大影响,企业至少应当于每年年度终了对净残值和使用年限进行重新复核。因为这种外部环境的较大影响,可能会使得固定资产使用强度比正常情况大大加强,或者会产生新的产品以替代该固定资产,从而使固定资产使用寿命大大缩短、预计净残值减少。所以如果在复核时,发现复核后的预计数与原先估计数存在差异,都要相应地对影响固定资产折旧计算的因素进行调整。固定资产折旧计算的因素与折旧的关系分述如下:

(1)原始价值。

原始价值指固定资产的实际取得成本,就折旧计算而言,也称为折旧基数。以原始价值作为计算折旧的基数,可以使折旧的计算建立在客观的基础上,不容易受会计人员主观因素的影响。在固定资产使用寿命一定的情况下,固定资产的原始价值越高,则单位时间内或单位工作量的折旧额就越多;固定资产的原始价值越低,则单位时间内或单位工作量的折旧额就越少。因此,从投入产出的角度来讲,在保证生产效率和产品质量的前提下,企业应减少固定资产原始价值的支出,以提高企业的效益。固定资产原始价值减去折旧后的余额叫固定资产净值,也称折余价值。它是计算固定资产盘盈、盘亏、出售、报废、毁损等溢余或损失的依据,将其与原始价值或重置完全价值相比较,还可以大致了解固定资产的新旧程度。比如,企业的一项固定资产原始价值 10 000 元,已提折旧 2 000 元,可以说该项固定资产为八成新。企业根据这个计价标准可以合理制订固定资产的更新计划,适时进行固定资产的更新等。

(2)预计净残值。

预计净残值是指假定固定资产预计使用寿命已满并处于使用寿命终了时的预期状态,企业目前从该项资产处置中获得的扣除预计处置后的金额。固定资产的净残值是企业在固定资产使用期满后对固定资产的一个回收额,在计算固定资产折旧时应从固定资产的折旧计算基数中扣除。固定资产的净残值越高,则单位时间内或单位工作量的折旧额就越少;反之,则越多。但是由于固定资产净残值是一个在一开始计算固定资产折旧时就应考虑的因素,而它的实际金额是在实际发生时才能确定的,因此需要事前对此加以估计。实务上一般通过固定资产在报废清理时预计残值收入扣除预计清理费用后的净额来确定。其中,预计残值收入是指固定资产报废清理时预计可收回的器材、零件、材料等残料价值收入;预计清理费用是指固定资产报废清理时预计发生的拆卸、整理、搬运等费用。同时,为了避免计算过程受到人为因素的影响,我国企业所得税法规定了固定资产净残值比例标准,即固定资产净残值比例应在其原价的 5% 以内,具体比例由企业自行确定。如果企业的情况特殊,需要调整净残值比例,应报经主管税务机关备案。固定资产原始价值减去预计净残值后的数额为固定资产应计提折旧总额。

（3）预计使用年限。

预计使用年限是指固定资产预计经济使用年限,也称折旧年限,它通常短于固定资产的物质使用年限。固定资产的使用年限决定于固定资产的使用寿命。企业在确定固定资产的使用寿命时,主要应当考虑下列因素:

① 资产的预计生产能力或实物产量。

② 资产的有形损耗,如设备使用过程中发生磨损、房屋建筑物受到自然侵蚀等。

③ 资产的无形损耗,如因新技术的出现而使现有资产的技术水平相对陈旧、市场需求变化使其生产的产品过时等。

④ 有关资产使用的法律或者类似的限制。

2. 固定资产折旧范围

应计提折旧的固定资产,在会计上称为折旧性资产。我国现行会计准则规定,除以下情况外,企业应对所有固定资产计提折旧:

（1）已提足折旧仍继续使用的固定资产;

（2）单独估价作为固定资产入账的土地。

这样的规定与我国过去对固定资产折旧范围的规定有很大的不同。这主要是出于谨慎性原则的考虑。

（三）固定资产折旧方法

固定资产折旧方法是将应提折旧总额在固定资产各使用期间进行分配时所采用的具体计算方法,包括年限平均法、工作量法、加速折旧法等。折旧方法的选用将直接影响应提折旧总额在固定资产各使用年限之间的分配结果,从而影响各年的净收益和所得税。因此,企业应根据固定资产的性质、受有形损耗和无形损耗影响的方式及程度,结合科技发展、环境及其他因素,合理选择固定资产的折旧方法。固定资产折旧方法一经确定,不得随意变更,如需变更,应按规定的程序报经批准后备案,并在财务报表附注中予以说明。固定资产折旧方法的变更应在年终通过对影响折旧计算因素的复核的基础上进行。经过复核后,如果认为与固定资产有关的经济利益预期实现方式发生重大改变就应该变更原来采用的计算方法。

1. 年限平均法

年限平均法也称直线法,它是以固定资产预计使用年限为分摊标准,将固定资产的应提折旧总额均衡分摊到使用各年的一种折旧方法。采用这种折旧方法,各年折旧额相等,不受固定资产使用频率或生产量多少的影响,因而也称固定费用法。

使用年限平均法计算折旧的公式如下:

$$年折旧额=\frac{原始价值-预计净残值}{预计使用年限}$$

在实务中固定资产折旧是根据折旧率计算的。折旧率是指折旧额占原始价值的比重。用公式表示如下：

$$年折旧率=\frac{年折旧额}{原始价值}\times100\%=\frac{1-预计净残值率}{预计使用年限}\times100\%$$

$$月折旧率=年折旧率\div12$$

其中，

$$预计净残值=\frac{预计净残值}{原始价值}\times100\%$$

$$年折旧额=原始价值\times年折旧率$$

$$月折旧额=年折旧额\div12$$

【例 5-9】 虞山股份有限公司一台机器设备原始价值为 92 000 元，预计净残值率为 4%，预计使用 5 年，采用年限平均法计提折旧。

年折旧率$=\frac{1-4\%}{5}=19.2\%$

月折旧率$=19.2\%\div12=1.6\%$

年折旧额$=92\,000\times19.2\%=17\,664$（元）

月折旧额$=17\,664\div12=1\,472$（元）［或者月折旧额$=92\,000\times1.6\%=1\,472$（元）］

采用年限平均法计算的各年折旧额如表 5-1 所示。

表 5-1 年限平均法各年折旧计算表

单位：元

使用年次	年折旧额	累计折旧额	账面净值
购置时			92 000
1	17 664	17 664	74 336
2	17 664	35 328	56 672
3	17 664	52 992	39 008
4	17 664	70 656	21 344
5	17 664	88 320	3 680
合　计	88 320		

从例 5-9 的计算过程中可以看出年限平均法的优缺点。

年限平均法的优点：计算过程简便易行，容易理解，是会计实务中应用最广泛的一种方法。

年限平均法的缺点：① 只注重固定资产的使用时间，而忽视使用状况，使固定资产无论物质磨损程度如何，都计提同样的折旧费用，这显然不合理。② 固定资产各年的使用成本负担不均衡。一般来说，随着资产的使用变旧，所需要的修理、保养等费用将会逐年增加,而年限平均法确定的各年折旧费用是相同的,这就产生了固定资产使用早期负担费用偏低,而后期负担偏高的现象,从而违背了收入与费用相配比的原则。

2. 工作量法

工作量法是以固定资产预计可完成的工作总量为分摊标准,根据各年实际完成的工作量计算折旧的一种方法。采用这种折旧方法,各年折旧额的大小随工作量的变动而变动,因而也称变动费用法。采用工作量法计算折旧的原理和年限平均法相同,只是将分配折旧额的标准由使用年限改成了工作量,因此,工作量法实际上是年限平均法的一种演变,因而工作量法也被归类为直线法。工作量法计算折旧的过程是分两个步骤来完成的,首先要计算固定资产单位工作量的折旧额,在此基础上再根据每期实际工作量的多少计算当期的折旧额。其计算过程用公式表示如下:

$$单位工作量折旧额 = \frac{原始价值 \times (1 - 预计净残值率)}{预计工作量总额}$$

$$年折旧额 = 某年实际完成的工作量 \times 单位工作量折旧额$$

采用工作量法,不同的固定资产应按不同的工作量标准计算折旧,如机器设备应按工作小时计算折旧,运输工具应按行驶里程计算折旧,建筑施工机械应按工作台班时数计算折旧等。

【例 5-10】 虞山股份有限公司的一台施工机械按工作量法计算折旧。原始价值为150 000 元,预计净残值率为 3%,预计可工作 20 000 个台班时数。该设备投入使用后,各年的实际工作台班时数假定为:第一年 7 200 小时,第二年 6 800 小时,第三年 4 500 小时,第四年 1 500 小时。

$$单位台班小时折旧额 = \frac{150\,000 \times (1 - 3\%)}{20\,000} = 7.275(元/小时)$$

各年折旧额的计算结果如表 5-2 所示。

表 5-2　工作量法各年折旧计算表

单位:元

使用年次	各年折旧额	累计折旧额	账面净值
购置时			150 000
1	52 380	52 380	97 620
2	49 470	101 850	48 150
3	32 737.5	134 587.5	15 412.5
4	10 912.5	145 500	4 500
合　计	145 500		

从例 5-10 的计算过程中可以看出工作量法的优缺点。

工作量法的优点和年限平均法一样,比较简单实用,而用工作量法以固定资产的工作量为分配固定资产成本的标准,使各年计提的折旧额与固定资产的使用程度成正比例关系,体现了收入与费用相配比的会计原则。工作量法的缺点也是明显的,它将有形损耗看作是引起固定资产折旧的唯一因素,固定资产不使用则不计提折旧,而事实上,由于无形损耗的客观存在,固定资产即使不使用也会发生折旧;工作量法在计算固定资产前后期折旧时,采用了一致的单位工作量的折旧额,而实际上是不一样的,因为固定资产在使用的过程中单位工作量里所带来的经济效益是不一样的,因而折旧也应该是不一样的,但工作量法忽视了这一点。

工作量法适用于使用情况很不均衡,使用的季节性较为明显的大型机器设备、大型施工机械以及运输单位或其他企业专业车队的客、货运汽车等固定资产折旧的计算。

3. 加速折旧法

加速折旧法又称递减折旧费用法,是指固定资产折旧费用在使用早期提得较多,在使用后期提得较少,以使固定资产的大部分成本在使用早期尽快得到补偿,从而相对加快折旧速度的一种计算折旧的方法。和直线法比,加速折旧法既不意味着要缩短折旧年限,也不意味着要增大或减少应提折旧总额,只是对应提折旧总额在各使用年限之间的分配上采用了递减的方式而不是平均的方式。不论采用加速折旧法还是直线法,在整个固定资产预计使用年限内计提的折旧总额都是相等的。采用加速折旧计算折旧的具体方法有余额递减法、双倍余额递减法、年数总和法、递减折旧率法等。我国会计准则规定可以允许企业采用的加速折旧方法是双倍余额减法和年数总和法两种。

1)双倍余额递减法

双倍余额递减法是以双倍的直线折旧率作为加速折旧率,乘以各年年初固定资产账面净值计算各年折旧额的一种方法。采用双倍余额递减法计算折旧的原理和余额递减法相同,只是简化了折旧率的计算。这种简化的过程体现在两个方面:一是直线折旧率不考虑固定资产的净残值,可以理解为在最初计算折旧时是将其视为零的;二是双倍余额递减法直接以直线折旧率乘以 2 来确定,而不是采用复杂的公式计算。折旧额的计算公式如下:

$$年折旧率=\frac{2}{预计使用年限}\times100\%$$

$$某年的折旧额=该年年初固定资产账面净值\times年折旧率$$

【例 5-11】 虞山股份有限公司一台 A 设备采用双倍余额递减法计算折旧。该设备原始价值为 100 000 元,预计使用 5 年,预计净残值 3 100 元。折旧计算过程如下:

$$年折旧率=\frac{2}{5}\times100\%=40\%$$

A 设备采用双倍余额递减法计算的每年折旧额结果如表 5-3 所示。

表 5-3 双倍余额递减法各年折旧计算表

金额单位:元

使用年次	折旧率(%)	年折旧额	累计折旧额	账面净值
购置时				100 000
1	40	40 000	40 000	60 000
2	40	24 000	64 000	36 000

使用年次	折旧率(%)	年折旧额	累计折旧额	账面净值
3	40	14 400	78 400	21 600
4	—	9 250	87 650	12 350
5	—	9 250	96 900	3 100
合 计		96 900		

在表 5-3 中,第 4 年、第 5 年的折旧额均为 9 250 元。其计算方法是,用第 4 年的期初账面净值 21 600 元减去固定资产净残值 3 100 元,再被 2 除求得。这样做的理由是,在采用双倍余额递减法最初计算折旧时并没有考虑固定资产净残值 3 100 元,要做到这一点,就必须对固定资产使用到期前的剩余几年的折旧额进行调整。调整的方法是,在固定资产使用的最后几年,将双倍余额递减法转换为直线法以计算折旧。方法的转换应满足如下条件:(固定资产账面净值-预计净残值)/剩余折旧年限>该年继续使用双倍余额递减法计算的折旧金额

根据本例的资料,9 250 元[=(21 600-3 100)÷2]>8 640 元(=21 600×40%)。

在本例中,第 4 年就满足了这一条件,所以,本例在第 4 年就进行了折旧方法的转换,即由双倍余额递减法转换为直线法计算 A 设备最后两年的折旧。

在会计实务中,现行会计准则规定,为简化折旧的计算,在固定资产预计使用年限到期前两年,就要进行方法的转换,将未提足的折旧平均提取,而不需在某年年末进行比较计算以判断是否满足转换的条件。固定资产使用到期前两年的折旧计算可以在固定资产原价扣除预计净残值的基础上,扣除以前各年折旧累计额,按其差额在最后两年的时间里平均进行计算(计算过程略)。

2) 年数总和法

年数总和法也叫年限积数法,是以计算折旧当年年初固定资产尚可使用年数作为分子,以各年年初固定资产尚可使用年数的总和作为分母,分别确定各年折旧率,然后用各年折旧率乘以应提折旧总额计算每年折旧的一种方法。和余额递减法相比,年数总和法的特点是各年计算折旧的基数相同,都是应提折旧总额,但各年的折旧率是一个递减的分数,因此各年的折旧额也是递减的。

假如我们以 C 代表固定资产的原始价值,S 代表预计净残值,固定资产的使用年限为 n 年,则各年的年数为 $1,2,3,\cdots,n$。年数总和为 $1+2+3+\cdots+n$,也可表示为 $n(n+1)÷2$,年数总和法的折旧分数以此作为分母。至于分子,是指从计提折旧那一年开始尚可使用的年限,如果计提折旧那一年以 t 表示,则分子可表示为 $(n-t)+1$。可用公式表示如下:

$$各年折旧率 = \frac{(n-t)+1}{n(n+1)÷2}$$

$$每年的折旧额 = (C-S) \times \frac{(n-t)+1}{n(n+1)÷2}$$

【例 5 - 12】 承【例 5 - 11】,采用年数总和法计算各年折旧。各年折旧分数如表 5 - 4 所示。

表 5 - 4 年数总和法各年折旧分数计算表

使用时间	尚可使用年限	折旧分数
第 1 年	5	5/15
第 2 年	4	4/15
第 3 年	3	3/15
第 4 年	2	2/15
第 5 年	1	1/15

采用年数总和法计算的各年折旧额如表 5 - 5 所示。

表 5 - 5 年数总和法各年折旧计算表

单位:元

使用年次	年折旧额	累计折旧额	账面净值
购置时			100 000
1	32 300	32 300	67 700
2	25 840	58 140	41 860
3	19 380	77 520	22 480
4	12 920	90 440	9 560
5	6 460	96 900	3 100
总　计	96 900		

按现行会计准则的规定,在采用年数总和法计算折旧的情况下,同样要按月计算折旧。其计算方法是,首先要根据各年的折旧率计算当年的月折旧率,然后根据固定资产原价扣除预计净残值的余额和当月的折旧率计算月折旧额。本例中,第 1 年每月折旧额为 $2\ 692$ 元 $\left[=(100\ 000-3\ 100)\times\dfrac{5}{15}\div12\right]$,第 2 年每月折旧额为 $2\ 153$ 元 $\left[=(100\ 000-3\ 100)\times\dfrac{4}{15}\div12\right]$,…,以后每年各月折旧额计算方法以此类推。

【同步思考例 5 - 2】 单项选择题

2021 年 12 月,某企业购入一台设备。初始入账价值 400 万元,设备于当月交付使用,预计使用寿命 5 年,预计净残值 4 万元,采用年数总和法计提折旧,不考虑其他因素,2022 年该设备应计提折旧额为(　　)万元。

A. 132　　　　　　B. 160　　　　　　C. 105.6　　　　　　D. 96

【答案】 A

【解析】 2022 年该固定资产应当计提的折旧金额=(固定资产-预计净残值)×(尚

可使用年限/预计使用寿命的年数总和)×100%＝(400－4)×5/15＝132(万元)

（四）固定资产折旧的核算

在会计实务中,企业一般都是按月计提固定资产折旧的。为了简化核算,月份内开始使用的固定资产,当月不计提折旧,从下月起计提折旧;月份内减少或停用的固定资产,当月仍计提折旧,从下月起停止计提折旧。因此,企业各月计提折旧时,可在上月计提折旧的基础上,对上月固定资产的增减情况进行调整后计算当月应计提的折旧额。

固定资产的折旧费用,应根据固定资产的受益对象分配计入有关的成本或费用中。例如,企业管理部门使用的固定资产计提的折旧费用,应计入管理费用;专设销售机构使用的固定资产计提的折旧费用,应计入销售费用;经营性出租的固定资产计提的折旧费用,应计入其他业务成本;自行建造固定资产过程中使用的固定资产计提的折旧费用,应计入在建工程成本;未使用的固定资产计提的折旧费用,应计入管理费用等。

为了便于折旧的核算,企业一般通过编制"固定资产折旧计算表"进行折旧的计算和分配,并以此作为折旧核算的原始凭证。

【例5－13】　2021年8月31日,某公司编制的固定资产折旧额计算表如表5－6所示。

表5－6　固定资产折旧计算表

2021年8月31日　　　　　　　　　　　　　单位:元

使用部门	固定资产项目	上月折旧额	上月增加固定资产		上月减少固定资产		本月折旧额	费用分配
			原价	月折旧额	原价	月折旧额		
一车间	厂房 机械设备 其他设备 小计	60 000 180 000 20 000 260 000	90 000	8 500	70 000	5 900	60 000 182 600 20 000 262 600	制造费用
二车间	厂房 机械设备 小计	40 000 70 000 110 000	80 000	7 600	20 000	1 800	47 600 68 200 115 800	
厂部	办公楼 办公设备 运输工具 小计	30 000 23 000 8 000 61 000			30 000	2 400	30 000 20 600 8 000 58 600	管理费用
其他	经营出租	3 000					3 000	其他业务成本
合计		434 000					440 000	

根据表5－6的固定资产折旧计算表,折旧费用分配的会计分录为:

借:制造费用——一车间　　　　　　　　　　　　　　　262 600
　　　　　　　——二车间　　　　　　　　　　　　　　115 800
　　管理费用　　　　　　　　　　　　　　　　　　　　58 600
　　其他业务成本　　　　　　　　　　　　　　　　　　3 000
　　贷:累计折旧　　　　　　　　　　　　　　　　　　　　440 000

二、固定资产后续支出

(一) 固定资产后续支出的含义及分类

固定资产后续支出是指固定资产在投入使用以后期间发生的与固定资产使用效能直接相关的各种支出,如固定资产的增置、改良与改善、换新、修理、重新安装等业务发生的支出。

从支出目的来看,固定资产后续支出有的是为了维护、恢复或改进固定资产的性能,使固定资产在质量上发生变化;有的是为了改建或增建固定资产,使固定资产在数量上发生变化。

从支出的情况来看,有的后续支出在取得固定资产时即可预见它的发生,属于经常性的或正常性的支出;有的后续支出很难预见它的发生,属于偶然性的或特殊性的支出。

从支出的性质来看,有的后续支出形成资本化支出,应计入固定资产的价值,按照会计准则的规定,这一类支出必须符合固定资产确认的条件;固定资产的后续支出如果不符合固定资产确认的条件,就要进行费用化处理,在后续支出发生时计入当期损益。

(二) 固定资产后续支出的核算

1. 增置

增置是指固定资产总体数量的增加,包括添置全新的资产项目和对原有资产项目进行改建、扩建、延伸、添加、补充等,主要表现在对原有固定资产进行实物的添加。增置不同于重置。重置是用新固定资产替换原有相同的旧固定资产,是对旧固定资产已收回投资的再利用,它不增加企业对固定资产的投资,从而不增加固定资产的总体数量。增置是在原有固定资产规模的基础上通过追加固定资产投资而添置的全新固定资产,它增加了固定资产的总体规模,从而扩大了企业的生产经营规模。由于增置需要追加固定资产投资,因此,在会计概念上就将这项追加的投资看作是固定资产使用中增加的一项资本性支出。

新增固定资产在会计处理上与重置固定资产并无区别,因而不构成新的会计问题。但扩建固定资产则存在扩建后的固定资产如何计价的问题。一般来说,扩建固定资产都需要拆除一部分原有的结构或装置,以便添加新的结构或装置。从理论上说,既然拆除的结构或装置实物形态已不存在,其账面价值自然也就应从固定资产价值中减除。但是,拆除的结构或装置可能根本无法确定账面价值,因为要把固定资产的价值分解为各部分结构或装置的价值几乎是不可能的。因此,在会计实务中采取了一种变通的做法,即将拆除部分残料的实际变价收入视同为拆除部分的账面价值,从固定资产价值中扣除。这样,扩建后固定资产的价值是按照在原有固定资产账面价值的基础上,加上由于扩建而发生的支出,减去扩建过程中发生的变价收入的方法加以确定的。扩建固定资产时,首先要将固定资产账面价值转入在建工程,即注销固定资产的原价、累计折旧和减值准备,同时停止计提折旧;扩建支出和变价收入分别增加和减少工程成本;扩建工程完成,将"在建工程"科目余额转入"固定资产"科目(原已提折旧并不转入)。经过扩建后,固定资产无论在质量上还是在使用性能上与以前相比都发生了很大的变化,因此扩建后的固定资产在计算折旧时就应该重新确定使用寿命、预计净残值和折旧方法,然后根据确定的固定资产的价值作为原始价值,按照确定的折旧方法计提该固定资产的折旧。

【例 5‐14】　虞山股份有限公司因生产产品的需要,将一栋厂房交付扩建,以增加使用面积。该厂房原价 235 000 元,累计折旧 85 000 元。在扩建工程中,共发生扩建支出 43 000 元,均通过银行存款支付扩建款项,厂房拆除部分的残料作价 2 000 元。其账务处理过程如下:

(1) 厂房转入扩建,注销固定资产原价、累计折旧。

借:在建工程	150 000
累计折旧	85 000
贷:固定资产	235 000

(2) 支付扩建支出,增加扩建工程成本。

| 借:在建工程 | 43 000 |
| 　贷:银行存款 | 43 000 |

(3) 残料作价入库,冲减扩建工程成本。

| 借:原材料 | 2 000 |
| 　贷:在建工程 | 2 000 |

(4) 扩建工程完工,固定资产已达到使用状态。

| 借:固定资产 | 191 000 |
| 　贷:在建工程 | 191 000 |

通过上面的例子,我们可以看出,厂房经过扩建后,由于对扩建净支出的资本化,使得厂房的价值发生了变化,达到 191 000 元。扩建后达到预定可使用状态的固定资产,其影响折旧计算的因素需重新确定。假定该固定资产扩建后预计使用寿命是 10 年,预计净残值率是重新确定的原价的 4%,折旧方法仍然采用年限平均法,则以后各年固定资产折旧的计算过程如下:

固定资产年折旧率=(1-4%)/10×100%=9.6%

固定资产月折旧率=9.6%÷12=0.8%

固定资产年折旧额=191 000×9.6%=18 336(元)

固定资产月折旧额=191 000×0.8%=1 528(元)

2. 改良与改善

改良与改善是对现有固定资产质量的改进,目前是提高固定资产的适用性或使用效能。例如,零售商店为吸引客户而重新装修门面,工厂为提高资产的技术性能和使用效率而改造设备装置等。

固定资产改良和改善的支出也要分资本性后续支出和收益性后续支出两类。遵循的原则是,视其支出是否满足资本化的条件,即是否满足固定资产确认的条件。如果与该固定资产有关的经济利益很可能流入企业以及该固定资产的成本能够可靠地计量,则其支出应资本化处理,计入固定资产价值;否则,应费用化处理,计入当期损益。

固定资产改良与改善对资产质量的提高程度是不同的。一般而言,固定资产改良对资产质量有较大改进或显著提高,其未来带来的经济利益与过去相比也会有显著的增加,在"经济利益很可能流入企业"不受影响的情况下,一般要进行资本化处理。如果是对企业自有的固定资产进行改良,账务处理程序可以依照固定资产的改、扩建业务处理方法进行。如果是对经营租入的固定资产进行改良,由于企业对该项固定资产没有所有权,因此,对租入固定资产进行改良所发生的支出,作为一项长期待摊费用,通过"长期待摊费用"科目进行核算。"长期待摊费用"科目核算企业已经发生但应由本期和以后各期负担的分摊期限在 1 年以上的各项费用。企业发生长期待摊费用时,借记"长期待摊费用"科目,贷记有关科目。企业应按租赁期限与租赁资产尚可使用年限孰短的原则确定租入固定资产改良支出的摊销期限,将改良支出分期平均计入管理费用、销售费用等相关费用中。摊销长期待摊费用时,借记"管理费用""销售费用"等科目,贷记"长期待摊费用"科目。本科目期末借方余额,反映企业尚未摊销完毕的长期待摊费用的摊余价值。

由于固定资产的改善对固定资产质量的改进不明显,质量提高程度有限,其未来带来的经济利益与过去相比没有显著的变化,因而应将固定资产改善支出作为收益性支出,直接计入当期损益。

3. 修理

固定资产由于使用、自然侵蚀、意外事故等原因发生不同程度的损坏,影响其正常使用。为了恢复固定资产使用效能,保证固定资产经常处于完好状态,企业必须定期或不定期地对固定资产进行维护保养,并对损坏的部分进行及时的修复。

固定资产的修理按其修理范围大小、费用支出多少、修理间隔时间长短等,分为日常修理和大修理两种。固定资产日常修理包括中、小修理,是保持和恢复固定资产正常工作状态所进行的经常性修理,它的特点是修理范围小、费用支出少、修理间隔时间短。固定资产大修理是保持和恢复固定资产正常工作状态所进行的定期修理和局部更新。它的特点是修理范围大、费用支出多、修理次数少、修理间隔时间长。

固定资产进行日常修理和大修理,从作用上来讲,只是对固定资产使用性能的恢复和维持,因此一般情况下对固定资产修理期间所发生的修理费用也不再加以区分和采取不同方法进行处理,而是在发生的当期按照固定资产的用途和部门的不同计入当期损益中,不再进行资本化处理。企业生产车间(部门)和行政管理部门等发生的固定资产修理费用计入管理费用;企业专设销售机构固定资产的修理费用计入销售费用。但是如果企业对固定资产定期检查发生的大修理费用,有确凿的证据表明其符合固定资产确认的条件,可以计入固定资产的成本,即可以将支出资本化。

【例 5 - 15】 虞山股份有限公司 2021 年 7 月 5 日对公司的生产设备进行日常修理,领用修理配件 1 200 元,用银行存款支付其他修理费用 600 元。其会计处理如下:

借:管理费用——修理费　　　　　　　　　　　　　　1 800
　贷:原材料　　　　　　　　　　　　　　　　　　　　　　1 200
　　　银行存款　　　　　　　　　　　　　　　　　　　　　600

第四节　固定资产处置

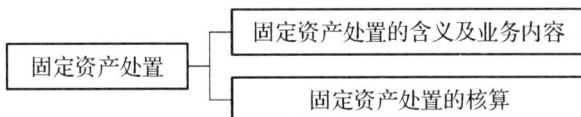

一、固定资产处置的含义及业务内容

固定资产处置是指由于各种原因使企业固定资产退出生产经营过程所做的处理活动。在企业固定资产的使用过程中,有时会出现固定资产退出生产经营过程的情况,如固定资产的出售、转为待售、转让、报废、毁损、对外投资、非货币性资产交换、债务重组等。固定资产的处置涉及固定资产的终止确认问题。按照现行固定资产准则的规定,满足下列条件之一的,固定资产应当予以终止确认:

(1)该固定资产处理处置状态,是指固定资产不再用于生产商品、提供劳务、出租或经营管理,因此不再符合固定资产的定义,所以应予以终止确认。

(2)该固定资产预期通过使用或处置不能产生经济利益。因为预期会给企业带来经济利益是资产的基本特征,因此当固定资产预期未来使用过程中或者处置时都不能为企业带来经济利益的情况下,就不再符合固定资产的定义和确认的条件,故也应予以终止确认。

固定资产处置业务的产生往往是由于不同的原因所造成的。在大多数情况下,出售的固定资产一般是企业多余闲置的固定资产,或者是不适合企业产品生产需要的固定资产,如果不出售的话,会造成资源的浪费,增加额外的管理成本。

报废、毁损的固定资产产生的原因一般有以下几个方面:第一,固定资产预计使用年限已满,其物质磨损程度已达到极限,不宜继续使用,应按期报废;第二,由于科学技术水平的提高,致使企业拥有的某项固定资产继续使用时在经济上已不合算了,必须将其淘汰,提前报废;第三,由于自然灾害(如火灾、水灾)事故的发生或管理不善等原因而造成的固定资产毁损。

需要指出的是对外投资、非货币性资产交换、债务重组等固定资产处置业务安排在本书其他有关章节中阐述,这里只阐述固定资产的出售、报废和毁损等固定资产处置问题。

固定资产在处置过程中会发生收益或损失,称为处置损益。它以处置固定资产所取得的各项收入与固定资产账面价值、发生的清理费用等之间的差额来确定。其中,处置固定资产的收入包括出售价款、残料变价收入、保险及过失人赔款等项收入;清理费用包括处置固定资产时发生的拆卸、搬运、整理等项费用。

二、固定资产处置的核算

如果企业固定资产未被划分为持有待售类别而被出售、转让,以及因报废或毁损而处置的固定资产,应设置"固定资产清理"科目核算固定资产的处置损益。需要处置的固定资产账面价值、发生的清理费用等,记入该科目的借方;取得的固定资产出售价款、残料变价收入、保险及过失人赔款等项收入,记入该科目的贷方;借方与贷方的差额即为固定资产处置净损益,转入"资产处置损益"科目。

(一) 固定资产出售

企业对多余闲置或不再需用的固定资产,如果未被划分为持有待售类别,可出售给其他需要该项固定资产的企业,以收回资金,避免资源的浪费。出售固定资产的损益是指出售固定资产取得的价款与固定资产账面价值、发生的清理费用之间的差额。通过"固定资产清理"科目归集的出售固定资产损益期末应将余额转入"资产处置损益"科目。"资产处置损益"科目核算企业出售划分为持有待售的非流动资产(金融工具、长期股权投资和投资性房地产除外)或处置组(子公司和业务除外)时确认的处置利得或损失,以及处置未划分为持有待售的固定资产、在建工程、生产性生物资产及无形资产而产生的处置利得或损失。

对于企业已使用过的固定资产在出售时,应区别以下三种情况缴纳增值税:① 企业出售已使用过的 2009 年 1 月 1 日以后购进或自制的固定资产,按适用的税率征收增值税。② 2008 年 12 月 31 日以前未纳入扩大增值税抵扣范围试点的纳税人,销售自己使用过的 2008 年 12 月 31 日以前购进或者自制的固定资产,按照 4% 的征收率减半征收增值税,2014 年 7 月 1 日以后按照 3% 的征收率减按 2% 征收增值税。③ 2008 年 12 月 31 日以前已纳入扩大增值税抵扣范围试点的纳税人,销售自己使用过的在本地区扩大增值税抵扣范围试点以前购进或者自制的固定资产,按照 4% 的征收率减半征收增值税,2014 年 7 月 1 日以后按照 3% 的征收率减按 2% 征收增值税;销售自己使用过的在本地区扩大增值税抵扣范围试点以后购进或者自制的固定资产,按照适用税率征收增值税。企业销售固定资产可以自行开具相应的发票。一般来讲,如果出售 2009 年以前购入的固定资产,增值税按照 4% 减半征收时,可以开具普通发票;若出售的固定资产是 2009 年以后购入的,且已按规定抵扣进项税额的,则按照适用税率开具专用发票。

对于企业转让固定资产中的不动产,增值税的缴纳方法分为企业 2016 年 4 月 30 日之前拥有的不动产转让时:① 一般纳税人转让其 2016 年 4 月 30 日前取得(不含自建)的不动产,可以选择适用简易计税方法计税,以取得的全部价款和价外费用扣除不动产购置原价或者取得不动产时的作价后的余额为销售额,按照 5% 的征收率计算应纳税额。② 一般纳税人转让其 2016 年 4 月 30 日前自建的不动产,可以选择适用简易计税方法计税,以取得的全部价款和价外费用为销售额,按照 5% 的征收率计算应纳税额。③ 一般纳税人转让其 2016 年 4 月 30 日前取得(不含自建)的不动产,选择适用一般计税方法计税的,以取得的全部价款和价外费用为销售额计算应纳税额。纳税人应以取得的全部价款和价外费用扣除不动产购置原价或者取得不动产时的作价后的余额,按照 5% 的预征率预缴税款。④ 一般纳税人转让其 2016 年 4 月 30 日前自建的不动产,选择适用一般计税方法计税的,以取得的全部价款和价外费用为销售额计算应纳税额。纳税人应以取得的全部价款和价外费用,按照 5% 的预征率预缴税款。

一般纳税人 2016 年 5 月 1 日之后拥有的不动产转让时:① 一般纳税人转让其 2016

年 5 月 1 日后取得(不含自建)的不动产,适用一般计税方法,以取得的全部价款和价外费用为销售额计算应纳税额。纳税人应以取得的全部价款和价外费用扣除不动产购置原价或者取得不动产时的作价后的余额,按照 5%的预征率预缴税款。② 一般纳税人转让其 2016 年 5 月 1 日后自建的不动产,适用一般计税方法,以取得的全部价款和价外费用为销售额计算应纳税款。纳税人应以取得的全部价款和价外费用,按照 5%的预征率预缴税款。

【例 5－16】 虞山股份有限公司因经营管理的需要,于 2021 年 5 月将一台 2014 年 3 月购入的设备出售,出售的价款为 500 000 元,适用的增值税税率为 13%,应交增值税为 65 000 元,开具增值税专用发票。出售设备原始价值为 530 000 元,累计折旧 40 000 元。发生清理费用 1 200 元。其账务处理过程如下:

(1) 注销固定资产原价及累计折旧。

借:固定资产清理　　　　　　　　　　　　　　　　　　　　490 000

　　累计折旧　　　　　　　　　　　　　　　　　　　　　　40 000

　　贷:固定资产　　　　　　　　　　　　　　　　　　　　　　530 000

(2) 支付清理费用。

借:固定资产清理　　　　　　　　　　　　　　　　　　　　1 200

　　贷:银行存款　　　　　　　　　　　　　　　　　　　　　　1 200

(3) 收到出售设备全部款项。

借:银行存款　　　　　　　　　　　　　　　　　　　　　　585 000

　　贷:固定资产清理　　　　　　　　　　　　　　　　　　　　500 000

　　　　应交税费——应交增值税(销项税额)　　　　　　　　　65 000

(4) 结转固定资产清理净损益。

净收益＝5 000 000－490 000－1 200＝8 800(元)

借:固定资产清理　　　　　　　　　　　　　　　　　　　　8 800

　　贷:资产处置损益　　　　　　　　　　　　　　　　　　　　8 800

【例 5－17】 虞山股份有限公司于 2021 年 6 月出售 2009 年购入的生产设备,该设备原价 1 200 000 元,累计已提取折旧 900 000 元,取得价款收入 312 000 元(含增值税),款项已收到并存入银行,该设备购入时进项税额未做抵扣。会计处理如下:

(1) 固定资产转入清理。

借:固定资产清理　　　　　　　　　　　　　　　　　　　　300 000

　　累计折旧　　　　　　　　　　　　　　　　　　　　　　900 000

　　贷:固定资产　　　　　　　　　　　　　　　　　　　　　　1 200 000

(2) 收取价款 312 000 元。

借:银行存款　　　　　　　　　　　　　　　　　　　　　　312 000

　　贷:固定资产清理　　　　　　　　　　　　　　　　　　　　312 000

(3) 计算应交增值税。

应交增值税＝312 00÷(1＋4%)×4%÷2＝6 000(元)

借:固定资产清理　　　　　　　　　　　　　　　　　　　　6 000

贷:应交税费——应交增值税(销项税额)   6 000

(4) 结转固定资产清理净损益。

借:固定资产清理   6 000

  贷:资产处置损益   6 000

【例5-18】 虞山股份有限公司于2021年8月出售一栋自建厂房,厂房于2017年8月建造。厂房原价7 800 000元,已提取折旧1 200 000元,出售价款7 630 000元,发生清理费用3 200元,款项已收到并存入银行。其账务处理过程如下:

(1) 注销固定资产原价及累计折旧。

借:固定资产清理   6 600 000

  累计折旧   1 200 000

  贷:固定资产   7 800 000

(2) 支付清理费用。

借:固定资产清理   3 200

  贷:银行存款   3 200

(3) 收到出售厂房款项。

应交增值税 = 7 630 000 ÷ (1 + 9%) × 9% = 630 000(元)

借:银行存款   7 630 000

  贷:固定资产清理   7 000 000

    应交税费——应交增值税(销项税额)   630 000

预交增值税 = 7 630 000 ÷ (1 + 9%) × 9% = 630 000(元)

借:应交税费——应交增值税(已交税金)   350 000

  贷:银行存款   350 000

(4) 结转净收益。

净收益 = 7 000 000 - 6 600 000 - 3 200 = 396 800(元)

借:固定资产清理   396 800

  贷:资产处置损益   396 800

【同步思考例5-3】 单项选择题

某企业处置一台旧设备,原价为23万元,已计提折旧5万元。处置该设备开具的增值税专用发票上注明的价款为20万元,增值税税额为3.2万元,发生的清理费用为1.5万元,不考虑其他因素,该企业处置设备应确认的净收益为( )万元。

A. -2.9   B. 0.5   C. 20   D. 2

【答案】 B

【解析】

借:固定资产清理   18

  累计折旧   5

  贷:固定资产   23

借:银行存款/应收账款   23.2

```
    贷:固定资产清理                                    20
      应交税费——应交增值税(销项税额)                 3.2
  借:固定资产清理                                    1.5
    贷:银行存款                                      1.5
  借:固定资产清理                                    0.5
    贷:资产处置损益                                    0.5
```

(二) 持有待售固定资产

1. 持有待售类别资产及划分条件

企业非流动资产或处置组如果不是通过持续使用而主要是出售(包括具有商业实质的非货币性资产交换)收回资产账面价值的,应当将其划分为持有待售类别。

企业将非流动资产或处置组划分为持有待售类别,应当同时满足以下两个条件:

(1) 可立即出售,是指按照惯例,在类似交易中出售此类资产或处置组,在当前状况下即可立即进行。具体表现为企业具有在当期状态下出售该类资产的意图和能力,符合交易惯例的要求,企业应当在出售前做好相关准备。

(2) 出售极可能发生,指企业已经就一项出售计划做出决议且获得确定的购买承诺,预计出售将在一年内完成。企业该项资产出售决议一般需要由企业相应级别的管理层做出,有关规定要求企业相关权力机构获监管部门批准后方可出售的,应当已经获得批准;确定的购买承诺,是指企业与其他方签订的具有法律约束力的购买协议,该协议包含交易价格、时间和足够严厉的违约惩罚等重要条款,使协议出现重大调整或者撤销的可能性极小;该项资产出售交易自资产划分为持有待售类别起一年内能够完成。如果因企业无法控制的原因导致非关联方之间的交易未能在一年内完成,并且有充分证据表明企业仍然承诺出售非流动资产或处置组的企业,企业应当继续将非流动资产或处置组划分为持有待售类别。这些原因包括:① 买方或其他方意外设定导致出售延期的条件。企业针对这些条件已经及时采取行动,且预计能够自设定导致出售延期的条件起一年内顺利化解延期因素。② 发生罕见情况。罕见情况(主要指因不可抗力引发的情况、宏观经济形势发生急剧变化等不可控情况)导致持有待售的非流动资产或处置组未能在一年内完成出售,企业在最初一年内已经针对这些新情况采取必要措施且重新满足了持有待售类别的划分条件。

2. 持有待售固定资产会计处理

1) 划分日初始计量

企业的固定资产被划分为持有待售类别时,其初始计量应遵循的规定是,分类前账面价值高于公允价值减去出售费用后净额的,应当将账面价值减记至公允价值减去出售费用后的净额,减记的金额确认为资产减值损失,计入当期损益,同时计提持有待售资产减值准备;如果分类前账面价值低于公允价值减去出售费用后净额的,则不需要对账面价值进行调整。企业的固定资产被划分为持有待售类别时,按固定资产账面价值,借记"持有待售资产"科目,按已计提的累计折旧,借记"累计折旧"科目,按计提的减值准备,借记"固定资产减值准备"科目,按固定资产账面余额,贷记"固定资产"科目;划分日按减值的金额,借记"资产减值损失"科目,贷记"持有待售资产减值准备"科目。

【例 5－19】 虞山股份有限公司 2019 年 12 月 15 日购买一台设备,原始价值 1 250 000 元,预计使用 10 年,净残值率为 4%,按年限平均法计提折旧。2021 年 3 月 10 日虞山股份有限公司由于转产,此设备不再使用,遂与甲公司签订不可撤销销售协议,约定在 2021 年年底将此设备转售给甲公司。2021 年 3 月 10 日甲公司出价为 1 000 000 元,预计处置费用 30 000 元,假定不考虑相关税费。2021 年 3 月 10 日该项设备应转为待售固定资产,账务处理如下:

(1)固定资产转为持有待售,按照年限平均法已经计提了 15 个月的折旧,每个月的折旧为 10 000 元。

因此,固定资产账面价值=1 250 000－10 000×15=1 100 000(元)

借:持有待售资产　　　　　　　　　　　　　　　　　　　1 100 000

　　累计折旧　　　　　　　　　　　　　　　　　　　　　　150 000

　　贷:固定资产　　　　　　　　　　　　　　　　　　　　　　1 250 000

(2)继续计算减记额。

计提的减值准备=1 100 000－(1 000 000－30 000)=130 000(元)

借:资产减值损失　　　　　　　　　　　　　　　　　　　130 000

　　贷:持有待售资产减值准备　　　　　　　　　　　　　　　130 000

2)持有待售固定资产的后续资产负债表日重新计量

后续资产负债表日持有待售固定资产账面价值高于公允价值减去出售费用后的净额,如预计出售费用发生增加,应当将账面价值减记至公允价值减去出售费用后的净额,减记的金额确认为资产减值损失,计入当期损益,同时计提持有待售资产减值准备。

后续资产负债表日持有待售固定资产公允价值减去出售费用后的净额增加的,如预计出售费用发生减少,以前减记的金额应当予以恢复,并在划分为持有待售类别后确认的资产减值损失金额内转回,转回金额计入当期损益。划分为持有待售类别前确认的资产减值损失不得转回。

假如【例 5-19】中,在某一后续资产负债表日,出售费用由于相关因素变化预计会发生金额为 40 000 元,则减记金额应调整增加 10 000 元。

借:资产减值损失　　　　　　　　　　　　　　　　　　　10 000

　　贷:持有待售资产减值准备　　　　　　　　　　　　　　　10 000

注意:持有待售固定资产在持有期间不得计提折旧。这样做的理由是,当固定资产转为持有待售资产以后,其在未来为企业带来经济利益的方式和企业拥有的其他普通固定资产已经不同,即企业不再通过使用这项固定资产而实现其经济利益,而是通过以相当确定的金额出售给其他企业而带来经济利益。如果继续计提折旧会减少持有待售固定资产账面价值,这样会使固定资产账面价值低于其将来能为企业带来的经济利益,使固定资产账面价值的反映不真实,影响会计信息的可靠性。

3)持有待售固定资产出售

持有待售固定资产出售时,借记"银行存款""持有待售资产减值准备"科目,贷记"持有待售资产""应交税费""资产处置损益"科目;支付出售费用时,借记"资产处置损益"科目,贷记"银行存款"科目。

【例5-20】　承【例5-19】,假定虞山股份有限公司如期于2021年年底按协议将此设备转售给甲公司,实际发生出售费用46 000元,其他条件不变。相关业务会计处理如下:

(1) 转出持有待售资产。

借:银行存款	1 130 000	
持有待售资产减值准备	130 000	
贷:持有待售资产		1 100 000
应交税费——应交增值税(销项税额)		130 000
资产处置损益		30 000

(2) 支付出售费用。

借:资产处置损益	46 000	
贷:银行存款		46 000

(三) 固定资产报废

固定资产报废有到期正常报废、提前报废和超龄使用后报废三种情况。无论是何种情况的报废,其损益的计算方法是一样的,都是指报废时固定资产的残料变价收入与固定资产账面价值、发生的清理费用之间的差额。

【例5-21】　虞山股份有限公司一台设备进入报废程序。设备原价120 000元,累计折旧117 000元。报废时支付清理费用360元,残料作价1 600元,可验收入库作为材料使用。其账务处理如下:

(1) 设备报废,注销原价及累计折旧。

借:固定资产清理	3 000	
累计折旧	117 000	
贷:固定资产		120 000

(2) 支付报废设备清理费用。

借:固定资产清理	360	
贷:银行存款		360

(3) 残料入库。

借:原材料	1 600	
贷:固定资产清理		1 600

(4) 结转报废净损失。

报废净损失=3 000+360-1 600=1 760(元)

借:营业外支出——处置非流动资产损失	1 760	
贷:固定资产清理		1 760

(四) 固定资产毁损

固定资产毁损有的是由于生产经营期间自然灾害等不可抗力因素造成的,也有的是由于生产经营期间责任事故等人为因素造成的。不论什么原因,固定资产发生毁损对企业都会造成一定的损失。因此,企业应加强对固定资产的管理,防止此类事情的发生,减少企业的意外损失。固定资产毁损的净损失是指毁损固定资产的账面价值,加上发生的清理费用,扣除残料变价收入以及保险赔款、责任人赔款后的净额。对于由于自然灾害等非常原因造成的毁损损失作为非常损失计入营业外支出。

【例 5 - 22】 虞山股份有限公司一座仓库因火灾烧毁。仓库原价为 300 000 元,累计折旧 120 000 元。大火扑灭后对现场进行了清理,发生清理费用 21 000 元,收到保险公司赔款 100 000 元,残料变卖收入 19 000 元。其账务处理如下:

(1) 注销烧毁库房原价及累计折旧。

借:固定资产清理	180 000	
累计折旧	120 000	
贷:固定资产		300 000

(2) 支付现场清理费用。

借:固定资产清理	21 000	
贷:银行存款		21 000

(3) 残料变卖收入存入银行。

借:银行存款	19 000	
贷:固定资产清理		19 000

(4) 收到保险公司赔款。

借:银行存款	100 000	
贷:固定资产清理		100 000

(5) 计算并结转毁损净损失。

毁损净损失＝180 000＋21 000－19 000－100 000＝82 000(元)

借:营业外支出——非常损失	82 000	
贷:固定资产清理		82 000

(五)固定资产盘亏

固定资产的出售、报废和毁损都会造成固定资产在量上的减少。其中,出售和报废是企业主动对固定资产进行处置。毁损虽然不带有主动的意味,但是企业一般也会及时地发现和确认,但有时企业固定资产的减少却不是容易被及时发现的,所以企业需要定期与不定期地对固定资产进行清查。通过清查,确定企业的固定资产是否有减少的情况。如果通过清查发现账簿记录的企业拥有固定资产的实物并不存在,那么实物并不存在的固定资产,在会计上则称为盘亏。

盘亏的固定资产应通过"待处理财产损溢——待处理固定资产损溢"科目进行核算。发现盘亏的固定资产,在未报经批准处理前,要先按账面原价和累计折旧及时予以注销,其净值记入"待处理财产损溢——待处理固定资产损溢"科目;待报经批准处理后,再将净值转入"营业外支出——固定资产盘亏"科目。

【例 5 - 23】 虞山股份有限公司在固定资产的定期清查中,发现少了一台电机。该电机账面原价 4 600 元,已提折旧 1 900 元。

(1) 报经批准处理前,注销盘亏电机原价与累计折旧。

借:待处理财产损溢——待处理固定资产损溢　　　　　　　　　　2 700

　　累计折旧　　　　　　　　　　　　　　　　　　　　　　　　1 900

　　　贷:固定资产　　　　　　　　　　　　　　　　　　　　　　　　　4 600

（2）经批准,盘亏电机净值转入营业外支出。

借:营业外支出——固定资产盘亏　　　　　　　　　　　　　　　2 700

　　　贷:待处理财产损溢——待处理固定资产损溢　　　　　　　　　　　2 700

课后练习题　　　　　　　　延伸阅读

第六章　无形资产

学习目标

1. 掌握无形资产的概念及特点。
2. 掌握无形资产入账价值的确定及计量。
3. 熟悉无形资产的后续计量。
4. 了解内部研究开发费用的确认及计量。

思政案例

华谊兄弟商誉"爆雷"案例

华谊兄弟2018年就曾商誉"爆雷",该年度计提了9.73亿元的商誉减值,2019年商誉再度"爆雷",2020年4月29日,华谊兄弟发布的2019年年报显示,报告期内,其归母公司的净利润为-39.6亿元。对于亏损原因,公司表示,主要是报告期内公司对长期股权投资、商誉及其他资产计提资产减值准备。其中商誉减值金额高达5.99亿元,占全部资产减值损失的36.05%。2019年华谊兄弟对旗下的浙江常升影视制作有限公司(以下简称"常升影视")、天津欢颜广告有限公司、浙江东阳美拉传媒有限公司(以下简称"东阳美拉")和合肥活力天行电影城有限公司分别计提了308万元、2.31亿元、3.6亿元和480万元的商誉减值。其中常升影视和东阳美拉已经算是商誉减值的"老朋友"了。

事件往前追溯可以看到,据华谊兄弟往年发布的公告显示,2013年9月和2015年11月,华谊兄弟分别以2.52亿元和10.5亿元购买了常升影视70%的股权和东阳美拉70%的股权,并分别形成了2.45亿元和7.49亿元的商誉。这两家公司的背后,分别是国家一级演员张国立及著名导演冯小刚,这或许是华谊兄弟高价拿下这两家公司的原因。据天眼查显示,常升影视成立于2013年5月,而截至收购日,该公司的总资产仅有1000万元;东阳美拉成立于2015年9月,截至收购日,其总资产仅有1.36万元。这两家公司成立均不到半年时间,估值便大幅增加,这着实令人大跌眼镜。

值得注意的是,上述两家公司的收购给华谊兄弟带来了合计9.94亿元的商誉。同时,华谊兄弟与上述两家公司均签订了为期5年的对赌协议,这协议犹如一把悬在上市公司头顶的利剑,如果标的公司经营良好,那么皆大欢喜;一旦标的公司业绩不及预期,这些高额的商誉则有可能成为"地雷阵",有随时爆发的危险。

那么这两家标的公司业绩表现到底如何呢？据年报显示，2013 年至 2017 年，常升影视的净利润分别为 3 116.26 万元、3 430.23 万元、3 779.5 万元、2 500.13 万元和 3 875.60 万元。承诺期罢，常升影视的业绩立马"变脸"，2018 年和 2019 年分别亏损了 2 315.6 万元和 4 248.46 万元。

东阳美拉 2016 年至 2019 年的净利润则分别为 5 511.39 万元、1.17 亿元、6 501.5 万元和 1.64 亿元，也并没有达到华谊兄弟的预期，于是华谊兄弟连续两年对其合计计提了 6.62 亿元商誉减值。

连续两年商誉"爆雷"，令华谊兄弟业绩亏损严重，传导至二级市场，华谊兄弟的股价在整个 2018 年足足下跌了 46.09%，截至 5 月 28 日收盘，华谊兄弟的股价为 4.02 元/股，距离最高价 31.95 元/股足足下跌了 87.42%，令股民受伤不已。2020 年由于疫情影响，影视行业整体收益一般，华谊兄弟进一步计提商誉减值损失 1.86 亿元，对利润造成极大影响。

分析： 并购中形成的商誉是企业资产的重要组成部分，一旦发生减值，将对利润造成极大影响，对资本市场带来冲击。因此，在并购过程中需要足够重视并购对价等，需要对投资者负责，恪守职业道德。

思考： 商誉是否属于无形资产？请列举几个上市公司商誉爆雷的案例并分析。

阅读案例

可口可乐公司的无形资产价值

全球领先的市场咨询机构 Millward Brown 评选出 2013 年世界最具影响力的五大品牌，作为全球最大的饮料公司，可口可乐凭借 784 亿美元的品牌价值排名第五。可口可乐(Coca-Cola)总部位于美国亚特兰大，起源于 1886 年美国佐治亚州亚特兰大市一家药品店。可口可乐公司拥有或授权 450 多个品牌，包括健康型和不含酒精的饮料、水、强化水、果汁和果汁饮料、茶、咖啡以及活力饮料和运动饮料，还在多个合资饮料公司以及装瓶和装罐企业中拥有股份。可口可乐股票至今仍然是巴菲特旗下的伯克希尔公司最大的投资品种。巴菲特投资于可口可乐公司是他的一个巨大成功，用他自己的话讲就是："还有什么能比投资于一个优秀企业所带来的回报更高的呢？"从资产负债表上看，截至 2012 年 12 月 31 日，可口可乐公司账面资产高达 862 亿美元，而同期品牌价值为 784 亿美元。可见"可口可乐"这个强势品牌的无形资产价值与公司账面全部资产总额相差无几了，扣除其 2012 年 12 月 31 日资产负债表上的 273 亿美元的账面商誉和无形资产后，公司所拥有的账内外无形资产大大超过了其有形资产的价值。作为全球品牌价值第一的饮料公司，其巨量无形资产主要来自公司最高机密的可口可乐配方。

思考： 1. 截至最新日期的财务报表，可口可乐公司的无形资产占总资产的比例是多少？

2. 比较无形资产与固定资产的区别与联系。

第一节　无形资产概述

本节内容框架

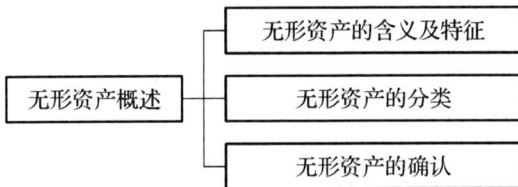

```
                                    ┌─────────────────────┐
                                    │ 无形资产的含义及特征 │
                                    └─────────────────────┘
         ┌─────────────┐            ┌─────────────────────┐
         │ 无形资产概述 │───────────│   无形资产的分类     │
         └─────────────┘            └─────────────────────┘
                                    ┌─────────────────────┐
                                    │   无形资产的确认     │
                                    └─────────────────────┘
```

一、无形资产的含义及特征

无形资产是指企业拥有或控制的没有实物形态的可辨认非货币性资产,这是我国《企业会计准则第6号——无形资产》对无形资产所表述的定义。《国际会计准则第38号——无形资产》对无形资产的表述为:无形资产是指用于商品或劳务的生产或供应、出租给其他单位或为管理目的而持有的、没有实物形态的可辨认非货币性资产。这两个定义的共同点是,二者都强调无形资产没有实物形态和可辨认性的特点。无形资产没有实物形态是它与企业其他有形资产相区别的一个显著标志。同时无形资产必须是可辨认的。判断无形资产是否具有可辨认性,有两个标准:一是无形资产能够从企业中分离或者划分出来,并能单独或者与相关合同、资产或负债一起用于出售、转移、授予许可、租赁或者交换;二是无形资产源自合同性权利或其他法定权利,不论这些权利是否可以从企业或其他权利和义务中转移或分离。二者的不同是,国际会计准则强调了企业持有该项资产的目的,即无形资产是企业用于商品或劳务的生产或供应、出租给其他单位或为管理目的而持有的一项资产,我国的会计准则却没有做详细的表述。根据我国会计准则关于无形资产定义的要求,无形资产具体包括的内容有专利权、非专利技术、商标权、著作权、特许权、土地使用权等。

专利权,是指国家专利主管机关依法授予发明创造专利申请人,对其发明创造在法定期限内所享有的专用权利,包括发明专利权、实用新型专利权和外观设计专利权,其中发明专利权的期限为20年,实用新型专利权和外观设计专利权的期限为10年,均自申请日起计算。

非专利技术,也称专有技术。它是指不为外界所知、在生产经营活动中已采用了的、不享有法律保护的、可以带来经济效益的各种技术和诀窍。非专利技术一般包括工业专有技术、商业贸易专有技术、管理专有技术等。非专利技术不是专利法的保护对象,其独占性的维持及获取超额收益时间的长短取决于企业自我保密的方式。非专利技术具有经济性、机密性和动态性等特点。

商标是用来辨认特定的商品或劳务的标记。商标权指专门在某类指定的商品或产品上使用特定的名称或图案的权利。经商标局核准注册的商标为注册商标。商标注册人享有商标专用权,受法律保护。商标注册的有效期为10年,自核准注册之日起计算。注册商标有效期满,需要继续使用的,应当在期满前 6 个月内申请续展注册,每次续展注册的有效期为 10 年,在此期间未能提出申请的,可以给予 6 个月的宽展期。宽展期满仍未提出申请的,注销其注册商标。

著作权又称版权,指作者对其创作的文字、科学和艺术作品依法享有的某些特殊权利。著作权包括作品署名权、发表权、修改权和保护作品完整权,还包括复制权、发行权、出租权、展览权、表演权、放映权、广播权、信息网络传播权、摄制权、改编权、翻译权、汇编权以及应当由著作权人享有的其他权利。著作权人包括作者和其他依照本法享有著作权的公民、法人或者其他组织。著作权属于作者,创作作品的公民是作者。由法人或其他组织主持,代表法人或者其他组织意识创作,并由法人或者其他组织承担责任的作品,法人或者其他组织视为作者。作者的署名权、修改权、保护作品完整权的保护期不受限制。作品的发表权、复制权、发行权、出租权、展览权、表演权、放映权、广播权、信息网络传播权、摄制权、改编权、翻译权、汇编权以及应当由著作权人享有的其他权利,属于公民的,保护期为作者终生及其死亡后 50 年,截止于作者死亡后的第 50 年的 12 月 31 日;如果是合作作品,截止于最后死亡的作者死亡后第 50 年的 12 月 31 日;属于法人或者其他组织的,保护期为 50 年,截止于作品首次发表后第 50 年的 12 月 31 日,但作品自创作完成后 50 年内未发表的,法律不再保护;属于电影作品和以类似摄制电影的方法创作的作品的,保护期为 50 年,截止于作品首次发表后第 50 年的 12 月 31 日,但作品自创完成后 50 年内未发表的,法律不再保护。

特许权,又称经营特许权、专营权,指企业在某一地区经营或销售某种特定商品的权利或是一家企业接受另一家企业使用其商标、商号、技术秘密等的权利。通常有两种形式;一种是由政府机构授权,准许企业使用或在一定地区享有经营某种业务的特权,如水、电、邮电通讯等专营权、烟草专卖权等;另一种是指企业间依照签订的合同,有限期或无限期使用另一家企业的某些权利,如连锁分店使用总店的名称等。特许权转让期限由转让人和受让人二者签订的转让合同加以规定,包括彼此的权利和义务。受让人一般都要向转让人支付取得特许权的费用,此项费用待开业后按营业收入的一定比例或其他计算方法支付给转让人。受让人要为转让人保守涉及的商业秘密。

土地使用权,指国家准许某企业在一定期间内对国有土地享有开发、利用、经营的权利。根据我国《土地管理法》的规定,我国土地实行公有制,任何单位和个人不得侵占、买卖或者以其他形式非法转让。企业取得土地使用权的方式大致有以下几种:行政划拨取得、外购取得及投资者投入取得。

过去包括在无形资产中的商誉由于其存在无法与企业自身相分离而不具有可辨认性,因此不构成无形资产的组成部分。国际会计准则关于无形资产包括的内容则要广泛一些,规定企业在科学或技术知识、新工艺或系统的设计和完成、许可证、知识产权、市场知识和商标(包括商标名称和报刊名)等无形资源的获得、开发、维护和提高方面所涉及的一些项目,如计算机软件、专利权、版权、电影片、客户名单、抵押服务权、捕捞许可证、进口配额、特许权、客户或供应商的关系、客户的信赖、市场份额和销售权。凡是符合无形资产定义的要求,即满足可辨认性、对资源的可控制及存在未来经济利益的应为无形资产。对于不具备这些条件的项目,其所消耗的资源或承担的负债应在其发生时确认为当期的费用,如果该项目是在企业购买合并中获得的,应作为商誉。商誉具有不可辨认的特点,因此国际会计准则将商誉排除在无形资产之外。这一点与我国企业会计准则的规定是相同的。虽然对无形资产定义的表述不尽相同,但无形资产具有的特征还是人所共知的。主要表现在以下几个方面:

(1) 没有实物形态。无形资产所代表的是企业拥有的某些特殊权利或优势。它是通过拥有的某些特殊权利或优势使企业获得高于一般盈利水平的额外经济利益,具有极大的潜在价值。它与固定资产通过实物价值的磨损和转移为企业带来未来经济利益具有显著区别。某些无形资产有赖于实物载体而存在,如计算机软件存储在介质(具有实物形态)中,但不改变无形资产没有实物形态的特征。

(2) 将在较长时期内为企业提供经济效益。无形资产所代表的特权或优势一般可以在较长的时期内存在,不会很快消逝,企业可以长期受益。但除了法律规定的年限之外,企业是无法断定无形资产经济年限的长短的。

(3) 企业持有无形资产的目的是为了生产商品、提供劳务、出租给他人或是用于企业的管理,而不是其他方面。

(4) 所提供的未来经济利益具有高度的不确定性。无形资产能否为企业提供未来的经济利益以及提供多大的未来经济利益在很大程度上要受到企业外部因素的影响,如技术进步、市场需求变化、同行业竞争等,使得其预期的获利能力具有高度的不确定性,可能分布在零到很大金额的范围内。同时,无形资产通常都不能单独获利,需借助于有形资产才能发挥其作用,因而企业的收益中究竟有多少来自无形资产是很难辨认的。此外,无形资产的取得成本与其能为企业带来的未来经济利益之间并无内在联系,因而很难对其未来的获利能力做出合理估计。

二、无形资产的分类

无形资产对企业来讲具有重要的意义,特别是在知识经济的条件下,无形资产的作用就更加突出,因此企业必须加强对无形资产的管理与核算。从不同的角度、采取科学的方法对无形资产进行合理的分类,是搞好无形资产管理和核算的一项重要基础工作。根据无形资产的特点,一般可以对无形资产做如下的分类:

(1) 无形资产按取得来源的不同,可分为外购的无形资产、自行开发的无形资产、投资者投入的无形资产、企业合并取得的无形资产、债务重组取得的无形资产、以非货币性资产交换取得的无形资产以及政府补助取得的无形资产等。这种分类的目的主要是为了使无形资产的初始计量更加准确和合理。因为不同来源取得的无形资产,其初始成本的确定方法以及所包括的经济内容是不同的。

(2) 无形资产按其使用寿命是否有期限,可分为有期限无形资产和无期限无形资产。无形资产的使用寿命是否有期限应在企业取得无形资产时就加以分析和判断,其中需要考虑的因素有很多(后面详细说明)。这种分类的目的主要是为了正确地将无形资产的应摊销金额在无形资产的使用寿命内系统而合理地进行摊销。因为按照会计准则的规定,使用寿命有限的无形资产才存在价值的摊销问题,而使用寿命不能确定的无形资产,其价值是不能进行摊销的。

【同步思考例 6－1】　判断题

有些无形资产的使用寿命有限,而有些无形资产的使用寿命不确定。　　　　（　　）

【答案】　√

三、无形资产的确认

由于无形资产没有实物形态,只是一种虚拟资产,因而其确认要比有形资产困难得多。作为无形的资产项目,只有同时满足以下三个条件,才能将其确认为无形资产:

(1) 符合无形资产的定义;

(2) 与该无形资产相关的预计未来经济利益很可能流入企业;

(3) 无形资产的成本能够可靠地计量。

第一个条件是指无形资产需要满足资产一般属性的要求,即由企业拥有或控制,同时也要满足无形资产没有实物形态和可辨认的特殊要求。第二个条件是指企业能够控制无形资产所产生的经济利益,比如,企业拥有无形资产的法定所有权,或企业与他人签订了协议,使得企业的相关权利受到法律的保护,这样可以保证无形资产的预计未来经济利益能够流入企业。在判断无形资产产生的经济利益是否可能流入企业时,企业管理部门应对无形资产在预计使用年限内存在的各种因素做出稳健的估计。这一点符合国际惯例,与国际会计准则的规定是一样的。第三个条件实际上是针对无形资产的入账价值而言的。无形资产的入账价值需要根据其取得的成本确定,如果成本无法可靠地计量的话,那么无形资产的计价入账也就无从谈起。这一点也同样符合国际惯例。企业购入的无形资产、通过非货币性资产交换取得的无形资产、投资者投入的无形资产、通过债务重组取得的无形资产以及自行开发并依法申请取得的无形资产,如果满足上述三个条件的要求,都应确认为企业的无形资产。企业内部产生的品牌、报刊名等,因其发生的成本无法可靠计量而不确认为企业的无形资产。

第二节　无形资产的初始计量

本节内容框架

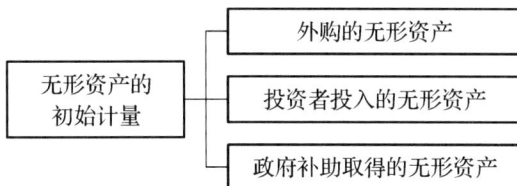

无形资产的初始计量是指企业初始取得无形资产时入账价值的确定。在无形资产分类问题中,我们提到企业取得无形资产的渠道有很多,而不同来源取得的无形资产,其入账价值的确定方法也是不同的,下面分述之。

一、外购的无形资产

外购方式是企业取得无形资产的重要渠道。企业生产和销售产品、提供劳务、出租或为了行政管理,如果需要无形资产,如专利权、非专利技术等,在企业自行研究和开发有困难的情况下,可以通过外购的方式买入,以满足生产经营和管理的需要。外购的无形资产,应以实际支付的价款、相关税费以及直接属于使该项资产达到预定用途所发生的其他支出的合计数作为入账价值。直接归属于使该项资产达到预定用途所发生的其他支出包括使无形资产达到预定用途所发生的专业服务费用、测试无形资产是否能够正常发挥作用的费用等。下列费用不包括在无形资产的初始成本中:① 为引入新产品进行宣传发生的广告费、管理费用及其他间接费用;② 无形资产已经达到预定用途以后发生的费用,如利用无形资产在形成经济规模之前发生的初始运作损失等。

企业采用分期付款方式购买无形资产,企业购买无形资产的价款超过正常信用条件延期支付,实质上具有融资性质的,按照规定无形资产的成本应以购买价款的现值为基础加以确定。购买价款与购买价款现值之间的差额,作为未确认融资费用在付款期内按实际利率法进行摊销,计入各年财务费用中。

企业外购的无形资产,如果取得法律规定的可抵扣发票,其支付的增值税额可以抵扣,若无法取得法律规定的可抵扣发票,则支付的增值税额不能抵扣,应计入无形资产成本并按规定方法进行摊销。

企业通过外购方式取得的土地使用权通常应确认为无形资产。土地使用权用于自行开发建造厂房等地上建筑物时,土地使用权的账面价值不与地上建筑物合并计算其成本,而仍作为无形资产进行核算,对土地使用权与地上建筑物分别进行摊销和提取折旧。但下列情况除外:

(1) 房地产开发企业取得的土地使用权用于建造对外出售的房屋建筑物,相关的土地使用权应当计入所建造的房屋建筑物成本。

(2) 企业外购的房屋建筑物,实际支付的价款中包括土地以及建筑物的价值,则应当对支付的价款按照合理的方法(如公允价值)在土地和地上建筑物之间进行分配;如果确实无法在地上建筑物与土地使用权之间进行合理分配的,应当全部作为固定资产核算。

企业改变土地使用权的用途,将其用于出租或增值目的时,应将无形资产转为投资性房地产。

【例 6-1】 虞山股份有限公司因生产产品需要购入一项专利权,支付专利权转让费及有关手续费 268 000 元,应交增值税进项税额 15 600 元,企业用银行存款一次性付清。

```
借:无形资产                                             268 000
    应交税费——应交增值税(进项税额)                      15 600
  贷:银行存款                                                      283 600
```

【例 6-2】 2020 年 1 月 5 日,虞山股份有限公司从 A 公司购买一项商标权,采用分期付款方式支付款项。合同规定,该项商标权金额为 4 500 000 元,每年年末付款 1 500 000 元,分 3 年等额付清。假定银行同期贷款利率为 8%。不考虑其他相关税费。查年金现值系数表可知,3 期、8% 的年金现值系数为 2.577 1。有关会计业务处理如下:

无形资产入账价值＝1 500 000×2.577 1＝3 865 650(元)

未确认融资费用＝4 500 000－3 865 650＝634 350(元)

(1) 2020 年 1 月 5 日,确认无形资产。

借:无形资产——商标权   3 865 650

   未确认融资费用   634 350

    贷:长期应付款   4 500 000

(2) 2020 年 12 月 31 日,付款及未确认融资费用的摊销。

借:长期应付款   1 500 000

    贷:银行存款   1 500 000

未确认融资费用的摊销额＝3 865 650×8％＝309 252(元)

借:财务费用   309 252

    贷:未确认融资费用   309 252

(3) 2021 年 12 月 31 日,付款及未确认融资费用的摊销。

借:长期应付款   1 500 000

    贷:银行存款   1 500 000

未确认融资费用的摊销额＝(3 865 650－1 500 000＋309 252)×8％＝213 992(元)

借:财务费用   213 992

    贷:未确认融资费用   213 992

(4) 2022 年 12 月 31 日,付款及未确认融资费用的摊销。

借:长期应付款   1 500 000

    贷:银行存款   1 500 000

未确认融资费用的摊销额＝634 350－309 252－213 992＝111 106(元)

借:财务费用   111 106

    贷:未确认融资费用   111 106

二、投资者投入的无形资产

如果企业的生产经营管理活动需要某些无形资产,可以接受投资者以无形资产的形式向企业进行投资,以换取企业的权益。投资者投入的无形资产,在合同或协议约定的价值公允的前提下,应按照投资合同或协议约定的价值作为入账价值。如果合同或协议约定的价值不公允,则按无形资产的公允价值入账,无形资产的入账价值与折合资本额之间的差额,作为资本溢价或股本溢价,计入资本公积。

【例 6－3】 虞山股份有限公司因业务发展的需要接受 M 公司以一项专利权向企业进行的投资。根据投资双方签订的投资合同,此项专利权的价值 280 000 元,应交增值税进项税额 16 800 元,折合为公司的股票 50 000 股,每股面值 1 元。

借:无形资产——专利权   280 000

   应交税费——应交增值税(进项税额)   16 800

    贷:股本(50 000×1)   50 000

      资本公积   246 800

三、政府补助取得的无形资产

政府补助是企业取得无形资产的方式之一,如企业通过行政划拨取得的土地使用权等。政府补助是指企业从政府无偿取得货币性资产或非货币性资产,但不包括政府作为所在者投入的资本。政府向企业提供补助具有无偿性的特点。政府并不因此而享有企业的所有权,企业未来也不需要以提供服务、转让资产等方式偿还。企业通过政府补助方式取得的无形资产应当按照公允价值计量。具体要区分以下几种情况进行处理:如果企业取得的无形资产附带有关文件、协议、发票、报关单等凭证,在这些凭证注明的价值与公允价值相差不大时,应当以有关凭据中注明的价值作为公允价值;没有注明价值或者公允价值差异较大,但有活跃交易市场的,应当根据有确凿证据表明的同类或类似市场交易价格作为公允价值;如没有注明价值,且没有活跃交易市场、不能可靠取得公允价值的,应当按照名义金额计量,名义金额即为人民币 1 元。

企业收到政府补助的无形资产时,一方面增加企业的无形资产,记入"无形资产"科目的借方,另一方面要作为递延收益,记入"递延收益"科目的贷方。"递延收益"科目主要核算企业确认的应在以后期间计入当期损益的政府补助。企业由于政府补助形成的无形资产而确认的递延收益应在无形资产的使用寿命内分配计入各期损益中。

【例 6 - 4】 虞山股份有限公司收到政府行政划拨的土地使用权。根据有关凭证,此项无形资产的公允价值为 12 000 000 元。

借:无形资产　　　　　　　　　　　　　　　　　　　　　　　12 000 000
　贷:递延收益　　　　　　　　　　　　　　　　　　　　　　　　12 000 000

第三节　内部研究开发费用的确认与计量

本节内容框架

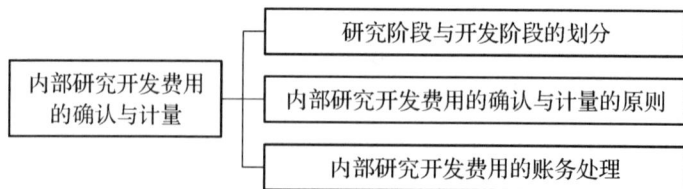

一个成熟和有竞争力的企业,每年都应在研究和开发上投入一定数量的资金,通过研究和开发活动取得专利权和非专利技术等无形资产,以保持和取得技术上的领先地位。会计上对于企业内部研究开发费用的确认与计量的方法存在一定的争议。

从理论上来讲,自创专利权的成本包括研究与开发的费用以及成功以后依法申请专利过程中所发生的费用。争论的焦点是研究与开发的费用是否应资本化、计入无形资产的价值。一般有三种处理方法:一是全部费用化。这种处理方法的理由是企业在从事某项专利技术的研究与开发时,不一定保证成功,出于谨慎性考虑,应将研究与开发过程中的费用计入发生损益。这种处理方法比较简单,也便于会计人员实际操作。但是它不能真实地反映企业拥有资产的价值,因为对于成功的研发项目来说,后期的费用相对而言是很少的,较大数额的研究与开发费用不包含在内,会歪曲企业资产的实际价值。二是全部资本化。这种处理方法的基本依据是,企业的研究与开发活动应看作是一个整体,因此研究与开发费用应从企业总体的所有研究开发活动来决定其处理的方法。如果企业总体的研究开发计划的未来收益的可能性很高,则全部费用都应资本化而不论单个项目未来收益的确定性如何。这种处理方法不符合无形资产确认条件的要求。因为无形资产的确认是以单个项目是否会带来未来经济利益为前提的,而不是从整体上来考虑的,因此是矛盾的。三是有选择的资本化。这种处理方法是首先指定将研究与开发支出资本化的条件,符合条件的资本化,反之则应费用化。这些条件在采用此种方法的国家中,规定是不尽相同的。国际会计准则规定有六个方面:① 完成该无形资产,使其能使用或销售,在技术上可行。② 有意完成该无形资产并使用或销售它。③ 有能力使用或销售该无形资产。④ 该无形资产如何产生很可能的未来经济利益。其中,企业应证明存在着无形资产的产出市场或无形资产本身的市场;如果该无形资产将在内部使用,那么应证明该无形资产的有用性。⑤ 有足够的技术、财务资源和其他资源支持,以完成该无形资产的开发,并使用或销售该无形资产。⑥ 对归属于该无形资产开发阶段的支出,能够可靠地计量。下面就我国对企业内部研究开发费用的确认与计量问题加以说明。

一、研究阶段与开发阶段的划分

无形资产会计准则对于企业内部研究开发费用的确认与计量是区分研究和开发两个阶段进行的。不同的阶段对其内部研究开发费用的确认与计量的规定是不同的,因此研究阶段和开发阶段的划分是很重要的。

研究阶段是指为获取新的技术和知识等进行的有计划的调查,具体是指意于获取知识而进行的活动,研究成果或其他知识的应用研究、评价和最终选择;材料、设备、产品、工序、系统或服务替代品的研究;新的或经改进的材料、设备、产品、工序、系统或服务的可能替代品的配制、设计、评价和最终选择。研究阶段具有计划性和探索性的特点。计划性是指研究阶段是建立在有计划的调查基础上,即研发项目已经董事会或者相关管理层的批准,并着手收集相关资料,进行市场调查等;探索性是指研究阶段基本上是探索性的,为进一步的开发活动进行资料及相关方面的准备,这一阶段不会形成阶段性成果。

开发阶段是指在进行商业性生产或使用前,将研究成果或其他知识应用于某项计划或设计,以生产出新的或具有实质性改进的材料、装置、产品等。具体是指,生产前或使用前的原型和模型的设计、建造和测试;含新技术的工具、夹具、模具和冲模的设计;不具有商业性生产经济规模的试生产设施的设计、建造和运营;新的或改造的材料、设备、产品、工序、系统或服务所选定的替代品的设计、建造和测试等。开发阶段具有针对性和形成成果的可能性较大的特点。

二、内部研究开发费用的确认与计量的原则

在对企业内部研究开发过程进行了准确的研究和开发阶段的划分以后,对各个阶段

发生的费用在确认和计量上需要遵循的原则是不同的。

对于研究阶段来说,其研究工作是否能在未来形成成果,即通过开发后是否会形成无形资产均有很大的不确定性,企业也无法证明其研究活动一定能够形成带来未来经济利益的无形资产,因此,研究阶段的有关支出在发生时应当费用化计入当期损益。

对于开发阶段来说,由于其相对于研究阶段更进一步,且很大程度上形成一项新产品或新技术的基本条件已经具备,所以此时如果企业能够证明满足无形资产的定义及费用资本化的条件,则所发生的开发支出可予以资本化,计入无形资本的成本。其经济内容包括开发无形资产时耗费的材料、劳务成本、注册费、在开发该无形资产过程中使用的其他专利权和特许权的摊销、按照规定资本化的利息支出,以及为使该无形资产达到预定用途前所发生的其他费用。在开发无形资产过程中发生的除上述可直接归属于无形资产开发活动的其他销售费用、管理费用等间接费用,无形资产达到预定用途前发生的可辨认的无效和初始运作损失,为运行该无形资产发生的培训支出等均不构成无形资产的开发成本。

开发阶段的费用支出是否应计入无形资产的成本,要视其是否满足资本化的条件而定。不能满足资本化条件的费用支出应计入当期损益。开发阶段费用支出的资本化条件包括以下几个方面:

(1) 完成该无形资产以使其能够使用或出售在技术上具有可行性。判断无形资产的开发在技术上是否具有可行性,应当以目前阶段的成果为基础,并提供相关证据和材料,证明企业进行开发所需的技术条件等已经具备,不存在技术上的障碍或其他不确定性。

(2) 具有完成该无形资产并使用或出售的意图。开发某项产品或专利技术产品等,通常是根据管理当局决定该项研发活动的目的或者意图所决定,即研发项目形成成果以后,是为出售,还是为自己使用并从使用中获得经济利益,应当依管理当局的意图而定。因此,企业的管理当局应能够说明其持有拟开发无形资产的目的,并具有完成该项无形资产开发并使其能够使用或出售的可能性。

(3) 无形资产产生经济利益的方式,包括能够证明运用该无形资产生产的产品存在市场或无形资产自身存在市场,无形资产将在内部使用的,应当证明其有用性。无形资产确认的基本条件是能够为企业带来未来经济利益。就其能够为企业带来未来经济利益的方式而言,如果有关的无形资产在形成以后,主要用于形成新产品或新工艺的,企业应对运用该无形资产生产的产品市场情况进行估计,应能够证明所生产的产品存在市场,能够带来经济利益的流入;如果有关的无形资产开发以后主要是用于对外出售的,则企业应能够证明市场上存在对该类无形资产的需求,开发以后存在外在的市场可以出售并带来经济利益的流入;如果无形资产开发以后不是用于生产产品,也不是用于对外出售,而是在企业内部使用的,则企业应能够证明在企业内部使用时对企业的有用性。

(4) 有足够的技术、财务资源和其他资源支持,以完成该无形资产的开发,并有能力使用或出售该无形资产。这个条件要求:① 为完成该项无形资产开发具有技术上的可靠性。开发的无形资产并使其形成成果在技术上的可靠性是继续开发活动的关键。因此,必须有确凿证据证明企业继续开发该项无形资产有足够的技术支持和技术能力。② 财务资源和其他资源支持。财务资源和其他资源支持是指能够完成该项无形资产开发的经济基础,因此,企业必须能够说明为完成该项无形资产的开发所需的财务资源和其他资源,是否能够足以支持完成该项无形资产的开发。③ 能够证明企业在开发过程中所需的技术、财务资源和其他资源,以及企业获得这些资源的相关计划等。例如,在企业自有资金不足以提供支持的情况下,是否存在外部其他方面的资金支持,如以银行等借款机构愿意为该无形资产的开发提供所需资金的声明等来证实。④ 有能力使用或出售该无形资产以取得利益。

(5)归属于该无形资产开发阶段的支出能够可靠计量。

三、内部研究开发费用的账务处理

为了正确计算企业的利润以及合理地对无形资产进行确认,需要设置"研发支出"会计科目,以反映企业内部在研发过程中发生的支出。"研发支出"科目应当按照研究开发项目,分别设置"费用化支出"与"资本化支出"进行明细核算。企业的研发支出包括直接发生的和分配计入的两部分。直接发生的研发支出,包括研发人员工资、材料费,以及相关设备折旧费等;分配计入的研发支出是指企业同时从事多项研究开发活动时,所发生的支出按照合理的标准在各项研究开发活动之间进行分配计入的部分。研发支出无法明确分配的,应当计入当期损益,不计入开发活动的成本。

企业自行开发无形资产发生的研发支出,对于不满足资本化条件的,应当借记"研发支出——费用化支出"科目,满足资本化条件的,借记"研发支出——资本化支出"科目,贷记"原材料""银行存款""应付职工薪酬"等科目;研究开发项目达到预定用途形成无形资产时,应按"研发支出——资本化支出"科目的余额,借记"无形资产"科目,贷记"研发支出——资本化支出"科目。期末,企业应将本科目归集的费用化支出金额转入"管理费用"科目,借记"管理费用"科目,贷记"研发支出——费用化支出"科目。本科目期末借方余额,反映企业正在进行中的研究开发项目中满足资本化条件的支出。

【例6-5】 虞山股份有限公司因生产产品的需要,组织研究人员进行一项技术发明。在研发过程中发生材料费126 000元,应付研发人员薪酬82 000元,支付设备租金6 900元。根据会计准则的规定,上述各项支出应予以资本化的部分是134 500元,应予以费用化的部分是80 400元。另外,该项技术又成功申请了国家专利,在申请专利过程中发生注册费26 000元,聘请律师费6 500元。

费用化支出=80 400(元)

资本化支出=134 500+26 000+6 500=167 000(元)

(1)研发支出发生时:

借:研发支出——费用化支出	80 400
——资本化支出	167 000
贷:原材料	126 000
应付职工薪酬	82 000
银行存款	39 400

(2)研发项目达到预定用途时:

借:无形资产	167 000
贷:研发支出——资本化支出	167 000

（3）期末结转费用化支出时：

借：管理费用　　　　　　　　　　　　　　　　　　　　　80 400

　　贷：研发支出——费用化支出　　　　　　　　　　　　　　80 400

第四节　无形资产的后续计量

本节内容框架

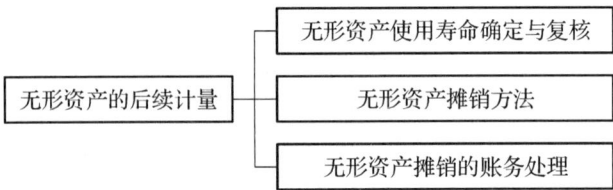

无形资产的后续计量
- 无形资产使用寿命确定与复核
- 无形资产摊销方法
- 无形资产摊销的账务处理

无形资产初始确认和计量以后，由于对其使用和科学技术进步等因素的影响，它的价值会由于转移和贬值而减少。无形资产的后续计量是指在某一时点上对无形资产价值余额的计量。主要业务包括无形资产的摊销以及减值损失的确定。其中，无形资产减值损失的确定在资产减值问题中单独阐述，不在本节中涉及。本节只说明无形资产的摊销问题。

无形资产能够给企业在一定时期内带来经济利益，因此理论上无形资产的价值应按无形资产的受益期体现在各期的损益中，这在会计上称为无形资产的摊销。无形资产的摊销主要涉及三个方面的问题，即使用寿命的确定、摊销方法的选择和摊销金额的列支去向。

一、无形资产使用寿命确定与复核

会计上是以无形资产的使用寿命为摊销期进行无形资产价值的摊销。无形资产的使用寿命分为有限和无限两种。由于使用寿命无限的无形资产的价值不再进行摊销，而只有使用寿命有限的无形资产才存在价值的摊销问题，所以企业应当在取得无形资产时就对其使用寿命进行分析和判断，对无形资产的使用寿命做出合理的估计。在这一过程中通常需要考虑的因素有以下几个方面：

（1）该资产通常的产品寿命周期、可获得的类似资产使用寿命的信息；

（2）技术、工艺等方面的现阶段情况及对未来发展趋势的估计；

（3）以该资产生产的产品（或服务）的市场需求情况；

（4）现在或潜在的竞争者预期采取的行动；

（5）为维持该资产产生未来经济利益能力的预期维护支出，以及企业预计支付有关支出的能力；

（6）对该资产的控制期限，使用的法律或类似限制，如特许使用期间、租赁期间等；

（7）与企业持有的其他资产使用寿命的关联性等。

具体来讲，无形资产使用寿命可按如下原则进行确定：由于企业持有的无形资产，通常来源于合同性权利或是其他法定权利，这些无形资产的使用寿命一般在合同里或法律上都有明确的规定。按照我国会计准则的规定,对于来源于合同性权利或其他法定权利的无形资产,其使用寿命不应超过合同性权利或其他法定权利的期限。但如果企业使用无形资产预期期限短于合同性权利或其他法定权利规定的期限的,应当按照企业使用无形资产的预期期限确定其使用寿命。比如,企业取得的一项专利权,国家法律规定的保护期限为 10 年,企业预计利用该项无形资产所生产的产品或提供的劳务在未来 8 年内为企业带来经济利益,则该项专利权的使用寿命为 8 年。如果合同性权利或其他法定权利能够在到期时因续约等延续且有证据表明企业续约不需要付出大额成本,续约期应当计入使用寿命。

下列情况一般说明企业无须付出重大成本即可延续合同性权利或其他法定权利:有证据表明合同性权利或法定权利将被重新延续,如果在延续之前需要第三方同意,则还需有第三方将会同意的证据;有证据表明为获得重新延续所必需的所有条件相对于企业的未来经济利益不具有重要性。如果企业在延续无形资产持有期间时付出的成本与预期流入企业的未来经济利益相比具有重要性,本质上来看是企业获得了一项新的无形资产。

合同或法律没有规定使用寿命的,企业应当综合各方面情况进行判断,以确定无形资产能为企业带来未来经济利益的期限。比如,与同行业的情况进行比较、参考历史经验,或聘请相关专家进行论证等。如果按照上述方法仍无法合理确定无形资产为企业带来经济利益期限的,则该项无形资产应作为使用寿命不确定的无形资产而不进行摊销,但应进行减值测试。无形资产使用寿命确定以后并不是一成不变的,随着相关影响因素的变化,有限的使用寿命可能延长或缩短;而使用寿命不能确定的无形资产,其使用寿命可能会变得能够确定。我国会计准则规定,企业至少应当于每年年度终了,对无形资产的使用寿命及摊销方法进行复核,如果有证据表明无形资产的使用寿命及摊销方法不同于以前的估计,则对于使用寿命有限的无形资产,应改变其摊销年限及摊销方法,并按照会计估计变更进行处理。对于使用寿命不确定的无形资产,如果有证据表明其使用寿命是有限的,则应视为会计估计变更,应当估计其使用寿命并按照使用寿命有限的无形资产的处理原则进行处理。

二、无形资产摊销方法

可供企业选择的无形资产的摊销方法有很多,如直线法、余额递减法和生产总量法等。目前,国际上普遍采用的主要是直线法。企业选择什么样的摊销方法,主要取决于企业与无形资产有关经济利益的预期实现方式,不同会计期间都要贯彻始终。一般而言,对于受技术陈旧因素影响较大的专利权和专有技术等无形资产,可以采用类似固定资产加速折旧的方法进行摊销;对于有特定产量限制的特许权等无形资产,应采用产量法进行摊销;如果企业由于各种原因难以可靠确定这种消耗方式时,则应当采用直线法对无形资产的应摊销金额进行系统合理的摊销。

无形资产每期的摊销额应按照无形资产的应摊销金额进行计算。无形资产的应摊销金额与无形资产的入账价值并不完全一致。除了应考虑入账价值这一基本因素之外,还应该考虑无形资产的残值和无形资产减值准备金额。在一般情况下,使用寿命有限的无形资产,其残值应视为零。但是如果有第三方承诺在无形资产使用寿命结束时购买该无形资产,或者可以根据活跃市场得到残值信息,并且该活跃市场在无形资产使用寿命结束时很可能存在的情况下,则该无形资产应有残值,可以加以预计。无形资产的残值意味着在其经济寿命结束之前企业预计将会处置该无形资产,并且从该处置中取得利益。估计无形资产的残值应以资产处置时的可收回金额为基础,此时的可收回金额是指在预计出售日,出售一项使用寿命已满且处于类似使用状况下同类无形资产预计的处置价格(扣除相关税费)。残值确定以后,在持有无形资产的期间,至少应于每年年末进行复核,预计其残值与原估计金额不同的,应按照会计估计变更进行处理。如果无形资产的残值重新估计以后高于其账面价值的,无形资产不再摊销,直至残值降至低于账面价值时再恢复摊销。采用直线法时,有关计算如下:

$$应摊销金额 = 无形资产入账成本 - 残值 - 已计提减值准备$$

$$每期应摊销金额 = 无形资产应摊销金额 \div 无形资产摊销期$$

需要注意的是,无形资产的摊销期自其可供使用时(即达到预定可使用状态时)起至终止确认时止。无形资产当月增加时,当月就开始进行无形资产的摊销,而在无形资产减少的当月就不再进行摊销。

三、无形资产摊销的账务处理

在过去,我国并不区分无形资产的用途,其每期的摊销额都计入管理费用,没有指明有其他的列支去向。现行会计准则借鉴了国际会计准则的做法,规定无形资产的摊销金额一般应确认为当期损益,计入管理费用。如果某项无形资产包含的经济利益是通过所生产的产品或其他资产实现的,无形资产的摊销金额可以计入产品或其他资产的成本中。

企业摊销无形资产进行账务处理时,也同样不像过去那样直接冲减无形资产的账面价值,而是单独设置"累计摊销"科目,反映因摊销而减少的无形资产价值。企业按月计提无形资产摊销额时,借记"管理费用""制造费用""其他业务成本"等科目,贷记"累计摊销"科目。本科目期末贷方余额,反映企业无形资产的累计摊销额。

【例6-6】 虞山股份有限公司根据新产品生产的需要,于2021年1月1日购入一项专利权。根据相关法律的规定,购买时该项专利权的使用寿命为10年,企业采用直线法按10年期限进行摊销。专利权购买成本为2 600 000元。专利权残值为零。

购买专利权时:

借:无形资产		2 600 000
贷:银行存款		2 600 000

专利权每年摊销额=2 600 000÷10=260 000(元)

借:制造费用		260 000
贷:累计摊销		260 000

需要注意的是,企业应当至少于每年年度终了,对使用寿命有限的无形资产的使用寿命及未来经济利益的实现方式进行复核。如果无形资产的预计使用寿命及经济利益预期实现方式与以前估计相比不同,就应当改变摊销期限和摊销方法。同时如果无形资产计提了减值准备,则无形资产减值准备金额要从应摊销金额中扣除,以后每年的摊销金额要

重新调整计算。

仍以【例6-6】的资料为例,假如2022年年末,虞山股份有限公司对上例无形资产进行减值测试。经计算其可收回金额1 800 000元,预计使用年限与原先估计相同,使用2年后,尚可使用8年。

根据2022年当年应摊销金额260 000元,做账务处理如下:

借:制造费用　　　　　　　　　　　　　　　　　　260 000
　　贷:累计摊销　　　　　　　　　　　　　　　　　　260 000

2022年减值额=2 600 000-260 000×2-1 800 000=280 000(元)

借:资产减值损失　　　　　　　　　　　　　　　　280 000
　　贷:无形资产减值准备　　　　　　　　　　　　　280 000

2023年年末,专利权摊销金额应扣除已计提减值准备280 000元进行计算,计算过程及账务处理如下:

2023年应摊销金额=(2 600 000-260 000-280 000)÷8=225 000(元)[或者2023年应摊销金额=1 800 000÷8=225 000(元)]

借:制造费用　　　　　　　　　　　　　　　　　　225 000
　　贷:累计摊销　　　　　　　　　　　　　　　　　　225 000

假如2023年年末,虞山股份有限公司根据市场有关因素变化趋势判断,公司2021年购买的专利权4年后将被淘汰,不能再为企业带来经济利益,决定使用4年后不再使用,因此对该项专利权的使用寿命应变更为4年。

据此2024年无形资产摊销金额的计算及账务处理如下:

2024年应摊销金额=(2 600 000-260 000×2-280 000-225 000)÷4=393 750(元)

借:制造费用　　　　　　　　　　　　　　　　　　393 750
　　贷:累计摊销　　　　　　　　　　　　　　　　　　393 750

上面我们提到的都是关于有期限无形资产的摊销问题,对于没有期限的无形资产,即使用寿命无法合理估计的无形资产虽然在持有期间不需要摊销,但是按照《企业会计准则第8号——资产减值》的规定,在期末时经过重新复核使用寿命仍然不确定的,需要进行减值测试,减值时计提减值准备,并根据计提的减值准备金额,借记"资产减值损失"科目,贷记"无形资产减值准备"科目。

第五节　无形资产的处置

本节内容框架

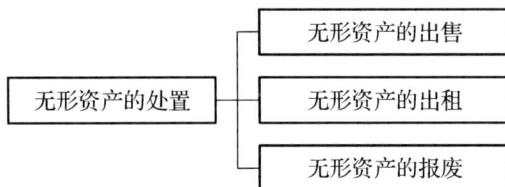

无形资产的处置,是指由于无形资产出售、对外出租、对外捐赠,或者是无法为企业未来带来经济利益时(报废),对无形资产的转销并终止确认。

一、无形资产的出售

企业出售的无形资产,一方面应反映因转让而取得的收入,另一方面应将无形资产的摊余价值予以转销。如果出售的无形资产已计提了减值准备,在出售时还应将已计提的减值准备注销。企业出售无形资产应计算缴纳增值税,增值税税率为6%,其中土地使用权出售时增值税税率为11%。

企业出售无形资产的净损益,计入资产处置损益。

【例6-7】 2021年7月5日,虞山股份有限公司将一项产品类商标出售。该产品类商标账面余额300 000元,已摊销金额90 000元,已计提减值准备10 000元,增值税专用发票注明价格250 000元,应交增值税15 000元,款项265 000元收到并存入银行。

无形资产账面价值=3 000 000−90 000−10 000=200 000(元)

出售净收益=250 000−200 000=50 000(元)

借:银行存款	265 000	
累计摊销	90 000	
无形资产减值准备	10 000	
贷:无形资产		300 000
应交税费——应交增值税(销项税额)		15 000
资产处置损益		50 000

二、无形资产的出租

无形资产出租是指企业将所拥有的无形资产的使用权让渡给他人,并收取租金的与企业日常活动相关的其他经营活动业务,如出租商标使用权等。出租无形资产应收取的租金一般可以按照固定金额或者销售额的一定百分比等方法计算。在满足收入确认条件的情况下,应确认相关的收入及成本。无形资产出租业务作为经营活动业务的一部分,其取得的租金收入作为营业收入,计入其他业务收入,确认时,借记"银行存款"等科目,贷记"其他业务收入"科目;摊销的无形资产的成本,借记"其他业务成本"科目,贷记"累计摊销"科目;无形资产出租,即转让无形资产使用权时,除了符合法律规定的免征增值税项目外,应计算缴纳增值税,如出租商标使用权等,增值税税率为6%。

【例6-8】 2021年1月1日,虞山股份有限公司将某产品商标权出租给L公司使用,租期为5年,每年收取固定租金200 000元,应交增值税12 000元。虞山股份有限公司在出租期间内不再使用该商标权。出租商标权初始入账价值为150 000元,预计使用年限为10年,采用直线法摊销。会计处理如下:

(1)每年收取租金、增值税,确认收入时。

借:银行存款	212 000	
贷:其他业务收入		200 000
应交税费——应交增值税(销项税额)		12 000

（2）出租期内每年对该商标权进行摊销时。

借:其他业务成本   15 000

  贷:累计摊销   15 000

三、无形资产的报废

由于受到很多不可预知因素的影响,无形资产未来能否给企业带来经济利益具有很大的不确定性。如果在无形资产使用的某一个期间,由于各种因素的影响,使得无形资产预期不能再为企业带来经济利益,则不再符合无形资产的定义,应将该无形资产转入报废并予以注销。报废无形资产的账面价值作为非流动资产处置损失,一次予以转销,计入营业外支出。

【例 6-9】 由于生产技术的快速发展,虞山股份有限公司对有关因素进行综合后判断,A专利权未来给企业带来经济利益已经变得非常困难,因此公司按规定将其做报废处理。A专利权做报废处理时账面余额 2 160 000 元,已摊销金额 1 850 000 元。

报废损失＝2 160 000－1 850 000＝310 000(元)

借:累计摊销   1 850 000

  营业外支出——处置非流动资产损失   310 000

  贷:无形资产   2 160 000

课后练习题

延伸阅读

第七章　金融资产

学习目标

1. 掌握金融资产分类方法。
2. 掌握三类金融资产的初始计量及后续计量方法。
3. 熟悉金融资产的减值内容。
4. 了解金融资产减值的三阶段模型。

思政案例

　　海南矿业是一家以铁矿石采选及销售为主业的股份制企业,于 2014 年 12 月 9 日在上海证券交易所上市。2018 年 4 月 16 日,海南矿业收到来自上交所的问询函,问询函要求海南矿业就 2018 年 3 月 24 日披露的 2017 年报中对中广核股权会计核算方法变更等内容做出解释。2018 年 4 月 2 日,海南矿业就问询函相关问题做出有理有节的回复,篇幅长达 17 页。但 8 个月后的 2018 年 12 月 9 日,海南矿业还是收到来自海南证监局的监管警示函:由于海南矿业未及时披露中广核会计核算方法变更以及处置可供出售金融资产产生的投资收益对当期报表的影响,对其出具警示函并计入资本市场诚信数据库。

　　思考:海南矿业是否存在利用投资收益进行盈余管理的嫌疑?为了保护投资者利益,应该如何正确处理金融资产的投资收益核算?

阅读案例

金融资产缩水百亿

　　浙江人对雅戈尔的最初印象是从服装开始的,然而之后它却因为在证券金融领域的成功投资而迅速走红全国。一时间,雅戈尔成了国内民营企业涉足金融投资领域的典范。然而,股市风云突变,金融风暴席卷全球,从美洲、欧洲到亚洲,无一不受到波及。事实证明,此次风暴来袭,首当其冲的就是金融资产,其市场价值应声而落,惨不忍睹。雅戈尔的金融资产从最高处的 200 亿元缩水至 100 亿元左右。雅戈尔股票本身的市值更是在 2008 年蒸发 385.65 亿元,位列浙江上市公司之首。雅戈尔公布的第三季度季报显示,在 2008 年 11 月份前,雅戈尔持有海通证券 2 亿股,买入价为 17.94 元,而当时,海通证券的股价只有 13 元左右,以此估算,雅戈尔已浮亏 8 亿元;此外,在金马股份上面的投资也存在近

7 000万元浮亏。事实上,雅戈尔金融投资受损的不仅仅是这两个超大项目,在双鹤药业、中国铁建、大秦铁路、攀钢钢钒上的投资均有折损,仅有中信证券、宁波银行等因持股较早成本超低而依然获利颇丰。

　　思考:1.什么是金融资产? 金融资产有哪些分类?

　　2.上述案例中提到的股票可以划分为哪类金融资产? 该如何进行会计核算? 请结合新会计准则进行分析。

第一节　金融资产及其分类

本节内容框架

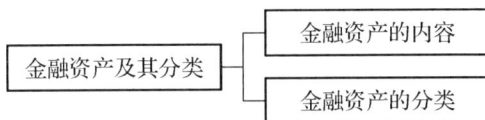

一、金融资产的内容

　　金融是现代经济的核心,金融市场的健康及可持续发展离不开金融工具的广泛运用和不断创新。金融工具,是指形成一方的金融资产,并形成其他方的金融负债或权益工具的合同。因此,金融工具包括金融资产、金融负债和权益工具。

　　金融资产通常是指企业的库存现金、银行存款、应收账款、应收票据、贷款、其他应收款项、股权投资、债权投资和衍生金融工具形成的资产等;金融负债通常是指企业的应付账款、应付票据、应付债券和衍生金融工具形成的负债等;权益工具是指能证明拥有某个企业在扣除所有负债后的资产中的剩余权益的合同,从发行方看,通常指企业发行的普通股、认股权等。金融工具一般具有货币性、流通性、风险性、收益性等特征,其中,最显著的特征是能够在市场交易中为其持有者提供即期或远期的现金流量。

二、金融资产的分类

　　金融资产的分类是其确认和计量的基础。企业应当根据其管理金融资产的业务模式和金融资产的合同现金流量特征,将取得的金融资产在初始确认时划分为以摊余成本计量的金融资产、以公允价值计量且其变动计入其他综合收益的金融资产和以公允价值计量且其变动计入当期损益的金融资产三类。企业管理金融资产的业务模式,是指企业如何管理其金融资产以产生现金流量。业务模式决定企业所管理金融资产现金流量的来源是收取合同现金流量、出售金融资产还是两者兼有。金融资产的合同现金流量特征,是指金融资产合同约定的、反映相关金融资产经济特征的现金流量属性。

(一) 以摊余成本计量的金融资产

金融资产同时符合下列条件的,应当分类为以摊余成本计量的金融资产:

（1）企业管理该金融资产的业务模式是以收取合同现金流量为目标。

（2）该金融资产的合同条款规定,在特定日期产生的现金流量,仅为对本金和以未偿付本金金额为基础的利息的支付。如果企业管理这些金融资产的业务模式是以收取合同现金流量为目标,则应分类为以摊余成本计量的金融资产。此外,企业日常业务中形成的应收账款、应收票据等金融资产,通常也都能够同时满足分类为以摊余成本计量的金融资产的条件。例如,企业持有的公司债券、政府债券等金融资产,其合同现金流量特征仅为对本金和以未偿付本金金额为基础的利息的支付。

在会计处理上,以摊余成本计量的金融资产具体可以分为债权投资和应收款项两部分。其中,债权投资应当通过"债权投资"科目进行核算,应收款项应当分别通过"应收账款""应收票据""其他应收款"等科目进行核算,应收款项内容在其他章节介绍。

（二）以公允价值计量且其变动计入其他综合收益的金融资产

金融资产同时符合下列条件的,应当分类为以公允价值计量且其变动计入其他综合收益的金融资产:

（1）企业管理该金融资产的业务模式既以收取合同现金流量为目标又以出售该金融资产为目标。

（2）该金融资产的合同条款规定,在特定日期产生的现金流量,仅为对本金和以未偿付本金金额为基础的利息的支付。

企业分类为以公允价值计量且其变动计入其他综合收益的金融资产和分类为以摊余成本计量的金融资产所要求的合同现金流量是相同的,即相关金融资产在特定日期产生的合同现金流量仅为对本金和未偿付本金金额为基础的利息的支付。二者的区别仅在于企业管理金融资产的业务模式不尽相同。例如,企业持有的公司债券、政府债券等金融资产,如果企业管理这些金融资产的业务模式既以收取合同现金流量为目标,又以出售该金融资产为目标,则应分类为以公允价值计量且其变动计入其他综合收益的金融资产。

企业持有的权益工具投资,因其合同现金流量特征不是对本金和以未偿付本金金额为基础的利息的支付,因而既不能分类为以摊余成本计量的金融资产,也不能分类为以公允价值计量且其变动计入其他综合收益的金融资产,只能分类为以公允价值计量且其变动计入当期损益的金融资产。但是,企业持有的非交易性权益工具投资,在初始确认时可以指定为以公允价值计量且其变动计入其他综合收益的金融资产。该指定一经做出,不得撤销。

在会计处理上,以公允价值计量且其变动计入其他综合收益的债权投资,应当通过"其他债权投资"科目进行核算;指定为以公允价值计量且其变动计入其他综合收益的非交易性权益工具投资,应当通过"其他权益工具投资"科目进行核算。

（三）以公允价值计量且其变动计入当期损益的金融资产

1. 交易性金融资产

（1）取得相关金融资产的目的,主要是为了近期出售。

（2）相关金融资产在初始确认时属于集中管理的可辨认金融工具组合的一部分,且有客观证据表明近期实际存在短期获利模式。

（3）相关金融资产属于衍生工具。

2. 指定为以公允价值计量且其变动计入当期损益的金融资产

在初始确认时，如果能够消除或显著减少会计错配，企业可以将金融资产指定为以公允价值计量且其变动计入当期损益的金融资产。该指定一经做出，不得撤销。

会计错配，是指当企业以不同的会计确认方法和计量属性，对在经济上相关的资产和负债进行确认或计量而产生利得或损失时，可能导致的会计确认和计量上的不一致。

在会计处理上，交易性金融资产和指定为以公允价值计量且其变动计入当期损益的金融资产，应当通过"交易性金融资产"科目进行核算。

第二节　交易性金融资产

本节内容框架

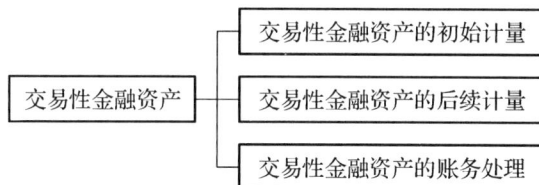

一、交易性金融资产的初始计量

以公允价值计量且其变动计入当期损益的金融资产的核算，一般需要设置以下科目：

（1）"交易性金融资产"科目，核算因交易目的而持有的债券投资、股票投资、基金投资等以公允价值计量且其变动计入当期损益的金融资产的公允价值。属资产类科目，分别设置"成本""公允价值变动"等明细科目进行明细核算。本科目期末借方余额，反映企业持有的交易性金融资产的公允价值。

（2）"公允价值变动损益"科目，属损益类科目，核算企业交易性金融资产等因公允价值变动形成的应计入当期损益的利得和损失，期末余额应转入"本年利润"科目，结转后无余额。

（3）"投资收益"科目，属损益类科目，核算企业对外投资所获得的收益或发生的损失。借方登记投资所发生的损失，贷方登记投资所发生的收益，期末余额应转入"本年利润"科目，结转后无余额。

以公允价值计量且其变动计入当期损益的金融资产的初始计量，是初始投资成本的计量。企业在取得以公允价值计量且其变动计入当期损益的金融资产时，应当按照取得该项资产时的公允价值作为初始确认金额，相关的交易费用在发生时直接计入当期损益。这里所说的"公允价值"，是指在公平交易中，熟悉情况的交易双方自愿进行资产交换或者债务清偿的金额。这里所说的"交易费用"，是指可直接归属于购买、发行或处置金融工具新增的外部费用。新增的外部费用，是指企业不购买、发行或处置金融工具就不会发生的费用。交易费用包括支付给代理机构、咨询公司、券商等的手续费和佣金及其他必要支出,不包括债券溢价、折价、融资费用、内部管理成本及其他与交易不直接相关的费用。发生交易费用取得增值税专用发票的,进项税额经认证后可从当月销项税额中扣除。

企业在取得以公允价值计量且其变动计入当期损益的金融资产,所支付的价款中包含已宣告但尚未发放的现金股利或已到付息期但尚未领取的债券利息,性质上属于暂付应收款,应当单独确认为应收项目,不计入交易性金融资产的初始入账金额。

二、交易性金融资产的后续计量

以公允价值计量且其变动计入当期损益的金融资产的后续计量,是在持有期间对资产价值的再计量。企业应当按照公允价值对以公允价值计量且其变动计入当期损益的金融资产进行后续计量,且不扣除将来处置该投资时可能发生的交易费用。以公允价值计量且其变动计入当期损益的金融资产的后续计量包括两方面的内容,一是持有期间获得的现金股利或债券利息的计量;二是资产负债表日公允价值变动的计量。

(1)资产持有期间获得的现金股利或债券利息的计量。

企业持有以公允价值计量且其变动计入当期损益的交易性金融资产,在持有期间取得的利息或现金股利,应当确认为投资收益。

(2)资产负债表日公允价值变动的计量。

在资产负债表日,企业应当对以公允价值计量且其变动计入当期损益的金融资产按照资产负债表日的公允价值进行再计量,将资产负债表日以公允价值计量且其变动计入当期损益的金融资产的公允价值与其原账面余额的差额直接计入当期损益。

三、交易性金融资产的账务处理

(1)企业取得交易性金融资产,按其公允价值,借记"交易性金融资产——成本"科目,按发生的交易费用,借记"投资收益"科目,发生交易费用取得增值税专用发票的,按其注明的增值税进项税额,借记"应交税费——应交增值税(进项税额)"科目,按实际支付的金额,贷记"银行存款"等科目。

(2)交易性金融资产持有期间被投资单位宣告发放的现金股利,或在资产负债表日按分期付息、一次还本债券投资的票面利率计算的利息,借记"应收股利"或"应收利息"科目,贷记"投资收益"科目。

(3)资产负债表日,交易性金融资产的公允价值高于其账面余额的差额,借记"交易性金融资产——公允价值变动"科目,贷记"公允价值变动损益"科目;公允价值低于其账面余额的差额,做相反的会计分录。

(4)出售交易性金融资产,应按实际收到的金额,借记"银行存款"等科目,按该金融资产的账面余额,贷记"交易性金融资产"科目,按其差额,贷记或借记"投资收益"科目。同时,将原计入该金融资产的公允价值变动转出,借记或贷记"公允价值变动损益"科目,贷记或借记"投资收益"科目。

【例7-1】 虞山公司在2021年1月3日购入乙公司每股面值1元的普通股股票10 000股,每股价格为12元,另外支付相关交易费用600元,一并以银行存款支付。应编制的会计分录如下：

借：交易性金融资产——乙公司股票（成本）	120 000	
投资收益	600	
贷：银行存款		120 600

【例7-2】 假设【例7-1】中的乙公司已在2020年12月25日宣告分派现金股利，每10股派发现金1元，并定于2021年1月10日起按1月5日的股东名册支付股利。虞山公司在乙公司已宣告分派现金股利后的1月3日购入乙公司每股面值1元的普通股股票10 000股，每股价格12元，另支付相关交易费用600元，一并以银行存款支付。则应编制的会计分录如下：

借：交易性金融资产——乙公司股票（成本）	119 000	
应收股利	1 000	
投资收益	600	
贷：银行存款		120 600

【例7-3】 丙公司在2021年1月3日以111 250元的价格购入丁公司在2020年1月1日发行的3年期、年利率为9％的债券，债券利息按年收取，到期一次还本。该债券的面值为100 000元。购入时丁公司2020年的利息尚未支付（设税费为零）。

借：交易性金融资产——丁公司债券（成本）	102 250	
应收利息	9 000	
贷：银行存款		111 250

【例7-4】 虞山公司在2021年1月3日购买乙公司股票10 000股，每股价格为11元，另支付相关税费1 100元，一并以银行存款支付。乙公司在2021年7月1日宣告分派2021年上半年度现金股利，每10股派发2元，共计2 000元（＝10 000÷10×2）。虞山公司应编制的会计分录如下：

（1）购买乙公司股票时。

借：交易性金融资产——乙公司股票（成本）	110 000	
投资收益	1 100	
贷：银行存款		111 100

（2）宣告分派股利时。

借：应收股利	2 000	
贷：投资收益		2 000

【例7-5】 假设【例7-4】中的乙公司股票在2021年12月31日的公允价值为12元，应编制的会计分录如下：

借：交易性金融资产——乙公司股票（公允价值变动）	10 000	
贷：公允价值变动损益		10 000

【例7-6】 假设【例7-5】中虞山公司在2022年5月16日将持有的乙公司股票出售其中5 000股，每股市价为13元。虞山公司在5月16日应编制的会计分录如下：

借：银行存款	65 000	
公允价值变动损益	5 000	

    贷：交易性金融资产——乙公司股票（成本）   55 000

         ——乙公司股票（公允价值变动）   5 000

     投资收益   10 000

【同步思考例 7-1】 单项选择题

  2021 年 1 月 1 日，A 公司购入甲公司于 2020 年 1 月 1 日发行的面值为 100 万元、期限为 5 年、票面利率为 6％、于每年 12 月 31 日付息的债券并分类为以公允价值计量且其变动计入当期损益的金融资产，实际支付购买价款 108 万元（包括已到付息的债券利息 6 万元，交易税费 0.2 万元）。甲公司债券的初始入账金额为（ ）万元。

  A. 100   B. 101.8   C. 102   D. 107.8

【答案】 B

【解析】 入账金额＝108－6－0.2＝101.8（万元）

第三节 债权投资

本节内容框架

  金融资产同时符合下列条件的，应当分类为以摊余成本计量的金融资产：

  （1）企业管理该金融资产的业务模式是以收取合同现金流量为目标。

  （2）该金融资产的合同条款规定，在特定日期产生的现金流量，仅为对本金和以未偿付本金金额为基础的利息的支付。

  符合条件的此类金融资产用"债权投资"会计科目。

一、债权投资的初始计量

  债权投资，是指企业以购买债券等方式投放资本、分期或到期一次向债务人收取利息并收回本金的一种投资方式。企业应当设置"债权投资"科目，核算取得的以摊余成本计量的债权投资，并按照债权投资的类别和品种，分别设置"成本""利息调整""应计利息"等明细科目进行明细核算。其中，"成本"明细科目反映债权投资的面值；"利息调整"明细科目反映债权投资的初始入账金额与面值的差额，以及按照实际利率法分期摊销后该差额的摊余金额；"应计利息"明细科目反映企业计提的到期一次还本付息债权投资应计未付的利息。

  债权投资应当按取得时的公允价值与相关交易费用之和作为初始入账金额。如果实际支付的价款中包含已到付息期但尚未领取的债券利息,应单独确认为应收项目,不构成债权投资的初始入账金额。

　　企业取得债权投资时,应按该投资的面值,借记"债权投资——成本"科目,按支付的价款中包含的已到付息期但尚未领取的利息,借记"应收利息"科目,按实际支付的金额,贷记"银行存款"等科目,按其差额,借记或贷记"债权投资——利息调整"科目。收到支付的价款中包含的已到付息期但尚未领取的利息,借记"银行存款"科目,贷记"应收利息"科目。

　　债券发行有以下三种方式,因此投资方也会分三种方式购入债券:

表 7-1　债券发行方式

票面利率与实际利率的关系	债券的发行方式	发行价和面值的关系
票面利率等于实际利率	平价发行	发行价等于面值
票面利率大于实际利率	溢价发行	发行价高于面值
票面利率小于实际利率	折价发行	发行价低于面值

【例 7-7】　平价购入

2017 年 1 月 1 日,虞山股份有限公司从活跃市场上购入甲公司当日发行的面值 600 000 元、期限 4 年、票面利率 5%、每年 12 月 31 日付息、到期还本的债券并分类为以摊余成本计量的金融资产,实际支付购买价款(包括交易费用)600 000 元。

借:债权投资——甲公司债券(成本)　　　　　　　　　600 000
　　贷:银行存款　　　　　　　　　　　　　　　　　　　　　600 000

【例 7-8】　溢价购入

2017 年 1 月 1 日,虞山股份有限公司从活跃市场上购入乙公司当日发行的面值 500 000 元、期限 5 年、票面利率 6%、每年 12 月 31 日付息、到期还本的债券并分类为以摊余成本计量的金融资产,实际支付购买价款(包括交易费用)528 000 元。

借:债权投资——乙公司债券(成本)　　　　　　　　　500 000
　　　　　　——乙公司债券(利息调整)　　　　　　　　 28 000
　　贷:银行存款　　　　　　　　　　　　　　　　　　　　　528 000

【例 7-9】　折价购入

2018 年 1 月 1 日,虞山股份有限公司从活跃市场上购入丙公司于 2017 年 1 月 1 日发行的面值 800 000 元、期限 5 年、票面利率 5%、每年 12 月 31 日付息、到期还本的债券并分类为以摊余成本计量的金融资产,实际支付购买价款(包括交易费用)818 500 元,该价款中包含已到付息期但尚未支付的利息 40 000 元。

(1) 购入债券时。

初始入账金额＝818 500－40 000＝778 500(元)

借:债权投资——丙公司债券(成本)　　　　　　　　　800 000
　　应收利息　　　　　　　　　　　　　　　　　　　　　 40 000
　　贷:银行存款　　　　　　　　　　　　　　　　　　　　　818 500

债权投资——丙公司债券(利息调整)	21 500

(2) 收到债券利息时。

借:银行存款	40 000
贷:应收利息	40 000

二、债权投资利息收入的确认

(一) 确认利息收入的方法

1. 债权投资的账面余额与摊余成本

以摊余成本计量的债权投资的账面余额,是指"债权投资"科目的账面实际余额,即债权投资的初始入账金额加上(初始入账金额低于面值时)或减去(初始入账金额高于面值时)利息调整的累计摊销额后的余额,或者债权投资的面值加上(初始入账金额高于面值时)或减去(初始入账金额低于面值时)利息调整的摊余金额,用公式表示如下:

账面余额=初始入账金额±利息调整累计摊销额=面值±利息调整的摊余金额

需要注意的是,如果债权投资为到期一次还本付息的债券,其账面余额还应当包括应计未付的债券利息;如果债权投资提前收回了部分本金,其账面余额还应当扣除已偿还的本金。债权投资的摊余成本,是指该金融资产的初始入账金额经下列调整后的结果:

(1) 扣除已偿还的本金;

(2) 加上或减去采用实际利率法将该初始入账金额与到期日金额之间的差额进行摊销形成的累计摊销额(即利息调整的累计摊销额);

(3) 扣除累计计提的损失准备。

在会计处理上,以摊余成本计量的债权投资计提的损失准备是通过专门设置的"债权投资减值准备"科目单独核算的。从会计科目之间的关系来看,债权投资的摊余成本也可用下式来表示:

摊余成本="债权投资"科目的账面余额—"债权投资减值准备"科目的账面余额

因此,如果债权投资没有计提损失准备,其摊余成本等于账面余额。

2. 实际利率法

实际利率法,是指以实际利率为基础计算确定金融资产的账面余额(或摊余成本)以及将利息收入分摊计入各会计期间的方法。实际利率,是指将金融资产在预期存续期的估计未来现金流量,折现为该金融资产账面余额所使用的利率。例如,企业购入债券作为债权投资,实际利率就是将该债券未来收回的利息和面值折算为现值恰好等于债权投资初始入账金额的折现率。

对于没有发生信用减值的债权投资,采用实际利率法确认利息收入并确定账面余额的程序如下:

(1) 以债权投资的面值乘以票面利率计算确定应收利息;

(2) 以债权投资的期初账面余额乘以实际利率计算确定利息收入(总额法);

（3）以应收利息与利息收入的差额作为当期利息调整摊销额；

（4）以债权投资的期初账面余额加上（初始入账金额低于面值时）或减去（初始入账金额高于面值时）当期利息调整的摊销额作为期末账面余额。

对于已发生信用减值的债权投资,应当以该债权投资的摊余成本乘以实际利率（或经信用调整的实际利率）计算确定其利息收入（净额法）。关于已发生信用减值的债权投资的具体会计处理,将在金融资产减值一节中做专门介绍,在此之前的内容中,只涉及没有发生信用减值的债权投资的会计处理。

（二）分期付息债券利息收入的确认

以摊余成本计量的债权投资如为分期付息、一次还本的债券,企业应当于付息日或资产负债表日计提债券利息,计提的利息通过"应收利息"科目核算,同时确认利息收入。付息日或资产负债表日,按照以债权投资的面值和票面利率计算确定的应收利息,借记"应收利息"科目,按照以债权投资的账面余额和实际利率计算确定的利息收入,贷记"投资收益"科目,按其差额,借记或贷记"债权投资——利息调整"科目。收到上列应计未收的利息时,借记"银行存款"科目,贷记"应收利息"科目。

企业一般应当采用实际利率计算确认利息收入,但若实际利率与票面利率差别较小,也可按票面利率计算确认利息收入,即付息日或资产负债表日,按照以债权投资的面值和票面利率计算确定的应收利息,借记"应收利息"科目,按照以债权投资的账面余额和票面利率计算确定的利息收入,贷记"投资收益"科目,按其差额,借记或贷记"债权投资——利息调整"科目。

【例 7-10】　接【例 7-7】资料。虞山股份有限公司于 2017 年 1 月 1 日购入的面值 600 000 元、期限 4 年、票面利率 5%、每年 12 月 31 日付息、到期还本、初始入账金额为 600 000 元的甲公司债券。具体会计处理如下:

（1）在持有期间每一付息日确认利息收入时。

债券利息＝600 000×5%＝30 000（元）

借:应收利息　　　　　　　　　　　　　　　　　　　30 000

　　贷:投资收益　　　　　　　　　　　　　　　　　　　30 000

（2）收到上列债券利息时。

借:银行存款　　　　　　　　　　　　　　　　　　　30 000

　　贷:应收利息　　　　　　　　　　　　　　　　　　　30 000

【例 7-11】　接【例 7-8】资料。虞山股份有限公司于 2017 年 1 月 1 日购入的面值 500 000 元、期限 5 年、票面利率 6%、每年 12 月 31 日付息、初始入账金额为 528 000 元的乙公司债券,在持有期间采用实际利率法确认利息收入并确定账面余额的会计处理如下:

（1）计算实际利率。需要采用插值法计算。

由于乙公司债券的初始入账金额高于面值,因此,实际利率一定低于票面利率,先按 5% 作为折现率进行测算。查年金现值系数表和复利现值系数表可知,5 期、5% 的年金现值系数和复利现值系数分别为 4.329 476 67 和 0.783 526 17。乙公司债券的利息和面值按 5% 作为折现率计算的现值如下:

债券每年应收利息＝500 000×6%＝30 000（元）

利息和面值的现值＝30 000×4.329 476 67＋500 000×0.783 526 17＝521 647(元)

上式计算结果小于乙公司债券的初始入账金额,说明实际利率小于5%,再按4%作为折现率进行测算。查年金现值系数表和复利现值系数表可知,5期、4%的年金现值系数和复利现值系数分别为4.451 822 33和0.821 927 11。乙公司债券的利息和面值按4%作为折现率计算的现值如下:

利息和面值的现值＝30 000×4.451 822 33＋500 000×0.821 927 11＝544 518(元)

上式计算结果大于乙公司债券的初始入账金额,说明实际利率大于4%。因此,实际利率介于4%和5%之间。使用插值法估算实际利率如下:

实际利率＝4%＋(5%−4%)×(544 518−528 000)/(544 518−521 647)＝4.72%

(2) 采用实际利率法编制利息收入与账面余额计算表。

虞山公司采用实际利率法编制的利息收入与账面余额计算表,如表7-2所示。

表7-2 利息收入与账面余额计算表(实际利率法)

金额单位:元

日 期	应收利息	实际利率(%)	利息收入	利息调整摊销	账面余额
2017年1月1日					528 000
2017年12月31日	30 000	4.72	24 922	5 078	522 922
2018年12月31日	30 000	4.72	24 682	5 318	517 604
2019年12月31日	30 000	4.72	24 431	5 569	512 035
2020年12月31日	30 000	4.72	24 168	5 832	506 203
2021年12月31日	30 000	4.72	23 797	6 203	500 000
合 计	150 000	—	122 000	28 000	—

(3) 编制各年确认利息收入并摊销利息调整的会计分录(各年收到债券利息的会计处理略)。

① 2017年12月31日。

借:应收利息   30 000

 贷:投资收益   24 922

  债权投资——乙公司债券(利息调整) 5 078

② 2018年12月31日。

借:应收利息   30 000

 贷:投资收益   24 682

  债权投资——乙公司债券(利息调整) 5 318

③ 2019年12月31日。

借:应收利息   30 000

 贷:投资收益   24 431

  债权投资——乙公司债券(利息调整) 5 569

④ 2020年12月31日。

借:应收利息   30 000

  贷:投资收益   24 168

    债权投资——乙公司债券(利息调整)   5 832

⑤2021 年 12 月 31 日。

借:应收利息   30 000

  贷:投资收益   23 797

    债权投资——乙公司债券(利息调整)   6 203

(4)债券到期,收回债券面值。

借:银行存款   500 000

  贷:债权投资——乙公司债券(成本)   500 000

【例 7-12】 接【例 7-9】资料。如果债券一开始是折价购入,注意"利息调整"的明细科目在贷方,需要在其借方逐渐摊销。虞山股份有限公司于 2018 年 1 月 1 日购入的面值 800 000 元、期限 5 年(发行日为 2017 年 1 月 1 日)、票面利率 5%、每年 12 月 31 日付息、初始入账金额为 778 500 元(实际支付的购买价款 818 500 元扣除购买价款中包含的已到付息期但尚未支付的利息 40 000 元)的丙公司债券,在持有期间采用实际利率法确认利息收入并确定账面余额的会计处理如下:

(1)用插值法计算实际利率。

由于丙公司债券的初始入账金额低于面值,因此,实际利率一定高于票面利率,先按 6% 作为折现率进行测算。查年金现值系数表和复利现值系数表可知,4 期、6% 的年金现值系数和复利现值系数分别为 3.465 105 61 和 0.792 093 66。丙公司债券的利息和面值按 6% 作为折现率计算的现值如下:

债券每年应收利息=800 000×5%=40 000(元)

利息和面值的现值=40 000×3.465 105 61+800 000×0.792 093 66=772 279(元)

上式计算结果小于丙公司债券的初始入账金额,说明实际利率小于 6%,但高于票面利率 5%。使用插值法估算实际利率如下:

实际利率=5%+(6%−5%)×(800 000−778 500)/(800 000−772 279)=5.78%

(2)采用实际利率法编制利息收入与账面余额计算表。

虞山公司采用实际利率法编制的利息收入与账面余额计算表,如表 7-3 所示。

表 7-3 利息收入与账面余额计算表(实际利率法)

金额单位:元

日 期	应收利息	实际利率(%)	利息收入	利息调整摊销	账面余额
2018 年 1 月 1 日	40 000	5.78	44 997	4 997	778 500
2018 年 12 月 31 日	40 000	5.78	45 286	5 286	783 497
2019 年 12 月 31 日	40 000	5.78	45 592	5 592	788 783
2020 年 12 月 31 日	40 000	5.78	45 625	5 625	794 375
2021 年 12 月 31 日					800 000
合 计	160 000	—	181 500	21 500	—

（3）编制各年确认利息收入并摊销利息调整的会计分录（各年收到债券利息的会计处理略）。

① 2018 年 12 月 31 日。

借:应收利息 40 000
　　债权投资——丙公司债券（利息调整） 4 997
　　　贷:投资收益 44 997

② 2019 年 12 月 31 日。

借:应收利息 40 000
　　债权投资——丙公司债券（利息调整） 5 286
　　　贷:投资收益 45 286

③ 2020 年 12 月 31 日。

借:应收利息 40 000
　　债权投资——丙公司债券（利息调整） 5 592
　　　贷:投资收益 45 592

④ 2021 年 12 月 31 日。

借:应收利息 40 000
　　债权投资——丙公司债券（利息调整） 5 625
　　　贷:投资收益 45 625

（4）债券到期，收回债券面值。

借:银行存款 800 000
　　贷:债权投资——丙公司债券（成本） 800 000

总结:由以上例题可以看出，债券的溢价发行和折价发行在初始确认时的入账价值就不一样，主要体现在"利息调整"明细科目的方向不一样，因此在后期调整摊销时，方向也不一样。当然，经过摊销后，最终"利息调整"科目余额会等于零，成本回归债券面值，最后收回本金，"债权投资"科目余额为零。

（三）到期一次还本付息债券利息收入的确认

以摊余成本计量的债权投资如为到期一次还本付息的债券，企业应当于资产负债表日计提债券利息，计提的利息通过"债权投资——应计利息"科目核算，同时按实际利率法确认利息收入并摊销利息调整。资产负债表日，按照以债权投资的面值和票面利率计算确定的应收利息，借记"债权投资——应计利息"科目，按照以债权投资的账面余额和实际利率计算确定的利息收入，贷记"投资收益"科目，按其差额，借记或贷记"债权投资——利息调整"科目。

【例 7-13】 2017 年 1 月 1 日，虞山股份有限公司购入 A 公司当日发行的面值 1 000 000 元、期限 5 年、票面利率 5%、到期一次还本付息（利息不计复利）的债券并分类为以摊余成本计量的金融资产，实际支付的购买价款（包括交易费用）为 912 650 元。

（1）2017 年 1 月 1 日，购入 A 公司债券。

借:债权投资——A 公司债券（成本） 1 000 000
　　贷:银行存款 912 650
　　　债权投资——A 公司债券（利息调整） 87 350

（2）计算债券的实际利率。

由于 A 公司债券的初始入账金额低于面值,因此,实际利率一定高于票面利率,先按 6% 作为折现率进行测算。查复利现值系数表可知,5 期、6% 的复利现值系数为 0.747 258。A 公司债券的利息和面值按 6% 作为折现率计算的现值如下:

债券每年应计利息＝1 000 000×5%＝50 000(元)

利息和面值的现值＝(50 000×5＋1 000 000)×0.747 258＝934 073(元)

上式计算结果大于 A 公司债券的初始入账金额,说明实际利率大于 6%,再按 7% 作为折现率进行测算。查复利现值系数表可知,5 期、7% 的复利现值系数为 0.712 986。A 公司债券的利息和面值按 7% 作为折现率计算的现值如下:

利息和面值的现值＝(50 000×5＋1 000 000)×0.712 986＝891 233(元)

上式计算结果小于 A 公司债券的初始入账金额,说明实际利率小于 7%。因此,实际利率介于 6% 和 7% 之间。使用插值法估算实际利率如下:

实际利率＝6%＋(7%－6%)×(934 073－912 650)/(934 073－891 233)＝6.5%

（3）采用实际利率法编制利息收入与账面余额计算表。

虞山公司采用实际利率法编制的利息收入与账面余额计算表,如表 7－4 所示。

表 7－4　利息收入与账面余额计算表(实际利率法)

金额单位:元

日　期	应计利息	实际利率(%)	利息收入	利息调整摊销	账面余额
2017 年 1 月 1 日	50 000	6.5	59 322	9 322	912 650
2017 年 12 月 31 日	50 000	6.5	63 178	13 178	971 972
2018 年 12 月 31 日	50 000	6.5	67 285	17 285	1 035 150
2019 年 12 月 31 日	50 000	6.5	71 658	21 658	1 102 435
2020 年 12 月 31 日	50 000	6.5	75 907	25 907	1 174 093
2021 年 12 月 31 日					1 250 000
合　计	250 000	—	337 350	87 350	—

（4）编制各年确认利息收入并摊销利息调整的会计分录。

① 2017 年 12 月 31 日。

借:债权投资——A 公司债券(应计利息)　　　　　　　　　　50 000
　　　　　　——A 公司债券(利息调整)　　　　　　　　　　9 322
　　贷:投资收益　　　　　　　　　　　　　　　　　　　　　　59 322

② 2018 年 12 月 31 日。

借:债权投资——A 公司债券(应计利息)　　　　　　　　　　50 000
　　　　　　——A 公司债券(利息调整)　　　　　　　　　　13 178
　　贷:投资收益　　　　　　　　　　　　　　　　　　　　　　63 178

③ 2019 年 12 月 31 日。

借:债权投资——A 公司债券(应计利息)　　　　　　　　　　50 000

　　　　　——A 公司债券(利息调整)　　　　　　　　17 285

　　　贷:投资收益　　　　　　　　　　　　　　　　67 285

　④ 2020 年 12 月 31 日。

　借:债权投资——A 公司债券(应计利息)　　　　　50 000

　　　　　——A 公司债券(利息调整)　　　　　　　　21 658

　　　贷:投资收益　　　　　　　　　　　　　　　　71 658

　⑤ 2021 年 12 月 31 日。

　借:债权投资——A 公司债券(应计利息)　　　　　50 000

　　　　　——A 公司债券(利息调整)　　　　　　　　25 907

　　　贷:投资收益　　　　　　　　　　　　　　　　75 907

　(5)债券到期,收回债券本息。

　借:银行存款　　　　　　　　　　　　　　　　1 250 000

　　　贷:债权投资——A 公司债券(成本)　　　　1 000 000

　　　　　——A 公司债券(应计利息)　　　　　　250 000

(四)可提前赎回债券利息收入的确认

　　以摊余成本计量的债权投资如果是附有可提前赎回条款的债券,企业在预计发行债券公司将部分赎回债券时,应调整期初账面余额,并将账面余额的调整额计入当期损益。期初账面余额的调整额可按如下公式计算:

$$账面余额的调整额=期初调整前账面余额-期初调整后账面余额$$

　　【例 7-14】　2017 年 1 月 1 日,虞山股份有限公司购入 B 公司当日发行的面值 500 000 元、期限 5 年、票面利率 6%、每年 12 月 31 日付息的债券并分类为以摊余成本计量的金融资产,实际支付的购买价款(包括交易费用)为 521 650 元,购买日确定的实际利率为 5%。根据合同约定,发行债券公司在遇到特定情况时可以将债券赎回,且不需要为提前赎回支付额外款项。2019 年 1 月 1 日,虞山公司预计 B 公司将会在本年年末收回 200 000 元的面值。

　　(1)2017 年 1 月 1 日,购入 B 公司债券。

　借:债权投资——B 公司债券(成本)　　　　　　500 000

　　　　　——B 公司债券(利息调整)　　　　　　　21 650

　　　贷:银行存款　　　　　　　　　　　　　　　521 650

　　(2)采用实际利率法编制利息收入与账面余额计算表。

　　虞山公司在购买日采用实际利率法编制的利息收入与账面余额计算表,如表 7-5 所示。

表 7-5　利息收入与账面余额计算表(实际利率法)

金额单位:元

日　　期	应收利息	实际利率(%)	利息收入	利息调整摊销	账面余额
2017 年 1 月 1 日					521 650
2017 年 12 月 31 日	30 000	5	26 083	3 917	517 733

续 表

日 期	应收利息	实际利率(%)	利息收入	利息调整摊销	账面余额
2018 年 12 月 31 日	30 000	5	25 887	4 113	513 620
2019 年 12 月 31 日	30 000	5	25 681	4 319	509 301
2020 年 12 月 31 日	30 000	5	25 465	4 535	504 766
2021 年 12 月 31 日	30 000	5	25 234	4 766	500 000
合 计	150 000	—	128 350	21 650	—

(3) 编制各年确认利息收入并摊销利息调整的会计分录(各年收到债券利息的会计处理略)。

① 2017 年 12 月 31 日。

借:应收利息   30 000
　贷:投资收益   26 083
　　债权投资——B 公司债券(利息调整)   3 917

② 2018 年 12 月 31 日。

借:应收利息   30 000
　贷:投资收益   25 887
　　债权投资——B 公司债券(利息调整)   4 113

(4) 2019 年 1 月 1 日,预计 B 公司将于本年年末收回部分面值,调整账面余额。

查年复利现值系数表可知,1 期、5% 的复利现值系数为 0.952 381,2 期、5% 的复利现值系数为 0.907 029,3 期、5% 的复利现值系数为 0.863 838。虞山公司调整期初账面余额的会计处理如下:

期初调整后账面余额 = 200 000 × 0.952 381 + 30 000 × 0.952 381 + 300 000 × 0.863 838 + 18 000 × 0.907 029 + 18 000 × 0.863 838 = 510 075(元)

账面余额的调整额 = 513 620 − 510 075 = 3 545(元)

借:投资收益   3 545
　贷:债权投资——B 公司债券(利息调整)   3 545

(5) 采用实际利率法编制调整后利息收入与账面余额计算表。

虞山公司在 2019 年 1 月 1 日采用实际利率法编制的调整后利息收入与账面余额计算表,如表 7-6 所示。

表 7-6 利息收入与账面余额计算表(实际利率法)

金额单位:元

日 期	应收利息	实际利率(%)	利息收入	利息调整摊销	账面余额
2019 年 1 月 1 日					510 075
2019 年 12 月 31 日	30 000	5	25 504	4 496	305 579
2020 年 12 月 31 日	18 000	5	15 279	2 721	302 858

日　期	应收利息	实际利率(%)	利息收入	利息调整摊销	账面余额
2021 年 12 月 31 日	18 000	5	15 142	2 858	300 000
合　计	66 000	——	55 925	10 075	——

（6）2019 年 12 月 31 日，收回部分债券面值。

借：银行存款　　　　　　　　　　　　　　　　　　　　　　200 000
　　贷：债权投资——B 公司债券（成本）　　　　　　　　　　　　200 000

（7）编制调整后各年确认利息收入并摊销利息调整的会计分录（各年收到债券利息的会计处理略）。

① 2019 年 12 月 31 日。

借：应收利息　　　　　　　　　　　　　　　　　　　　　　30 000
　　贷：投资收益　　　　　　　　　　　　　　　　　　　　　　25 504
　　　　债权投资——B 公司债券（利息调整）　　　　　　　　　　 4 496

② 2020 年 12 月 31 日。

借：应收利息　　　　　　　　　　　　　　　　　　　　　　18 000
　　贷：投资收益　　　　　　　　　　　　　　　　　　　　　　15 279
　　　　债权投资——B 公司债券（利息调整）　　　　　　　　　　 2 721

③ 2021 年 12 月 31 日。

借：应收利息　　　　　　　　　　　　　　　　　　　　　　18 000
　　贷：投资收益　　　　　　　　　　　　　　　　　　　　　　15 142
　　　　债权投资——B 公司债券（利息调整）　　　　　　　　　　 2 858

（8）债券到期，收回债券面值。

借：银行存款　　　　　　　　　　　　　　　　　　　　　　300 000
　　贷：债权投资——B 公司债券（成本）　　　　　　　　　　　　300 000

三、债权投资的处置

企业处置以摊余成本计量的债权投资时，应将所取得的价款与该债权投资账面价值之间的差额计入投资收益。其中，债权投资的账面价值是指债权投资的账面余额减除已计提的减值准备后的差额，即摊余成本。如果在处置债权投资时，已计入应收项目的债券利息尚未收回，还应从处置价款中扣除该部分债券利息之后，确认处置损益。

企业处置债权投资时，应按实际收到的处置价款，借记"银行存款"科目，按债权投资的面值，贷记"债权投资——成本"科目，按应计未收的利息，贷记"应收利息"科目或"债权投资——应计利息"科目，按利息调整摊余金额，贷记或借记"债权投资——利息调整"科目，按上列差额，贷记或借记"投资收益"科目。

【例 7 - 15】　2018 年 1 月 1 日，虞山股份有限公司购入面值 200 000 元、期限 5 年、票面利率 5%、每年 12 月 31 日付息的 C 公司债券并分类为以摊余成本计量的金融资产。2021 年 9 月 1 日，虞山公司将 C 公司债券全部售出，实际收到出售价款 206 000 元。C 公司债券的初始入账金额为 200 000 元。

```
借:银行存款                                    206 000
  贷:债权投资——C 公司债券(成本)                    200 000
    投资收益                                      6 000
```

【例 7-16】　2018 年 1 月 1 日,虞山股份有限公司购入面值 600 000 元、期限 6 年、票面利率 6%、每年 12 月 31 日付息的 D 公司债券并分类为以摊余成本计量的金融资产。2021 年 3 月 1 日,虞山公司将 D 公司债券全部售出,实际收到出售价款 625 000 元。出售日,D 公司债券的账面余额为 614 500 元,其中,成本 600 000 元,利息调整 14 500 元。

```
借:银行存款                                    625 000
  贷:债权投资——D 公司债券(成本)                    600 000
    ——D 公司债券(利息调整)                          14 500
    投资收益                                     10 500
```

【例 7-17】　2019 年 1 月 1 日,虞山股份有限公司购入面值 400 000 元、期限 5 年(发行日为 2018 年 7 月 1 日)、票面利率 5%、每年 6 月 30 日付息的 E 公司债券并分类为以摊余成本计量的金融资产。2021 年 1 月 20 日,虞山公司将 E 公司债券全部售出,实际收到价款 406 500 元。出售日,E 公司债券账面余额为 397 200 元,其中,成本 400 000 元,利息调整(贷方余额)2 800 元。2021 年 12 月 31 日,虞山公司计提 E 公司债券利息 10 000 元。

```
借:银行存款                                    406 500
  债权投资——E 公司债券(利息调整)                     2 800
  投资收益                                        700
  贷:债权投资——E 公司债券(成本)                    400 000
    应收利息                                     10 000
```

【同步思考例 7-2】　单项选择题

2021 年 1 月 1 日,A 公司购入甲公司于 2020 年 1 月 1 日发行的面值为 1 500 万元、期限为 4 年、票面利率为 6%、于每年 12 月 31 日付息的债券并分类为以摊余成本计量的金融资产,实际支付购买价款 1 600 万元(包括已到付息期的债券利息 90 万元,交易税费 5 万元)。该债权的初始入账金额为(　　)万元。

A. 1 500　　　　　　　　　　　　　　B. 1 505

C. 1 510　　　　　　　　　　　　　　D. 1 600

【答案】C

【解析】初始入账金额=1 600-90=1 510 万元,交易税费包含在入账金额里。

第四节　其他金融工具投资

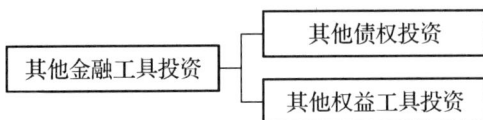

一、其他债权投资

金融资产同时符合下列条件的,应当分类为以公允价值计量且其变动计入其他综合收益的金融资产:

(1)企业管理该金融资产的业务模式既以收取合同现金流量为目标又以出售该金融资产为目标。

(2)该金融资产的合同条款规定,在特定日期产生的现金流量,仅为对本金和以未偿付本金金额为基础的利息的支付。

(一)其他债权投资的初始计量

企业应当设置"其他债权投资"科目,核算持有的以公允价值计量且其变动计入其他综合收益的债权投资,并按照其他债权投资的类别和品种,分别设置"成本""利息调整""应计利息""公允价值变动"等明细科目进行明细核算。其中,"成本"明细科目反映其他债权投资的面值;"利息调整"明细科目反映其他债权投资的初始入账金额与其他面值的差额,以及按照实际利率法分期摊销后该差额的摊余金额;"应计利息"明细科目反映企业计提的到期一次还本付息的债券的应计未付的利息;"公允价值变动"明细科目反映其他债权投资的公允价值变动金额。

其他债权投资应当按取得该金融资产的公允价值和相关交易费用之和作为初始入账金额。如果支付的价款中包含已到付息期但尚未领取的利息,应单独确认为应收项目,不构成其他债权投资的初始入账金额。

企业取得其他债权投资时,应按其面值,借记"其他债权投资——成本"科目,按支付的价款中包含的已到付息期但尚未领取的利息,借记"应收利息"科目,按实际支付的金额,贷记"银行存款"等科目,按上列差额,借记或贷记"其他债权投资——利息调整"科目。

【例7-18】　2019年1月1日,虞山股份有限公司购入B公司当日发行的面值600 000元、期限3年、票面利率8%、每年12月31日付息、到期还本的债券并分类为以公允价值计量且其变动计入其他综合收益的金融资产,实际支付购买价款(包括交易费用)620 000元。

借:其他债权投资——B公司债券(成本)　　　　　　　　　　600 000

　　　　　　　——B公司债券(利息调整)　　　　　　　　　 20 000

　　贷:银行存款　　　　　　　　　　　　　　　　　　　　　　　620 000

（二）其他债权投资利息收入的确认

其他债权投资在持有期间确认利息收入的方法与按摊余成本计量的债权投资相同，即采用实际利率法确认当期利息收入，计入投资收益。需要注意的是，在采用实际利率法确认其他债权投资的利息收入时，应当以不包括"公允价值变动"明细科目余额的其他债权投资账面余额和实际利率计算确定利息收入。

其他债权投资如为分期付息、一次还本的债券，应于付息日或资产负债表日，按照以其他债权投资的面值或票面利率计算确定的应收利息，借记"应收利息"科目，按照以其他债权投资的账面余额（不包括"公允价值变动"明细科目的余额）和实际利率计算确定的利息收入，贷记"投资收益"科目。按其差额，借记或贷记"其他债权投资——利息调整"科目；收到上列应计未收的利息时，借记"银行存款"科目，贷记"应收利息"科目；其他债权投资如为到期一次还本付息的债券，应于资产负债表日，按照以其他债权投资的面值和票面利率计算确定的应收利息，借记"其他债权投资——应计利息"科目，按照以其他债权投资的账面余额（不包括"公允价值变动"明细科目的余额）和实际利率计算确定的利息收入，贷记"投资收益"科目，按其差额，借记或贷记"其他债权投资——利息调整"科目。

借：应收利息（其他债权投资的面值×票面利率）

贷：投资收益（其他债权投资的账面余额（不包括"公允价值变动"明细科目的余额）×实际利率）

　　其他债权投资——利息调整（上述两者差额，借记或贷记）

【例 7-19】　接【例 7-18】资料。虞山股份有限公司 2019 年 1 月 1 日购入的面值 600 000 元、期限 3 年、票面利率 8%、每年 12 月 31 日付息、到期还本、初始入账金额为 620 000 元的 B 公司债券，在持有期间采用实际利率法确认利息收入并确定账面余额（不包括"公允价值变动"明细科目的余额）的会计处理如下：

（1）计算实际利率。

由于 B 公司债券的初始入账金额高于面值，因此实际利率一定低于票面利率，先按 7% 作为折现率进行测算，查年金现值系数表和复利现值系数表可知，3 期，7% 的年金现值系数和复利现值系数分别为 2.624 316 04 和 0.816 297 88。B 公司债券的利息和面值按 7% 作为折现率计算的现值如下：

债券每年应收利息＝600 000×8%＝48 000（元）

利息和面值的现值＝48 000×2.624 316 04＋600 000×0.816 297 88＝615 746（元）

上式计算结果小于 B 公司债券的初始入账金额，说明实际利率小于 7%，再按 6% 作为折算率进行测算，查年金现值系数表和复利现值系数表可知，3 期，6% 的年金现值系数和复利现值系数分别为 2.673 011 95 和 0.839 619 28。B 公司债券的利息和面值按 6% 作为折现率计算的现值如下：

利息和面值的现值＝48 000×2.673 011 95＋600 000×0.839 619 28＝632 076（元）

上式计算结果大于 B 公司债券的初始入账金额，说明实际利率大于 6%，因此实际利率介于 6% 和 7% 之间，使用插值法估算实际利率如下：

实际利率＝6%＋(7%－6%)×(632 076－620 000)/(632 076－615 746)＝6.74%

（2）采用实际利率法编制利息收入与账面余额（不包括"公允价值变动"明细科目的

余额)计算表。

虞山公司在购买日采用实际利率法编制的利息收入与账面余额计算表,如表 7-7 所示。

表 7-7　利息收入与账面余额计算表(实际利率法)

金额单位:元

日　期	应收利息	实际利率(%)	利息收入	利息调整摊销	账面余额
2019 年 1 月 1 日					620 000
2019 年 12 月 31 日	48 000	6.74	41 788	6 212	613 788
2020 年 12 月 31 日	48 000	6.74	41 369	6 631	607 157
2021 年 12 月 31 日	48 000	6.74	40 843	7 157	600 000
合　计	144 000	—	124 000	20 000	—

(3) 编制各年确认利息收入并摊销利息调整的会计分录(各年收到债券利息的会计分录处理略)。

由表 7-7 可以看出:

第一期应收利息＝600 000×8%＝48 000(元)

第一期利息收入＝620 000×6.74%＝41 788(元)

2019 年 12 月 31 日的会计分录如下:

借:应收利息　　　　　　　　　　　　　　　　　　　　　48 000

　　贷:投资收益　　　　　　　　　　　　　　　　　　　　41 788

　　　其他债权投资——B 公司债券(利息调整)　　　　　　　6 212

因此,6 212 元作为调整金额进行摊销,"利息调整"科目金额就会下降,其他债权投资的摊余成本就下降为 613 788 元。下一期的利息收入在此基础上计算。

后面每年的会计分录按照此方法进行编写。

(三) 其他债权投资的期末计量

其他债权投资的价值应按资产负债表日的公允价值反映,公允价值的变动计入其他综合收益。

资产负债表日,其他债权投资的公允价值高于其账面余额时,应按二者之间的差额,调增其他债权投资的账面余额,同时将公允价值变动计入其他综合收益,借记"其他债权投资——公允价值变动"科目,贷记"其他综合收益——其他债权投资公允价值变动"科目;其他债权投资的公允价值低于其账面余额时,应按二者之间的差额,调减其他债权投资的账面余额,同时按公允价值变动减记其他综合收益,借记"其他综合收益——其他债权投资公允价值变动"科目,贷记"其他债权投资——公允价值变动"科目。

【例 7-20】　按【例 7-18】和【例 7-19】资料。虞山股份有限公司持有的面值 600 000 元、期限 3 年、票面利率 8%、每年 12 月 31 日付息的 B 公司债券,2019 年 12 月 31 日的市价(不包括应计利息)为 615 000 元,2020 年 12 月 31 日的市价(不包括应计利息)为 608 000 元。

(1) 2019 年 12 月 31 日,确认公允价值变动。

公允价值变动＝615 000－613 788＝1 212(元)

借:其他债权投资——B公司债券(公允价值变动)　　　　　　　　　　1 212

　　贷:其他综合收益——其他债权投资公允价值变动　　　　　　　　　　　　1 212

调整后B公司债券账面价值＝613 788＋1 212＝615 000(元)

(2) 2020年12月31日,确认公允价值变动。

调整前B公司债券账面价值＝615 000－6 631＝608 369(元)

公允价值变动＝608 000－608 369＝－369(元)

借:其他综合收益——其他债权投资公允价值变动　　　　　　　　　　369

　　贷:其他债权投资——B公司债券(公允价值变动)　　　　　　　　　　　　369

调整后B公司债券账面价值＝608 369－369＝608 000(元)

(四) 其他债权投资的处置

处置其他债权投资时,应将取得的处置价款与其他债权投资账面余额之间的差额,计入投资收益;同时,该金融资产原计入其他综合收益的累计利得或损失对应处置部分的金额应当从其他综合收益中转出,计入投资收益。其中,其他债权投资的账面余额,是指出售前最后一个计量日其他债权投资的公允价值。如果在处置其他债权投资时,已计入应收项目的债券利息尚未收回,还应从处置价款中扣除该部分债券利息之后,确认处置损益。

处置其他债权投资时,应按实际收到的处置价款,借记"银行存款"科目,按其他债权投资的面值,贷记"其他债权投资——成本"科目,按应计未收的利息,贷记"应收利息"科目或"其他债权投资——应计利息"科目,按利息调整摊余金额,贷记或借记"其他债权投资——利息调整"科目,按累计公允价值变动金额,贷记或借记"其他债权投资——公允价值变动"科目,按上列差额,贷记或借记"投资收益"科目。同时,将原计入其他综合收益的累计利得或损失对应处置部分的金额转出,借记或贷记"其他综合收益——其他债权投资公允价值变动"科目,贷记或借记"投资收益"科目。

【例7-21】　接【例7-18】、【例7-19】和【例7-20】资料。2021年3月1日,虞山股份有限公司将持有的面值600 000元、期限3年、票面利率8%、每年12月31日付息、到期还本的B公司债券售出,实际收到出售价款612 000元。出售日,B公司债券账面余额(即2020年12月31日的公允价值)为608 000元,其中,成本600 000元,利息调整(借方)7 157元,公允价值变动(借方)843元(＝1 212－369)。

借:银行存款　　　　　　　　　　　　　　　　　　　　　　　　612 000

　　贷:其他债权投资——B公司债券(成本)　　　　　　　　　　　　600 000

　　　　　　　　　　——B公司债券(利息调整)　　　　　　　　　　　7 157

　　　　　　　　　　——B公司债券(公允价值变动)　　　　　　　　　　843

　　　　投资收益　　　　　　　　　　　　　　　　　　　　　　　　4 000

借:其他综合收益——其他债权投资公允价值变动　　　　　　　　　　843

　　贷:投资收益　　　　　　　　　　　　　　　　　　　　　　　　　843

【同步思考例 7 - 3】 判断题

企业取得的其他债权投资,在持有期间应按公允价值计量,且公允价值的变动计入所有者权益。　　　　　　　　　　　　　　　　　　　　　　　　　　　　　(　)

【答案】 ✓

二、其他权益工具投资

(一) 其他权益工具投资的初始计量

对于持有的指定为以公允价值计量且其变动计入其他综合收益的非交易性权益工具投资,企业应当设置"其他权益工具投资"科目进行核算,并按照其他权益工具投资的类别和品种,分别设置"成本"和"公允价值变动"等明细科目进行明细核算。其中,"成本"明细科目反映其他权益工具投资的初始入账金额;"公允价值变动"明细科目反映其他权益工具投资在持有期间的公允价值变动金额。

其他权益工具投资应当按取得时的公允价值和相关交易费用之和作为初始入账金额。如果支付的价款中包含已宣告但尚未发放的现金股利,则应单独确认为应收项目,不构成其他权益工具投资的初始入账金额。

企业取得其他权益工具投资时,应按其公允价值与交易费用之和,借记"其他权益工具投资——成本"科目,按支付的价款中包含的已宣告但尚未发放的现金股利,借记"应收股利"科目,按实际支付的金额,贷记"银行存款"等科目。

收到支付的价款中包含的已宣告但尚未发放的现金股利,借记"银行存款"科目,贷记"应收股利"科目。

【例 7 - 22】 2019 年 4 月 20 日,虞山股份有限公司按每股 7.60 元的价格从二级市场购入 A 公司每股面值 1 元的股票 80 000 股并指定为以公允价值计量且其变动计入其他综合收益的金融资产,支付交易费用 1 800 元。股票购买价格中包含每股 0.20 元已宣告但尚未领取的现金股利,该现金股利于 2019 年 5 月 10 日发放。

(1) 2019 年 4 月 20 日,购入 A 公司股票。

初始入账金额 $=(7.60-0.20) \times 80\ 000+1\ 800=593\ 800$(元)

应收现金股利 $=0.20 \times 80\ 000=16\ 000$(元)

借:其他权益工具投资——A 公司股票(成本)	593 800	
应收股利	16 000	
贷:银行存款		609 800

(2) 2019 年 5 月 10 日,收到 A 公司发放的现金股利。

借:银行存款	16 000	
贷:应收股利		16 000

(二) 其他权益工具投资持有收益的确认

其他权益工具投资在持有期间,只有在同时满足股利收入的确认条件(见交易性金融资产持有收益的确认)时,才能确认为股利收入并计入当期投资收益。

持有其他权益工具投资期间,被投资方宣告发放的现金股利同时满足股利收入的确认条件时,投资方按应享有的份额,借记"应收股利"科目,贷记"投资收益"科目;收到发放的现金股利时,借记"银行存款"科目,贷记"应收股利"科目。

【例7-23】　接【例7-22】资料。虞山公司持有A公司股票80 000股。2020年4月15日,A公司宣告每股分派现金股利0.25元(该现金股利已同时满足股利收入的确认条件),并于2020年5月15日发放。

(1) 2020年4月15日,A公司宣告分派现金股利。

应收现金股利＝0.25×80 000＝20 000(元)

借:应收股利　　　　　　　　　　　　　　　　　　　　20 000

　　贷:投资收益　　　　　　　　　　　　　　　　　　　　　　20 000

(2) 2020年5月15日,收到A公司发放的现金股利。

借:银行存款　　　　　　　　　　　　　　　　　　　　20 000

　　贷:应收股利　　　　　　　　　　　　　　　　　　　　　　20 000

(三) 其他权益工具投资的期末计量

其他权益工具投资的价值应按资产负债表日的公允价值反映,公允价值的变动计入其他综合收益。

资产负债表日,其他权益工具投资的公允价值高于其账面余额时,应按二者之间的差额,调增其他权益工具投资的账面余额,同时将公允价值变动计入其他综合收益,借记"其他权益工具投资——公允价值变动"科目,贷记"其他综合收益——其他权益工具投资公允价值变动"科目;其他权益工具投资的公允价值低于其账面余额时,应按二者之间的差额,调减其他权益工具投资的账面余额,同时按公允价值变动减记其他综合收益,借记"其他综合收益——其他权益工具投资公允价值变动"科目,贷记"其他权益工具投资——公允价值变动"科目。

【例7-24】　接【例7-22】和【例7-23】资料。虞山股份有限公司持有的80 000股A公司股票,2019年12月31日的每股市价为8.20元,2020年12月31日的每股市价为7.50元。2019年12月31日,A公司股票按公允价值调整前的账面余额(即初始入账金额)为593 800元。

(1) 2019年12月31日,调整其他权益工具投资账面余额。

公允价值变动＝8.20×80 000－593 800＝62 200(元)

借:其他权益工具投资——A公司股票(公允价值变动)　　　　62 200

　　贷:其他综合收益——其他权益工具投资公允价值变动　　　　　　62 200

调整后A公司股票账面余额＝593 800＋62 200＝8.20×80 000＝656 000(元)

(2) 2020年12月31日,调整其他权益工具投资账面余额。

公允价值变动＝7.50×80 000－656 000＝－56 000(元)

借:其他综合收益——其他权益工具投资公允价值变动　　　　56 000

　　贷:其他权益工具投资——A公司股票(公允价值变动)　　　　　　56 000

调整后A公司股票账面余额＝656 000－56 000＝7.50×80 000＝600 000(元)

（四）其他权益工具投资的处置

处置其他权益工具投资时,应将取得的处置价款与该金融资产账面余额之间的差额,计入留存收益;同时,该金融资产原计入其他综合收益的累计利得或损失对应处置部分的金额应当从其他综合收益中转出,计入留存收益。其中,其他权益工具投资的账面余额,是指其他权益工具投资的初始入账金额加上或减去累计公允价值变动后的金额,即出售前最后一个计量日其他权益工具投资的公允价值。

处置其他权益工具投资时,应按实际收到的处置价款,借记"银行存款"科目,按其他权益工具投资的初始入账金额,贷记"其他权益工具投资——成本"科目,按累计公允价值变动金额,贷记或借记"其他权益工具投资——公允价值变动"科目,按上列差额,贷记或借记"盈余公积""利润分配——未分配利润"科目;同时,将原计入其他综合收益的累计利得或损失对应处置部分的金额转出,借记或贷记"其他综合收益——其他权益工具投资公允价值变动"科目,贷记或借记"盈余公积"和"利润分配——未分配利润"科目。

【例 7-25】 接【例 7-22】、【例 7-23】和【例 7-24】资料。2021 年 2 月 20 日,虞山股份有限公司将持有的 80 000 股 A 公司股票售出,实际收到价款 650 000 元。出售日,A 公司股票账面余额为 600 000 元(＝593 800＋62 200－56 000),其中,成本 593 800 元,公允价值变动(借方)6 200 元(＝62 200－56 000)。虞山股份有限公司按 10% 提取法定盈余公积。

```
借:银行存款                                          650 000
    贷:其他权益工具投资——A 公司股票(成本)              593 800
              ——A 公司股票(公允价值变动)                 6 200
        盈余公积                                           5 000
        利润分配——未分配利润                             45 000
借:其他综合收益——其他权益工具投资公允价值变动          6 200
    贷:盈余公积                                              620
        利润分配——未分配利润                              5 580
```

【同步思考例 7-4】 多项选择题

"其他权益工具投资"科目下应设置的明细科目有(   )。

A. 成本
B. 公允价值变动
C. 利息调整
D. 损益调整
E. 应计利息

【答案】 AB

第五节　金融资产减值

本节内容框架

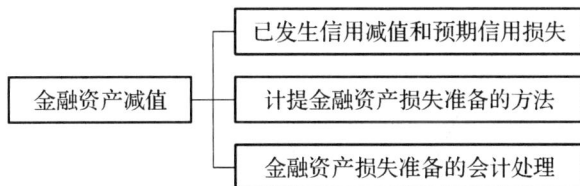

```
                      ┌─ 已发生信用减值和预期信用损失
                      │
        金融资产减值 ──┼─ 计提金融资产损失准备的方法
                      │
                      └─ 金融资产损失准备的会计处理
```

一、已发生信用减值和预期信用损失

（一）已发生信用减值

已发生信用减值,是指存在表明金融资产信用损失已实际发生的客观证据。当对金融资产预期未来现金流量具有不利影响的一项或多项事件发生时,该金融资产成为已发生信用减值的金融资产。金融资产已发生信用减值的证据包括下列可观察信息:

(1) 发行方或债务人发生重大财务困难;

(2) 债务人违反合同,如偿付利息或本金违约或逾期等;

(3) 债权人出于与债务人财务困难有关的经济或合同考虑,给予债务人在任何其他情况下都不会做出的让步;

(4) 债务人很可能破产或进行其他财务重组;

(5) 发行方或债务人财务困难导致该金融资产的活跃市场消失;

(6) 以大幅折扣购买或源生一项金融资产,该折扣反映了发生信用损失的事实。

金融资产发生信用减值,有可能是多个事件的共同作用所致,未必是可单独识别的事件所致。

以已发生信用减值为基础计提金融资产损失准备的方法,称为已发生信用损失法或已发生信用损失模型。在已发生信用损失法下,相关金融资产利息收入的确认采用净额法。净额法,是指按照扣除累计计提的损失准备的金融资产摊余成本和实际利率计算确认利息收入的方法。

（二）预期信用损失

预期信用损失,是指以发生违约的风险为权重的金融资产信用损失的加权平均值。

信用损失是指企业将根据合同应收的所有合同现金流量与预期收取的所有现金流量之间的差额,按照原实际利率折算的现值,即全部现金短缺的现值。其中,对于企业购买或源生的已发生信用减值的金融资产,应按照该金融资产经信用调整的实际利率折现。经信用调整的实际利率,是指将购入或源生的已发生信用减值的金融资产在预计存续期的估计未来现金流量,折现为该金融资产摊余成本的利率。

由于预期信用损失考虑付款的金额和时间分布,因此即使企业预计可以全额收款但收款时间晚于合同规定的到期期限,也会产生信用损失。

以预期信用损失为基础计提金融资产损失准备的方法,称为预期信用损失法或预期信用损失模型。在预期信用损失法下,如果金融资产未发生信用减值,即不存在表明金融资产发生信用减值的客观证据,相关金融资产利息收入的确认应采用总额法;如果金融资产已发生信用减值,即已存在表明金融资产发生信用减值的客观证据,则相关金融资产利息收入的确认应采用净额法。总额法,是指按照未扣除累计计提的损失准备的金融资产账面余额和实际利率计算确认利息收入的方法。

现行企业会计准则要求以预期信用损失为基础计提金融资产损失准备。

二、计提金融资产损失准备的方法

(一)确定预期信用损失的三阶段模型

企业应当在每个资产负债表日评估相关金融资产(购买或源生的已发生信用减值的金融资产和始终按照相当于整个存续期内预期信用损失的金额计量其损失准备的应收款项等金融资产除外)的信用风险自初始确认后是否已显著增加以及是否已发生信用减值,按照下列情形分别计量其损失准备、确认预期信用损失及其变动。

1. 初始确认后信用风险并未显著增加的金融资产

如果金融资产的信用风险自初始确认后并未显著增加,企业应当按照相当于该金融资产未来 12 个月内预期信用损失的金额计量其损失准备,无论企业评估信用损失的基础是单项金融资产还是金融资产组合,由此形成的损失准备的增加或转回金额,应当作为减值损失或利得计入当期损益。

未来 12 个月内预期信用损失,是指因资产负债表日后 12 个月内(若金融资产的预计存续期少于 12 个月,则为预计存续期)可能发生的金融资产违约事件而导致的预期信用损失,是整个存续期预期信用损失的一部分。

在信用风险并未显著增加的情况下,金融资产利息收入的确认应当采用总额法。

2. 初始确认后信用风险已显著增加但并未发生信用减值的金融资产

如果金融资产的信用风险自初始确认后已显著增加但并没有客观证据表明已发生信用减值,企业应当按照相当于该金融资产整个存续期内预期信用损失的金额计量其损失准备。无论企业评估信用损失的基础是单项金融资产还是金融资产组合,由此形成的损失准备的增加或转回金额,应当作为减值损失或利得计入当期损益。

整个存续期预期信用损失,是指因金融资产整个预计存续期内所有可能发生的违约事件而导致的预期信用损失。

企业在前一会计期间已经按照相当于金融资产整个存续期内预期信用损失的金额计量了损失准备,但在当期资产负债表日,该金融资产已不再属于自初始确认后信用风险显著增加的情形的,企业应当在当期资产负债表日按照相当于未来 12 个月内预期信用损失的金额计量该金融资产的损失准备,由此形成的损失准备的转回金额应当作为减值利得计入当期损益。

在信用风险已显著增加但并未发生信用减值的情况下,金融资产利息收入的确认仍然采用总额法。

3.初始确认后信用风险已显著增加且已发生信用减值的金融资产

如果金融资产的信用风险自初始确认后已显著增加且有客观证据表明已发生信用减值,企业应当按照相当于该金融资产整个存续期内预期信用损失的金额计量其损失准备。无论企业评估信用损失的基础是单项金融资产还是金融资产组合,由此形成的损失准备的增加或转回金额,应当作为减值损失或利得计入当期损益。

在信用风险已显著增加且已发生信用减值的情况下,金融资产利息收入的确认应当采用净额法。如果在采用净额法一段时期后,若该金融资产因其信用风险有所改善而不再存在信用减值,并且这一改善在客观上可与发生的某一事件相联系(如债务人的信用评级被上调),企业应当转按总额法确认利息收入。

(二)金融资产信用风险的评估

企业在评估金融资产的信用风险自初始确认后是否已显著增加时,应当考虑所有合理且有依据的信息,包括前瞻性信息。为确保自金融资产初始确认后信用风险显著增加即确认整个存续期预期信用损失,企业在一些情况下应当以组合为基础考虑评估信用风险是否显著增加。

企业在评估金融资产的信用风险自初始确认后是否已显著增加时,应当考虑金融资产预计存续期内发生违约风险的变化,而不是预期信用损失金额的变化。企业应当通过比较金融资产在资产负债表日发生违约的风险与在初始确认日发生违约的风险,以确定金融资产预计存续期内发生违约风险的变化情况。

企业通常应当在金融资产逾期前确认该工具整个存续期预期信用损失。企业在确定信用风险自初始确认后是否显著增加时,企业无须付出不必要的额外成本或努力即可获得合理且有依据的前瞻性信息的,不得仅依赖逾期信息来确定信用风险自初始确认后是否显著增加;企业必须付出不必要的额外成本或努力才可获得合理且有依据的逾期信息以外的单独或汇总的前瞻性信息的,可以采用逾期信息来确定信用风险自初始确认后是否显著增加。无论企业采用何种方式评估信用风险是否显著增加,通常情况下,如果逾期超过30日,则表明金融资产的信用风险已经显著增加。除非企业在无须付出不必要的额外成本或努力的情况下即可获得合理且有依据的信息,证明即使逾期超过30日,信用风险自初始确认后仍未显著增加。如果企业在合同付款逾期超过30日前已确定信用风险显著增加,则应当按照整个存续期的预期信用损失确认损失准备。如果交易对手方未按合同规定时间支付约定的款项,则表明该金融资产发生逾期。

企业在评估金融资产的信用风险自初始确认后是否已显著增加时,应当考虑违约风险的相对变化,而非违约风险变动的绝对值。在同一后续资产负债表日,对于违约风险变动的绝对值相同的两项金融资产,初始确认时违约风险较低的金融资产比初始确认时违约风险较高的金融资产的信用风险变化更为显著。

企业确定金融资产在资产负债表日只具有较低的信用风险的,可以假设该金融资产的信用风险自初始确认后并未显著增加。如果金融资产的违约风险较低,借款人在短期内履行其合同现金流量义务的能力很强,并且较长时期内经济形势和经营环境的不利变化可能但未必降低借款人履行其合同现金流量义务的能力,该金融资产被视为具有较低的信用风险。

(三)金融资产预期信用损失的计量

企业计量金融资产预期信用损失的方法应当反映下列各项要素:

(1)通过评价一系列可能的结果而确定的无偏概率加权平均金额。

(2)货币时间价值。

(3)在资产负债表日无须付出不必要的额外成本或努力即可获得的有关过去事项、当前状况以及未来经济状况预测的合理且有依据的信息。

金融资产的信用损失,应当按照应收取的合同现金流量与预期收取的现金流量二者之间的差额以实际利率折算的现值计量。

企业应当以概率加权平均为基础对预期信用损失进行计量。企业对预期信用损失的计量应当反映发生信用损失的各种可能性,但不必识别所有可能的情形。在计量预期信用损失时,企业需考虑的最长期限为企业面临信用风险的最长合同期限(包括考虑续约选择权),而不是更长期间,即使该期间与业务实践相一致。

(四)不适用预期信用损失三阶段模型的金融资产减值处理

1. 购买或源生的已发生信用减值的金融资产

对于购买或源生的已发生信用减值的金融资产,企业应当在资产负债表日仅将自初始确认后整个存续期内预期信用损失的累计变动确认为损失准备。在每个资产负债表日,企业应当将整个存续期内预期信用损失的变动金额作为减值损失或利得计入当期损益。即使该资产负债表日确定的整个存续期内预期信用损失小于初始确认时估计现金流量所反映的预期信用损失的金额,企业也应当将预期信用损失的有利变动确认为减值利得。

对于购买或源生的已发生信用减值的金融资产,企业应当自初始确认起,按照该金融资产的摊余成本和经信用调整的实际利率计算确认利息收入。

2. 适用简化方法确认预期信用损失的金融资产

对于下列各项目,企业应当始终按照相当于整个存续期内预期信用损失的金额计量其损失准备:

(1)转让商品或提供服务交易形成的应收款项或合同资产,且符合下列条件之一:

① 该项目未包含重大融资成分,或企业不考虑不超过一年的合同中的融资成分。

② 该项目包含重大融资成分,同时企业做出会计政策选择,按照相当于整个存续期内预期信用损失的金额计量损失准备。企业应当将该会计政策选择适用于所有此类应收款项和合同资产,但可对应收款项类和合同资产类分别做出会计政策选择。

(2)租赁交易形成的租赁应收款,同时企业做出会计政策选择,按照相当于整个存续期内预期信用损失的金额计量损失准备。企业应当将该会计政策选择适用于所有租赁应收款,但可对应收融资租赁款和应收经营租赁款分别做出会计政策选择。

企业可对应收款项、合同资产和租赁应收款分别选择减值会计政策。

三、金融资产损失准备的会计处理

资产负债表日,企业应当以预期信用损失为基础,对摊余成本计量的金融资产(包括债权投资和应收款项)和以公允价值计量且其变动计入其他综合收益的债权投资(即其他债权投资)计提损失准备。以公允价值计量且其变动计入当期损益的金融资产和指定为以公允价值计量且其变动计入其他综合收益的非交易性权益工具投资,不计提损失准备。

(一)债权投资损失准备的会计处理

资产负债表日,企业应当对以摊余成本计量的债权投资的信用风险自初始确认后是否已显著增加进行评估,并按照预期信用损失的三阶段模型计量其损失准备、确认预期信用损失,借记"信用减值损失"科目,贷记"债权投资减值准备"科目;计提损失准备后,如果因债权投资信用风险有所降低,导致其预期信用损失减少,应按减少的预期信用损失金额转回已计提的损失准备和已确认的预期信用损失,借记"债权投资减值准备"科目,贷记"信用减值损失"科目。

【例7-26】 2016年1月1日,虞山股份有限公司从活跃市场上购入A公司当日发行的面值200 000元、期限6年、票面利率6%、每年12月31日付息、到期还本的债券并分类为以摊余成本计量的金融资产,初始入账金额为210 150元,初始确认时确定的实际利率为5%。

虞山公司在初始确认时采用实际利率法编制的利息收入与账面余额计算表,如表7-8所示。

表7-8 利息收入与账面余额计算表(实际利率法)

金额单位:元

日　　期	应收利息	实际利率(%)	利息收入	利息调整摊销	账面余额
2016年1月1日					210 150
2016年12月31日	12 000	5	10 508	1 492	208 658
2017年12月31日	12 000	5	10 433	1 567	207 091
2018年12月31日	12 000	5	10 355	1 645	205 446
2019年12月31日	12 000	5	10 272	1 728	203 718
2020年12月31日	12 000	5	10 186	1 814	201 904
2021年12月31日	12 000	5	10 096	1 904	200 000
合　　计	72 000	—	61 850	10 150	

虞山公司取得A公司债券后,在每个资产负债表日确认利息收入并摊销利息调整以及根据对A公司债券信用风险评估的结果计提或转回损失准备的会计处理如下:

(1)2016年12月31日。

① 确认利息收入并摊销利息调整。

借:应收利息　　　　　　　　　　　　　　　　　　　　　　　　12 000

　　贷:投资收益　　　　　　　　　　　　　　　　　　　　　　　　　　10 508

　　　　债权投资——A公司债券(利息调整)　　　　　　　　　　1 492

　　② 评估A公司债券的信用风险并据以计提损失准备。

　　自初始确认后至本期期末,A公司信用状况一直良好。虞山公司通过信用风险评估认为,A公司债券的信用风险并未显著增加,因此,虞山公司按照相当于A公司债券未来12个月内预期信用损失的金额计量其损失准备。虞山公司预计A公司债券未来12个月的违约概率为0.5%,如果发生违约,则违约损失率为50%;不发生违约的概率为99.5%。1期、5%的复利现值系数为0.952 381。

　　未来12个月内预期信用损失=(200 000+12 000)×0.952 381×0.5%×50%=505(元)

　　　　借:信用减值损失　　　　　　　　　　　　　　　505
　　　　　　贷:债权投资减值准备　　　　　　　　　　　　　　505

　　③ 如数收到2016年度债券利息。

　　　　借:银行存款　　　　　　　　　　　　　　　　　12 000
　　　　　　贷:应收利息　　　　　　　　　　　　　　　　　　12 000

　　(2) 2017年12月31日。

　　① 确认利息收入并摊销利息调整。

　　由于虞山公司上期期末判断自初始确认后至上期期末,A公司债券的信用风险并未显著增加,因此,本期A公司债券利息收入的确认应当采用总额法。

　　　　借:应收利息　　　　　　　　　　　　　　　　　12 000
　　　　　　贷:投资收益　　　　　　　　　　　　　　　　　　10 433
　　　　　　　债权投资——A公司债券(利息调整)　　　　　　1 567

　　② 评估A公司债券的信用风险并据以计提损失准备。

　　自初始确认后至本期期末,A公司的部分经营业务因市场竞争力降低而出现亏损,现金周转趋于紧张,如果不能采取有效措施及时应对,可能会导致其发生重大财务困难。虞山公司通过信用风险评估认为,A公司债券的信用风险已显著增加但并没有客观证据表明已发生信用减值,因此,虞山公司按照相当于A公司债券整个存续期内预期信用损失的金额计量其损失准备。虞山公司预计A公司债券未来整个存续期内的违约概率为20%,如果发生违约,则违约损失率为50%;不发生违约的概率为80%。4期、5%的年金现值系数为3.545 951;4期、5%的复利现值系数为0.822 702。

　　未来整个存续期内预期信用损失=(12 000×3.545 951+200 000×0.822 702)×20%×50%=20 709(元)

　　本年应计提损失准备=20 709-505=20 204(元)

　　　　借:信用减值损失　　　　　　　　　　　　　　20 204
　　　　　　贷:债权投资减值准备　　　　　　　　　　　　　20 204

　　③ 如数收到2017年度债券利息。

　　　　借:银行存款　　　　　　　　　　　　　　　　　12 000
　　　　　　贷:应收利息　　　　　　　　　　　　　　　　　　12 000

　　(3) 2018年12月31日。

① 确认利息收入并摊销利息调整。

由于虞山公司上期期末判断自初始确认后至上期期末,A 公司债券的信用风险虽然已显著增加但并没有客观证据表明已发生信用减值,因此,本期 A 公司债券利息收入的确认仍应当采用总额法。

借:应收利息   12 000
    贷:投资收益   10 355
        债权投资——A 公司债券(利息调整)   1 645

② 评估 A 公司债券的信用风险并据以计提损失准备。

自初始确认后至本期期末,A 公司部分经营业务的亏损进一步扩大,现金周转极其困难,已出现无法按时偿付债务本金和利息的情况,正在与主要债权人进行重组协商。虞山公司通过信用风险评估认为,A 公司债券的信用风险已显著增加且有客观证据表明 A 公司债券已发生信用减值,因此,虞山公司按照相当于 A 公司债券整个存续期内预期信用损失的金额计量其损失准备。虞山公司预计 A 公司债券未来整个存续期内发生违约并损失 50% 的概率为 80%,发生违约并损失 75% 的概率为 19%,不发生违约的概率仅为 1%。3 期、5% 的年金现值系数为 2.723 248;3 期、5% 的复利现值系数为 0.863 838。

未来整个存续期内预期信用损失=(12 000×2.723 248+200 000×0.863 838)×80%×50%+(12 000×2.723 248+200 000×0.863 838)×19%×75%=111 455(元)

本年应计提损失准备=1 114 555−20 709=90 746(元)

借:信用减值损失   90 746
    贷:债权投资减值准备   90 746

③ 如数收到 2018 年度债券利息。

借:银行存款   12 000
    贷:应收利息   12 000

(4) 2019 年 12 月 31 日。

① 确认利息收入并摊销利息调整。

由于虞山公司上期期末判断自初始确认后至上期期末,A 公司债券的信用风险已显著增加且有客观证据表明已发生信用减值,因此,本期 A 公司债券利息收入的确认应当采用净额法。

A 公司债券期初摊余成本=205 446−111 455=93 991(元)

利息收入=93 991×5%=4 700(元)

利息调整摊销=12 000−4 700=7 300(元)

借:应收利息   12 000
    贷:投资收益   4 700
        债权投资——A 公司债券(利息调整)   7 300

② 评估 A 公司债券的信用风险并据以计提损失准备。

A 公司通过积极调整经营业务、与债权人进行债务重组等一系列举措,亏损势头得到遏制,现金周转困难得到极大缓解,初步摆脱了财务困境。虞山公司通过风险评估认为,已不存在表明 A 公司债券发生信用减值的客观证据,但 A 公司债券的信用风险仍然比较显著,因此仍应当按照相当于 A 公司债券整个存续期内预期信用损失的金额计量其损失准备。虞山公司预计 A 公司债券未来整个存续期内的违约概率为 50%,如果发生违约,则违约损失率为 50%;不发生违约的概率为 50%。2 期、5% 的年金现值系数为 1.859 41;2 期、5% 的复利现值系数为 0.907 029。

未来整个存续期内预期信用损失=(12 000×1.859 41+200 000×0.907 029)×50%×50%=50 930(元)

由于前三年已累计计提损失准备 111 455 元,因此,本年应部分转回已计提的损失准备。

本年应转回损失准备=111 455-50 930=60 525(元)

借:债权投资减值准备　　　　　　　　　　　　　　　　60 525
　　贷:信用减值损失　　　　　　　　　　　　　　　　　　　60 525

③ 如数收到 2019 年度债券利息。

借:银行存款　　　　　　　　　　　　　　　　　　　　12 000
　　贷:应收利息　　　　　　　　　　　　　　　　　　　　　12 000

(5)2020 年 12 月 31 日。

① 确认利息收入并摊销利息调整。

由于虞山公司上期期末判断,A 公司债券的信用风险虽然比较显著,但已不存在表明 A 公司债券发生信用减值的客观证据,因此,虞山公司本期应当转按总额法确认 A 公司债券的利息收入。需要注意的是,由于上期的利息收入是按净额法确认的,因此,本期应当首先调整上期按净额法少确认的利息收入和多摊销的利息调整,然后再按总额法确认本期的利息收入,以使债权投资的账面余额能够反映假定没有发生信用减值情况下的金额。

利息收入调整额=10 272-4 700=5 572(元)

利息调整摊销调整额=1 728-7 300=-572(元)

借:债权投资——A 公司债券(利息调整)　　　　　　　　5 572
　　贷:投资收益　　　　　　　　　　　　　　　　　　　　5 572

借:应收利息　　　　　　　　　　　　　　　　　　　　12 000
　　贷:投资收益　　　　　　　　　　　　　　　　　　　10 186
　　　债权投资——A 公司债券(利息调整)　　　　　　　　1 814

② 评估 A 公司债券的信用风险并据以计提损失准备。

A 公司通过进一步调整,现金周转趋于正常,已基本解决了重大财务困难。虞山公司通过对 A 公司债券信用风险的评估认为,虽然 A 公司债券已不存在发生信用减值的客观证据,但 A 公司债券的信用风险仍然比较显著。虞山公司预计 A 公司债券未来存续期内的违约概率为 30%,如果发生违约,则违约损失率为 50%;不发生违约的概率为 70%。

未来整个存续期内预期信用损失=(12 000+200 000)×0.952 381×30%×50%=30 286(元)

本年应转回损失准备=50 930-30 286=20 644(元)

借:债权投资减值准备　　　　　　　　　　　　　　　　20 644

贷:信用减值损失   20 644

③ 如数收到 2020 年度债券利息。

借:银行存款   12 000

    贷:应收利息   12 000

（6）2021 年 12 月 31 日。

① 确认利息收入并摊销利息调整。

由于 A 公司债券已经到期，因此，应将尚未摊销的利息调整金额全部摊销完毕，以使债权投资的账面余额反映债券面值。

借:应收利息   12 000

    贷:投资收益   10 096

      债权投资——A 公司债券（利息调整）   1 904

② A 公司债券到期，根据其还本付息的实际结果进行相应的会计处理。

a. 假定虞山公司如数收回全部债券面值和最后一期债券利息。

借:债权投资减值准备   30 286

    贷:信用减值损失   30 286

借:银行存款   212 000

    贷:债权投资——A 公司债券（成本）   200 000

      应收利息   12 000

b. 假定虞山公司如数收回了最后一期债券利息，但只收回了 50% 的债券面值。

调整已计提的损失准备金额＝200 000×50%－30 286＝69 714（元）

借:信用减值损失   69 714

    贷:债权投资减值准备   69 714

借:银行存款   112 000

  债权投资减值准备   100 000

    贷:债权投资——A 公司债券（成本）   200 000

      应收利息   12 000

（二）其他债权投资损失准备的会计处理

企业对于持有的以公允价值计量且其变动计入其他综合收益的其他债权投资，应当运用预期信用损失三阶段模型，在其他综合收益中确认其损失准备，并将减值损失或利得计入当期损益，且不应减少该金融资产在资产负债表中列示的账面价值。其中，计入当期损益的减值损失，是指按照预期信用损失三阶段模型计算确定的、应于当期确认的预期信用损失；计入当期损益的减值利得，是指按照预期信用损失三阶段模型计算确定的、应于当期转回的预期信用损失。

资产负债表日，企业应当按照本期公允价值较上期的下跌金额，借记"其他综合收益——其他债权投资公允价值变动"科目，贷记"其他债权投资——公允价值变动"科目；同时，按照应于当期确认的预期信用损失金额，借记"信用减值损失"科目，贷记"其他综合收益——信用减值准备"科目。

对于已确认预期信用损失的其他债权投资，在随后的会计期间因其信用风险降低导致预期信用损失减少,应按减少的预期信用损失金额转回原已确认的预期信用损失。资产负债表日,企业应当按照本期公允价值较上期的回升金额,借记"其他债权投资——公允价值变动"科目,贷记"其他综合收益——其他债权投资公允价值变动"科目;同时,按照应于当期转回的预期信用损失金额,借记"其他综合收益——信用减值准备"科目,贷记"信用减值损失"科目。

课后练习题

延伸阅读

第八章　长期股权投资

学习目标

1. 掌握长期股权投资的初始计量。

2. 掌握长期股权投资的后续计量(成本法与权益法)。

3. 熟悉长期股权投资的处置(成本法下没有特殊规定;权益法下处置时,其他综合收益和资本公积反向结转)。

思政案例

控制型的婚恋观

鲍勃是一名医生,在一次医学会议中他认识了自信美丽的辛迪。经历了三个月的异地恋之后,辛迪决定搬迁到鲍勃所在的城市。

刚开始,恋爱中的两个人生活得十分甜蜜。

有一天,鲍勃说周末要和朋友去打球,辛迪埋怨道:"我放弃一切搬到你的城市,如今你却要抛弃我。"

直到鲍勃承诺取消和朋友共进午餐的计划,打完球就回家。辛迪才有所好转。

但接下来的日子里,只要鲍勃说单独去某个地方,辛迪都会抱怨、哭闹,甚至怒吼、尖叫,更严重时会直接采取冷暴力。

于是,内疚的鲍勃开始给辛迪买昂贵的礼物,并且承诺再也不出去和朋友聚会。

但同时,只要一看到辛迪拉下脸,鲍勃就会觉得胃疼……

分析:在日常生活中,因为你我拒绝了其他人,因为你我才离开父母……将这一切当作我们抱怨的理由,从而达到控制别人的目的。可见,"控制"不仅要考虑形式上的控制,还要考虑实质层面的控制。

结论:控制对方就是会影响对方的言行举止以及实际行动,并会演变成"一致行动人"。

阅读案例

雅戈尔"财技"遭质疑

2018 年 4 月 9 日,雅戈尔发布 2018 年第一季度业绩预告,自 2018 年 3 月 29 日起对中信股份的会计核算方法由可供出售金融资产变更为长期股权投资,并以权益法确认损益,预计当季实现归属于上市公司股东的净利润增加约 86.80 亿元,同比增长 687.95% 左右。

据此计算,雅戈尔 2018 年一季度净利润大幅增至 99.42 亿元。而根据 2018 年 1 月末雅戈尔披露的业绩预告计算,2017 年净利润约为 3.55 亿元。

3 个月内业绩惊天逆转,主要在于会计核算的变更。雅戈尔的"财技"也因此受到市场质疑。

分析:根据会计准则,"可供出售金融资产"按照二级市场的股价计价,"长期股权投资"按照可辨认净资产公允价值,即账面净资产计价。雅戈尔用 1 万元购入中信股份,持股比例由 4.99% 增至 5%,核算方式也由"可供出售金融资产"变为"长期股权投资"。由于二级市场中信股份的股价为 10.98 港元/股,而账面净资产为 18.94 港元/股,核算方式变更为"长期股权投资"后,这部分资产大幅增值。有媒体质疑,雅戈尔用 1 万元"变出"了 126 亿元。

思考:长期股权投资与通常意义上的金融资产核算有何区别?如何利用长期股权投资达到操纵利润的目的?

第一节　长期股权投资的初始计量

本节内容框架

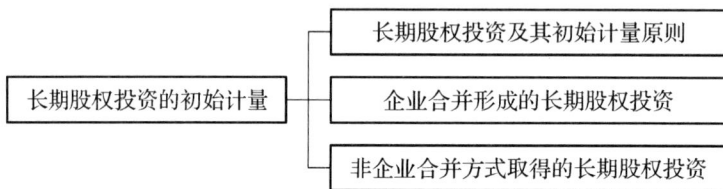

一、长期股权投资及其初始计量原则

(一)长期股权投资的内容

长期股权投资,是指投资方对被投资单位实施控制、重大影响的权益性投资,以及对其合营企业的权益性投资。

1. 能够实施控制的权益性投资

控制,是指投资方拥有对被投资方的权力,通过参与被投资方的相关活动而享有可变回报,并且有能力运用对被投资方的权力影响其回报金额。因此,控制必须同时具备以下三项基本要素:

(1)拥有对被投资方的权力。

(2)通过参与被投资方的相关活动而享有可变回报。

(3)有能力运用对被投资方的权力影响其回报金额。

投资方在判断其是否能够控制被投资方时,应当综合考虑所有的相关事实和情况,只有当投资方同时具备上述三个要素时,投资方才能够控制被投资方。一旦相关事实和情况发生了变化,导致上述三个要素中的一个或多个发生变化的,投资方应当重新评估其是否能够控制被投资方。

投资方能够对被投资方实施控制的,被投资方为其子公司,投资方应当将其子公司纳入合并财务报表的合并范围。

2. 具有重大影响的权益性投资

重大影响,是指投资方对被投资方的财务和经营政策有参与决策的权力,但并不能够控制或者与其他方一起共同控制这些政策的制定。

在通常情况下,当投资方直接或通过其子公司间接拥有被投资方 20% 或以上表决权股份,但未形成控制或共同控制的,可以认为对被投资方具有重大影响,除非有确凿的证据表明投资方不能参与被投资方的生产经营决策,不能对被投资方施加重大影响。企业通常可以通过以下一种或几种情形来判断是否对被投资方具有重大影响:① 在被投资方的董事会或类似权力机构中派有代表;② 参与被投资方的财务和经营政策制定过程;③ 与被投资方之间发生重要交易;④ 向被投资方派出管理人员;⑤ 向被投资方提供关键技术资料。

此外,在确定能否对被投资方施加重大影响时,还应当考虑投资方和其他方持有的被投资方当期可转换公司债券、当期可执行认股权证等潜在表决权因素。投资方能够对被投资方施加重大影响的,被投资方为其联营企业。

3. 对合营企业的权益性投资

合营安排,是指一项由两个或两个以上的参与方共同控制的安排。共同控制,是指按照相关约定对某项安排所共有的控制,并且该安排的相关活动必须经过分享控制权的参与方一致同意后才能决策。合营安排具有下列特征:

(1) 各参与方均受到该安排的约束。

(2) 两个或两个以上的参与方对该安排实施共同控制。任何一个参与方都不能单独控制该安排,对该安排具有共同控制的任何一个参与方均能够阻止其他参与方或参与方组合单独控制该安排。

需要注意的是,合营安排并不要求所有参与方都对该安排实施共同控制。合营安排参与方既包括对合营安排享有共同控制的参与方(即合营方),也包括对合营安排不享有共同控制的参与方。

合营安排可以分为共同经营和合营企业。共同经营,是指合营方享有该安排相关资产且承担该安排相关负债的合营安排;合营企业,是指合营方仅对该安排的净资产享有权利的合营安排。

长期股权投资仅指对合营安排享有共同控制的参与方(即合营方)对其合营企业的权益性投资,不包括对合营安排不享有共同控制的参与方的权益性投资,也不包括共同经营。除能够实施控制的权益性投资、具有重大影响的权益性投资和对合营企业的权益性投资外,企业持有的其他权益性投资,应当按照金融工具确认和计量准则的规定,在初始确认时划分为以公允价值计量且其变动计入当期损益的金融资产或可供出售金融资产。

（二）长期股权投资的初始计量的原则

（1）企业在取得长期股权投资时，应按初始投资成本入账。长期股权投资可以通过企业合并取得，也可以通过企业合并以外的其他方式取得，在不同的取得方式下，初始投资成本的确定方法有所不同。企业应当区分企业合并和非企业合并两种情况确定长期股权投资的初始投资成本。

（2）企业在取得长期股权投资时，如果实际支付的价款或其他对价中包含已宣告但尚未发放的现金股利或利润，则该现金股利或利润在性质上属于暂付应收款项，应作为应收项目单独入账，不构成长期股权投资的初始投资成本。

二、企业合并形成的长期股权投资

企业合并，是指将两个或者两个以上单独的企业合并形成一个报告主体的交易或事项。企业合并通常包括吸收合并、新设合并和控股合并三种形式。其中，吸收合并和新设合并均不形成投资关系，只有控股合并形成投资关系。因此，企业合并形成的长期股权投资是指控股合并所形成的投资方（即合并后的母公司）对被投资方（即合并后的子公司）的股权投资。企业合并形成的长期股权投资，应当区分同一控制下的企业合并和非同一控制下的企业合并分别确定初始投资成本。

表 8 - 1　企业合并形式

合并形式	表达关系式	形成投资关系
吸收合并	A＋B＝A/B	否
新设合并	A＋B＝C	否
控股合并	A＋B＝A＋B	是

（一）同一控制下的企业合并形成的长期股权投资

同一控制下的企业合并，是指参与合并的各方在合并前后均受同一方或相同的多方最终控制，且该控制并非暂时性的。其中，同一方是指母公司或有关主管单位，相同的多方是根据投资者的合同或协议约定的投资各方。合并方通过企业合并形成的对被合并方的长期股权投资，其成本代表的是按持股比例享有的被合并方所有者权益在最终控制方合并财务报表中的账面价值份额。

1. 合并方以支付现金、转让非现金资产、承担债务方式作为合并对价

合并方以支付现金、转让非现金资产或承担债务方式作为合并对价的，应当在合并日按照取得的被合并方所有者权益在最终控制方合并财务报表中的账面价值的份额作为长期股权投资的初始投资成本。初始投资成本大于支付的合并对价账面价值的差额，应计入资本公积（资本溢价或股本溢价）；初始投资成本小于支付的合并对价账面价值的差额，应冲减资本公积（仅限于资本溢价或股本溢价），资本公积的余额不足冲减的，应依次冲减盈余公积、未分配利润。

该账务处理为：

借：长期股权投资（取得的被合并方在最终控制方合并财务报表中的净资产的账面价值份额＋最终控制方收购被合并方形成的商誉）

应收股利（应享有被投资单位已宣告但尚未发放的现金股利或利润）

资本公积——资本溢价/股本溢价　　　①

盈余公积　　　②

利润分配——未分配利润　　　③

贷：银行存款/相关资产/相关债务等（支付的对价）（★★账面价值）

应交税费——应交增值税（销项税额）

资本公积——资本溢价/股本溢价（贷差）

注意：①②③在借方时，依次冲减。

合并方为进行企业合并而发行债券或承担其他债务支付的手续费佣金等，应当计入所发行债券及其他债务的初始确认金额，为进行企业合并而发生的各项直接相关费用，如审计费用、评估费用、法律服务费用等应当于发生时计入当期管理费用。

特别提示：同一控制下，以非现金资产进行投资的，不确认非现金资产的处置损益。

【例 8-1】 虞山股份有限公司和 A 公司是同为甲公司所控制的两个子公司。2021年 2 月 20 日，虞山公司和 A 公司达成合并协议，约定虞山公司以 3 800 万元的银行存款作为合并对价，取得 A 公司 80% 的股份。A 公司 80% 的股份系甲公司于 2019 年 1 月 1日从本集团外部购入（属于非同一控制下的企业合并）。购买日，A 公司可辨认净资产公允价值为 3 500 万元。2019 年 1 月 1 日至 2021 年 3 月 1 日，A 公司以购买日净资产的公允价值为基础计算的净利润为 1 000 万元，无其他所有者权益变动。2021 年 3 月 1 日，虞山公司实际取得对 A 公司的控制权，当日，A 公司所有者权益在最终控制方合并财务报表中的账面价值总额为 4 500 万元（＝3 500＋1 000），虞山公司"资本公积——股本溢价"科目余额为 150 万元。在与 A 公司的合并中，虞山公司以银行存款支付审计费用、评估费用、法律服务费用等共计 65 万元。虞山公司在合并日的会计处理如下：

（1）确认取得的长期股权投资。

初始投资成本＝4 500×80%＝3 600（万元）

借：长期股权投资——A 公司　　　36 000 000

　资本公积——股本溢价　　　1 500 000

　盈余公积　　　500 000

　贷：银行存款　　　38 000 000

（2）支付直接相关费用。

借：管理费用　　　650 000

　贷：银行存款　　　650 000

【例 8-2】 甲、乙公司为同属某集团股份有限公司控制的两家子公司，且均为增值税一般纳税人，销售商品适用的增值税税率均为 13%。

2021 年 4 月 1 日，甲公司以账面价值为 4 000 万元、公允价值为 5 000 万元的库存商品为对价，自其集团公司处取得对乙公司 80% 的控股权，相关手续已于当日办理完成。

甲公司取得 80％ 股权后能够对乙公司实施控制。

合并当日,乙公司所有者权益在其最终控制方合并财务报表中的账面价值为 8 000 万元。

借:长期股权投资(8 000×80％)   6 400
 贷:库存商品   4 000
  应交税费——应交增值税(销项税额)(5 000×13％)   650
  资本公积——股本溢价   1 750

【例 8-3】 甲、乙公司为同属某集团股份有限公司控制的两家子公司。2021 年 4 月 1 日,甲公司以银行存款 1 300 万元作为对价,自其集团公司处取得对乙公司 100％ 的控股权,相关手续已办理。甲公司能够对乙公司实施控制。

合并当日,乙公司所有者权益在其最终控制方合并财务报表中的账面价值为 900 万元。

合并当日,甲公司"资本公积——股本溢价"科目的贷方余额为 100 万元,"盈余公积"科目余额为 70 万元。甲公司与乙公司的会计年度和采用的会计政策相同,不考虑其他因素。

借:长期股权投资(900×100％)   900
 资本公积——股本溢价   100
 盈余公积   70
 利润分配——未分配利润   230
 贷:银行存款   1 300

2. 合并方以发行权益性证券作为对价

合并方以发行权益性证券作为合并对价的,应当在合并日按照取得的被合并方所有者权益在最终控制方合并财务报表中的账面价值的份额作为长期股权投资的初始投资成本,按照发行的权益性证券面值总额作为股本。初始投资成本大于发行的权益性证券面值总额的差额应当计入资本公积(股本溢价);初始投资成本小于发行的权益性证券面值总额的差额,应当冲减资本公积(仅限于股本溢价),资本公积的余额不足冲减的,应依次冲减盈余公积、未分配利润。

该账务处理为:

借:长期股权投资(取得的被合并方在最终控制方合并财务报表中的净资产的账面价值份额＋最终控制方收购被合并方形成的商誉)
 应收股利(应享有被投资单位已宣告但尚未发放的现金股利或利润)
 资本公积——资(股)本溢价   ①
 盈余公积   ②
 利润分配——未分配利润   ③
 贷:股本(面值)
  资本公积——股本溢价(贷差)

注意: 借差的①②③依次冲减。

合并方为进行企业合并而发行权益性证券发生的手续费、佣金等费用,应当抵减权益性证券的溢价发行收入,溢价发行收入不足冲减的,冲减留存收益。

【例 8-4】 虞山股份有限公司和 B 公司是同为甲公司所控制的两个子公司。根据虞山公司和 B 公司达成的合并协议,2021 年 4 月 1 日,虞山公司以增发的权益性证券作为合并对价,取得 B 公司 90％的股份。虞山公司增发的权益性证券为每股面值 1 元的普通股股票,共增发 2 500 万股,支付手续费及佣金等发行费用 80 万元。2021 年 4 月 1 日,虞山公司实际取得对 B 公司的控制权,当日 B 公司所有者权益在最终控制方合并财务报表中的账面价值总额为 5 000 万元。在与 B 公司的合并中,虞山公司以银行存款支付审计费用、评估费用、法律服务费用共计 78 万元。

虞山公司在合并日的会计处理如下:

初始投资成本＝5 000×90％＝4 500(万元)

借:长期股权投资——B 公司　　　　　　　　　　　　　45 000 000

　　贷:股本　　　　　　　　　　　　　　　　　　　　25 000 000

　　　资本公积——股本溢价　　　　　　　　　　　　20 000 000

借:资本公积——股本溢价　　　　　　　　　　　　　　　800 000

　　贷:银行存款　　　　　　　　　　　　　　　　　　　800 000

借:管理费用　　　　　　　　　　　　　　　　　　　　　780 000

　　贷:银行存款　　　　　　　　　　　　　　　　　　　780 000

(二)非同一控制下的企业合并形成的长期股权投资

参与合并的各方在合并前后不受同一方或相同的多方最终控制的,为非同一控制下的企业合并。其中,在购买日取得对其他参与合并企业控制权的一方为购买方,参与合并的其他企业为被购买方。对于非同一控制下的企业合并,购买方应将企业合并视为一项购买交易,合理确定合并成本,作为长期股权投资的初始投资成本。

1. 购买方以支付现金等方式作为合并对价

购买方以支付现金、转让非现金资产或承担债务方式作为合并对价的,合并成本为购买方在购买日为取得对被购买方的控制权而付出的资产、发生或承担的负债的公允价值。

购买方作为合并对价付出的资产,应当按照以公允价值处置该资产进行会计处理。其中,付出资产为固定资产、无形资产的,付出资产的公允价值与其账面价值的差额,计入营业外收入或营业外支出;付出资产为金融资产的,付出资产的公允价值与其账面价值的差额,计入投资收益(如果付出资产是指定为以公允价值计量且其变动计入其他综合收益的非交易性权益工具投资,则付出资产的公允价值与其账面价值的差额应当计入留存收益);付出资产为存货的,按其公允价值确认收入,同时按其账面价值结转成本,涉及增值税的,还应进行相应处理。此外,作为合并对价付出的资产为以公允价值计量且其变动计入其他综合收益的金融资产的,该金融资产在持有期间因公允价值变动而形成的其他综合收益应同时转出,计入当期投资收益(或留存收益)。

购买方为进行企业合并而发行债券支付的手续费、佣金等费用,应当计入所发行债券及其他债务的初始确认金额,不构成初始投资成本;购买方为进行企业合并而发生的各项直接相关费用,如审计费用、评估费用、法律服务费用等,应当于发生时计入当期管理费用。

【例 8－5】 虞山股份有限公司和 C 公司为两个独立的法人企业,合并之前不存在任何关联方关系。2021 年 1 月 10 日,虞山公司和 C 公司达成合并协议,约定虞山公司以库存商品、以公允价值计量且其变动计入其他综合收益的金融资产和银行存款作为合并对价,取得 C 公司 70% 的股份。虞山公司付出库存商品的账面价值为 3 200 万元,购买日公允价值为 4 000 万元,增值税税额为 520 万元;付出的以公允价值计量且其变动计入其他综合收益的金融资产为 A 公司债券,账面价值为 2 980 万元(其中,成本为 2 900 万元,公允价值变动为 80 万元),购买日公允价值为 3 000 万元;付出银行存款的金额为 5 000 万元。2021 年 2 月 1 日,虞山公司实际取得对 C 公司的控制权。在与 C 公司的合并中,虞山公司以银行存款支付审计费用、评估费用、法律服务费用等共计 180 万元。

虞山公司在购买日的会计处理如下:

合并成本＝4 000＋520＋3 000＋5 000＝12 520(万元)

借:长期股权投资——C 公司		125 200 000
贷:主营业务收入		40 000 000
应交税费——应交增值税(销项税额)		5 200 000
其他债权投资——成本		29 000 000
——公允价值变动		800 000
投资收益		200 000
银行存款		50 000 000
借:主营业务成本		32 000 000
贷:库存商品		32 000 000
借:其他综合收益		800 000
贷:投资收益		800 000
借:管理费用		1 800 000
贷:银行存款		1 800 000

2. 购买方以发行权益性证券作为合并对价

合并成本为购买方在购买日为取得对被购买方的控制权而发行的权益性证券的公允价值。

购买方为发行权益性证券而支付的手续费、佣金等费用,应当抵减权益性证券的溢价发行收入,溢价发行收入不足冲减的,冲减留存收益,不构成初始投资成本。

【例 8-6】 虞山股份有限公司和 D 公司为两个独立的法人企业,合并之前不存在任何关联方关系。虞山公司和 D 公司达成合并协议,约定虞山公司以发行的权益性证券作为合并对价,取得 D 公司 80% 的股份。虞山公司拟增发的权益性证券为每股面值 1 元的普通股股票,共增发 1 600 万股,每股公允价值 3.50 元;2021 年 7 月 1 日,虞山公司完成了权益性证券的增发,发生手续费及佣金等发行费用 120 万元。在与 D 公司的合并中,虞山公司另以银行存款支付审计费用、评估费用、法律服务费用等共计 80 万元。

虞山公司在购买日的会计处理如下:

合并成本＝3.50×1 600＝5 600(万元)

借:长期股权投资——D 公司		56 000 000
贷:股本		16 000 000
资本公积——股本溢价		40 000 000

借:资本公积——股本溢价　　　　　　　　　　　　　　　　　　　　　1 200 000
　　贷:银行存款　　　　　　　　　　　　　　　　　　　　　　　　　　　　　1 200 000
借:管理费用　　　　　　　　　　　　　　　　　　　　　　　　　　　　800 000
　　贷:银行存款　　　　　　　　　　　　　　　　　　　　　　　　　　　　　　800 000

表 8-2　企业合并形成的长期股权投资总结

事　项	同一控制下企业合并	非同一控制下企业合并
1. 初始计量	按照享有被合并方所有者权益的账面价值(相对于最终控制方而言)的份额,确认长期股权投资	按付出对价的公允价值(合并成本),确认长期股权投资
2. 支付对价的差额	支付对价的账面价值与长期股权投资的差额计入资本公积、留存收益等	付出资产公允价值与账面价值的差额计入当期损益或留存收益等
3. 发生的审计、法律服务、评估咨询等中介费用	应当于发生时计入当期损益(管理费用)	
4. 作为合并对价发行的债务性证券相关的佣金、手续费等	应当计入债务性证券的初始确认金额	
5. 作为合并对价发行的权益性证券相关的佣金、手续费等	自溢价收入中扣除,在权益性证券发行无溢价或溢价金额不足以扣减的情况下,应依次冲减盈余公积和未分配利润	

三、非企业合并方式取得的长期股权投资

除企业合并形成的对子公司的长期股权投资外,企业以支付现金、转让非现金资产、发行权益性证券等方式取得的对被投资方不具有控制的长期股权投资,为非企业合并方式取得的长期股权投资,如取得的对合营企业、联营企业的投资。企业通过非合并方式取得的长期股权投资,应当根据不同的取得方式,按照实际支付的价款、转让非现金资产的公允价值、发行权益性证券的公允价值等分别确定其初始投资成本,作为入账的价值。

(一)以支付现金取得的长期股权投资

企业以支付现金取得的长期股权投资,应当按照实际支付的购买价款作为初始投资成本。购买价款包括买价和购买过程中支付的与取得长期股权投资直接相关的费用、税金及其他必要支出。

企业支付现金取得长期股权投资时,按照确定的初始投资成本,借记“长期股权投资”科目,按应享有被投资方已宣告但尚未发放的现金股利或利润,借记“应收股利”科目,按照实际支付的买价及手续费、税金等,贷记“银行存款”等科目。

【例 8-7】　虞山股份有限公司以支付现金的方式取得 F 公司 25% 的股份,实际支付的买价为 3 200 万元,在购买过程中另支付手续费等相关费用 12 万元。股份购买价款中包含 F 公司已宣告但尚未发放的现金股利 100 万元。虞山公司在取得 F 公司股份后,派人员参与了 F 公司的生产经营决策,能够对 F 公司施加重大影响,虞山公司将其划分为长

期股权投资。

(1) 购入 F 公司 25% 的股份。

初始投资成本＝3 200＋12－100＝3 112（万元）

借：长期股权投资——F 公司（投资成本）　31 120 000

　　应收股利　1 000 000

　　贷：银行存款　32 120 000

(2) 收到现金股利。

借：银行存款　1 000 000

　　贷：应收股利　1 000 000

（二）以发行权益性证券取得的长期股权投资

企业以发行权益性证券方式取得的长期股权投资，应当按照所发行权益性证券的公允价值作为初始投资成本。为发行权益性证券而支付给证券承销机构的手续费、佣金等相关税费及其他直接相关支出，不构成长期股权投资的初始成本，应自权益性证券的溢价发行收入中扣除，权益性证券的溢价发行收入不足冲减的，应依次冲减盈余公积和未分配利润。

【例 8-8】　虞山股份有限公司以增发的权益性证券作为对价，取得 N 公司 20% 的股份。虞山公司增发的权益性证券为每股面值 1 元的普通股股票，共增发 1 500 万股，每股公允价值 3 元，向证券承销机构支付发行手续费及佣金等直接相关费用 120 万元。虞山公司取得该部分股份后，能够对 N 公司的生产经营决策施加重大影响，虞山公司将其划分为长期股权投资。

初始投资成本＝3×1 500＝4 500（万元）

借：长期股权投资——N 公司（投资成本）　45 000 000

　　贷：股本　15 000 000

　　　　资本公积——股本溢价　30 000 000

借：资本公积——股本溢价　1 200 000

　　贷：银行存款　1 200 000

第二节　长期股权投资的后续计量

本节内容框架

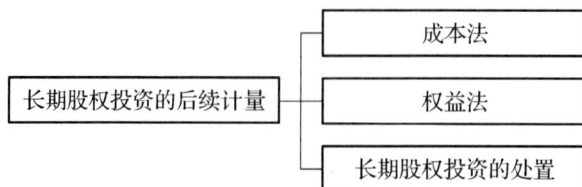

长期股权投资的后续计量 ——— 成本法

长期股权投资的后续计量 ——— 权益法

长期股权投资的后续计量 ——— 长期股权投资的处置

企业取得的长期股权投资在持有期间，要根据对被投资方是否能够实施控制，分别采用成本法或权益法进行核算。

一、成本法

成本法,是指长期股权投资的账面价值按初始投资成本计量,除追加或收回投资外。一般不对长期股权投资的账面价值进行调整的一种会计处理方法。投资方对被投资方能够实施控制的长期股权投资,即对子公司的投资,应当采用成本法核算。成本法的基本核算程序如下:

(1) 设置"长期股权投资"科目,反映长期股权投资的初始投资成本。在收回投资前,无论被投资方经营情况如何,净资产如何增减,投资方一般不对股权投资的账面价值进行调整。

(2) 如果发生追加或收回投资等情况,应按追加或收回投资的成本增加或减少长期股权投资的账面价值。

(3) 除取得投资时实际支付的价款或对价中包含的已宣告但尚未发放的现金股利或利润外,投资方应当按照被投资方宣告发放的现金股利或利润中属于本企业享有的部分确认投资收益,被投资方宣告分派股票股利,投资方应当于除权日做备忘记录,被投资方未分派股利,投资方不做任何会计处理。

【例 8-9】 2015 年 3 月 20 日,虞山股份有限公司以 6 280 万元的价款(包括相关税费和已宣告但尚未发放的现金股利 250 万元)取得 N 公司普通股股票 2 500 万股,占 N 公司普通股股份的 60%,形成非同一控制下的企业合并,虞山公司将其划分为长期股权投资并采用成本法核算。虞山公司取得 N 公司股权投资的会计处理、在持有期间 N 公司各年的利润分配情况和虞山公司相应的会计处理如下:

2015 年 4 月 5 日,虞山公司收到支付的投资价款中包含的已宣告但尚未发放的现金股利;

2016 年 3 月 5 日,N 公司宣告 2015 年度股利分配方案,每股分派现金股利 0.20 元,并于 2016 年 4 月 15 日派发;

2017 年 4 月 15 日,N 公司宣告 2016 年度股利分配方案,每股派送股票股利 0.3 股,除权日为 2017 年 5 月 10 日;

2017 年度 N 公司发生亏损,以留存收益弥补亏损后,于 2018 年 4 月 25 日宣告2017年度股利分配方案,每股分派现金股利 0.10 元,并于 2018 年 5 月 10 日派发;

2018 年度 N 公司继续亏损,该年未进行股利分配;

2019 年度 N 公司扭亏为盈,该年未进行股利分配;

2020 年度 N 公司继续盈利,于 2021 年 3 月 10 日宣告 2020 年度股利分配方案,每股分派现金股利 0.25 元,并于 2021 年 4 月 15 日派发。

分析:(1) 2015 年 3 月 20 日,虞山公司取得 N 公司普通股股票。

借:长期股权投资——N 公司　　　　　　　　　　　　　60 300 000

　　应收股利　　　　　　　　　　　　　　　　　　　　 2 500 000

　　贷:银行存款　　　　　　　　　　　　　　　　　　　　62 800 000

(2) 2015 年 4 月 5 日,虞山公司收到支付的投资价款中包含的已宣告但尚未发放的现金股利。

借:银行存款　　　　　　　　　　　　　　　　　　　　　 2 500 000

贷:应收股利   2 500 000

(3) 2016 年 3 月 5 日,N 公司宣告 2015 年度股利分配方案,每股分配现金股利 0.20元,并于 2016 年 4 月 15 日派发。

2016 年 3 月 5 日,N 公司宣告 2015 年度股利分配方案。

现金股利＝0.20×25 000 000＝5 000 000(元)

借:应收股利   5 000 000

贷:投资收益   5 000 000

2016 年 4 月 15 日,收到 N 公司派发的现金股利。

借:银行存款   5 000 000

贷:应收股利   5 000 000

(4) 2017 年 4 月 15 日,N 公司宣告 2016 年度股利分配方案,每股派送股票股利 0.3股,除权日为 2017 年 5 月 10 日。

对于 N 公司派送的股票股利,虞山公司不编制正式会计分录,但应于除权日在备查簿中登记增加的股份:

股票股利＝0.3×25 000 000＝7 500 000(股)

持有 N 公司股票总数＝25 000 000＋7 500 000＝32 500 000(股)

(5) 2017 年度 N 公司发生亏损,以留存收益弥补亏损后,于 2018 年 4 月 25 日宣告2017 年度股利分配方案,每股分派现金股利 0.10 元,并于 2018 年 5 月 10 日派发。

2018 年 4 月 25 日,N 公司宣告 2017 年度股利分配方案。

现金股利＝0.1×32 500 000＝3 250 000(元)

借:应收股利   3 250 000

贷:投资收益   3 250 000

2018 年 5 月 10 日,收到 N 公司派发的现金股利。

借:银行存款   3 250 000

贷:应收股利   3 250 000

(6) 2018 年度 N 公司继续亏损,该年未进行股利分配。

虞山公司不必做任何会计处理。

(7) 2019 年度 N 公司扭亏为盈,该年未进行股利分配。

虞山公司不必做任何会计处理。

(8) 2020 年度 N 公司继续盈利,于 2021 年 3 月 10 日宣告 2020 年度股利分配方案,每股分派现金股利 0.25 元,并于 2021 年 4 月 15 日派发。

2021 年 3 月 10 日,N 公司宣告 2020 年度股利分配方案

现金股利＝0.25×3 250 000＝8 125 000(元)

借:应收股利   8 125 000

贷:投资收益   8 125 000

2021 年 4 月 15 日,收到 N 公司派发的现金股利。

借:银行存款   8 125 000

贷:应收股利   8 125 000

二、权益法

权益法,是指在取得长期股权投资时以投资成本计量,在投资持有期间则要根据投资方应享有被投资方所有者权益份额的变动,对长期股权投资的账面价值进行相应调整的一种会计处理方法。投资方对被投资方具有共同控制或重大影响的长期股权投资,即对合营企业或联营企业的长期股权投资,应当采用权益法。投资方在判断对被投资方是否具有共同控制、重大影响时,应综合考虑直接持有的股权和通过子公司间接持有的股权,但在个别财务报表中采用权益法进行核算时,应仅考虑直接持有的股权份额。

（一）会计科目的设置

采用权益法核算,在"长期股权投资"科目下应当设置"投资成本""损益调整""其他综合收益""其他权益变动"明细科目,分别反映长期股权投资的初始投资成本以及因被投资方所有者权益发生变动而对长期股权投资账面价值进行调整的金额。其中:

（1）"投资成本"明细科目反映长期股权投资的初始投资成本,以及在长期股权投资的初始投资成本小于取得投资时应享有被投资方可辨认净资产公允价值份额的情况下,按其差额调整初始投资成本后形成的账面价值。

（2）"损益调整"明细科目反映被投资方因发生净损益、分配利润引起的所有者权益变动中,投资方按持股比例计算的应享有或应分担的份额。

（3）"其他综合收益"明细科目反映被投资方因确认其他综合收益引起的所有者权益变动中,投资方按持股比例计算的应享有或应分担的份额。

（4）"其他权益变动"明细科目反映被投资方除发生净损益、分配利润以及确认其他综合收益以外所有者权益的其他变动中,投资方按持股比例计算的应享有或应分担的份额。

表8-3 长期股权投资权益法核算的四个明细科目总结

明细科目名称	对应科目	备 注
投资成本		
损益调整（净损益或利润分配引起）	投资收益	
其他综合收益	其他综合收益	结转时,大多数情况计入投资收益,个别计入留存收益
其他权益变动（除净损益、利润分配、其他综合收益以外的变动）	资本公积——其他资本公积	

（二）长期股权投资初始成本的确认

企业在取得长期股权投资时,按照确定的初始投资成本入账。对于初始投资成本与应享有被投资方可辨认净资产公允价值份额之间的差额,应区别处理:

（1）如果长期股权投资的初始投资成本大于取得投资时应享有被投资方可辨认净资产公允价值的份额,二者之间的差额在本质上是通过投资作价体现出的与所取得的股权份额相对应的商誉以及被投资方不符合确认条件的资产价值,不需要按该差额调整已确认的初始投资成本。（不调整:商誉）

（2）如果长期股权投资的初始投资成本小于取得投资时应享有被投资方可辨认净资产公允价值的份额，二者之间的差额体现的是投资作价过程中转让方的让步，该差额导致的经济利益流入应作为一项收益，计入取得投资当期的营业外收入，同时调整长期股权投资的账面价值。

投资方应享有被投资方可辨认净资产公允价值的份额，可用下列公式计算：

$$\begin{matrix} 应享有被投资方可辨认净资产 \\ 公允价值份额 \end{matrix} = \begin{matrix} 投资时被投资方可辨认净资产 \\ 公允价值份额 \end{matrix} \times \begin{matrix} 投资方 \\ 持股比例 \end{matrix}$$

【例8-10】 2021年7月1日，虞山股份有限公司购入D公司股票1 600万股，实际支付购买价款2 450万元（包括交易税费）。该股份占D公司普通股股份的25%，虞山公司在取得股份后，派人参与了D公司的生产经营决策，因能够对D公司施加重大影响，虞山公司采用权益法核算。

（1）假定投资当时，D公司可辨认净资产公允价值为9 000万元。

应享有D公司可辨认净资产公允价值份额＝9 000×25%＝2 250（万元）

由于长期股权投资的初始投资成本大于投资时应享有D公司可辨认净资产公允价值的份额，因此，不调整长期股权投资的初始投资成本。虞山公司应做如下会计处理：

借：长期股权投资——D公司（投资成本）　　　　　24 500 000
　　贷：银行存款　　　　　　　　　　　　　　　　　　　24 500 000

（2）假定投资当时，D公司可辨认净资产公允价值为10 000万元。

应享有D公司可辨认净资产公允价值份额＝10 000×25%＝2 500（万元）

由于长期股权投资的初始投资成本小于投资时应享有D公司可辨认净资产公允价值的份额，因此，应按二者之间的差额调整长期股权投资的初始投资成本，同时计入当期营业外收入。虞山公司应做如下会计处理：

借：长期股权投资——D公司（投资成本）　　　　　24 500 000
　　贷：银行存款　　　　　　　　　　　　　　　　　　　24 500 000
借：长期股权投资——D公司（投资成本）　　　　　　500 000
　　贷：营业外收入　　　　　　　　　　　　　　　　　　　500 000

（三）投资损益的确认

投资方取得长期股权投资后，应当按照在被投资方实现的净利润或发生的净亏损中，投资方应享有或应分担的份额确认投资损益，同时相应调整长期股权投资的账面价值。即按应享有的收益份额，借记"长期股权投资——损益调整"，贷记"投资收益"科目；按应分担的亏损份额，借记"投资收益"科目，贷记"长期股权投资——损益调整"科目。投资方应当在被投资方账面净损益的基础上，考虑以下因素对被投资方净损益的影响并进行适当调整后，作为确认投资损益的依据。

1. 被投资单位实现净利润

借：长期股权投资——损益调整（账面净利润、调整后的净利润）
　　贷：投资收益

2. 被投资单位发生亏损

借:投资收益

　　贷:长期股权投资——损益调整

被投资方采用的会计政策及会计期间与投资方不一致的,应当按照投资方的会计政策及会计期间对被投资方的财务报表进行调整,在此基础上确定被投资方的损益。

以取得投资时被投资方各项可辨认资产等的公允价值为基础,对被投资方的净损益进行调整后,作为确认投资损益的依据。

【例 8-11】　2021 年 1 月 1 日,虞山股份有限公司购入 A 公司股票 1 600 万股,实际支付购买价款 2 400 万元(包括交易税费)。该股份占 A 公司普通股股份的 20%,虞山公司在取得股份后,派人参与了 A 公司的生产经营决策,能够对 A 公司施加重大影响,因而对该项股权投资采用权益法核算。取得投资当日,A 公司可辨认净资产公允价值为10 000万元,假定除表 8-4 所列项目外,A 公司其他资产、负债的公允价值与账面价值相同。

表 8-4　资产公允价值与账面价值差额表

2021 年 1 月 1 日　　　　　　　　　　　　　　　　　　金额单位:万元

项　目	入账成本	预计使用年限(年)	已使用年限(年)	已提折旧或摊销	账面价值	公允价值	剩余使用年限(年)
存货	900				900	1 000	
固定资产	2 000	20	5	500	1 500	1 800	15
无形资产	1 600	10	2	320	1 280	1 200	8
合　计	4 500			820	3 680	4 000	

2021 年度,A 公司实现净利润 1 000 万元,虞山公司取得投资时的存货已有 70% 对外出售,固定资产、无形资产均按直线法计提折旧或摊销,预计净残值均为零。虞山公司与 A 公司的会计年度及采用的会计政策相同,双方未发生任何内部交易。

根据上列资料,虞山公司在确认其应享有的投资收益时,应首先在 A 公司实现净利润的基础上,考虑取得投资时 A 公司有关资产的公允价值与账面价值差额的影响,对 A 公司的净利润做如下调整(假定不考虑所得税影响):

存货差额应调增营业成本(调减利润)=(1 000-900)×70%=70(万元)

固定资产差额应调增折旧费(调减利润)=1 800÷15-2 000÷20=20(万元)

无形资产差额应调减摊销费(调增利润)=1 600÷10-1 200÷8=10(万元)

调整后的净利润=1 000-70-20+10=920(万元)

根据调整后的净利润,虞山公司确认投资收益的会计处理如下:

应享有收益份额=920×20%=184(万元)

借:长期股权投资——A 公司(损益调整)　　　　　　　　　　　1 840 000

　　贷:投资收益　　　　　　　　　　　　　　　　　　　　　　　1 840 000

(四)应收股利的确认

长期股权投资采用权益法核算,当被投资方宣告分派现金股利或利润时,投资方按应获得的现金股利或利润确认应收股利,同时递减长期股权投资的账面价值,借记"应收股利"科目,贷记"长期股权投资"科目;被投资方分派股票股利时,投资方不进行账务处理,但应于除权日在备查簿中登记增加的股份。

【例 8-12】 2016 年 7 月 1 日,虞山股份有限公司购入 D 公司股票 1 600 万股,占 D 公司普通股股份的 25%,能够对 D 公司施加重大影响,虞山公司对该项股权投资采用权益法核算。假定投资当时,D 公司各项可辨认资产、负债的公允价值与其账面价值相同,虞山公司与 D 公司的会计年度及采用的会计政策相同,双方未发生任何内部交易,虞山公司按照 D 公司的账面净损益和持股比例计算确认投资损益。D 公司 2016 年至 2021 年各年的净收益和利润分配情况以及虞山公司相应的会计处理如下(各年收到现金股利的会计处理略):

(1) 2016 年度,D 公司报告净收益 1 500 万元;2017 年 3 月 10 日,D 公司宣告2016 年度利润分配方案,每股分派现金股利 0.10 元。

① 确认投资收益。

应确认投资收益=1 500×25%×6/12=187.5(万元)

借:长期股权投资——D 公司(损益调整)　　　　　　　　　　1 875 000

　　贷:投资收益　　　　　　　　　　　　　　　　　　　　　　　1 875 000

② 确认应收股利。

应收现金股利=0.10×1 600=160(万元)

借:应收股利　　　　　　　　　　　　　　　　　　　　　　　　1 600 000

　　贷:长期股权投资——D 公司(损益调整)　　　　　　　　　　1 600 000

(2) 2017 年度,D 公司报告净收益 1 250 万元;2018 年 4 月 15 日,D 公司宣告2017 年度利润分配方案,每股派送股票股利 0.30 股,除权日为 2018 年 5 月 10 日。

① 确认投资收益。

应确认投资收益=1 250×25%=312.5(万元)

借:长期股权投资——D 公司(损益调整)　　　　　　　　　　3 125 000

　　贷:投资收益　　　　　　　　　　　　　　　　　　　　　　　3 125 000

② 除权日,在备查簿中登记增加的股份。

股票股利=0.30×1 600=480(万股)

持有股票总数=1 600+480=2 080(万股)

(3) 2018 年度,D 公司报告净收益 980 万元;2019 年 4 月 10 日,D 公司宣告 2018 年度利润分配方案,每股分派现金股利 0.15 元。

① 确认投资收益。

应确认投资收益=980×25%=245(万元)

借:长期股权投资——D 公司(损益调整)　　　　　　　　　　2 450 000

　　贷:投资收益　　　　　　　　　　　　　　　　　　　　　　　2 450 000

② 确认应收股利。

应收现金股利=0.15×2 080=312(万元)

借:应收股利　　　　　　　　　　　　　　　　　　　　　　　　3 120 000

  贷:长期股权投资——D公司(损益调整)   3 120 000

(4) 2019年度,D公司报告净收益1 000万元,未进行利润分配。

应确认投资收益=1 000×25%=250(万元)

借:长期股权投资——D公司(损益调整)   2 500 000

  贷:投资收益   2 500 000

(5) 2020年度,D公司报告净亏损200万元,用以前年度留存收益弥补亏损后,于2021年4月5日,宣告2020年度利润分配方案,每股分派现金股利0.10元。

① 确认投资损失。

应确认投资损失=200×25%=50(万元)

借:投资收益   500 000

  贷:长期股权投资——D公司(损益调整)   500 000

② 确认应收股利。

应收现金股利=0.10×2 080=208(万元)

借:应收股利   2 080 000

  贷:长期股权投资——D公司(损益调整)   2 080 000

(6) 2021年度,D公司继续发生亏损500万元,未进行利润分配。

应确认投资损失=500×25%=125(万元)

借:投资收益   1 250 000

  贷:长期股权投资——D公司(损益调整)   1 250 000

(五)超额亏损的确认

权益法下,投资企业确认应分担被投资单位发生的损失,原则上应以长期股权投资及其他实质上构成长期权益的项目(如长期应收款)减记至零为限,投资企业负有承担额外损失义务的除外。

采用权益法核算的情况下,投资企业在确认应分担被投资单位发生的净亏损时,应按照以下顺序处理:

注意:长期股权投资的账面价值为四个明细科目之和扣除减值准备。

(1) 减记长期股权投资的账面价值。

借:投资收益

  贷:长期股权投资——损益调整

(2) 在长期股权投资的账面价值减记至零的情况下,考虑是否有其他构成长期权益的项目,如果有,则以其他实质上构成对被投资单位长期权益的账面价值为限,继续减记。

借:投资收益

  贷:长期应收款

(3) 在有关其他实质上构成对被投资单位长期权益的价值也减记至零的情况下,如果按照投资合同或协议约定,投资企业需要承担额外义务的,则需按预计将承担责任的金额确认相关的损失。

借:投资收益

  贷:预计负债

（4）除按上述顺序已确认的损失以外仍有额外损失的,应在账外做备查登记,不再予以确认。

（5）在确认了有关投资损失以后,被投资单位于以后期间实现盈利的,应按以上相反顺序恢复其实质上构成对被投资单位净投资的长期权益及长期股权投资的账面价值。

借:预计负债　　　　①
　　长期应收款　　　②
　　长期股权投资　　③
　　贷:投资收益(★调整后的净利润×持股比例％——未承担的亏损额)

注意:①②③的顺序,不能颠倒。

【例8-13】　甲公司持有乙公司40％的股权,能够对乙公司施加重大影响。

（1）2020年12月31日,该项长期股权投资的账面价值为20 000 000元。乙公司2021年发生亏损30 000 000元。

假定甲公司取得投资时,乙公司各项可辨认资产、负债的公允价值与其账面价值相同,两公司采用的会计政策和会计期间也相同。

解析:甲公司2021年应确认的投资损失为12 000 000元(＝30 000 000×40％)。确认上述投资损失后,长期股权投资的账面价值变为8 000 000元(＝20 000 000－12 000 000)。

（2）如果乙公司2021年的亏损额为60 000 000元,则甲公司按其持股比例确认应分担的损失为24 000 000元,但期初长期股权投资的账面价值仅为20 000 000元,如果没有其他实质上构成对被投资单位净投资的长期权益项目,甲公司应确认的投资损失仅为20 000 000元,超额损失在账外进行备查登记;

如果在确认了20 000 000元的投资损失后,甲公司账上仍有应收乙公司的长期应收款8 000 000元(实质上构成对乙公司的净投资),则在长期应收款的账面价值大于4 000 000元的情况下,应进一步确认投资损失4 000 000元。

甲公司应进行的账务处理为:

借:投资收益　　　　　　　　　　　　　　　　　24 000 000
　　贷:长期股权投资——损益调整　　　　　　　　　20 000 000
　　　　长期应收款——超额亏损　　　　　　　　　　4 000 000

（六）其他综合收益的确认

被投资方确认其他综合收益及其变动,会导致其所有者权益总额发生变动,从而影响投资方在被投资方所有者权益中应享有的份额。因此,在权益法下,当被投资方确认其他综合收益及其变动时,投资方应按持股比例计算应享有或分担的份额,调整长期股权投资的账面价值,同时计入其他综合收益。

【例8-14】　虞山股份有限公司持有D公司25％的股份,能够对D公司施加重大影响,采用权益法核算。2021年12月31日,D公司持有的一项成本为2 000万元的以公允价值计量且变动计入其他综合收益的金融资产,公允价值升至2 050万元,D公司按公允价值超过成本的差额50万元调增该项金融资产的账面价值,并计入其他综合收益,导致其所有者权益发生变动。

应享有其他综合收益份额＝50×25％＝12.5(万元)

借:长期股权投资——D 公司(其他综合收益)　　　　　　　　　　125 000
　　贷:其他综合收益　　　　　　　　　　　　　　　　　　　　　　　125 000

(七) 其他权益变动的确认

被投资单位除净损益、其他综合收益以及利润分配以外的所有者权益的其他变动的因素,主要包括:

(1) 被投资单位接受其他股东的资本性投入;

(2) 被投资单位发行可分离交易的可转债中包含的权益成分;

(3) 以权益结算的股份支付;

(4) 其他股东对被投资单位增资导致投资方持股比例变动等。

1. 账务处理原则

投资方应按所持股权比例计算应享有的份额,调整长期股权投资的账面价值,同时计入资本公积(其他资本公积),并在备查簿中予以登记。

借:长期股权投资——其他权益变动
　　贷:资本公积——其他资本公积

(或反向)

2. 后续处理

(1) 投资方在后续处置股权投资但对剩余股权仍采用权益法核算时,应按处置比例将这部分资本公积转入当期投资收益。

(2) 对剩余股权终止权益法核算时,将这部分资本公积全部转入当期投资收益。

【例 8 - 15】　甲企业持有乙企业 30% 的股份,能够对乙企业施加重大影响。乙企业为上市公司,当期乙企业的母公司给予乙企业 1 000 万元捐赠,该捐赠实质上属于资本性投入,乙企业将其计入资本公积(资本溢价)。不考虑其他因素,甲企业按权益法做如下会计处理:

甲企业在确认应享有被投资单位所有者权益的其他变动 $=1\,000\times30\%=300$(万元)

借:长期股权投资——其他权益变动　　　　　　　　　　　　　　3 000 000
　　贷:资本公积——其他资本公积　　　　　　　　　　　　　　　　3 000 000

三、长期股权投资的处置

(一) 长期股权投资处置损益的构成

长期股权投资的处置,主要是通过证券市场售出股权,也包括抵偿债务转出以及因被投资方破产清算而被迫清算股权等情形。

长期股权投资的处置损益,是指取得的处置收入扣除长期股权投资的账面价值和已确认但尚未收到的现金股利之后的差额。其中:

(1) 处置收入,是指企业处置长期股权投资实际收到的价款,该价款已经扣除了手续费、佣金等交易费用。

(2) 长期股权投资的账面价值,是指长期股权投资的账面余额扣除相应的减值准备后的金额。

（3）已确认但尚未收到的现金股利，是指投资方已于被投资方宣告分派现金股利时按应享有的份额确认了应收债权，但至处置投资时被投资方尚未实际派发的现金股利。

（二）处置长期股权投资的会计处理

处置长期股权投资发生的损益应当在符合股权转让条件时予以确认，计入处置当期投资损益。已计提减值准备的长期股权投资，处置时应将与所处置的长期股权投资相对应的减值准备予以转出。处置长期股权投资，按实际收到的价款，借记"银行存款"科目，按已计提的长期股权投资减值准备，借记"长期股权投资减值准备"科目，按长期股权投资的账面余额，贷记"长期股权投资"科目，按已确认但尚未收到的现金股利，贷记"应收股利"科目，按上列贷方差额，贷记"投资收益"科目，如为借方差额，借记"投资收益"科目。

处置采用权益法核算的长期股权投资时，应当采用与被投资方直接处置相关资产或负债相同的基础，对相关的其他综合收益进行会计处理，对于可以转入当期损益的其他综合收益，应借记或贷记"其他综合收益"科目，贷记或借记"投资收益"科目；同时，还应将原记入资本公积的其他权益变动金额转出，计入当期损益，借记或贷记"资本公积——其他资本公积"科目，贷记或借记"投资收益"科目。

【例 8-16】 2018 年 5 月 10 日，虞山股份有限公司以 7 850 万元的价款取得 M 公司普通股股票 2 000 万股，占 M 公司普通股股份的 60%，能够对 M 公司实施控制，虞山公司将其划分为长期股权投资并采用成本法核算。2020 年 12 月 31 日，虞山公司为该项股权投资计提了减值准备 1 950 万元；2021 年 9 月 25 日，虞山公司将其持有的 M 公司股份全部转让，实际收到转让价款 6 000 万元。

转让损益＝6 000－（7 850－1 950）＝100（万元）

借：银行存款	60 000 000	
长期股权投资减值准备	19 500 000	
贷：长期股权投资——M 公司		78 500 000
投资收益		1 000 000

【例 8-17】 虞山股份有限公司对其持有的 L 公司股份采用权益法核算。2021 年 4 月 5 日，虞山公司将持有的 L 公司股份全部转让，收到转让价款 3 500 万元。转让日，该项长期股权投资的账面余额为 3 300 万元，其中，投资成本 2 500 万元，损益调整（借方）500 万元，其他综合收益（借方，为确认的可供出售金融资产公允价值变动损益）200 万元，其他损益变动（借方）100 万元。

转让损益＝3 500－3 300＝200（万元）

借：银行存款	35 000 000	
贷：长期股权投资——L 公司（投资成本）		25 000 000
——L 公司（损益调整）		5 000 000
——L 公司（其他综合收益）		2 000 000
——L 公司（其他权益变动）		1 000 000
投资收益		2 000 000
借：其他综合收益	2 000 000	
贷：投资收益		2 000 000

借:资本公积——其他资本公积　　　　　　　　　　　　1 000 000

　　贷:投资收益　　　　　　　　　　　　　　　　　　　　　　　1 000 000

长期股权投资处置时,成本法下与权益法下的比较,如表8-5所示。

表 8-5　长期股权投资处置时成本法与权益法的比较

成本法	权益法
处置时: 借:银行存款 　　长期股权投资减值准备 　贷:长期股权投资 　　　投资收益(可借可贷)	处置时: 借:银行存款 　　长期股权投资减值准备 　贷:长期股权投资——投资成本 　　　　　　　　　——损益调整(可借可贷) 　　　　　　　　　——其他综合收益(可借可贷) 　　　　　　　　　——其他权益变动(可借可贷) 　　　投资收益(可借可贷) 同时: 借:资本公积——其他资本公积(按比例或全部结转) 　贷:投资收益 (或反之) 借:其他综合收益(按比例或全部结转) 　贷:投资收益等 (或反之)

课后练习题　　　延伸阅读

第九章　投资性房地产

1. 掌握投资性房地产的特征和范围。
2. 掌握投资性房地产的确认条件。
3. 掌握投资性房地产初始计量的核算。
4. 掌握与投资性房地产有关的后续支出的核算。
5. 掌握投资性房地产后续计量的核算。
6. 掌握投资性房地产转换的核算。
7. 熟悉投资性房地产处置的核算。

思政案例

主人请客的一则寓言

有个人请客,四个客人有三个先来了,主人心里很焦急,就说:"该来的客人还不来?"一个敏感的客人听到了,心想:"该来的没来,那我是不该来的啰?"便告辞走了。

主人越发着急了,说:"怎么不该走的,反倒走了呢?"又一个客人一听,心想:"走了的是不该走的,那我这没走的倒是该走了!"于是也走了。

主人大叫冤枉,急忙解释说:"我并不是叫他们走哇!"最后一位客人听了大为光火,说:"不是叫他们走,那就是叫我走啰。"说完,头也不回地离开了。

分析:把握好说话的分寸、办事的尺度,分清类别,不混为一谈,才能获取良好的人际关系。

结论:针对投资性房地产而言,应分清后续计量模式,究竟是成本模式还是公允价值模式,如果混为一谈,会导致会计信息质量严重失实。

案例阅读

方大集团2018年利润翻倍达到22亿元,会计手段贡献最大

方大集团利润翻倍,主要来源于会计手段?

投资性房地产会计核算方法变更贡献巨额利润。

方大集团 2018 年实现营业收入 30.8 亿元,较上年同比增长 3.43%,净利润实现 22.5 亿元,基本是上年的两倍。公司主要产业幕墙系统及材料产业本年度实现营业收入 20.11 亿元,较上年增长 21.59%;本年度毛利率为 14.41%。

分析:方大集团 2018 年利润主要来源于采用公允价值模式进行后续计量的投资性房地产公允价值变动产生的损益,达到 29 亿元。扣除非经常性损益的净利润仅 2 117 万元。

公允价值变动损益主要系方大广场项目 1 号楼转为投资性房地产按公允价值后续计量产生的公允价值变动。方大城 1 号楼建筑面积 72 517.71 平方米,账面原值 8.26 亿元,深圳市文集土地与房地产评估经纪有限公司出具的深文集评字(2019)AF 第 0001 号《房地产估价报告》显示,评估价值 36.64 亿元,差额 28.38 亿元计入公允价值变动损益。方大城 1 号楼增值率 3.4 倍,评估价格约每平方米 5 万元。

思考:投资性房地产后续计量模式有哪些,应如何正确对投资性房地产进行会计处理?

第一节　投资性房地产概述

本节内容框架

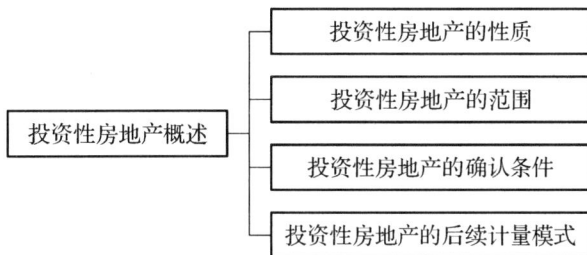

投资性房地产概述
- 投资性房地产的性质
- 投资性房地产的范围
- 投资性房地产的确认条件
- 投资性房地产的后续计量模式

一、投资性房地产的性质

房地产通常是土地和房屋及其权属的总称。在我国,土地归国家或集体所有,企业只能取得土地使用权。因此,房地产中的土地是指土地使用权,房屋是指土地上的房屋等建筑物及构筑物。在市场经济条件下,房地产市场日益活跃,企业持有的房地产除了用作自身管理、生产经营活动场所和对外销售之外,出现了将房地产用于赚取租金或增值收益的活动,甚至是个别企业的主营业务。用于出租或增值的房地产就是投资性房地产。投资性房地产在用途、状态、目的等方面与企业自用的厂房、办公楼等作为生产经营场所的房地产和房地产开发企业用于销售的房地产是不同的。

投资性房地产是指为赚取租金或资本增值,或者两者兼有而持有的房地产。投资性房地产应当能够单独计量和出售。

投资性房地产的主要形式是出租建筑物、出租土地使用权,这实质上属于一种让渡资产使用权行为。房地产租金就是让渡资产使用权取得的使用费收入,是企业为完成其经营目标所从事的经常性活动以及与之相关的其他活动形成的经济利益总流入。投资性房地产的另一种形式是持有并准备增值后转让的土地使用权,尽管其增值收益通常与市场供求、经济发展等因素有关,但目的是为了增值后转让以赚取增值收益,也是企业为完成其经营目标所从事的经常性活动以及与之相关的其他活动形成的经济利益总流入。

就某些企业而言,投资性房地产属于日常经营性活动,形成的租金收入或转让增值收益确认为企业的主营业务收入。但对于大部分企业而言,投资性房地产是与经营性活动相关的其他经营活动,形成的租金收入或转让增值收益构成企业的其他业务收入。

为了更加清晰地反映企业所持有房地产的构成情况和盈利能力,需要将投资性房地产与企业自用的房地产以及作为存货的房地产区别开来,单独作为一个资产项目予以核算和反映。

二、投资性房地产的范围

(一)属于投资性房地产的项目

投资性房地产的范围限定为已出租的土地使用权、持有并准备增值后转让的土地使用权、已出租的建筑物。

1. 已出租的土地使用权

已出租的土地使用权,是指企业通过出让或转让方式取得的、以经营租赁方式出租的土地使用权。企业取得的土地使用权通常包括在一级市场上以交纳土地出让金的方式取得的土地使用权,也包括在二级市场上接受其他单位转让的土地使用权。例如,甲公司与乙公司签署了土地使用权租赁协议,甲公司以年租金 720 万元租赁使用乙公司拥有的 40 万平方米土地使用权。那么,自租赁协议约定的租赁期开始日起,这项土地使用权属于乙公司的投资性房地产。对于以经营租赁方式租入土地使用权再转租给其他单位的,不能确认为投资性房地产。例如,甲公司再将租入的该项土地使用权又转租给 C 公司,则不能确认为甲公司的投资性房地产。

2. 持有并准备增值后转让的土地使用权

持有并准备增值后转让的土地使用权,是指企业取得的、准备增值后转让的土地使用权。这类土地使用权很可能给企业带来资本增值收益,符合投资性房地产的定义。例如,企业因厂址搬迁,部分土地使用权停止自用,管理层决定继续持有这部分土地使用权,待其增值后再转让以赚取增值收益,该土地使用权属于投资性房地产。

按照国家有关规定认定的闲置土地,不属于持有并准备增值后转让的土地使用权,也就不属于投资性房地产。

3. 已出租的建筑物

已出租的建筑物,是指企业拥有产权的、以经营租赁方式出租的建筑物,包括自行建造或开发活动完成后用于出租的建筑物以及正在建造或开发过程中将来用于出租的建筑物。例如,A 公司将其拥有产权的一栋厂房以经营租赁方式出租给 B 公司使用,自租赁期开始日起,该栋厂房属于 A 公司的投资性房地产。在判断和确认已出租的建筑物时,应当把握以下几个要点:

(1)用于出租的建筑物是指企业拥有产权的建筑物。企业以经营租赁方式租入再转租的建筑物不属于投资性房地产。例如,A 公司与 B 公司签订了一项经营租赁合同,A 公司将其拥有产权的一栋房屋以经营租赁方式出租给 B 公司使用;B 公司将该房屋改装后用作经营场所,后因连续亏损,B 公司又将其转租给 C 公司使用,以赚取租金差价。这种情况下,该栋房屋对于 A 公司而言,属于投资性房地产,对于 B 公司而言,则不属于投资性房地产。

(2) 已出租的建筑物是指企业已经与其他方签订了租赁协议,约定以经营租赁方式出租的建筑物。从确认时点上来看,自租赁协议规定的租赁期开始日起,经营租出的建筑物才属于已出租的建筑物。对于企业持有的空置建筑物或在建建筑物,如果董事会或类似机构已做出正式书面协议,明确表示将其用于经营出租且持有意图短期内不再发生变化,即使尚未签订租赁协议,也可视为投资性房地产。这里所说的"空置建筑物",是指企业新购入、自行建造或开发完成但尚未使用的建筑物,以及不再用于日常生产经营活动且经整理后达到可经营出租状态的建筑物。

(3) 企业已将建筑物出租,按租赁协议向承租人提供的相关辅助服务在整个协议中不重大的,应当将该建筑物确认为投资性房地产。例如,企业将其拥有产权的办公楼经营出租给其他单位,同时向承租人提供保安、维修等日常辅助服务,企业应当将该办公楼确认为投资性房地产。

【同步思考例 9－1】 多项选择题

下列各项关于企业土地使用权的会计处理的表述中,正确的有(　　　)。

A. 工业企业将持有并准备增值后转让的土地使用权作为投资性房地产核算

B. 工业企业将购入的用于建造办公楼的土地使用权作为无形资产核算

C. 工业企业将出租的土地使用权作为无形资产核算

D. 房地产开发企业将购入的用于建造商品房的土地使用权作为存货核算

【答案】ABD

【解析】工业企业将土地使用权出租作为投资性房地产核算,选项 C 错误。

(二)不属于投资性房地产的项目

企业自用的房地产以及作为存货的房地产,不属于投资性房地产。

1. 自用房地产

自用房地产,是指企业为生产商品、提供劳务或者经营管理而持有的房地产。自用房地产的特征是服务于企业自身的生产经营活动,其价值将随着房地产的使用而逐渐转移到企业的产品或服务中去,通过销售产品或提供服务为企业带来经济利益,在产生现金流量的过程中与企业持有的其他资产密切相关。例如,企业用于自身生产经营的厂房和办公楼属于固定资产,企业用于自身生产经营的土地使用权属于无形资产。需要注意的是,企业出租给本企业职工居住的宿舍,虽然也收取租金,但间接为企业自身的生产经营服务,因此具有自用房地产的性质;企业拥有并自行经营的旅馆或饭店,在向顾客提供住宿服务的同时,还提供餐饮、娱乐等其他服务,其经营目的主要是通过向客户提供服务取得劳务收入,因此,是企业的经营场所,属于自用房地产。

2. 作为存货的房地产

作为存货的房地产,通常是指房地产开发企业在正常经营过程中销售的或为销售而正在开发的商品房和土地。这部分房地产属于房地产开发企业的存货,其生产、销售构成企业的主营业务活动,产生的现金流量也与企业的其他资产密切相关。因此,具有存货性质的房地产不属于投资性房地产。

从事房地产经营开发的企业依法取得的、用于开发后出售的土地使用权,属于房地产开发企业的存货,即使房地产开发企业决定待增值后再转让其开发的土地,也不得将其确认为投资性房地产。

在实务中,存在某项房地产部分自用或作为存货出售,部分用于赚取租金或资本增值的情形。如果该项房地产不同用途的部分能够单独计量和出售,应当分别确认为固定资产(或无形资产、存货)和投资性房地产。例如,某开发商建造了一栋商住两用楼盘,一层出租给一家大型超市,已签订经营租赁合同;其余楼层均为普通住宅,正在公开销售中。这种情况下,如果一层商铺能够单独计量和出售,应当确认为该企业的投资性房地产,其余楼层为该企业的存货,即开发产品。

三、投资性房地产的确认条件

投资性房地产只有在符合定义的前提下,同时满足下列条件的,才能予以确认:

(1) 与该投资性房地产有关的经济利益很可能流入企业;

(2) 该投资性房地产的成本能够可靠地计量。

对于已出租的土地使用权和已出租的建筑物,确认为投资性房地产的时点一般为租赁期开始日,即土地使用权和建筑物已进入出租状态、开始赚取租金的日期。但企业持有以备经营出租、可视为投资性房地产的空置建筑物或在建建筑物,确认为投资性房地产的时点是企业董事会或类似机构就该事项作出正式书面决议的日期。对于持有并准备增值后转让的土地使用权,确认为投资性房地产的时点是企业将自用土地使用权停止自用,准备增值后转让的日期。

四、投资性房地产的后续计量模式

投资性房地产的后续计量模式有成本模式和公允价值模式两种。企业通常应当采用成本模式对投资性房地产进行后续计量,有确凿证据表明投资性房地产的公允价值能够持续可靠取得的,也可以采用公允价值模式对投资性房地产进行后续计量。同一个企业只能采用一种后续计量模式,不得对一部分投资性房地产采用成本模式计量,对另一部分投资性房地产采用公允价值模式计量。

企业选择公允价值模式,就应当对其所有投资性房地产采用公允价值模式计量。在极少数情况下,采用公允价值模式对投资性房地产进行后续计量的企业,有证据表明某项投资性房地产在首次取得时(或某项房地产在完成建造或开发活动或改变用途后首次成为投资性房地产时),其公允价值不能持续可靠地取得,应当对该投资性房地产采用成本模式计量直至处置,并且假设无残值。但是,采用成本模式对投资性房地产进行后续计量的企业,即使有证据表明某项投资性房地产在首次取得时,其公允价值能够持续可靠地取得,仍应当对该投资性房地产采用成本模式计量。

第二节　投资性房地产的初始计量

本节内容框架

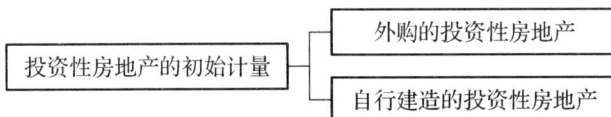

```
投资性房地产的初始计量 ──┬── 外购的投资性房地产
                        └── 自行建造的投资性房地产
```

投资性房地产无论采用哪一种后续计量模式,取得时均应当按照成本进行初始计量。投资性房地产的成本一般应当包括取得投资性房地产时和直至使该项投资性房地产达到预定可使用状态前所发生的各项必要的、合理的支出,如购买价款、土地开发费、建筑安装成本、应予以资本化的借款费用等。投资性房地产的取得渠道不同,成本的具体构成内容就会有所不同。

一、外购的投资性房地产

企业外购房地产的成本包括购买价款、相关税费和可直接归属于该资产的其他支出。如果外购的房地产部分用于出租(或资本增值)、部分自用,用于出租(或资本增值)的部分可以单独确认为投资性房地产的,应按照不同部分的公允价值占公允价值总额的比例将成本在不同部分之间进行合理分配。

采用成本模式计量的企业,外购投资性房地产时,应按照确定的实际成本,借记"投资性房地产"科目,贷记"银行存款"等科目。采用公允价值模式计量的企业,应当在"投资性房地产"科目下设置"成本"和"公允价值变动"两个明细科目,分别核算投资性房地产的取得成本和持有期间的累计公允价值变动金额,外购投资性房地产时,按照确定的实际成本,借记"投资性房地产——成本"科目,贷记"银行存款"等科目。

【例9-1】 2021年8月,虞山公司计划购入写字楼用于对外出租。8月10日,虞山公司与B公司签订了经营租赁合同,约定自写字楼购买日起,将该写字楼出租给B公司使用,租赁期为5年。8月31日,虞山公司购入写字楼,实际支付购买价款2 400万元(假定不考虑相关税费)。根据租赁合同,租赁期开始日为2021年9月1日。

(1)假定虞山公司采用成本模式进行后续计量。

借:投资性房地产——写字楼　　　　　　　　　　　　　24 000 00

　　贷:银行存款　　　　　　　　　　　　　　　　　　　　　　24 000 000

(2)假定虞山公司采用公允价值模式进行后续计量。

借:投资性房地产——写字楼(成本)　　　　　　　　　24 000 000

　　贷:银行存款　　　　　　　　　　　　　　　　　　　　　　24 000 000

二、自行建造的投资性房地产

企业自行建造的房地产,其成本由建造该项资产达到预定可使用状态前发生的必要支出构成,包括土地开发费、建筑安装成本、应予以资本化的借款费用、支付的其他费用和分摊的间接费用等。建造过程中发生的非正常损失直接计入当期营业外收支,不计入建造成本。采用成本模式计量的企业,自行建造的投资性房地产达到可使用状态时,应按照确定的实际成本,借记"投资性房地产"科目,贷记"投资性房地产——在建"科目或"在建工程""开发产品"等科目;采用公允价值模式计量的企业,自行建造的投资性房地产达到可使用状态时,应按照确定的实际成本,借记"投资性房地产——成本"科目,贷记"投资性房地产——在建"科目或"在建工程""开发产品"等科目。

【例 9 - 2】 2021 年 2 月,虞山公司以 780 万元的成本从其他单位购入一项土地使用权,用于自行建造 3 栋厂房。2021 年 10 月 31 日,3 栋厂房同时完工,实际造价均为 1 500 万元,能够单独出售。同日,虞山公司董事会作出书面决议,将其中一栋厂房用于经营出租,并与 C 公司签订了经营租赁合同,将该栋厂房出租给 C 公司使用,租赁期为 5 年,租赁期开始日为 2021 年 11 月 1 日。其余两栋厂房作为生产车间,用于本企业的产品生产。

(1) 假定虞山公司采用成本模式进行后续计量。

转换为投资性房地产的土地使用权成本$=780\times\dfrac{1\ 500}{4\ 500}=260$(万元)

借:固定资产——厂房	30 000 000
投资性房地产——厂房	15 000 000
贷:在建工程	45 000 000
借:投资性房地产——土地使用权	2 600 000
贷:无形资产——土地使用权	2 600 000

(2) 假定虞山公司采用公允价值模式进行后续计量。

借:固定资产——厂房	30 000 000
投资性房地产——厂房(成本)	15 000 000
贷:在建工程	45 000 000
借:投资性房地产——土地使用权(成本)	2 600 000
贷:无形资产——土地使用权	2 600 000

第三节　投资性房地产的后续计量

本节内容框架

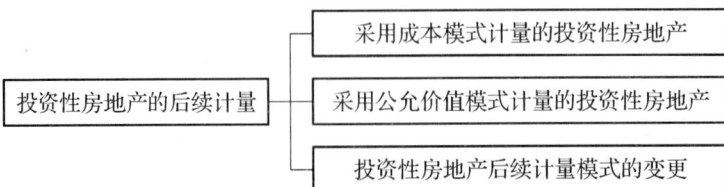

```
                          ┌─────────────────────────────┐
                          │ 采用成本模式计量的投资性房地产    │
                          └─────────────────────────────┘
┌──────────────────┐     ┌─────────────────────────────┐
│ 投资性房地产的后续计量 │─────│ 采用公允价值模式计量的投资性房地产 │
└──────────────────┘     └─────────────────────────────┘
                          ┌─────────────────────────────┐
                          │ 投资性房地产后续计量模式的变更    │
                          └─────────────────────────────┘
```

根据投资性房地产准则的规定,投资性房地产应当按照成本进行初始确认和计量。在后续计量时,通常应当采用成本模式,满足特定条件的情况下也可以采用公允价值模式。但是,同一企业只能采用一种模式对所有投资性房地产进行后续计量,不得同时采用两种计量模式进行后续计量。

一、采用成本模式计量的投资性房地产

企业选择成本模式,就应当对其所有投资性房地产采用成本模式进行后续计量。采用成本模式进行后续计量的企业,对投资性房地产会计处理的基本要求与固定资产或无形资产相同,即按照固定资产的有关规定按月计提折旧,或者按照无形资产的有关规定按月摊销成本,计提的折旧或摊销的成本计入其他业务成本。按月计提折旧时,按照计算的建筑物月折旧额,借记"其他业务成本"科目,贷记"投资性房地产累计折旧"科目;按月摊销成本时,按照计算的土地使用权月摊销额,借记"其他业务成本"科目,贷记"投资性房地产累计摊销"科目。投资性房地产取得的租金收入,借记"银行存款"等科目,贷记"其他业务收入"等科目。投资性房地产存在减值迹象的,适用《企业会计准则第8号——资产减值》的有关规定,经减值测试后确定发生减值的,应当计提减值准备,借记"资产减值损失"科目,贷记"投资性房地产减值准备"科目。已经计提减值准备的投资性房地产,其减值损失在以后的会计期间不得转回。

【同步思考例 9 - 2】 单项选择题

甲公司对投资性房地产以成本模式进行后续计量,2021 年 1 月 10 日甲公司以银行存款 9 600 万元购入一栋写字楼并立即出租,甲公司预计该写字楼的使用寿命为 40 年,预计净残值为 120 万元,采用年限平均法计提折旧。不考虑其他因素,2021 年甲公司应对该写字楼计提折旧金额为( )万元。

A. 240　　　　　　　　　　　　　B. 220

C. 217.25　　　　　　　　　　　　D. 237

【答案】 C

【解析】 2021 年年末甲公司对该写字楼计提折旧 $= \dfrac{9\,600-120}{40} \times \dfrac{11}{12} = 217.25$(万元)。

【例 9 - 3】 2019 年 8 月 31 日,虞山股份有限公司购入写字楼,实际支付购买价款 2 400 万元(假定不考虑相关税费)。该写字楼预计使用寿命为 20 年,预计净残值为零,采用直线法计提折旧。2019 年 9 月 1 日,虞山公司将该外购的写字楼以经营租赁方式出租给 B 公司使用,租赁合同约定,写字楼租赁期为 5 年,年租金为 138 万元(假定不考虑相关税费),B 公司须于每年 8 月 31 日之前预付下一租赁年度的租金。虞山公司对投资性房地产采用成本模式进行后续计量。2021 年 12 月 31 日,写字楼出现减值迹象,经减值测试,确定其可收回金额为 1 800 万元。

(1) 2019 年 8 月 31 日,预收租金。

借:银行存款　　　　　　　　　　　　　　　　　　　　　1 380 000

$\qquad$　贷：预收账款——B 公司　　　　　　　　　　　　　　　　　1 380 000

（2）2019 年 9 月 30 日，计提折旧。

$$月折旧额 = \frac{2\ 400}{20} \times \frac{1}{12} = 10（万元）$$

借：其他业务成本　　　　　　　　　　　　　　　　　　　100 000

$\qquad$　贷：投资性房地产累计折旧　　　　　　　　　　　　　　　100 000

（3）2019 年 9 月 30 日，确认租金收入。

月租金收入 = 138 ÷ 12 = 11.5（万元）

借：预收账款——B 公司　　　　　　　　　　　　　　　　115 000

$\qquad$　贷：其他业务收入　　　　　　　　　　　　　　　　　　　115 000

（4）2019 年 12 月 31 日，计提减值准备。

投资性房地产账面价值 = 2 400 - 10 × 28 = 2 120（万元）

投资性房地产减值金额 = 2 120 - 1 800 = 320（万元）

借：资产减值损失　　　　　　　　　　　　　　　　　3 200 000

$\qquad$　贷：投资性房地产减值准备　　　　　　　　　　　　　　3 200 000

二、采用公允价值模式计量的投资性房地产

（一）采用公允价值模式计量的条件

只有存在确凿证据表明投资性房地产的公允价值能够持续可靠取得的，才可以采用公允价值模式计量。

采用公允价值模式计量的投资性房地产，应当同时满足下列条件：

（1）投资性房地产所在地有活跃的房地产交易市场。所在地，通常是指投资性房地产所在的城市。对于大中型城市，应当为投资性房地产所在的城区。

（2）企业能够从活跃的房地产交易市场上取得同类或类似房地产的市场价格及其他相关信息，从而对投资性房地产的公允价值做出合理的估计。同类或类似的房地产，对建筑物而言，是指所处地理位置和地理环境相同、性质相同、结构类型相同或相近、新旧程度相同或相近、可使用状况相同或相近的建筑物；对土地使用权而言，是指同一城区、同一位置区域、所处地理环境相同或相近、可使用状况相同或相近的土地。

投资性房地产的公允价值，是指在公平交易中，熟悉情况的当事人之间自愿进行房地产交换的价格。确定投资性房地产的公允价值时，可以参照活跃市场上同类或类似房地产的现行市场价格（市场公开报价）；无法取得同类或类似房地产现行市场价格的，可以参照活跃市场上同类或类似房地产的最近交易价格，并考虑交易情况、交易日期、所在区域等因素，对投资性房地产的公允价值做出合理的估计；也可以基于预计未来获得的租金收益和相关现金流量的现值计量。

（二）采用公允价值模式计量的会计处理

投资性房地产采用公允价值计量的，不对投资性房地产计提折旧或进行摊销，应当以资产负债表日投资性房地产的公允价值为基础调整其账面价值，公允价值与原账面

价值之间的差额计入当期损益。资产负债表日,投资性房地产的公允价值高于其账面余额时,应按二者之间的差额,调增投资性房地产的账面余额,同时确认公允价值的收益,借记"投资性房地产——公允价值变动"科目,贷记"公允价值变动损益"科目;投资性房地产的公允价值低于其账面余额时,应按二者之间的差额,调减投资性房地产的账面余额,同时确认公允价值下跌的损失,借记"公允价值变动损益"科目,贷记"投资性房地产——公允价值变动"科目。

【同步思考例 9－3】 多项选择题

下列有关投资性房地产后续计量会计处理的表述中,正确的有(   )。
A. 不同企业可以分别采用成本模式或公允价值模式
B. 满足特定条件时可以采用公允价值模式
C. 同一企业可以分别采用成本模式和公允价值模式
D. 同一企业不得同时采用成本模式和公允价值模式

【答案】ABD

【解析】投资性房地产核算,同一企业不得同时采用成本模式和公允价值模式。

【例 9－4】 2021 年 5 月 20 日,某房地产开发公司与 D 公司签订经营租赁协议,约定将房地产开发公司自行开发的一栋写字楼于开发完成后租赁给 D 公司使用,租赁期为 8 年。该房地产开发公司对投资性房地产采用公允价值模式进行后续计量。2021 年 6 月 1 日,写字楼开发完成,实际造价为 7 500 万元,根据租赁协议,当日即为租赁期开始日。2021 年 12 月 31 日,该写字楼的公允价值为 8 000 万元。

(1) 2021 年 6 月 1 日,写字楼开发完成并出租。

借:投资性房地产——写字楼(成本)　　　　　　　　　　75 000 000
　　贷:开发成本　　　　　　　　　　　　　　　　　　　　　75 000 000

(2) 2021 年 12 月 31 日,确认公允价值变动损益。

借:投资性房地产——写字楼(公允价值变动)　　　　　　5 000 000
　　贷:公允价值变动损益　　　　　　　　　　　　　　　　　5 000 000

三、投资性房地产后续计量模式的变更

为保证会计信息的可比性,企业对投资性房地产的计量模式一经确定,不得随意变更。只有在房地产市场比较成熟、有确凿证据表明投资性房地产的公允价值能够持续可靠取得,可以满足采用公允价值模式条件的情况下,企业才能将投资性房地产的计量从成本模式转为公允价值模式,但公允价值模式不得转为成本模式。

成本模式转为公允价值模式的,应当作为会计政策变更处理,要进行追溯调整,将计量模式变更时公允价值与账面价值的差额,调整期初留存收益(利润分配——未分配利润、盈余公积)。

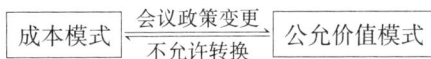

成本模式 ⇌ 公允价值模式
会议政策变更 / 不允许转换

【例 9－5】 虞山股份有限公司的投资性房地产原采用成本模式进行后续计量。由于

虞山公司所在地的房地产市场现已比较成熟,房地产的公允价值能够持续可靠地取得,可以满足采用公允价值模式进行后续计量。虞山公司作为投资性房地产核算的资产有两项,一项是成本为 5 600 万元、累计已提折旧为 700 万元的写字楼;另一项是成本为 1 800 万元、累计已摊销金额为 450 万元的土地使用权。2021 年 1 月 1 日,写字楼的公允价值为 5 200 万元,土地使用权的公允价值为 1 600 万元。虞山公司按净利润的 10% 提取盈余公积。

(1) 写字楼转为公允价值模式计量。

借:投资性房地产——写字楼(成本)   52 000 000

  投资性房地产累计折旧   7 000 000

  贷:投资性房地产——写字楼   56 000 000

    盈余公积   300 000

    利润分配——未分配利润   2 700 000

(2) 土地使用权转为公允价值模式计量。

借:投资性房地产——土地使用权(成本)   16 000 000

  投资性房地产累计摊销   4 500 000

  贷:投资性房地产——土地使用权   18 000 000

    盈余公积   2 50 000

    利润分配——未分配利润   2 250 000

第四节　投资性房地产的后续支出

本节内容框架

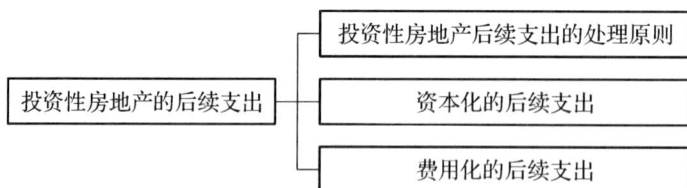

一、投资性房地产后续支出的处理原则

投资性房地产的后续支出,是指已确认为投资性房地产的项目在持有期间发生的与投资性房地产使用效能直接相关的各种支出,如改建扩建支出、装修装潢支出、日常维修支出等。投资性房地产发生的后续支出,如果延长了投资性房地产的使用寿命或明显改良了投资性房地产的使用效能,从而导致流入企业的经济利益超过了原先的估计,能够满足投资性房地产确认条件的,应当计入投资性房地产的成本。例如,企业为了使投资性房地产更加坚固耐用而对其进行改扩建所发生的支出,或为了提高投资性房地产使用效能

而对其进行装修装潢所发生的支出,一般可以满足投资性房地产的确认条件,应当将其资本化,计入投资性房地产的成本。

投资性房地产发生的后续支出,如果只是维护或恢复房地产原有的使用效能,不可能导致流入企业的经济利益超过原先的估计,应当在发生时计入当期损益。例如,企业为了保持投资性房地产的正常使用效能而对其进行日常维护和修理所发生的支出,不能满足投资性房地产的确认条件,应当将其费用化,计入支付当期损益。

二、资本化的后续支出

企业将某项投资性房地产进行改扩建等再开发,如果再开发活动完成后仍作为投资性房地产的,再开发期间应继续将其作为投资性房地产,再开发期间不计提折旧或摊销。采用成本模式计量的,投资性房地产转入再开发时,应将其转为在建的投资性房地产,即按其账面价值,借记"投资性房地产——在建"科目,按其累计已提折旧或累计已摊销金额,借记"投资性房地产累计折旧(摊销)"科目,按其账面原价,贷记"投资性房地产"科目;发生的资本化改扩建支出或装修装潢支出,计入投资性房地产的成本,借记"投资性房地产——在建"科目,贷记"银行存款"等科目;改建扩建或装修装潢完成后,应当从在建的投资性房地产转回到在用的投资性房地产,借记"投资性房地产"科目,贷记"投资性房地产——在建"科目。

【例 9 - 6】虞山股份有限公司对投资性房地产采用成本模式进行后续计量,该公司与 B 公司签订的一项厂房经营租赁合同即将于 2020 年 12 月 31 日到期,该厂房原价为 1 850 万元,租赁合同到期日累计已提折旧为 370 万元。为了提高厂房的租金收入,虞山公司决定在租赁期满后对厂房进行改建,并与 C 公司签订了经营租赁合同,约定自改建完工之日起将厂房出租给 C 公司使用。2020 年 12 月 31 日,与 B 公司的租赁合同到期,厂房随即转入改建工程,在改建过程中,用银行存款支付改建支出 160 万元。2021 年 8 月 31 日,厂房改建工程完工,即日按照租赁合同将厂房出租给 C 公司。

(1) 2020 年 12 月 31 日,将厂房转入改建工程。

借:投资性房地产——厂房(在建)	14 800 000
投资性房地产累计折旧	3 700 000
贷:投资性房地产——厂房	18 500 000

(2) 2021 年 1 月 1 日—8 月 31 日,发生改建支出。

借:投资性房地产——厂房(在建)	1 600 000
贷:银行存款	1 600 000

(3) 2021 年 8 月 31 日,改建工程完工。

改建后厂房价值=1 480+160=1 640(万元)

借:投资性房地产——厂房	16 400 000
贷:投资性房地产——厂房(在建)	16 400 000

采用公允价值模式计量的,投资性房地产转入再开发时,按其账面余额,借记"投资性房地产——在建"科目,贷记"投资性房地产——成本"科目,按其累计公允价值变动金额,贷记(或借记)"投资性房地产——公允价值变动"科目;发生的资本化改建扩建支出或装

修装潢支出,借记"投资性房地产——在建"科目,贷记"银行存款";改扩建或装修装潢完成后,将在建的投资性房地产转回到在用的投资性房地产时,借记"投资性房地产——成本"科目,贷记"投资性房地产——在建"科目。

【例 9-7】 接【例 9-6】资料。现假定虞山股份有限公司对投资性房地产采用公允价值模式进行后续计量,2020 年 12 月 31 日,厂房账面余额为 2 150 万元,其中成本为 1 850 万元,累计公允价值变动余额为 300 万元,其他条件不变,则虞山公司有关厂房改建的会计处理如下:

(1) 2020 年 12 月 31 日,将厂房转入改建工程。

借:投资性房地产——厂房(在建) 21 500 000

    贷:投资性房地产——厂房(成本) 18 500 000

           ——厂房(公允价值变动) 3 000 000

(2) 2021 年 1 月 1 日—8 月 31 日,发生改建支出。

借:投资性房地产——厂房(在建) 1 600 000

    贷:银行存款 1 600 000

(3) 2021 年 8 月 31 日,改建工程完工。

改建后厂房价值=2 150+160=2 310(万元)

借:投资性房地产——厂房(成本) 23 100 000

    贷:投资性房地产——厂房(在建) 23 100 000

三、费用化的后续支出

与投资性房地产有关的后续支出,不能满足投资性房地产确认条件的,应当作为费用化的后续支出,于发生时计入当期损益,借记"其他业务成本"等科目,贷记"银行存款"等科目。

第五节　投资性房地产与非投资性房地产的转换

本节内容框架

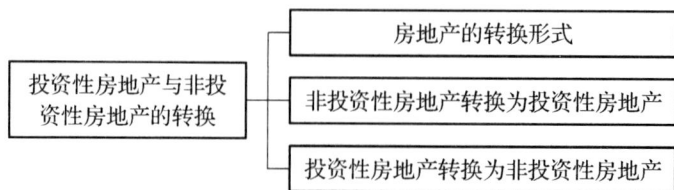

一、房地产的转换形式

房地产的转换,是因房地产用途发生改变而对房地产进行的重新分类。企业必须有确凿证据表明房地产用途发生了改变,才能将非投资性房地产转换为投资性房地产或者将投资性房地产转换为非投资性房地产。这里的确凿证据包括两个方面:一是企业董事会或者类似机构应当就改变房地产用途形成正式的书面决议;二是房地产因用途改变而发生实际状态上的改变,如从自用状态转为出租状态。房地产的转换形式具体包括以下几种:

(1)自用房地产转换为投资性房地产,包括自用土地使用权停止自用,改为用于赚取租金或资本增值,相应地由无形资产转换为投资性房地产;自用建筑物停止自用,改为出租,相应地由固定资产转换为投资性房地产。

(2)作为存货的房地产转换为投资性房地产,通常指房地产开发企业将其持有的开发产品以经营租赁的方式出租,相应地由存货转换为投资性房地产。

(3)投资性房地产转换为自用房地产,包括将用于赚取租金或资本增值的土地使用权改为自用,相应地由投资性房地产转换为无形资产;将用于出租的建筑物收回,改为自用,相应地由投资性房地产转换为固定资产。

(4)投资性房地产转换为存货,通常指房地产开发企业将以经营租赁方式租出的开发产品收回,重新用于对外出售,相应地由投资性房地产转换为存货。

二、非投资性房地产转换为投资性房地产

(一)自用房地产转换为投资性房地产

企业将原本用于生产商品、提供劳务或经营管理的房地产改用于出租,通常应于租赁期开始日,将相应的固定资产或无形资产转换为投资性房地产。对不再用于日常生产经营活动且经整理后达到可经营出租状况的房地产,如果企业董事会或类似机构正式作出书面决议,明确表明其自用房地产用于经营出租且持有意图短期内不再发生变化的,应视为自用房地产转换为投资性房地产,转换日为企业董事会或类似机构作出书面决议的日期。自用土地使用权停止自用,改为用于资本增值,转换日是指企业停止将该项土地使用权用于生产商品、提供劳务或经营管理且企业董事会或类似机构作出房地产转换决议的日期。

(1)企业将自用土地使用权或建筑物转换为采用成本模式计量的投资性房地产时,应当按该项建筑物或土地使用权在转换日的原价、累计折旧、减值准备等,分别转入"投资性房地产""投资性房地产累计折旧(摊销)""投资性房地产减值准备"科目,按其账面余额,借记"投资性房地产"科目,贷记"固定资产"或"无形资产"科目,按已计提的折旧或摊销,借记"累计折旧"或"累计摊销"科目,贷记"投资性房地产累计折旧(摊销)"科目,原已计提减值准备的,借记"固定资产减值准备"或"无形资产减值准备"科目,贷记"投资性房地产减值准备"科目。

【例9-8】　虞山股份有限公司决定将因转产而闲置的一栋厂房用于对外出租。2021年6月10日,虞山公司与B公司签订了经营租赁协议,将厂房出租给B公司使用,租赁期开始日为2021年7月1日,租赁期为5年。2021年7月1日,厂房账面原价1 200万元,累计已提折旧300万元。虞山公司对投资性房地产采用成本模式计量。

借:投资性房地产——厂房 　　　　　　　　　　　　　　　12 000 000
　　累计折旧 　　　　　　　　　　　　　　　　　　　　　3 000 000
　　贷:固定资产——厂房 　　　　　　　　　　　　　　　　12 000 000
　　　　投资性房地产累计折旧 　　　　　　　　　　　　　　3 000 000

（2）企业将自用房地产转换为采用公允价值模式计量的投资性房地产时，应当按该项土地使用权或建筑物在转换日的公允价值，借记"投资性房地产——成本"科目；按已计提的累计摊销或累计折旧，借记"累计摊销"或"累计折旧"科目；原已计提减值准备的，借记"无形资产减值准备""固定资产减值准备"科目；按其账面余额，贷记"固定资产"或"无形资产"科目。同时，转换日的公允价值小于账面价值的，按其差额，借记"公允价值变动损益"科目；转换日的公允价值大于账面价值的，按其差额，贷记"其他综合收益"科目。待该项投资性房地产处置时，因转换计入其他综合收益的部分应转入当期损益。

【例 9 - 9】 某房地产开发公司的办公楼处于商业繁华地段，为了获得更大的经济利益，该公司决定将办公地点迁往新址，原办公楼腾空后用于出租，以赚钱租金收入。2020 年 10 月，房地产开发公司完成了办公地点的搬迁工作，原办公楼停止自用。2020 年 12 月，房地产开发公司与 D 公司签订了租赁协议，将原办公楼出租给 D 公司使用，租赁期开始日为 2021 年 1 月 1 日，租赁期为 3 年。该办公楼原价为 25 000 万元，累计已提折旧 7 500 万元。该房地产开发公司对投资性房地产采用公允价值模式计量。

（1）假定办公楼 2021 年 1 月 1 日的公允价值为 17 000 万元。

借：投资性房地产——办公楼（成本）		170 000 000
公允价值变动损益		5 000 000
累计折旧		75 000 000
贷：固定资产——办公楼		250 000 000

（2）假定办公楼 2021 年 1 月 1 日的公允价值为 18 000 万元。

借：投资性房地产——办公楼（成本）		180 000 000
累计折旧		75 000 000
贷：固定资产——办公楼		250 000 000
其他综合收益		5 000 000

（二）作为存货的房地产转换为投资性房地产

房地产开发企业将其持有的开发产品以经营租赁的方式出租，转换日通常为房地产的租赁期开始日。租赁期开始日是指承租人有权行使其使用租赁资产权利的日期。对于企业自行建造或开发完成但尚未使用的建筑物，如果企业董事会或类似机构正式作出书面决议，明确表示将其用于经营出租且有意图短期内不再发生变化，应视为存货转换为投资性房地产，转换日为企业董事会或类似机构作出书面决议的日期。

（1）企业将作为存货的房地产转换为采用成本模式计量的投资性房地产时，应当按该项存货在转换日的账面价值，借记"投资性房地产"科目，原已计提跌价准备的，借记"存货跌价准备"，按其账面余额，贷记"开发产品"等科目。

【例 9 - 10】 2021 年 6 月 10 日，某房地产开发公司与 C 公司签订了租赁协议，将其开发的一栋原准备出售的写字楼出租给 C 公司使用，租赁期开始日为 2021 年 7 月 1 日。该写字楼的实际建造成本为 65 000 万元，未计提存货跌价准备。该房地产开发公司对投资性房地产采用成本模式计量。

借：投资性房地产——写字楼		650 000 000
贷：开发产品		650 000 000

　　(2)企业将作为存货的房地产转换为采用公允价值模式计量的投资性房地产时,应当按该项房地产在转换日的公允价值,作为投资性房地产的入账价值。公允价值小于原账面价值的差额,计入当期损益;公允价值大于原账面价值的差额,计入其他综合收益,待该项投资性房地产处置时,转入处置当期损益。转换时,按该项房地产的公允价值,借记"投资性房地产——成本"科目,按已计提的跌价准备,借记"存货跌价准备"科目,按其账面余额,贷记"开发产品"等科目。同时,转换日的公允价值小于账面价值的,按其差额,借记"公允价值变动损益"科目;转换日的公允价值大于账面价值的,按其差额,贷记"其他综合收益"科目。

　　【例 9 - 11】 接【例 9 - 10】资料。现假定该房地产开发公司对投资性房地产采用公允价值模式计量,2021 年 7 月 1 日,写字楼的公允价值为 68 000 万元,其他条件不变。则该房地产开发公司将作为存货的房地产转换为投资性房地产的处理如下:

　　借:投资性房地产——写字楼(成本)　　　　　　　　　680 000 000
　　　贷:开发产品　　　　　　　　　　　　　　　　　　　　650 000 000
　　　　　其他综合收益　　　　　　　　　　　　　　　　　　30 000 000

三、投资性房地产转换为非投资性房地产

(一)投资性房地产转换为自用房地产

　　企业将原本用于赚取租金或资本增值的房地产改用于生产商品、提供劳务或经营管理,转换日是指房地产达到自用状态,企业开始将房地产用于生产商品、提供劳务或者经营管理的日期。

　　(1)企业将采用成本模式计量的投资性房地产转换为自用房地产时,应当按该项投资性房地产在转换日的账面余额、累计折旧、减值准备等,分别转入"固定资产""累计折旧""固定资产减值准备"等科目,按其账面余额,借记"固定资产"或"无形资产"科目,贷记"投资性房地产"科目,按已计提的折旧或摊销,借记"投资性房地产累计折旧(摊销)"科目,贷记"累计折旧"或"累计摊销"科目,原已计提减值准备的,借记"投资性房地产减值准备"科目,贷记"固定资产减值准备"或"无形资产减值准备"科目。

　　【例 9 - 12】 2021 年 7 月 1 日,虞山公司将出租的厂房收回,开始用于本企业的产品生产。厂房在转换前采用成本模式计量,账面原价为 2 000 万元,累计已提折旧为 450 万元。

　　借:固定资产——厂房　　　　　　　　　　　　　　　　20 000 000
　　　投资性房地产累计折旧　　　　　　　　　　　　　　　4 500 000
　　　贷:投资性房地产——厂房　　　　　　　　　　　　　　20 000 000
　　　　　累计折旧　　　　　　　　　　　　　　　　　　　　4 500 000

　　(2)企业将采用公允价值模式计量的投资性房地产转换为自用房地产时,应当以转换日的公允价值作为自用房地产的账面价值,公允价值与原账面价值的差额计入当期损益。转换时,按该项投资性房地产的公允价值,借记"固定资产"或"无形资产"科目,按该项投资性房地产的成本,贷记"投资性房地产——成本"科目,按该项投资性房地产的累计公允价值变动,贷记或借记"投资性房地产——公允价值变动"科目,按其差额,贷记或借记"公允价值变动损益"科目。

　　【例 9 - 13】 2021 年 3 月 1 日,某房地产开发公司对外出租的写字楼租赁期满予以

收回,准备作为办公楼用于本企业的行政管理。写字楼在转换前采用公允价值模式计量,原账面价值为 8 500 万元,其中,成本为 8 000 万元,公允价值变动(截至 2020 年 12 月 31日)为 500 万元。2021 年 3 月 1 日,写字楼开始自用,当日的公允价值为 8 600 万元。

```
借:固定资产——写字楼                              86 000 000
    贷:投资性房地产——写字楼(成本)                    80 000 000
                  ——写字楼(公允价值变动)               5 000 000
        公允价值变动损益                               1 000 000
```

(二)投资性房地产转换为存货

房地产开发企业将用于经营出租的房地产收回,重新开发用于对外销售,转换日为租赁期届满、企业董事会或类似机构作出书面决议明确表明将其重新开发用于对外销售的日期。

(1)将采用成本模式进行后续计量的投资性房地产转换为存货,应将该房地产转换前的账面价值作为转换后存货的入账价值。转换时,应当按照该项投资性房地产在转换日的账面价值,借记"开发产品"科目,按照累计已提折旧或累计已摊销金额,借记"投资性房地产累计折旧(摊销)"科目,原已计提减值准备的,按已计提的减值准备金额,借记"投资性房地产减值准备"科目,按其余额,贷记"投资性房地产"科目。

【例 9-14】 某房地产开发公司将其开发的一栋写字楼以经营租赁方式出租给其他单位使用。2021 年 4 月 1 日,因租赁期满,该房地产开发公司将出租的写字楼收回,并作出书面决议,将写字楼重新开发用于对外销售。写字楼在转换前采用成本模式计量,账面原价为 5 800 万元,已计提折旧为 420 万元,已计提的减值准备金额为 200万元。

```
借:开发产品                                        51 800 000
    投资性房地产累计折旧                                4 200 000
    投资性房地产减值准备                                2 000 000
    贷:投资性房地产——写字楼                            58 000 000
```

(2)将采用公允价值模式进行后续计量的投资性房地产转换为存货,应当以转换日的公允价值作为存货的账面价值,公允价值与原账面价值的差额计入当期损益(公允价值变动损益)。

【例 9-15】 接【例 9-14】资料。现假定写字楼在转换前采用公允价值模式计量,原账面价值为 6 200 万元,其中,成本为 5 800 万元,公允价值变动(截至 2020 年 12 月 31日)为 400 万元;2021 年 4 月 1 日,写字楼的公允价值为 6 300 万元。其他条件不变。则该房地产开发公司将投资性房地产转换为存货的会计处理如下:

```
借:开发产品                                        63 000 000
    贷:投资性房地产——写字楼(成本)                    58 000 000
                  ——写字楼(公允价值变动)               4 000 000
        公允价值变动损益                               1 000 000
```

【同步思考例 9-4】 多项选择题

企业将自用房地产转换为以公允价值模式计量的投资性房地产时,转换日的公允价值与原账面价值的差额,可能影响的财务报表项目有(   )。

A. 资本公积

B. 其他综合收益

C. 公允价值变动收益

D. 投资收益

【答案】 BC

【解析】 企业将自用房地产转换为以公允价值模式进行后续计量的投资性房地产,转换日公允价值大于账面价值的差额计入其他综合收益,公允价值小于账面价值的差额计入公允价值变动损益,选项 B 和 C 正确。

表 9-1 投资性房地产与非投资性房地产的转换

	成本模式	公允价值模式
	（一）投转非	
1. 投资性房地产转为自用房地产	（原转原、折转折、摊转摊、准转准）对着转 借:固定资产/无形资产 　投资性房地产累计折旧(摊销) 　投资性房地产减值准备 　贷:投资性房地产 　　累计折旧/累计摊销 　　固定资产减值准备/无形资产减值准备	借:固定资产/无形资产(公允价值) 　贷:投资性房地产——成本 　　　　　　　　——公允价值变动 　　(可借可贷) 　　公允价值变动损益(可借可贷)
2. 投资性房地产转为存货	借:开发产品(倒挤) 　投资性房地产累计折旧(摊销) 　投资性房地产减值准备 　贷:投资性房地产	借:开发产品(转换日的公允价值) 　贷:投资性房地产——成本 　　　　　　　　——公允价值变动 　　(或借方) 　　公允价值变动损益(差额,可借可贷)
	（二）非转投	
1. 自用房地产转换为投资性房地产	（原转原、折转折、摊转摊、准转准） 借:投资性房地产 　累计折旧/累计摊销 　固定资产减值准备/无形资产减值准备 　贷:固定资产/无形资产 　　投资性房地产累计折旧(摊销) 　　投资性房地产减值准备	借:投资性房地产——成本(转换日的公允价值) 　累计折旧/累计摊销 　固定资产减值准备/无形资产减值准备 　公允价值变动损益(倒挤,借差) 　贷:固定资产/无形资产 　　其他综合收益(倒挤,贷差) 注:处置时,将其他综合收益、公允价值变动损益转入当期损益(其他业务成本)

续 表

成本模式		公允价值模式
2. 存货转换为投资性房地产	借:投资性房地产(倒挤) 　　存货跌价准备 　　贷:开发产品	借:投资性房地产——成本(转换日的公允价值) 　　存货跌价准备 　　公允价值变动损益(倒挤,借差) 　　贷:开发产品 　　　　其他综合收益(倒挤,贷差) 注:处置时,将其他综合收益、公允价值变动损益转入当期损益(其他业务成本)

第六节　投资性房地产的处置

本节内容框架

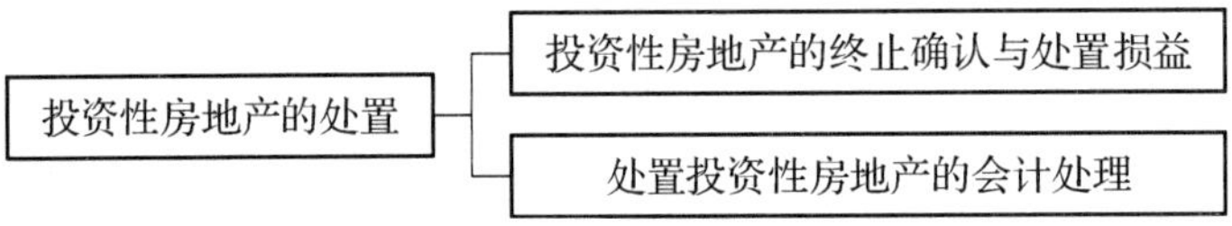

一、投资性房地产的终止确认与处置损益

投资性房地产的处置主要指投资性房地产的出售、报废和毁损,也包括对外投资、非货币性资产交换、债务重组等原因转出投资性房地产的情形。当投资性房地产被处置,或者永久退出使用且预计不能从其处置中取得经济利益时,应当终止确认该项投资性房地产。

投资性房地产在处置时会发生处置损益。出售、报废或毁损的投资性房地产,处置损益是指取得的处置收入扣除投资性房地产账面价值和相关税费后的金额。其中,处置收入包括出售价款、残料变价收入、保险及过失人赔款等项收入;账面价值是指投资性房地产的成本扣减累计计提折旧(摊销)和已计提的减值准备后的金额(采用成本模式计量的投资性房地产),或者是指投资性房地产的成本加上或减去累计公允价值变动后的金额(采用公允价值模式计量的投资性房地产);相关税费主要包括处置投资性房地产时发生的整理、拆卸、搬运等各项清理费用,以及出售建筑物或转让土地使用权而应当交纳的税费。投资性房地产的处置损益,应当计入当期损益。

二、处置投资性房地产的会计处理

(一) 采用成本模式计量的投资性房地产的处置

处置采用成本模式计量的投资性房地产时,应当按实际收到的金额,借记"银行存款"等科目,贷记"其他业务收入"科目;按该项投资性房地产的账面价值,借记"其他业务成本"科目;按其账面余额,贷记"投资性房地产"科目;按照已计提的折旧或摊销,借记"投资性房地产累计折旧(摊销)"科目;原已计提减值准备的,借记"投资性房地产减值准备"科目。

【例 9-16】 虞山公司将一栋写字楼用于对外出租,采用成本模式计量。租赁期届满后,虞山公司将该写字楼出售给 N 公司,合同价款为 12 500 万元,N 公司已用银行存款付清。出售时,该栋写字楼的成本为 11 000 万元,累计已提折旧 1 320 万元。假定不考虑相关税费。

借:银行存款	125 000 000
贷:其他业务收入	125 000 000
借:其他业务成本	96 800 000
投资性房地产累计折旧	13 200 000
贷:投资性房地产——写字楼	110 000 000

(二)采用公允价值模式计量的投资性房地产的处置

处置采用公允价值模式计量的投资性房地产时,应当按实际收到的金额,借记"银行存款"等科目,贷记"其他业务收入"科目;按该项投资性房地产的账面余额,借记"其他业务成本"科目;按其成本,贷记"投资性房地产——成本"科目;按其累计公允价值变动,贷记或借记"投资性房地产——公允价值变动"科目。同时结转投资性房地产累计公允价值变动。若存在原转换日计入其他综合收益的金额,也一并结转,计入处置当期其他业务成本。

【例 9-17】 2019 年 6 月 25 日,虞山公司与 C 公司签订经营租赁协议,将其原为自用的一栋写字楼出租给 C 公司使用,租期为 2 年,租赁期开始日为 2019 年 7 月 1 日。写字楼的实际建造成本为 46 000 万元。截至 2019 年 6 月 30 日,累计已提折旧 5 750 万元,虞山公司对投资性房地产采用公允价值模式计量。2019 年 7 月 1 日,写字楼的公允价值为 42 000 万元;2019 年 12 月 31 日,写字楼的公允价值为 41 000 万元;2020 年 12 月 31 日,写字楼的公允价值为 44 000 万元。2021 年 6 月 30 日,租赁期届满,虞山公司收回写字楼,并以 45 000 万元售出,价款已收存银行。假定不考虑相关税费。

(1) 2019 年 7 月 1 日,自用房地产转换为投资性房地产。

借:投资性房地产——写字楼(成本)	420 000 000
累计折旧	57 500 000
贷:固定资产——写字楼	460 000 000
其他综合收益	17 500 000

(2) 2019 年 12 月 31 日,确认公允价值变动。

借:公允价值变动损益	10 000 000
贷:投资性房地产——写字楼(公允价值变动)	10 000 000

(3) 2020 年 12 月 31 日,确认公允价值变动。

借:投资性房地产——写字楼(公允价值变动)	30 000 000
贷:公允价值变动损益	30 000 000

(4) 2021 年 6 月 30 日,出售投资性房地产。

借:银行存款   450 000 000
  贷:其他业务收入   450 000 000
借:其他业务成本   440 000 000
  贷:投资性房地产——写字楼(成本)   420 000 000
         ——写字楼(公允价值变动)   20 000 000
借:公允价值变动损益   20 000 000
  贷:其他业务成本   20 000 000
借:其他综合收益   17 500 000
  贷:其他业务成本   17 500 000

课后练习题   延伸阅读

第四篇　筹资篇

第十章　权益筹资

学习目标

1. 了解公司的组织形式。
2. 掌握所有者权益筹资的内容。
3. 掌握实收资本（股本）、其他权益工具、资本公积、其他综合收益、盈余公积、未分配利润的会计核算。

思政案例

上市公司的家底

作为一家上市公司的股东，不清楚所有者权益就像不知道自己的家底一样，那是万万不行的。所有者权益包含两个层面的内容：一是作为股东付出了什么，最直接的表现就是真金白银；二是公司为股东回报了什么，这个主要就是公司净利润的分配，除了让各自股东装进兜里的分红，还有没分配装进"公共钱袋"的。

分析：作为股东应该明白自己的付出（实收资本或股本）以及投资回报（分红以及未分配利润）等相关问题。

结论：没有投资就没有回报，天上不会掉馅饼。

阅读案例

郑州百文股份有限公司（集团）（简称郑百文）。前身为郑州市百货文化用品公司，是一个国有百货文化用品批发站。1988 年 12 月组建成立郑州市百货文化用品股份有限公司，并公开发行股票 400 万元。1992 年 7 月，更名为郑州百文股份有限公司（集团）。1996 年 4 月 18 日成为郑州市第一家上市企业和河南省首家商业股票上市公司，曾经在商业王国叱咤风云、红极一时。按照郑百文公布的数字，1997 年其销售收入达 76.73 亿元，净利润达 8 126 万元。进入了国内上市企业 100 强，被郑州市政府树为全市国有企业改革的一面红旗。然而，第二年（1998 年），郑百文即在中国股市创下每股净亏损 2.54 元的最高纪录，而上一年其还宣称每股盈利 0.448 元。1999 年，郑百文一年亏掉 9.8 亿元，再创沪深股市亏损之最。

分析：郑百文 1997 年销售收入达 76.73 亿元，净利润达 8 126 万元，而接下来的 1998

年以及 1999 年亏损创历史纪录,说明公司经营出现重大问题,导致相关所有者权益指标低劣。

思考:净利润、每股净亏损究竟是什么含义? 为什么这些指标对上市比较重要?

第一节　所有者权益概述

本节内容框架

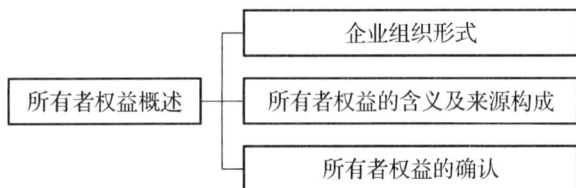

一、企业组织形式

我国的市场经济已形成多种经济成分并存的格局,在市场经济中,企业是主体,虽然企业所有制性质不同,但与所有者权益会计密切相关的不是企业所有制的性质,而是企业的组织形式。所有者权益会计,要解决不同企业应承担的风险及享有的权益。国际通行的做法是按企业资产经营的法律责任,把企业划分为非公司型企业和公司型企业。

(一)非公司型企业

1. 独资型企业

独资型企业也称私人独资企业。它是企业最简单、最原始的组织形式。企业的全部资产归出资者一人所有,企业的经营也由出资者个人承担,因此,企业的所有权与经营权是统一的。独资企业不具有法人资格,企业的所有者对企业的债务负有无限的清偿责任。这种类型的企业,一般规模比较小,资金来源有限,适用于生产条件和生产过程比较简单、财产经营规模比较小的生产经营活动,具有较大的局限性。

2. 合伙型企业

合伙型企业是两个或两个以上的合伙人按照协议共同出资,共同承担企业经营风险,并且对企业债务承担连带责任的企业。其最大的特点是,合伙人对债务承担无限连带责任。一旦发生债务,债权人可以向任何一个合伙人请求清偿全部债务。企业的事务通常由合伙人共同决定,然后再委托一个或部分合伙人去执行。合伙企业由于吸收了其他私人的投资,为扩大企业生产经营规模提供了一定的条件,而且是一种比私人独资企业先进的企业组织形式。但是,合伙企业也有很大的局限性,主要是权力分散、决策缓慢、筹资也比较困难,并且由于合伙人也不具有法人资格,合伙人对企业的债务要负无限责任,风险也比较大。

(二)公司型企业

公司是依据一定的法律程序申请登记设立,并以营利为目的的具有法人资格的经济组织。它有自己独立的财产,独立地承担经济责任,同时享有相应的民事权利。公司具有法人资格,这是区别于非法人企业,如独资企业、合伙企业的一个重要标志。法人是具有民事权利能力和民事行为能力,依法独立享有民事权利和承担民事义务的组织。因此,它必须具有独立的法人财产,自主经营、自负盈亏。公司是随着资本主义制度的发展,伴随着资本集中的过程而兴起的。这种企业组织形式比较适合规模比较大的生产经营企业。

《中华人民共和国公司法》(以下简称《公司法》)规定:"公司是指依照本法在中国境内设立的有限责任公司和股份有限公司。"可见,公司是以责任形式设立的,而不是以所有制或以行政隶属关系来建立的,公司包含多种经济成分,容纳多种来源的投资,不同的所有者都可以采用公司形式。我国《公司法》将公司分为有限责任公司和股份有限公司。

1. 有限责任公司

有限责任公司是指由一定数量的股东共同出资组成,股东仅就自己的出资额对公司的债务承担有限责任的公司。有限责任公司的股东不限于自然人,也可以是法人和政府(但其股东的数量有最高上限,有限责任公司的股东应在五十个以下)。有限责任公司对公司的资产不分为等额股份,不对外公开募集股份,不能发行股票。股东以其出资比例,享有公司权利,承担公司义务。公司股东以其出资额承担有限责任,并享有相应的权益。公司股份的转让有严格的限制,如需转让,应在其他股东同意的条件下方可进行。

按我国《公司法》的规定,可以设立一人有限责任公司。一人有限责任公司是指只有一个自然人股东或者一个法人股东的有限责任公司。一个自然人只能投资设立一个一人有限责任公司,该一人有限责任公司不能投资设立新的一人有限责任公司。一人有限责任公司应当在公司登记中注明自然人独资或者法人独资,并在公司经营执照中载明。一人有限责任公司的股东不能证明公司财产独立于股东或者法人自己的财产的,应当对公司债务承担连带责任。

按我国《公司法》规定,可以设立国有独资公司。国有独资公司是指国家单独出资、由国务院或者地方人民政府授权本级人民政府国有资产监督管理机构履行出资人职责的有限责任公司。国有独资公司不能设股东会,由国有资产监督管理机构行使股东会职权。国有独资公司应设有董事会,董事每届任期不得超过 3 年,董事会成员中应当有公司职工代表;应设监事会并且成员不得少于 5 人,其中职工代表的比例不得低于 1/3,具体比例由公司章程规定。

2. 股份有限公司

股份有限公司是指由一定数量的股东共同出资组成,股东仅就自己的出资额对公司的债务承担有限责任的公司。它与有限责任公司的主要区别就是,公司的资本总额平分为金额相等的股份,并通过公开发行股票向社会筹集资金。同时,公司的股份可以转让,股票可以在社会上公开交易、转让,但不能退股。股份有限公司彻底实现了所有权与经营权的分离。因此,股份有限公司具有筹资便利、风险分散、资本有充分的流动性等优点。由于股份有限公司资本雄厚,实力强大,所以,在发达国家整个国民经济中占统治地位。它适合从事较大规模的生产经营活动。

不同的企业组织形式,对资产和负债的会计处理并无重大影响,但涉及所有者权益方面的会计处理却大不一样。公司组织,尤其是股份有限公司,已是当今世界上最广泛采用的企业组织形式。它具有独资企业和合伙企业所不具备的生命力和优越性,在资本结构和筹资方式上更具灵活性。因此,我们选择股份有限公司的股东权益作为重点论述,其他稍加提及。

二、所有者权益的含义及来源构成

(一)所有者权益的含义

关于所有者权益的含义,虽然有各种不同的说法,但共识要多于分歧。国际会计准则委员会在其《关于编报财务报表的框架》中,将所有者权益表述为:"所有者权益是指企业的资产中扣除企业全部负债后的剩余权益。"美国财务会计准则委员会在其发布的《财务报表要素》中,将所有者权益表述为:"所有者权益(或净资产)是某个主体的资产减去负债后的剩余权益。"上述这两个含义侧重于从定量方面对所有者权益进行界定,说明了所有者权益的量化办法,即"所有者权益=资产总计-负债总计"。

我国《企业会计准则——基本准则》规定:"所有者权益是指企业资产扣除负债后,由所有者享有的剩余权益。"公司的所有者权益又称为股东权益。所有者权益是所有者对企业资产的剩余索取权,它是企业资产中扣除债权人权益后应由所有者享有的部分,既可以反映所有者投入资本的保值增值情况,又体现保护债权人权益的理念。

所有者对企业的经营活动承担着最终的风险,与此同时,也享有最终的权益。如果企业在经营中获利,所有者权益将随之增加;反之,所有者权益将随之缩减。任何企业的所有者权益都是由企业的投资者投入资本及其增值所构成的。

所有者权益与负债虽然都是权益,共同构成企业的资金来源,但所有者权益是投资者享有的对投入资本及其运用所产生盈余(或亏损)的权利;负债是在经营或其他活动中所发生的债务,是债权人要求企业清偿的权利。所有者享有参与收益分配、参与经营管理等多项权利,但对企业资产的要求权在顺序上置于债权人之后,即只享有对剩余资产的要求权;债权人享有到期收回本金及利息的权利,在企业清算时,有优先获取资产赔偿的要求权,但没有经营决策的参与权和收益分配权。在企业持续经营的情况下,所有者权益一般不存在抽回的问题,即不存在约定的偿还日期,因而是企业的一项可以长期使用的资金,只有在企业清算时才予以退还;负债必须于一定时期后偿还。为了保证债权人的权益不受侵害,法律规定债权人对企业资产的要求权优先于投资者,因此债权又称为第一要求权;投资者具有对剩余财产的要求权,故又称为剩余权益。

所有者能够获得多少收益,需视企业的盈利水平及经营政策而定,风险较大;债权人获取的利息一般按一定利率计算,并且是预先可以确定的固定数额,无论盈亏,企业都要按期付息,风险相对较小。

(二)所有者权益的来源构成

我国《企业会计准则》规定,所有者权益的来源包括所有者投入的资本、直接计入所有者权益的利得和损失、留存收益等,通常由实收资本(或股本)、资本公积、盈余公积和未分配利润构成。

所有者投入的资本是指所有者投入企业的资本部分,它既包括构成企业注册资本或者股本部分的金额,也包括投入资本超过注册资本或者股本部分的金额,即资本溢价或者股本溢价。

直接计入所有者权益的利得和损失,是指不应计入当期损益、会导致所有者权益发生增减变动的、与所有者投入资本或者向所有者分配利润无关的利得或损失。其中,利得是指由企业非日常活动所形成的、会导致所有者权益增加的、与所有者投入资本无关的经济利益的流入,其内容包括直接计入所有者权益的利得和直接计入当期利润的利得。损失是指由企业非日常活动所发生的、会导致所有者权益减少的、与向所有者分配利润无关的经济利益的流出,其内容包括直接计入所有者权益的损失和直接计入当期利润的损失。直接计入所有者权益的利得和损失主要包括可供出售金融资产的公允价值变动额等。

留存收益是企业历年实现的净利润留存于企业的部分,主要包括累计计提的盈余公积和未分配利润。

从会计上说,界定所有者权益来源构成的目的之一,是让股东和债权人知道,公司付给股东的款项是利润的分配还是投入资本的返还。只有当期的税后利润和前期的未分配利润才可用于股利分派。企业的利润分配有限度,既是法律的约束,也反映了公司持续经营的愿望。这种分类的另一个目的在于让股东用累计利润来判断管理人员的称职程度。许多股东一般不直接参与公司的经营管理,他们将公司管理人员视为投入资本的经管责任者,将累计利润与投入资本相比较即可评价其经营管理的成绩。

三、所有者权益的确认

所有者权益体现的是所有者在企业中的剩余权益,因此,所有者权益的确认主要依赖于其他会计要素,尤其是资产和负债的确认;所有者权益金额的确定也主要取决于资产和负债的计量。例如,企业接受投资者投入的资产,在该资产符合企业资产确认条件时,就相应地符合了所有者权益的确认条件;当该资产的价值能够可靠计量时,所有者权益的金额也就可以确定。

第二节　实收资本与其他权益工具

本节内容框架

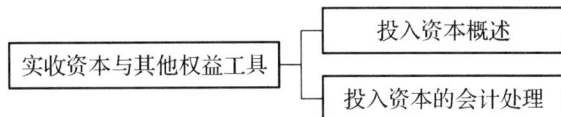

实收资本与其他权益工具 —— 投入资本概述 / 投入资本的会计处理

一、投入资本概述

(一)投入资本的含义

投入资本是投资人提供给公司的资本,它是由实收资本(或股本)和资本公积两部分构成。投资者设立企业首先必须投入资本。实收资本（或股本）是投资人投入资本形成法定资本的价值。所有者向企业投入的资本，在一般情况下无须偿还，可供企业长期周转使用。实收资本（或股本）的构成比例，通常是确定所有者在企业所有者权益中所占的份额和参与企业财务经营决策的基础，也是企业进行利润分配或股利分配的依据，同时还是企业清算时确定所有者对净资产要求权的依据。《公司法》规定，公司注册资本应为在工商行政管理机关登记的实收资本总额。根据这一规定，公司的实收资本（或股本）即为注册资本。

（二）关于注册资本的主要法律规定

（1）有限责任公司的注册资本为在公司登记机关登记的全体股东认缴的出资额。股东可以用货币出资，也可以用实物、知识产权、土地使用权等可以用货币估价并可以依法转让的非货币财产作价出资，但是，法律、行政法规规定不得作为出资的财产除外。对作为出资的非货币财产应当评估作价，核实财产，不得高估或者低估作价。股东应当按期足额缴纳公司章程中规定的各自所认缴的出资额。股东以货币出资的，应当将货币出资足额存入有限责任公司在银行开设的账户；以非货币财产出资的，应当依法办理其财产权的转移手续。

股东不按照前款规定缴纳出资的，除应当向公司足额缴纳外，还应当向已按期足额缴纳出资的股东承担违约责任。

（2）股份有限公司采取发起设立方式设立的，注册资本为在公司登记机关登记的全体发起人认购的股本总额。在发起人认购的股份缴足前，不得向他人募集股份。发起人应当书面认足公司章程规定其认购的股份，并按照公司章程规定缴纳出资。以非货币财产出资的，应当依法办理其财产权的转移手续。发起人不依照前款规定缴纳出资的，应当按照发起人协议承担违约责任。发起人认足公司章程规定的出资后，应当选举董事会和监事会，由董事会向公司登记机关报送公司章程以及法律、行政法规规定的其他文件，申请设立登记。

股份有限公司采取募集方式设立的，注册资本为在公司登记机关登记的实收股本总额。法律、行政法规以及国务院决定对股份有限公司注册资本实缴、注册资本最低限额另有规定的，从其规定。发起人认购的股份不得少于公司股份总数的 35%，但是，法律、行政法规另有规定的，从其规定。

二、投入资本的会计处理

（一）一般企业投入资本

1. 一般企业的实收资本

一般企业是指除股份有限公司以外的企业，如国有企业、有限责任公司等。投资者投入资本的形式可以有多种，如投资者可以用现金投资，可以用实物资产投资，也可以用无形资产投资。一般企业投入资本通过"实收资本"账户进行账务处理。

【例 10-1】 企业接受某股东以现金投资 100 万元，其账务处理如下：

借：银行存款　　　　　　　　　　　　　　　　　　　1 000 000

贷：实收资本	1 000 000

【例 10-2】 甲公司接受 A 企业以其所拥有的专利权作为出资，双方协议价值（公允价值）为 320 万元，已办妥相关手续。其账务处理如下：

借：无形资产	3 200 000
贷：实收资本	3 200 000

2. 股份有限公司的股本

股份有限公司股票发行的普通股的会计核算主要通过"股本"账户进行，仅核算公司发行股票的面值部分。企业在"股本"账户下，按股票种类及股东名称设置明细账。

股票的发行价格受发行时资本市场的需求和投资人对公司获利能力的估计的影响，公司发行股票的价格往往与股票的面值不一致。按照我国《公司法》的规定，同次发行的股票，每股的发行条件和价格应当相同，任何单位或者个人所认购的股份，每股应当支付相同价格。股票的发行价格，可以按票面金额，也可以超过票面金额，但不得低于票面金额。因此，我国目前仅允许股票溢价、等价发行，不能折价发行。

在发行时，计入"股本"账户的金额必须按照股票的票面金额入账。超过部分作为股票溢价，计入"资本公积——股本溢价"账户。

【例 10-3】 甲公司发行普通股 1 000 万股，每股面值 1 元。假定均按面值发行（未考虑手续费）。收到股款时，其账务处理如下：

借：银行存款	10 000 000
贷：股本——普通股	10 000 000

【例 10-4】 承【例 10-3】，假定上述普通股每股按 1.2 元的价格溢价发行（未考虑手续费）。收到股款时，其账务处理如下：

借：银行存款	12 000 000
贷：股本—普通股	10 000 000
资本公积——股本溢价	2 000 000

（二）其他权益工具

其他权益工具，是指企业发行的除普通股以外的归类为权益工具的各种金融工具，如企业发行的分类为权益工具的优先股等。

【例 10-5】 某公司发行归类于权益工具的可转换优先股 180 万股，实际收到价款 252 万元。其账务处理如下：

借：银行存款	2 520 000
贷：其他权益工具——优先股	2 520 000

【例 10-6】 沿用【例 10-5】资料。可转换优先股全部转换为普通股 36 万股，每股面值 1 元。

借：其他权益工具——优先股	2 520 000
贷：股本	360 000
资本公积——股本溢价	2 160 000

第三节　资本公积与其他综合收益

本节内容框架

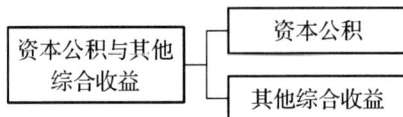

```
资本公积与其他          资本公积
综合收益               其他综合收益
```

一、资本公积

资本公积是企业收到的投资者超出其在企业注册资本(或股本)中所占份额的投资,以及直接计入所有者权益的利得和损失。除前述投入资本中包括的资本溢价或股本溢价产生的资本公积外,其他业务也会产生资本公积。例如,直接计入所有者权益的利得和损失,以及采用权益法核算的长期股权投资、以权益结算的股份支付、存货或自用的房地产核算方法的转换、可供出售金融资产公允价值的变动等所涉及的其他资本公积项目。企业应设置"资本公积"账户,并分别按"资本(或股本)溢价"和"其他资本公积"设置两个明细账户。

(一)资本溢价

在企业创立时,出资者认缴的出资额全部记入"实收资本"科目。在企业重组并有新的投资者加入时,为了维护原有投资者的权益,新加入的投资者的出资额并不一定全部作为实收资本处理。

【例10-7】　某公司原来由三个投资者组成,每一投资者各投资100万元,共计实收资本300万元。经营一年后,有另一投资者欲加入该公司并希望占有25%的股份,经协商该公司将注册资本增加到400万元。但该投资者不能仅投资100万元就占25%的股份,假定其交纳140万元。在这种情况下,只能将100万元作为实收资本入账,超过部分作为资本溢价,记入"资本公积"科目。

其账务处理如下:

借:银行存款　　　　　　　　　　　　　　　　　　1 400 000
　　贷:实收资本　　　　　　　　　　　　　　　　　　1 000 000
　　　　资本公积——资本溢价　　　　　　　　　　　　400 000

(二)股本溢价

股本溢价是指股份有限公司溢价发行股票时实际收到的款项超过股票面值总额的数额。股本溢价是资本公积的一种,而资本公积是指投资者或者他人投入到企业、所有权归属于投资者、投入金额超过法定资本部分的资金。

股份有限公司是以发行股票的方式筹集股本,股票是企业签发的证明股东按其所持股份享有权利和承担义务的书面证明。由于股东按其所持的企业股份享有权利和承担义务,为了反映和便于计算各股东所持股份占企业全部股本的比例,企业的股本总额应按股票的面值与股份总数的乘积计算。国家规定,实收股本总额应与注册资本相等。因此,为提供企业股本总额及其构成和注册资本等信息,在采用与股票面值相同的价格发行股票的情况下,企业发行股票取得的收入,应全部记入"股本"科目;在采用溢价发行股票的情况下,企业发行股票取得的收入,相当于股票面值的部分记入"股本"科目,超过股票面值的溢价收入记入"资本公积——股本溢价"科目。这里要注意,委托证券商代理发行股票而支付的手续费、佣金等,应从溢价发行收入中扣除,企业应按扣除手续费、佣金后的数额记入"资本公积——股本溢价"科目。

此外,同一控制下控股合并形成的长期股权投资,也会产生资本或股本溢价。因为同一控制下控股合并形成的长期股权投资,在合并日按取得被合并方所有者权益账面价值的份额,借记"长期股权投资"科目,按支付的合并对价的账面价值,贷记有关资产科目或借记有关负债科目,按其差额,贷记"资本公积——资本溢价(或股本溢价)";为借方差额的,借记"资本公积——资本溢价(或股本溢价)",不足冲减的,借记"盈余公积""利润分配——未分配利润"科目。

(三)其他资本公积

其他资本公积是指除资本溢价(或股本溢价)以外所形成的资本公积,包括以权益结算的股份支付及采用权益法核算的长期股权投资涉及的业务。

企业以权益结算的股份支付换取职工或其他方提供服务的,应按照确定的金额,记入"管理费用"科目,同时增加资本公积(其他资本公积)。在行权日,应按照实际行权的权益工具数量计算确定的金额,借记"资本公积——其他资本公积"科目,按记入实收资本或股本的金额,贷记"实收资本"或"股本"科目,并将其差额计入"资本公积——资本溢价"或"资本公积——股本溢价"。

企业长期股权投资采用权益法核算的,被投资单位除净损益、其他综合收益和利润分配以外所有者权益的其他变动,投资企业按持股比例计算应享有的份额,应当增加或减少长期股权投资的账面价值,同时增加或减少资本公积(其他资本公积)。

二、其他综合收益

其他综合收益是指在企业经营活动中形成的未计入当期损益但归所有者共有的利得或损失,主要包括以公允价值计量且其变动计入其他综合收益的金融资产的公允价值变动、权益法下被投资单位所有者权益的其他变动等。

【例10-8】 虞山股份有限公司持有丁公司股票32 000股,该股票在2020年12月31日的每股市价为16.4元;在2021年12月31日的每股市价为15元。2020年12月31日,丁公司股票按公允价值调整前的账面价值(即初始确认金额)为475 040元。虞山股份有限公司的账务处理如下:

(1)2020年12月31日,增加其他综合收益。

公允价值变动$=16.4\times32\,000-475\,040=49\,760$(元)

借:其他权益工具投资——公允价值变动(丁公司股票)   49 760

   贷:其他综合收益——金融资产公允价值变动   49 760

（2）2021 年 12 月 31 日，减少其他综合收益。

借：其他综合收益 44 800

　　贷：其他权益工具投资——公允价值变动（丁公司股票） 44 800

第四节　留存收益

本节内容框架

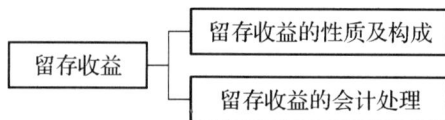

```
                    ┌─── 留存收益的性质及构成
        留存收益 ────┤
                    └─── 留存收益的会计处理
```

一、留存收益的性质及构成

（一）留存收益的性质

留存收益是股东权益的一个重要项目，是企业历年剩余的净收益累积而成的资本。

（二）留存收益的构成

留存收益是由盈余公积和未分配利润构成。盈余公积包括法定盈余公积、任意盈余公积，它们属于已拨定的留存收益，而未分配利润属于未拨定的留存收益。

1. 法定盈余公积

法定盈余公积是指企业按规定从净利润中提取的累积资金。法定，意味着提取时间由国家法规强制规定。企业必须提取法定盈余公积，目的是确保企业不断累积资本，固本培元，自我壮大实力。我国《公司法》规定，公司制企业的法定盈余公积按照税后利润的 10% 提取，法定盈余公积累积额已达注册资本的 50% 时可以不再提取。

2. 任意盈余公积

任意盈余公积是企业出于实际需要或采取审慎经营策略，从税后利润中提取的一部分留存收益。任意是出于自愿，而非外力强制，但也非随心所欲。如果企业有优先股，必须在支付了优先股股利之后，才可提取任意盈余公积。由于任意盈余公积是企业资源拨定的留存收益，其数额也视实际情况而定。

企业提取任意盈余公积的原因是多样的，如可能需要偿还一笔长期负债，也可能是为了控制本期股利的分派不至于过高等。可见，任意盈余公积一经拨定就不能再供本期发放股利之用，所以提取任意盈余公积本身，就是压低当年股利的一种手段，是企业管理当局对发放股利施加的限制。

法定盈余公积和任意盈余公积的区别就在于其各自计提的依据不同。前者以国家的法律或行政规章为依据提取；后者则由企业自行决定提取。

3. 未分配利润

未分配利润是企业留待以后年度进行分配的结存利润，这是企业股东权益的组成部分。相对于股东权益的其他部分来说企业对于未分配利润的使用分配有较大的自主权。从数量上来说,未分配利润是期初未分配利润,加上本期实现的税后利润,减去提取的各种盈余公积和分出利润后的余额。未分配利润有两层含义:一是留待以后年度处理的利润;二是未指定特定用途的利润。

二、留存收益的会计处理

(一)盈余公积的会计处理

为了反映盈余公积的形成及使用情况,企业应设置"盈余公积"科目,并按其种类设置明细账,分别进行明细核算。

企业提取盈余公积时,借记"利润分配"科目,贷记"盈余公积——法定盈余公积(任意盈余公积)"科目。企业用提取的盈余公积转增资本,应当按照批准的转增资本的数额,借记"盈余公积"科目,贷记"实收资本"或"股本"科目。企业将盈余公积转增股本时,应当按照转增股本前的股本结构比例,将盈余公积转增股本的数额记入"股本"科目下各股东的明细账,相应增加各股东对企业的股本投资。

【例 10-9】 虞山股份有限公司 2020 年实现净利润 4 000 000 元。公司董事会于 2021 年 3 月 31 日提出公司当年利润分配方案,拟对当年实现的净利润进行分配。董事会提请批准的利润分配方案如表 10-1 所示。

表 10-1　利润分配方案

单位:元

项　目	提请批准的方案
提取法定盈余公积	400 000
提取任意盈余公积	600 000
分配现金股利	2 400 000
合　计	3 400 000

虞山股份有限公司应根据董事会提出的利润分配方案,进行账务处理,即应编制的会计分录如下:

借:利润分配——提取法定盈余公积　　　　　　　　　　　　400 000
　　　　　　——提取任意盈余公积　　　　　　　　　　　　600 000
　贷:盈余公积——法定盈余公积　　　　　　　　　　　　　　400 000
　　　　　　——任意盈余公积　　　　　　　　　　　　　　　600 000

值得说明的是,按规定对董事会或类似机构通过的利润分配方案中拟分配的现金股利或利润,暂不做账务处理,但应在附注中披露。董事会或类似机构通过的利润分配方案已经获得股东大会或类似机构审议批准后,企业方可按应支付的现金股利或利润,借记"利润分配"科目,贷记"应付股利"科目;实际支付现金股利或利润时,借记"应付股利"科目,贷记"银行存款"等科目。

(二)未分配利润的会计处理

企业未分配利润的核算是通过"利润分配——未分配利润"科目进行的,具体来说是通过"利润分配"科目下的"未分配利润"明细科目进行核算的。企业在生产经营过程中取得的收入和发生的费用,最终通过"本年利润"科目进行归集,计算出当年盈利或亏损,然后转入"利润分配——未分配利润"科目进行分配,结存于"利润分配——未分配利润"科目的贷方余额,则为未分配利润;如为借方余额,则为未弥补亏损。年度终了,再将"利润分配"科目下的其他明细科目(如提取法定盈余公积、提取任意盈余公积、应付现金股利或利润、转作股本的股利、盈余公积补亏等)的余额,转入"未分配利润"明细科目。结转后,"未分配利润"明细科目的贷方余额,就是未分配利润的数额;如出现借方余额,则表示未弥补亏损的数额。

(三)弥补亏损的会计处理

企业在生产经营过程中既可能发生盈利,也可能出现亏损。企业在当年发生亏损的情况下,与实现利润的情况相同,应当将本年发生的亏损自"本年利润"科目转入"利润分配——未分配利润"科目。

企业发生的亏损可以以次年实现的税前利润弥补。在以次年实现的税前利润弥补以前年度亏损的情况下,企业当年实现的利润自"本年利润"科目转入"利润分配——未分配利润"科目,将本年实现的利润结转到"利润分配——未分配利润"科目的贷方后,其贷方发生额与"利润分配——未分配利润"的借方余额自然抵补。因此,以当年实现净利润弥补以前年度结转的未弥补亏损时,不需要进行专门的账务处理。

由于未弥补亏损形成的时间长短不同等原因,以前年度未弥补亏损有的可以以当年实现的税前利润弥补,有的则须用税后利润弥补;无论是以税前利润还是以税后利润弥补亏损,其会计处理方法相同,所不同的只是两者计算交纳所得税时的处理方法。在以税前利润弥补亏损的情况下,其弥补的数额可以抵减当期企业应纳税所得额,而以税后利润弥补的数额,则不能作为纳税所得的扣除处理。

【例10-10】 虞山股份有限公司2017年发生亏损96万元。本例中该公司适用的所得税税率为25%,不考虑由未弥补亏损确认的递延所得税资产。在年度终了时,企业应当结转本年发生的亏损,即编制如下会计分录:

借:利润分配——未分配利润　　　　960 000
　　贷:本年利润　　　　　　　　　　　　960 000

假设2018年至2022年,虞山股份有限公司每年均实现利润16万元。按照现行规定,企业在发生亏损以后的5年内可以以税前利润弥补亏损。虞山股份有限公司在2018年至2022年均可在税前弥补亏损。此时,虞山公司在2018年至2022年每年年度终了时,均应编制如下会计分录:

借:本年利润　　　　　　　　　　160 000
　　贷:利润分配——未分配利润　　　　160 000

2018年至2022年各年度终了,按照上述会计处理的结果,2022年"利润分配——未分配利润"账户期末余额为借方余额16万元,即2023年年初未弥补亏损16万元。假设虞山股份有限公司2023年实现税前利润32万元,按照现行规定,该公司只能用税后利润弥补以前年度亏损。在2023年度终了时,虞山股份有限公司首先应当按照当年实现的税前利润计算交纳当年应负担的所得税,然后再将当期扣除计算交纳的所得税后的净利润,转入"利润分配"账户。虞山股份有限公司在 2023 年度计算交纳所得税时,其应纳税所得额为 32 万元,当年应交纳的所得税为 8 万元($=32×25\%$)。此时,该公司应编制如下会计分录:

(1) 计算交纳所得税。

借:所得税费用   80 000

    贷:应交税费——应交所得税   80 000

借:本年利润   80 000

    贷:所得税费用   80 000

(2) 结转本年利润,弥补以前年度未弥补亏损。

借:本年利润   240 000

    贷:利润分配——未分配利润   240 000

(3) 上述处理的结果,该企业 2023 年"利润分配——未分配利润"科目的期末贷方余额为 8 万元($=-16+24$)。

本例如考虑由未弥补亏损而确认递延所得税时,应按《企业会计准则第 18 号——所得税》的规定处理,即企业对于能够结转以后年度的可抵扣亏损和税款抵减,应当以很可能获得用来抵扣可抵扣亏损和税款抵减的未来应纳税所得额为限,确认相应的递延所得税资产;如果未来应纳税所得额预计不足以抵扣或抵减时,出于谨慎性信息质量要求的考虑,不能确认递延所得税资产。

课后练习题

第十一章　债权筹资

学习目标

1. 掌握预计负债的确认条件。
2. 掌握预计负债的计量原则。
3. 熟悉或有事项的特征和常见或有事项。
4. 掌握借款费用的范围和确认原则。
5. 掌握借款费用资本化期间的确定。
6. 掌握借款费用资本化金额的确定。
7. 熟悉借款费用应予资本化的借款范围。

思政案例

我爸爸是一位从业 30 年的老师,月月有存款,整整存了二十多年,才在西安买了一套房子;我叔叔是一家贸易公司的老板,月月要贷款,月月要还款,二十年来买了十二套房子。你能说有负债的叔叔是穷人吗?

分析:借别人的钱,赚取更多的钱,虽有负债,但最终却成了富人。

结论:负债会产生杠杆效应,时刻牢记借鸡生蛋的道理。

阅读案例

福成股份(600965.SH)案

上交所网站公布的监管措施显示,福成股份(600965.SH)收到监管工作函,处理事由为就前期收购资产的交易对方隐瞒负债的事项明确监管要求。

福成股份监管工作函涉及对象为上市公司,处理日期为 2020 年 9 月 28 日。

9 月 24 日,福成股份发布关于公司报案后收到《立案告知书》的公告。

公告称,福成股份于 2018 年 11 月 10 日与湖南韶山天德福地陵园有限责任公司(以下简称"天德福地陵园")原股东曾攀峰、曾馨瑾签署《增资与股权转让协议》。通过本次增资和股权转让,公司以人民币 1.8 亿元取得天德福地陵园 60％股权。

福成股份报案原因为,公司在对天德福地陵园进行检查过程中,发现天德福地陵园原股东曾攀峰、曾馨瑾在与公司签署《增资与股权转让协议》时,存在提供虚假财务资料、隐瞒部分负债等方式,骗取公司签订《增资与股权转让协议》。针对天德福地陵园原股东曾攀峰、曾馨槿上述合同诈骗的行为,公司向河北省三河市公安局报案。近日,公司收到三河市公安局出具的《立案告知书》。

分析:天德福地陵园股东隐瞒负债,导致福成股份在增资与股权转让过程中,利润受损。

思考:负债如何确认? 应如何在财务报表中得以恰当的披露?

第一节 负债概述

本节内容框架

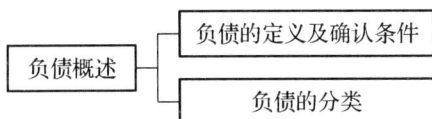

```
                    ┌─── 负债的定义及确认条件
        负债概述 ───┤
                    └─── 负债的分类
```

一、负债的定义及确认条件

(一) 负债的定义

《企业会计准则——基本准则》(2006)第23条对负债下的定义是:负债是企业过去的交易或事项形成的,预期会导致经济利益流出企业的现时义务。根据负债的定义,负债主要具备以下三个特征。

1. 负债是企业负担的现时义务

现时义务是企业在现行条件下已承担的义务。未来发生的交易或事项形成的义务,不属于现时义务。义务可以是法定义务,也可以是推定义务。其中,法定义务是指具有约束力的合同或者法律法规规定的义务,如企业的应纳税款。推定义务是指企业根据多年来的习惯,公开地承诺或者公开宣布的政策而导致企业将承担的责任,如企业的质量保证承诺、公司董事会对外宣告要支付的现金股利等。

2. 负债是企业过去的交易或事项形成的

购买货物或接受劳务会产生应付账款(已经预付或是在交货时支付的款项除外),接受银行贷款则会产生偿还贷款的义务。只有源于已经发生的交易或事项,会计上才有可能确认为负债。

3. 负债预期会导致经济利益流出企业

企业在履行现时义务时,会导致经济利益流出企业,如用现金偿还或以实物资产偿还、以提供劳务偿还、以部分转移资产部分提供劳务形式偿还。

(二) 金融负债

金融负债是金融工具的一部分,是企业承担的一种合同义务,履行该义务会导致企业向其他方交付现金或者其他金融资产,或者在潜在不利条件下与其他方交换金融资产或金融负债。企业很多负债项目都属于金融负债,比如企业在购买材料过程中形成的应付账款、企业发行债券形成的应付债券等。但也有部分负债项目不属于金融负债,比如企业提前预收的商品或劳务价款、企业对客户提供的产品质量保证等。因为这些负债形成的现时义务不是通过交付现金或其他金融资产来清偿,而是通过销售产品或者提供劳务等方式来履行义务。

(三)负债的确认条件

企业要确认负债,除了要符合负债的定义之外,还应当同时满足以下两个条件。

1. 与该义务有关的经济利益很可能流出企业

由于经济业务存在不确定性,导致企业在履行经济业务时流出的经济利益有时需要估计,特别是由于推定业务而产生的负债。比如,企业因销售产品而承担的产品质量保证义务所发生的支出金额就存在很大的不确定性。如果有证据表明,与现时义务有关的经济利益很可能流出企业,就应当确认负债。反之,企业对于预期流出经济利益可能性较小或不复存在的现时义务,不应确认为一项负债。

2. 未来流出企业的经济利益的金额能够可靠地估计

企业要确认负债,必须能够可靠地计量负债的金额,即能够可靠地计量未来经济利益流出的金额。企业因法定义务而预期发生的经济利益流出金额,通常可以根据法律或合同的规定予以确定。比如,企业应交税费的金额可以根据相关税法的规定计算确定。而企业因推定义务产生的未来经济利益的流出金额,则往往需要根据合理的估计才能确定履行相关义务所需支出的金额。如果未来期间较长,还需要考虑货币时间价值的影响。

【同步思考例 11-1】 多项选择题

关于负债,下列说法中正确的有( )。

A. 负债是指企业过去的交易或者事项形成的、预期会导致经济利益流出企业的潜在义务

B. 符合负债定义和负债确认条件的项目,应当列入资产负债表;符合负债定义,但不符合负债确认条件的项目,不应当列入资产负债表

C. 如果未来流出企业的经济利益的金额能够可靠计量,应该确认预计负债

D. 未来发生的交易或者事项形成的义务,不属于现时义务,不应当确认为负债

【答案】 BD

【解析】 选项 A,负债是一种现时义务;在符合负债定义的前提下,还应同时满足"与该义务有关的经济利益很可能流出企业"和"未来流出企业的经济利益的金额能够可靠计量"这两个条件时才能确认为负债,选项 C 不全面。

二、负债的分类

在资产负债表中,负债需要根据流动性进行分类列报,划分为流动负债和非流动负债。

1. 流动负债

流动负债,是指满足下列情形之一的负债:

(1)预计在一个正常营业周期内清偿的负债,比如企业采用商业信用方式购买原材料形成的应付账款。

(2)为交易目的而持有的负债,比如银行为近期回购而发行的短期票据。

(3)自资产负债表日起一年内(含一年)到期应予以清偿的负债,比如企业以前期间发行的将在资产负债表日起一年内到期偿还的债券。

(4)企业无权自主地将清偿期限推迟至资产负债表日后一年以上的负债,比如企业购买商品或接受劳务时开出并承兑的商业汇票,无权延长付款期限。

流动负债的核算内容主要包括短期借款、交易性金融负债、应付票据、应付账款、预收账款、应付职工薪酬、应交税费、应付利息、应付股利、其他应付款等。

2. 非流动负债

非流动负债,是指流动负债以外的负债。非流动负债主要是企业为筹集长期资产构建所需资金而发生的负债,比如企业为购买大型设备而从银行借入的中长期贷款等。非流动负债主要包括长期借款、应付债券、长期应付款、预计负债等。

第二节　流动负债

本节内容框架

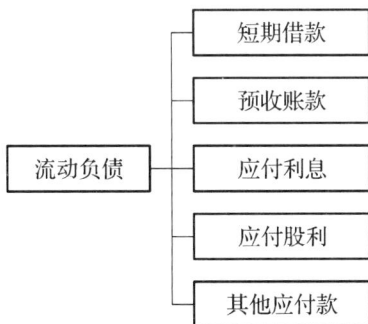

一、短期借款

(一)短期借款的核算内容

短期借款,是指企业从银行或者其他金融机构借入的期限在一年以内(含一年)的各种借款。企业在日常生产经营活动中面临资金短缺时,通常会考虑从银行借入资金。银行经常会根据企业的资信状况事先给予企业一定的信用额度,企业可以在需要资金时从银行账户的信用额度之内支取现金,并在双方约定的期限内偿还借款和利息,从而形成企业的一项短期借款。

（二）短期借款的会计核算

1. 短期借款取得时的会计核算

企业应当设置"短期借款"科目,核算企业从银行实际取得和归还短期借款的经济业务。企业取得一项短期借款时:

借:银行存款   ××

 贷:短期借款   ××

2. 短期借款利息的会计核算

企业对于取得短期借款的利息,通常应当按照合同规定于每个季度末根据借款本金和合同利率确定的金额支付。根据权责发生制的要求,企业还应当在每个月末计提借款利息,将当期应付未付的利息确认为一项流动负债,计入应付利息,同时确认为当期损益。

3. 短期借款到期偿还的会计核算

企业应于短期借款到期日偿还短期借款的本金以及尚未支付的利息:

借:短期借款   ××

  应付利息   ××

  财务费用   ××

 贷:银行存款   ××

【例 11-1】 虞山股份有限公司 2020 年 8 月 1 日从银行取得短期借款 100 000 元。借款合同规定,借款利率为 6%,期限为 1 年,到期日为 2021 年 8 月 1 日。假定虞山公司每个月末计提利息,每个季末支付利息。

虞山公司对于该项短期借款的有关账务处理如下:

(1) 2020 年 8 月 1 日,虞山公司实际取得短期借款时。

借:银行存款   100 000

 贷:短期借款   100 000

(2) 2020 年 8 月 31 日,虞山公司计提借款利息时。

应付利息＝100 000×6%÷12＝500(元)

借:财务费用   500

 贷:应付利息   500

(3) 2020 年 9 月 30 日,虞山公司支付 8 月份和 9 月份的利息时。

借:应付利息   500

  财务费用   500

 贷:银行存款   1 000

(4) 2021 年 8 月 1 日,虞山公司到期偿还短期借款的本金和尚未支付的利息时。

借:短期借款   100 000

  应付利息   500

 贷:银行存款   100 500

（三）短期借款的列报

"短期借款"科目的期末余额应当在资产负债表流动负债中"短期借款"项目下单独

列报。

二、预收账款

(一)预收账款的核算内容

预收账款,是指企业按照合同规定从购货方或接受劳务方预收的款项。比如,虞山公司和乙公司签订一项劳务合同,双方约定乙公司在一个月内为虞山公司提供运输服务,在签约日乙公司根据合同约定收到 2 000 元定金,而此时并没有向虞山公司提供任何劳务,这时就形成一项现时义务,即在未来某一期限内按照合同约定必须向虞山公司提供一定数量的劳务,因而,乙公司应当在收到 2 000 元定金时确认一项负债,计入预收账款。企业预收账款不多的,也可以不设置"预收账款"科目,将发生的预收账款直接记入"应收账款"科目的贷方。

(二)预收账款的会计核算

1. 预收货款时的会计核算

企业因销售商品或提供劳务等按照合同规定预收款项时,应当按实际收到的金额借记"银行存款"等科目,贷记"预收账款"科目。

2. 销售商品或提供劳务时的会计核算

企业如果采用预收账款的方式销售商品或提供劳务,应当在确认销售收入时按合同价款及相关税费,借记"预收账款"科目,贷记"主营业务收入""应交税费——应交增值税(销项税额)"等科目。

3. 收到剩余价款或退回多余价款时的会计核算

企业销售商品或提供劳务后,如果预收账款的金额不足以支付全部价款和相关税费,则应当在收到剩余补付金额时,借记"银行存款"科目,贷记"预收账款"科目。

企业销售商品或提供劳务后,如果预收账款的金额超过全部价款和相关税费,则应当在办理转账手续退回多余价款时,借记"预收账款"科目,贷记"银行存款"科目。

【例 11-2】 2021 年 4 月 10 日,虞山公司根据合同规定收到乙公司支付的货款定金 2 000 元。2021 年 4 月 20 日,虞山公司按照合同规定向乙公司发出商品,并开出增值税专用发票,注明的货款为 20 000 元,增值税为 3 400 元,该批商品的实际成本为 16 000元。2021 年 4 月 24 日,虞山公司收到乙公司支付的剩余价款,金额为 21 400 元。

(1)2021 年 4 月 10 日,虞山公司收到预收账款时应编制的会计分录为:

借:银行存款 2 000
　　贷:预收账款 2 000

(2)2021 年 4 月 20 日,虞山公司发出商品确认收入时应编制的会计分录为:

借:预收账款 23 400
　　贷:主营业务收入 20 000
　　　　应交税费——应交增值税(销项税额) 3 400

同时结转商品成本:

借:主营业务成本	16 000	
贷:库存商品		16 000

(3) 2021 年 4 月 25 日,虞山公司收到剩余货款时应编制的会计分录为:

借:银行存款	21 400	
贷:预收账款		21 400

(三) 预收账款的列报

在资产负债表中,预收账款的列报需要考虑其明细账的余额方向,以判断在资产还是负债项目下列报。"预收账款"科目所属明细科目的期末贷方余额列报在流动负债中"预收账款"项目下;"预收账款"科目所属明细科目的期末借方余额在流动资产中"应收票据及应收账款"项目下列报。

三、应付利息

(一) 应付利息的核算内容

应付利息,是指企业按照合同约定应当定期支付的利息。企业在取得银行借款或发行债券时,按照合同规定一般应定期支付利息,在资产负债表日确认当期利息费用时,应将当期应付未付的利息通过"应付利息"科目单独核算。

(二) 应付利息的会计核算

1. 资产负债表日计算确认利息费用的会计核算

资产负债表日,企业应当采用实际利率法按照银行借款或应付债券的摊余成本和实际利率计算确定当期的利息费用,属于筹建期间的借记"管理费用"科目;属于生产经营期间符合资本化条件的,借记"在建工程"等科目;属于生产经营期间但不符合资本化条件的,借记"财务费用"科目;按照银行借款或应付债券本金和合同利率计算确定的当期应付未付的利息,贷记"应付利息"科目;同时将借贷方的差额计入"长期借款——利息调整""应付债券——利息调整"等科目。

2. 实际支付利息的会计核算

在按照合同规定的付息日,企业应当按照合同约定实际支付利息:

借:应付利息	××	
贷:银行存款		××

(三) 应付利息的列报

资产负债表日,"应付利息"科目的期末余额应当在资产负债表流动负债中"其他应付款"项目下与"其他应付款"和"应付股利"科目的余额合并列报。

四、应付股利

(一) 应付股利的核算内容

应付股利,是指企业根据股东大会或类似机构审议批准的利润分配方案确定应分配而尚未发放给投资者的现金股利或利润,在企业对外宣告但尚未支付前构成企业的一项负债。企业对外宣告的股票股利不属于一项现时义务,因而不能确认为负债。

注意:企业董事会或类似机构做出的利润分配预案,尚未构成企业的现时义务,不能作为确认负债的依据,而只能在财务报表附注中予以披露。

(二)应付股利的会计核算

企业股东大会或类似机构审议批准利润分配方案时,按照应支付的现金股利或利润金额:

借:利润分配——应付现金股利或利润 　　　　　　　　　　　　　××
　　贷:应付股利 　　　　　　　　　　　　　　　　　　　　　　　　××

实际支付现金股利或利润时:

借:应付股利 　　　　　　　　　　　　　　　　　　　　　　　　××
　　贷:银行存款 　　　　　　　　　　　　　　　　　　　　　　　　××

【例 11-3】 2021 年 5 月 4 日,虞山股份有限公司宣告 2021 年度利润分配方案的具体内容为:以公司现有总股本 600 000 股为基数,每 10 股派发现金 5 元(不考虑相关税费),剩余未分配利润结转以后年度分配。同时虞山公司宣告本次股利分配的股权登记日为 2021 年 5 月 9 日,除权除息日和股利发放日为 2021 年 5 月 10 日。

(1)2021 年 5 月 4 日,虞山公司宣告分派现金股利时:

虞山公司应付股利总额=600 000×5÷10=300 000(元)

借:利润分配——应付现金股利 　　　　　　　　　　　　　300 000
　　贷:应付股利 　　　　　　　　　　　　　　　　　　　　　　　300 000

(2)2021 年 5 月 10 日,虞山公司实际支付现金股利时:

借:应付股利 　　　　　　　　　　　　　　　　　　　　300 000
　　贷:银行存款 　　　　　　　　　　　　　　　　　　　　　300 000

(三)应付股利的列报

资产负债表日,"应付股利"科目的期末余额应当在资产负债表流动负债中"其他应付款"项目下与"其他应付款"和"应付利息"科目的余额合并列报。

五、其他应付款

(一)其他应付款的核算内容

其他应付款,是指除应付票据、应付账款、预收账款、应付职工薪酬、应付利息、应付股利、应交税费、长期应付款等以外的其他经营活动产生的各项应付、暂收的款项,其核算内容主要包括:

(1)企业应付租入包装物的租金;

(2)企业发生的存入保证金;

(3)企业代职工缴纳的社会保险费和住房公积金等。

(二)其他应付款的会计核算

企业发生各种应付、暂收款项时:

借:管理费用 　　　　　　　　　　　　　　　　　　　　××

　　　银行存款　　　　　　　　　　　　　　　　　　　××
　　　　贷:其他应付款　　　　　　　　　　　　　　　　　　××
实际支付其他各种应付、暂收款项时:
　借:其他应付款　　　　　　　　　　　　　　　　　　××
　　　贷:银行存款　　　　　　　　　　　　　　　　　　　××

(三)其他应付款的列报

需要注意的是,"其他应付款"科目与资产负债表中"其他应付款"项目并不完全等同。资产负债表日,"其他应付款"科目的期末余额应当在资产负债表流动负债中"其他应付款"项目下与"应付利息"和"应付股利"科目的余额合并列报。

第三节　非流动负债

本节内容框架

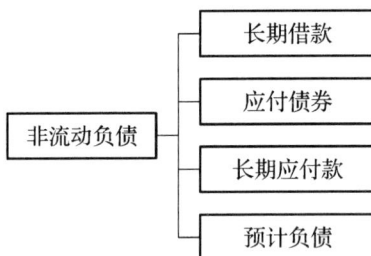

一、长期借款

(一)长期借款的核算内容

长期借款,是指企业向银行或其他金融机构借入的偿还期在一年以上(不含一年)的各种借款。企业采用长期借款的方式融资的主要特点有:

(1)债务偿还的期限较长,长期借款的借款期限一般在5年以上;

(2)债务的金额较大,可以用于满足房屋建造、大型设备购买等项目的资金需要;

(3)债务利息一般按年支付,债务本金可以到期一次偿还,也可以分期偿还;

(4)与发行股票相比,长期借款不会影响股东的控制权;

(5)长期借款一般需要企业向银行提供一定的资产(比如房屋)作为抵押。

(二)长期借款的会计核算

企业应当设置"长期借款"科目,来核算长期借款的取得和归还,以及利息确认等业务,并设置"本金"和"利息调整"两个明细科目,分别核算长期借款的本金和因实际利率与合同利率不同产生的利息调整额。

1. 取得长期借款的会计核算

企业借入长期借款时,按照实际收到的金额:

借:银行存款 ××
　　贷:长期借款——本金 ××
　　　　　　——利息调整(可借可贷) ××

2. 长期借款利息的会计核算

企业应当在资产负债表日确认长期借款当期的利息费用,按照长期借款的摊余成本和实际利率计算确定的利息费用:

借:在建工程(利息资本化) ××
　　财务费用(费用化) ××
　　贷:应付利息(借款本金×合同利率) ××
　　　　长期借款——利息调整(可借可贷) ××

企业在付息日实际支付利息时,按照本期应支付的利息金额:

借:应付利息 ××
　　贷:银行存款 ××

3. 偿还长期借款的会计核算

企业到期偿还长期借款时,应当按照偿还的长期借款本金金额:

借:长期借款——本金 ××
　　贷:银行存款 ××

【例 11-4】 2022 年 4 月 1 日,虞山公司为建造厂房从银行借入期限为 2 年的长期专门借款 800 000 元,款项已存入银行。借款利率为 8%,每年 4 月 1 日支付利息,期满后一次还清本金。该厂房于 2023 年 7 月 1 日完工,达到预定可使用状态。

(1) 2022 年 4 月 1 日,取得长期借款时应编制的会计分录为:

借:银行存款 800 000
　　贷:长期借款——本金 800 000

(2) 2022 年 12 月 31 日,计提利息时应编制的会计分录为:

虞山公司应计提的借款利息＝800 000×8%×9÷12＝48 000(元)

借:在建工程 48 000
　　贷:应付利息 48 000

(3) 2023 年 4 月 1 日,支付利息时应编制的会计分录为:

虞山公司应支付的借款利息＝800 000×8%＝64 000(元)

借:应付利息 48 000
　　在建工程 16 000
　　贷:银行存款 64 000

(4) 2023 年 12 月 31 日,计提利息时应编制的会计分录为:

虞山公司应计提的借款利息＝800 000×8%×9÷12＝48 000(元)

其中,资本化的利息＝800 000×8%×3÷12＝16 000(元)

借:在建工程 16 000

财务费用	32 000
贷:应付利息	48 000

(5)2024年4月1日,偿还长期借款本金和利息时应编制的会计分录为:

借:长期借款——本金	800 000
应付利息	48 000
财务费用	16 000
贷:银行存款	864 000

（三）长期借款的列报

资产负债表日,"长期借款"科目的期末余额需要根据流动性进行分析,在一年或一个营业周期以上到期偿还的部分,在资产负债表非流动负债中"长期借款"项目下单独列报;在一年或一个营业周期之内到期偿还的部分,在资产负债表流动负债中"一年内到期的非流动负债"项目下列报。

二、应付债券

（一）应付债券的核算内容及分类

应付债券核算企业发行的超过一年以上的债券,构成企业的一项长期负债。应付债券是公司取得长期融资的主要形式。和银行借款相比,债券具有金额较大、期限较长的特点。债券根据发行主体的不同,可以分为政府债券和公司债券。

债券存在两个利率:一个是债券契约中标明的利率,称为票面利率,也称名义利率、合同利率;另一个是债券发行时的市场利率,也称实际利率,实际利率是计算债券未来现金流量现值时使用的折现率。根据票面利率和实际利率的不同,债券的发行方式包括平价发行、溢价发行与折价发行,具体分类方法如表 11-1 所示。

表 11-1　债券的发行方式

票面利率与实际利率的关系	债券的发行方式	发行价和面值的关系
票面利率等于实际利率	平价发行	发行价等于面值
票面利率大于实际利率	溢价发行	发行价高于面值
票面利率小于实际利率	折价发行	发行价低于面值

（二）应付债券发行时的会计核算

1. 债券发行价格的确定

债券的发行价格由债券发行期间流出的现金流量的现值来确定,包括债券本金的现金流量现值和债券利息的现金流量现值两个部分。债券本金一般情况下于债券到期日一次性支付,因而其现金流量的现值表现为复利现值;而债券利息通常定期支付,比如每年支付一次,或者每半年支付一次,因而其现金流量的现值表现为年金现值。

【例 11-5】 虞山公司 2022 年 1 月 1 日发行债券,面值为 200 000 元,票面利率为

5％，每年 6 月 30 日和 12 月 31 日支付利息。债券期限为 5 年，到期日为 2024 年 1 月 1 日。债券发行时的市场利率为 6％，不考虑发行费用。

分析：本例中，债券的发行价格为包括债券本金和利息在内的未来现金流量按照实际利率折现的现值。由于该债券每半年支付一次利息，因而折现率为 3％（＝6％÷2），折现期为 10 期（＝5×2）。由于债券的票面利率低于市场利率，因而债券以折价发行，即发行价格低于面值。具体计算过程如下：

债券本金的现值＝200 000×(P/F,3％,10)＝200 000×0.744 1＝148 820(元)

债券利息的现值＝200 000×5％×6÷12×(P/A,3％,10)＝5 000×8.530 2

＝42 651(元)

债券的发行价格＝148 820＋42 651＝191 471(元)

债券的折价＝200 000－191 471＝8 529(元)

2. 债券发行时的账务处理

企业发行债券时，假定不考虑债券的发行费用，应当按照债券的发行价格和发行债券的面值：

借：银行存款　　　　　　　　　　　　　　　　　　　　　　××

　　贷：应付债券——面值　　　　　　　　　　　　　　　　　　××

　　　　　　——利息调整(可借可贷)　　　　　　　　　　　　××

在上例中，虞山公司 2022 年 1 月 1 日发行债券时的账务处理为：

借：银行存款　　　　　　　　　　　　　　　　　　　　191 471

　　应付债券——利息调整　　　　　　　　　　　　　　　8 529

　　贷：应付债券——债券面值　　　　　　　　　　　　　200 000

（三）应付债券利息的会计核算

1. 实际利率法

应付债券的利息采用实际利率法在债券发行期间的每个资产负债表日分期确认。实际利率法，是指按照应付债券的实际利率计算其摊余成本及各期利息费用的方法。其中，实际利率是指将应付债券在债券存续期间的未来现金流量折现为该债券当前账面价值所使用的利率，一般为债券发行时的市场利率。实际利率一旦确定，在整个债券的存续期间内保持不变。债券的利息费用按照债券的期初摊余成本和实际利率计算确定。应付债券的摊余成本，是指应付债券的初始确认金额(债券的发行价格减去发行费用的净额)经过下列调整后的结果：

（1）扣除已偿还的本金；

（2）加上或减去采用实际利率法将该初始确认金额与到期日金额之间的差额进行摊销形成的累计摊销额。

2. 应付债券利息的账务处理

1) 资产负债表日的账务处理

在资产负债表日，企业应当按照债券面值和票面利率计算当期的应付利息，贷记"银行存款"或"应付利息"科目。同时，根据应付债券的摊余成本和实际利率计算当期的利息费用,并将利息费用符合资本化条件的计入相关资产成本,借记"在建工程"等科目;不符合资本化条件的直接计入当期损益,借记"财务费用"科目。应付利息和利息费用的差额为债券溢价或折价的调整额,借记或贷记"应付债券——利息调整"科目。

2)付息日的账务处理

企业应当在债券规定的付息日支付利息。如果付息日与资产负债表日为同一天,则不需要单独编制支付利息的会计分录。如果付息日与资产负债表日不同且间隔较大,企业还应当计算从上一个资产负债表日至付息日的利息费用和利息调整的金额,分别借记"在建工程"或"财务费用"科目,借记或贷记"应付债券——利息调整"科目,贷记"银行存款"科目。

【例 11 - 6】 2022 年 1 月 1 日,虞山公司经批准发行 5 年期、面值为 1 000 万元的债券。债券的票面利率为 6%,债券利息于每年 12 月 31 日支付。债券到期日为 2027 年 1 月 1 日,本金于到期日一次偿还。该债券发行时的市场利率为 6%。假定公司发行债券筹集的资金专门用于厂房建设,建设期为 2022 年 1 月 1 日至 2023 年 12 月 31 日,假定不考虑发行费用。

分析:本例中,由于负债的票面利率与市场利率相同,债券应按平价发行。债券各期的利息费用等于当期实际支出的利息。借款费用的资本化期间为 2022 年 1 月 1 日至 2023 年 12 月 31 日,在此期间债券的利息费用应予以资本化,计入在建工程;其余期间的利息费用应当直接计入各期的财务费用。

(1) 2022 年 1 月 1 日,虞山公司发行债券时的账务处理为:

借:银行存款 10 000 000
　　贷:应付债券——面值 10 000 000

(2) 2022 年至 2023 年 12 月 31 日,虞山公司支付利息的账务处理为:

债券每期应付利息=10 000 000×6%=600 000(元)

借:在建工程 600 000
　　贷:银行存款 600 000

(3) 2024 年 12 月 31 日、2025 年 12 月 31 日和 2026 年 12 月 31 日,甲公司支付利息的账务处理为:

借:财务费用 600 000
　　贷:银行存款 600 000

(4) 2027 年 12 月 31 日,债券到期日的账务处理为:

借:应付债券——面值 10 000 000
　　贷:银行存款 10 000 000

【例 11 - 7】 2022 年 1 月 1 日,虞山公司经批准发行 5 年期、面值为 10 000 000 元的债券。债券的发行收入扣除发行费用后的净收入为 10 432 700 元。债券的票面利率为 6%,债券利息于每年 12 月 31 日支付,债券本金于到期日一次偿还。该债券的实际利率为 5%。假定公司发行债券筹集的资金专门用于厂房建设,建设期为 2022 年 1 月 1 日至 2023 年 12 月 31 日。

分析:本例中,由于债券的票面利率大于实际利率,债券应按溢价发行,即发行价格高于面值。借款费用的资本化期间为 2022 年 1 月 1 日至 2023 年 12 月 31 日,在此期间债券的利息费用应当予以资本化,计入在建工程;其余期间的利息费用应当直接计入财务费用。

(1) 2022 年 1 月 1 日,虞山公司发行债券时的会计分录为:

借:银行存款   10 432 700

    贷:应付债券——面值   10 000 000

          ——利息调整   432 700

在债券发行的存续期间,虞山公司采用实际利率法计算每期的利息费用,实际利息计算如表 11-2 所示。

表 11-2 实际利息计算表

单位:元

日 期	利息支出(6%)	利息费用(5%)	溢价摊销	未摊销溢价	摊余成本
2022 年 1 月 1 日				432 700	10 432 700
2022 年 12 月 31 日	600 000	521 635	78 365	354 335	10 354 335
2023 年 12 月 31 日	600 000	517 717	82 283	272 052	10 272 052
2024 年 12 月 31 日	600 000	513 603	86 397	185 655	10 185 655
2025 年 12 月 31 日	600 000	509 283	90 717	94 938	10 094 938
2026 年 12 月 31 日	600 000	505 062	94 938 *	0	10 000 000
合 计	3 000 000	2 567 300	432 700	—	—

注:* 系尾数调整。

(2) 2022 年 12 月 31 日,虞山公司计提债券利息时的会计分录为:

借:在建工程   521 635

    应付债券——利息调整   78 365

    贷:银行存款   600 000

其余年度会计分录略。

(四)应付债券的列报

和长期借款相同,应付债券期末的账面价值反映其摊余成本。资产负债表日,"应付债券"科目的期末余额需要根据流动性进行分析,在一年或一个营业周期以上到期偿还的部分,在资产负债表非流动负债中"长期借款"项目下单独列报;在一年或一个营业周期之内到期偿还的部分在资产负债表流动负债中"一年内到期的非流动负债"项目下列报。

【同步思考例 11-2】 单项选择题

下列关于公司债券的论断中,错误的有(   )。

A. 折价前提下,分次付息到期还本的债券摊余成本会越来越高

B. 溢价前提下,分次付息到期还本的债券摊余成本会越来越低

C. 到期一次还本付息的债券,无论折价还是溢价,其摊余成本都会越来越高

D. 持有至到期投资的每期投资收益等于发行方每期的利息费用

【答案】D

【解析】选项 D,债券发行方和购买方即使是一级市场的交易双方,由于其交易环节的费用处理方式不同,双方摊余成本也就不一样,后续的利息损益不可能口径一致,如果再加上多次转手的因素就更不可能了。

三、长期应付款

(一)长期应付款的核算内容

长期应付款,是指企业除长期借款和应付债券以外的其他各种长期应付款项,包括应付融资租入固定资产的租赁费,以分期付款方式购入固定资产、无形资产或存货等发生的应付款项等。

(二)长期应付款的会计核算

1. 应付融资租入固定资产的租赁费

企业采用融资租赁方式租入的固定资产,应当在租赁开始日,将租赁开始日租赁资产公允价值与最低租赁付款额现值的较低者,加上初始直接费用,作为租入资产的入账价值,借记"固定资产""在建工程"等科目;按照最低租赁付款额,贷记"长期应付款"科目;按照发生的初始直接费用,贷记"银行存款"等科目;按照差额借记"未确认融资费用"科目。企业在按照合同约定的付款日支付租金时,借记"长期应付款"科目,贷记"银行存款"等科目。

2. 以分期付款方式购买资产的应付款项

企业如果在购买固定资产、无形资产或存货过程中,延期支付的购买价款超过正常信用条件,实质上具有融资性质。企业应当按照未来分期付款的现值,借记"固定资产""无形资产""原材料"等科目;按照未来分期付款的总额,贷记"长期应付款"科目;按照差额,借记"未确认融资费用"科目。企业在按照合同约定的付款日分期支付价款时,借记"长期应付款"科目,贷记"银行存款"等科目。

(三)长期应付款的列报

其中,"专项应付款"科目主要反映来自政府的资本性投入,以及企业因城镇整体规划、库区建设、棚户区改造、沉陷区治理等公共利益进行搬迁,收到政府从财政预算直接拨付的搬迁补偿款等。

四、预计负债

企业在生产经营活动中会面临诉讼、债务担保、产品质量保证等具有较大不确定性的经济事项,这些具有不确定性的或有事项可能会对企业的财务状况和经营成果产生较大影响。企业应当提前考虑或有事项可能会给企业带来的风险,及时确认、计量或披露相关信息,如果符合负债的定义及确认条件应当及时予以确认。

(一)或有事项的含义及特征

《企业会计准则第 13 号——或有事项》(2006)规定:或有事项,是指过去的交易或者事项形成的,其结果须由某些未来事项的发生或不发生才能决定的不确定事项。常见的或有事项主要包括未决诉讼或未决仲裁、债务担保、产品质量保证、承诺、亏损合同、重组义务、环境污染整治等。与企业其他的业务和事项相比,或有事项具有以下三个特征。

1. 或有事项由过去的交易或事项形成

或有事项作为一种不确定事项,是由企业过去的交易或者事项形成,这是指或有事项的现存状况是过去交易或者事项引起的客观存在。比如,虞山公司 2021 年 12 月 31 日有一项未决诉讼,是由于虞山公司 2021 年 5 月发生的经济行为导致被其他单位起诉,这是现存的一种状况。而企业未来可能发生的自然灾害、经营亏损等事项,则不属于或有事项。

2. 或有事项的结果具有不确定性

或有事项结果的不确定性表现为两层含义:一是或有事项的结果是否发生具有不确定性,比如企业因销售产品而提供的质量保证,未来是否会发生经济利益的流出取决于在规定的质量保证期间内是否会提供产品维修、产品退换服务;二是或有事项的结果预计将发生,但是发生的具体时间或金额具有不确定性,比如,乙公司 2021 年 9 月因生产产品违规排污并对周围环境造成污染而被起诉,根据相关法律,乙公司很可能败诉,要承担相应的法律责任。但是到 2021 年 12 月 31 日为止,该诉讼尚未判决,因而乙公司将赔偿多少金额,以及何时将发生这些支出,目前是难以确定的。

3. 或有事项的结果须由未来事项的发生或不发生来决定

或有事项的结果只能由未来不确定事项的发生或不发生才能决定。比如,甲企业为外单位提供债务担保,该担保最终是否会导致企业履行担保责任,将取决于被担保方的未来经营状况和偿债能力。如果被担保方未来期间财务状况良好,能够偿还到期债务,则甲企业作为担保人不会承担任何连带责任;而如果被担保方未来财务状况恶化,到期无力偿还债务,则甲企业将承担债务的连带责任,代被担保方偿还债务。

或有事项的结果可能会产生一项预计负债、或有负债或者或有资产。其中,预计负债应当符合负债的确认条件。

【同步思考例 11－3】　多项选择题

下列各项中,属于或有事项的有(　　　)。

A. 为其他单位提供的债务担保　　　B. 企业与管理人员签订利润分享计划

C. 未决仲裁　　　D. 产品质保期内的质量保证

【答案】ACD

【解析】或有事项,是指过去的交易或者事项形成的,其结果须由某些未来事项的发生或不发生才能决定的不确定事项。其主要包括未决诉讼或仲裁、债务担保、产品质量保证(含产品安全保证)、承诺、亏损合同、重组义务、环境污染整治等。选项 B,不属于或有事项。

(二)预计负债的含义及确认条件

企业承担的与或有事项有关的义务如果同时满足以下三个条件,应当确认为一项预计负债。

1. 该义务是企业承担的现时义务

预计负债确认的第一个条件是与或有事项有关的经济义务是企业在当前条件下已经承担的现时义务,企业没有其他现实的选择,只能履行该现时的义务。这里的义务既包括法定义务,也包括推定义务。法定义务,是指因法律、合同规定而产生的企业必须履行的义务。比如,企业因与供货方签订购货合同而产生的付款义务就属于法定义务。推定义务,是指法定义务之外的,因企业以往的习惯做法、已公开的承诺或已公开宣布的政策而产生的义务。比如,企业在当地相关法律没有具体出台时,向社会公开承诺对其生产经营可能产生的环境污染进行治理就属于推定义务。而且,这种推定义务已经以一种相当具体的方式传达给受影响的各方,使各方形成了企业将履行其责任的合理预期。

2. 履行该义务很可能导致经济利益流出企业

不确定事项根据其发生的可能性可以分为基本确定、很可能、可能和极小可能四种,从发生的概率来看,各种类型的不确定事项对应的概率如表 11 - 3 所示。

表 11 - 3　不确定事项发生的概率

不确定事项	发生概率
基本确定	大于 95% 但小于 100%
很可能	大于 50% 但小于等于 95%
可能	大于 5% 但小于等于 50%
极小可能	小于等于 5%

预计负债确认的第二个条件是履行与该或有事项有关的现时义务导致经济利益流出企业的可能性应当超过 50% 但小于等于 95%。例如,如果企业的未决诉讼根据律师的预计将败诉并发生赔偿的可能性超过 50%,那么就可以认为企业履行该义务很可能导致经济利益流出企业。如果或有事项包含多项类似的义务,在判断经济利益流出可能性时应当总体考虑才能确定。比如产品质量保证,对于单个产品来说经济利益流出的可能性较小,但对于全部产品承担的义务来说很可能导致经济利益流出企业,因而应当以总体来判断经济利益流出的可能性。

3. 该义务的金额能够可靠地计量

预计负债确认的第三个条件是与该或有事项有关的现时义务的金额能够合理地估计。因为或有事项产生现时义务的金额具有不确定性,因而需要估计。企业要将或有事项确认为一项预计负债,履行相关义务的金额应当能够可靠估计。比如,虞山公司对当年销售的产品提供一年期的产品质量保证,根据以往经验,虞山公司可以合理地估计在保质期内将发生的相关维修费用的金额,则可以认为履行该义务的金额能够可靠地计量。

只有或有事项同时满足上述三个条件时,才能单独确认为一项预计负债。需要注意的是,预计负债要和应付款项、应计费用等负债项目严格区分。预计负债是一种未来履行经济义务的时间或者金额具有一定不确定性的负债,而应付账款、应计费用等其他负债尽管有时需要估计具体支付的金额,但是其不确定性远远小于预计负债,因而应当作为应付账款或其他应付款等的一部分进行列报,而预计负债则应当在资产负债表中单独列报。

（三）预计负债的计量

预计负债的计量需要对未来经济利益的流出金额做出合理的估计,以确定最佳估计数,并要考虑预期可能得到的补偿金。

1. 最佳估计数的确定

最佳估计数在考虑当前各种信息的条件下做出的最优估计结果,具体确定时应当区分以下两种情况处理。

（1）所需支出存在一个连续范围,且该范围内各种结果发生的可能性相同,则最佳估计数应当按照该范围内的中间值确定,即按照上下限金额的算数平均数确定。

【例 11 - 8】 2022 年 10 月,虞山公司因为合同违约而被乙公司起诉。截至 2022 年 12 月 31 日,法院尚未对该诉讼进行审理。根据律师的估计,虞山公司很可能败诉,赔偿的金额根据相关法律规定估计在 50 万元至 70 万元之间,其中包括虞山公司应承担的诉讼费用 5 万元。

分析:本例中,2022 年 12 月 31 日,尽管该诉讼尚未判决,但是根据律师的估计,虞山公司很可能败诉,赔偿金额的范围估计在 50 万元至 70 万元之间,而且这个区间内每个金额的可能性都大致相同。因而,虞山公司应当在年末按照估计范围的中间值 60 万元确认一项预计负债,同时在附注中进行披露。具体的账务处理如下:

借:管理费用　　　　　　　　　　　　　　　　　　　　　　　50 000

　营业外支出　　　　　　　　　　　　　　　　　　　　　　550 000

　　贷:预计负债——未决诉讼　　　　　　　　　　　　　　　　600 000

（2）所需支出不存在连续范围的,或虽然存在一个连续范围,但在该范围内各种结果发生的可能性不相同。在这种情况下,要进一步考虑或有事项涉及单个项目还是多个项目。如果或有事项涉及单个项目,比如一项未决诉讼、一项未决仲裁或一项债务担保,最佳估计数按照最可能发生的金额确定;如果或有事项涉及多个项目,比如产品质量保证中提出产品保修服务要求的可能有许多客户,则按照各种可能结果及相关概率计算确定。

【例 11 - 9】 2022 年 1 月,虞山公司与乙公司签订了债务担保协议,为乙公司一项银行贷款做担保。2022 年 11 月,由于乙公司到期无法偿还该贷款被银行起诉,虞山公司因债务担保协议而成为该诉讼的第二被告。截至 2022 年 12 月 31 日,该诉讼尚未判决。根据律师的估计,由于乙公司经营困难,虞山公司很可能要承担连带责任,承担还款责任 100 万元的可能性为 70%,承担还款责任 60 万元的可能性为 30%。

分析:本例中,由于虞山公司很可能因债务担保而承担连带责任,而且赔偿的金额能够合理地估计,因而虞山公司应当根据最有可能发生的金额 100 万元确认一项预计负债,有关账务处理如下:

借:营业外支出　　　　　　　　　　　　　　　　　　　　　1 000 000

　　贷:预计负债——未决诉讼　　　　　　　　　　　　　　　1 000 000

【例 11 - 10】 虞山公司 2022 年销售 A 产品的收入共计 2 000 000 元。虞山公司根据惯例为 A 产品提供一年的质量保证。质量保证条款规定,A 产品出售后一年内,如果发生正常质量问题,虞山公司负责免费修理。根据以往的销售经验,如果产品发生较小的质量问题,需要发生的修理费用为销售额的1%;如果发生较大的质量问题,需要发生的修理费用为销售额的3%。虞山公司预测本年销售的A产品中有90%不会发生质量问题,有8%将发生较小的质量问题,有2%将发生较大的质量问题。

分析:本例中,尽管虞山公司销售的A产品就单个产品来说,发生经济利益流出的可能性很小,但就总体而言,虞山公司很可能会发生产品质量保证费用,而且金额可以根据各种可能的结果及相关概率合理地估计,因而虞山公司应当于销售产品的当期确认一项预计负债,同时确认一项费用,与当期的销售收入相配比。

产品质量保证的最佳估计数 $= 2\,000\,000 \times (1\% \times 8\% + 3\% \times 2\%) = 2\,800$(元)

虞山公司2022年12月31日应编制的会计分录为:

借:销售费用　　　　　　　　　　　　　　　　　　　　2 800
　　贷:预计负债——产品质量保证　　　　　　　　　　　　2 800

假定虞山公司2023年实际发生的A产品修理费用为2 000元,其中原材料支出1 300元,人工成本700元。则虞山公司实际发生产品质量保证费用时应编制的会计分录为:

借:预计负债——产品质量保证　　　　　　　　　　　　2 000
　　贷:原材料　　　　　　　　　　　　　　　　　　　　1 300
　　　应付职工薪酬　　　　　　　　　　　　　　　　　　700

【同步思考例 11-4】　多项选择题

下列关于或有事项的表述中,正确的有(　　)。

A. 或有资产由过去的交易或事项形成

B. 或有负债应在资产负债表内予以确认

C. 或有资产不应在资产负债表内予以确认

D. 因或有事项所确认负债的偿债时间或金额不确定

【答案】ACD

【解析】或有负债尚未满足确认负债的条件,不需要在资产负债表中予以体现,选项B错误。

2. 预期可能获得补偿的确定

企业在某些情况下,在履行因或有事项产生的现时义务时,所需支出的全部或部分金额可能会得到第三方的补偿。比如,乙公司因交通事故而被起诉,很可能要赔偿相关损失,但也会得到保险公司的一定补偿。对于企业可能从第三方得到的补偿,由于存在很大的不确定性,因而企业只能在估计补偿金额基本确定收到时,才能将补偿金额作为资产单独确认,而不能作为预计负债的抵减项目,而且确认的补偿金额也不能超过预计负债的账面价值。

【同步思考例 11-5】　多项选择题

下列关于企业或有事项会计处理的表述中,正确的有(　　)。

A. 因或有事项承担的义务,符合负债定义且满足负债确认条件的,应确认为预计

负债

B．因或有事项承担的潜在义务，不应确认为预计负债

C．因或有事项形成的潜在资产，应单独确认为一项资产

D．因或有事项预期从第三方获得的补偿，补偿金额很可能收到的，应单独确认为一项资产

【答案】AB

【解析】选项 C，因或有事项形成的潜在资产，不符合资产的确认条件，不应确认为一项资产；选项 D，因或有事项预期从第三方获得的补偿，补偿金额基本确定收到的，应单独确认为一项资产。

3．预计负债计量需要考虑的其他因素

企业在确定或有事项的最佳估计数时，应当综合考虑与或有事项有关的风险和不确定性、货币时间价值及未来事项等因素的影响。

1）风险性和不确定性

风险是对过去的交易或事项结果变化可能性的一种描述。企业在或有事项存在风险和不确定性的情况下，应当谨慎判断，不得低估负债和费用的金额。

2）货币时间价值

在未来应支付金额与其现值相差较大的情况下，应当按照未来应支付金额的现值确定最佳估计数。比如，油气行业相关设施取得时应确认的弃置费用，由于时间跨度很长，货币时间价值影响重大，所以在确定预计负债计量金额时，应当采用现值进行计量。

3）未来事项

在确定或有事项的最佳估计数时，如果有足够的客观证据表明相关未来事项将会发生的，则应当考虑相关未来事项的影响，但不应考虑预期处置相关资产的利得。比如，核电站在确认弃置费用产生的预计负债时，根据专家的判断预计未来技术更新会导致弃置费用的金额显著降低，则应当考虑该因素来确定弃置费用的最佳估计数。

4．预计负债账面价值的复核

企业应当在资产负债表日对预计负债的账面价值进行复核。如果有确凿证据表明该账面价值不能真实反映当前最佳估计数的，则应当按照当前最佳估计数对预计负债的账面价值进行调整。比如，2021 年 12 月 31 日，虞山公司由于生产某种产品对环境造成污染，根据相关法律规定预计清理污染所需支出的金额为 10 万元，确认为一项预计负债。2022 年 12 月 31 日，由于有关环保法律的变化导致企业预计清理该项污染的支出金额将增加至 30 万元，则企业应当增加预计负债的账面价值 20 万元，并同时确认一项损失。

（四）亏损合同

企业因亏损合同而产生的义务如果符合预计负债的确认条件，应当将其确认为一项预计负债。亏损合同，是指履行合同义务时会不可避免地发生成本超过预期经济利益的合同。对于因亏损合同而产生的预计负债的计量，应当反映企业退出该合同的最低成本，即履行该合同的亏损与未能履行该合同而发生的违约成本二者中的较低者。企业与其他单位签订的商品销售合同、劳务合同、租赁合同等待执行合同，均可能因环境发生变化而

转化为亏损合同。

【例 11 - 11】 虞山公司 2022 年 9 月 1 日与乙公司签订了一批 A 产品的销售合同。双方约定虞山公司须在 2023 年 4 月 30 日向乙公司销售 100 件 A 产品，合同单价为每件 1 600 元。虞山公司签订合同时，估计 A 产品的单位成本为每件 1 200 元。该合同同时规定，如果虞山公司 2023 年 4 月 30 日未能按期交货，须向乙公司支付未按期交货部分合同价款的 20% 作为违约金。

2022 年 12 月 31 日，由于虞山公司在组织生产 A 产品时原材料价格突然大幅上涨，预计生产 A 产品的单位成本会上升至每件 1 700 元。

分析：本例中，由于原材料上涨导致生产 A 产品的成本超过合同单价，所以虞山公司与乙公司签订的销售合同变为亏损合同，销售每件 A 产品亏损 100 元，总亏损金额为 10 000 元（＝100×100）。而如果虞山公司不能按期交货支付的违约金金额为 32 000 元（＝100×1 600×20%）。因而虞山公司应确认预计负债的金额为二者中的较低者 10 000 元。有关账务处理如下：

(1) 2022 年 12 月 31 日，确认亏损合同产生的预计负债。

借：营业外支出　　　　　　　　　　　　　　　　　　　　　　　　10 000
　　贷：预计负债——亏损合同　　　　　　　　　　　　　　　　　　　　10 000

(2) 待相关产品生产完成后，再将已确认的预计负债冲减产品成本。

借：预计负债——合同亏损　　　　　　　　　　　　　　　　　　　　10 000
　　贷：库存商品　　　　　　　　　　　　　　　　　　　　　　　　　　10 000

需要注意的是，如果亏损合同存在标的资产，则企业应当首先对标的资产进行减值测试，并按照规定先确认减值损失。如果预计亏损超过已确认的减值损失，再将超过部分确认为预计负债。

（五）预计负债的披露

为了使财务报告使用者获得充分、详细的有关信息，对于预计负债除了在资产负债表非流动负债项目下单独确认为一项负债之外，还应当在财务报表附注中披露以下内容：

(1) 预计负债的种类、形成原因以及经济利益流出不确定性的说明。

(2) 各类预计负债的期初、期末余额和本期变动情况。

(3) 与预计负债有关的预期补偿金额和本期已确认的预期补偿金额。

（六）或有负债

或有负债，是指过去的交易或者事项形成的潜在义务，其存在须通过未来不确定事项的发生或不发生予以证实；或过去的交易或者事项形成的现时义务，履行该义务不是很可能导致经济利益流出企业或该义务的金额不能可靠计量。当或有事项产生的义务不能同时满足预计负债确认的三个条件时，则应当作为或有负债进行处理。比如，企业签订的债务担保合同，如果企业预计不是很可能发生经济利益的流出，则不能确认为预计负债，而属于或有负债。作为或有负债，不论是来自潜在义务还是来自现时义务，均不符合负债的确认条件，因而或有负债不能确认为一项负债。但考虑到财务报告使用者对信息的需求，企业一般情况下应当披露当期发生的或有负债的相关信息，主要披露内容包括：

（1）或有负债的种类及其形成原因。

（2）因或有负债产生的经济利益流出不确定性的说明。

（3）或有负债预计产生的财务影响及获得补偿的可能性。无法预计的，应当说明原因。

同时，为了保护企业的利益，当或有负债涉及未决诉讼、未决仲裁的情况时，如果企业认为披露全部或部分信息预期会对企业造成重大不利影响，则无须披露这些信息，但应当披露该未决诉讼、未决仲裁的性质，以及没有披露其他信息的事实和原因。此外，对于导致经济利益极小可能流出企业的或有负债也不需要披露。

随着或有负债形成因素的不断变化，或有负债对应的潜在义务可能会转化为现时义务，未来经济利益流出的可能性也会增大，金额也会可靠地计量，此时或有负债就会转化为真正的负债，企业应当及时地将该或有负债确认为一项预计负债。

第四节　借款费用

本节内容框架

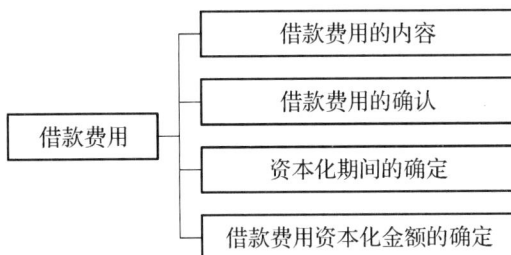

一、借款费用的内容

企业在生产经营活动中，如果面临资金短缺，需要通过短期借款、商业汇票等方式筹集资金。而企业对于购建固定资产、对外投资等大的投资项目，一般情况下需要通过长期借款或发行债券的方式来筹集所需资金。这些筹资行为，企业都应当承担相应的借款费用。根据《企业会计准则第17号——借款费用》（2006）的规定，借款费用是指企业因借款而发生的利息及其他相关成本。借款费用的具体内容包括：

（1）借款利息，包括企业向银行或者其他金融机构等借入资金发生的利息、发行公司债券发生的利息，以及其他带息债务所承担的利息等。

（2）因借款产生的折价或者溢价的摊销，是指因发行债券等所发生的折价或者溢价在资产负债表日确认利息费用时的调整额。

（3）因外币借款而发生的汇兑差额，是指由于汇率变动对外币借款本金及其利息的记账本位币金额所产生的影响。由于汇率的变化往往和利率的变化相关，是外币借款所需承担的风险，因此，因外币借款相关汇率变化所导致的汇兑差额属于借款费用的有机组成部分。

（4）辅助费用，是指企业在借款过程中发生的诸如手续费、佣金等费用，由于这些费用是因安排借款而发生的，也属于借入资金所付出的代价，因而是借款费用的构成部分。

（5）融资租赁费用，是指承租人根据租赁准则所确认的融资租赁所发生的融资费用。

【同步思考例 11-6】 多项选择题

下列各项中，属于借款费用的有（ ）。

A. 银行借款的利息　　　　　　　B. 债券溢价的摊销

C. 债券折价的摊销　　　　　　　D. 发行股票的手续费

【答案】 ABC

【解析】 借款费用是企业因借入资金所付出的代价，包括借款利息、折价或者溢价的摊销、辅助费用以及因外币借款而发生的汇兑差额等。选项 D，发行股票的手续费，是权益性融资费用，不属于借款费用。

二、借款费用的确认

借款费用有两种确认方法：一是将借款费用资本化计入相关资产的成本；二是将借款费用费用化计入当期损益。借款费用确认的基本原则是：企业发生的借款费用可直接归属于符合资本化条件的资产的购建或者生产的，应当予以资本化，计入相关资产成本；其他借款费用，应当在发生时根据其发生额确认费用，计入当期损益。

符合资本化条件的资产，是指需要经过相当长时间（大于等于 1 年）购建或生产活动才能达到预定可使用或者可销售状态的固定资产、投资性房地产和存货等资产。建造合同成本、确认为无形资产的开发支出等在符合条件的情况下，也可以认定为符合资本化条件的资产。不过，如果由于人为或者故意等非正常因素导致资产的购建或者生产时间相当长的，该资产不属于符合资本化条件的资产。那些购入即可使用的资产，或者购入后需要安装但所需安装时间较短的资产，或者需要建造或生产但建造或生产时间较短的资产，均不属于符合资本化条件的资产。

借款费用可直接归属于资产的购建或生产的，要求借款费用必须发生在资本化期间内。因而，资本化期间是借款费用资本化的前提条件。

三、资本化期间的确定

借款费用的资本化期间，是指从借款费用开始资本化的时点到停止资本化时点的期间，但不包括借款费用暂停资本化期间。

（一）借款费用开始资本化的时点

借款费用允许开始资本化必须同时满足下列 3 个条件：

（1）资产支出已经发生，这是指企业为购建和生产符合资本化条件的资产的支出已经发生，其中，资产支出包括支付现金、转移非现金资产或承担带息债务（如带息应付票据）所发生的支出。

（2）借款费用已经发生，这是指企业已经发生了因购建或者生产符合资本化条件的资产而专门借入款项的借款费用或者所占用一般借款的借款费用。比如企业取得的银行借款已经开始计算利息。

（3）为使资产达到预定可使用或者可销售状态所必要的购建或者生产活动已经开始，这是指符合资本化条件的实体建造或者生产工作已经开始，比如设备开始安装、厂房实际开工建造等。但不包括仅仅持有资产但没有发生为改变资产形态而进行的实质上的建造或者生产活动。比如，企业为建造厂房购置了建筑用地，但是尚未开工，就不能开始资本化。

（二）借款费用暂停资本化的时间

符合资本化条件的资产在购建或生产期间，如果同时满足以下两个条件应当暂停借款费用的资本化。

1. 非正常中断

非正常中断，通常是由于企业管理决策上的原因或者其他不可预见的原因等所导致的中断。比如，企业在建造厂房时因与施工方发生了质量纠纷而暂停建造，或者由于工程、生产用料没有及时供应而发生中断，或者由于资金周转发生了困难导致资产购建或者生产活动发生中断，均属于非正常中断。

而正常中断通常仅限于因购建或者生产符合资本化条件的资产达到预定可使用或者可销售状态所必要的程序，或者事先可预见的不可抗力因素导致的中断。比如，某项工程建造到一定阶段必须暂停进行质量或者安全检查，检查通过后才可继续下一阶段的建造工作，这类中断是在施工前可以预见的，而且是工程建造必须经过的程序，属于正常中断。还有某些地区的工程在建造过程中，由于可预见的不可抗力因素（如雨季或冰冻季节等原因）导致施工出现停顿，也属于正常中断。

2. 中断时间连续超过 3 个月

这是从重要性的要求出发，连续中断不超过 3 个月的借款费用通常由于不够重要可以忽略不计。

（三）借款费用停止资本化的时点

当企业购建或者生产符合资本化条件的资产达到预定可使用或者可销售状态时，应当停止借款费用的资本化。符合下列情形之一的，应当认为企业购建或生产的符合资本化条件的资产达到了预定可使用或可销售状态：

（1）资产的实体建造全部完成或实质完成。

（2）购建的固定资产与设计要求或合同要求基本相符。

（3）继续发生的支出很少或者几乎不再发生。

如果所购建或者生产的符合资本化条件的资产的各部分分别完工，且每部分在其他部分继续建造或者生产过程中可供使用或者对外销售，可以停止已经达到预定可使用或可销售状态的部分相关借款费用的资本化。如果企业购建或者生产的资产的各部分分别完工，但必须等到整体完工后才可使用或者对外销售的，应当在该资产整体完工时停止借款费用的资本化。

四、借款费用资本化金额的确定

(一)借款利息资本化金额的确定

借款利息是指按照实际利率法计算的各期实际利息,既包括按照借款合同利率计算的票面利息,也包括因实际利率与合同利率不同而产生的折价或溢价的摊销额。企业在确定借款利息资本化金额时,首先应当判断借款的来源。借款包括专门借款和一般借款。专门借款是指为购建或者生产符合资本化条件的资产而专门借入的款项。比如,企业为购建一条生产线而从银行取得的贷款就属于专门借款。专门借款的使用用途明确,而且其使用受与银行签订的借款合同的限制。一般借款是指除专门借款之外的借款。相对于专门借款而言,一般借款在借入时,其用途通常没有特指用于某项符合资本化条件资产的购建或者生产。

1. 专门借款利息资本化金额的确定

专门借款利息的资本化金额,应当以专门借款当期实际发生的利息费用,减去将尚未动用的借款资金存入银行取得的利息收入或进行暂时性投资取得的投资收益后的金额确定。

2. 一般借款利息资本化金额的确定

企业在购建或生产符合资本化条件的资产时,如果专门借款资金不足而占用了一般借款资金,应当根据为购建或生产符合资本化条件的资产而发生的累计资产支出超过专门借款部分的资产支出加权平均数乘以所占用一般借款的资本化率,计算确定一般借款应予资本化的利息金额。一般借款的资本化率应当根据一般借款加权平均利率计算确定。

【例 11-12】 虞山公司于 2022 年 1 月 1 日正式动工兴建一幢办公楼,工期为 1 年。该工程采用出包方式,虞山公司分别于 2022 年 1 月 1 日、7 月 1 日和 10 月 1 日向施工方支付工程进度款 1 500 万元、4 000 万元和 2 500 万元。办公楼于 2022 年 12 月 31 日完工,达到预定可使用状态。

虞山公司为建造办公楼取得了两笔专门借款:

(1) 2022 年 1 月 1 日,取得专门借款 2 000 万元,借款期限为 3 年,年利率为 8%,利息按年支付。

(2) 2022 年 7 月 1 日,取得专门借款 3 000 万元,借款期限为 5 年,年利率为 10%,利息按年支付。

闲置的专门借款资金均用于固定收益债券短期投资,假定该短期投资月收益率为 0.5%,投资收益到年末为止尚未收到。

虞山公司为建造该办公楼还占用了两笔一般借款:

(1) 2021 年 5 月 1 日,向 A 银行借入一笔长期借款 5 000 万元,期限为 2021 年 5 月 1 日至 2026 年 5 月 1 日,年利率为 6%,按年支付利息。

(2) 2021 年 3 月 1 日发行公司债券 10 000 万元,期限为 5 年,年利率为 8%,按年支付利息。

分析:本例中的办公楼建造期限为一年,符合资本化条件,资本化期间为2021年1月1日至2022年12月31日。工程支出及资金来源如表11-4所示。

表11-4 虞山公司办公楼建造支出及资金来源表

单位:万元

日 期	资产支出	资金来源	
		专门借款	一般借款
2022年1月1日	1 500	1 500	
2022年7月1日	4 000	3 500	500
2022年10月1日	2 500		2 500
合 计	8 000	5 000	3 000

(1)专门借款资本化利息的计算。

专门借款中有5 000 000元(=20 000 000-15 000 000)资金从2022年1月1日至7月1日闲置6个月。

专门借款2022年应付利息金额=20 000 000×8%+30 000 000×10%×6÷12
=3 100 000(元)

专门借款闲置期间的投资收益金额=5 000 000×0.5%×6=150 000(元)

专门借款的资本化利息金额=3 100 000-150 000=2 950 000(元)

对于专门借款的利息,虞山公司在2022年12月31日应编制的会计分录为:

借:在建工程　　　　　　　　　　　　　　　　2 950 000

　　应收利息　　　　　　　　　　　　　　　　150 000

　　贷:应付利息　　　　　　　　　　　　　　　　3 100 000

(2)一般借款资本化利息的计算。

一般借款2022年应付利息金额=50 000 000×6%+100 000 000×8%=11 000 000(元)

占用一般借款部分的资产支出加权平均数=5 000 000×6÷12+2 500 000×3÷12
=8 750 000(元)

一般借款资本化率=(50 000 000×6%+100 000 000×8%)÷(50 000 000+100 000 000)×100%
≈7.33%

一般借款资本化利息金额=8 750 000×7.33%=641 375(元)

对于一般借款的利息,虞山公司在2022年12月31日应编制的会计分录为:

借:在建工程　　　　　　　　　　　　　　　　641 375

　　财务费用　　　　　　　　　　　　　　　　10 358 625

　　贷:应付利息　　　　　　　　　　　　　　　　11 000 000

(二)汇兑差额资本化金额的确定

企业为购建或者生产符合资本化条件的资产所借入的专门借款为外币借款时,由于汇率变动会产生汇兑差额。为简化起见,在借款费用的资本化期间内,外币专门借款本金及利息的汇兑差额,应当予以资本化,计入符合资本化条件的资产的成本。而一般借款的本金及利息所产生的汇兑差额,应当直接计入当期财务费用。

(三)辅助费用资本化金额的确定

辅助费用是企业为了取得借款而发生的必要费用,包括借款手续费、佣金等。辅助费用各期的发生额,是按照实际利率法所确定的金融负债交易费用对每期利息费用的调整额。对于专门借款发生的辅助费用,在所购建或生产的符合资本化条件的资产资本化期间内发生的应予以资本化。一般借款发生的辅助费用,也应当比照上述原则处理。

【同步思考例 11-7】 判断题

企业购建符合资本化条件的资产而取得专门借款支付的辅助费用,应在支付当期全部予以资本化。 ( )

【答案】×

【解析】企业购建符合资本化条件的资产而取得专门借款支付的辅助费用,在所购建或者生产符合资本化条件的资产达到预定可使用或可销售状态之前发生的,应当在发生时根据其发生额予以资本化,在所购建或者生产符合资本化条件的资产达到预定可使用或可销售状态之后发生的,应当在发生时根据其发生额确认为费用,计入当期损益。

(四)资本化金额的限额

在资本化期间内,每一会计期间的利息资本化金额,不应当超过当期相关借款实际发生的利息金额。

课后练习题　　　　　延伸阅读

第五篇　利润分配篇

第十二章　利润分配

学习目标

　　1. 熟悉利润结转的方法。
　　2. 掌握利润结转的账务处理。
　　3. 掌握利润分配过程。

思政案例

儿歌《分果果、排排坐》

　　儿歌《分果果、排排坐》是这样描述分果果的思想：分果果，吃果果，大的给奶奶，小的留给我，排排坐，吃果果，你一个，我一个，妹妹睡了留一个。

　　分析：儿歌《分果果、排排坐》描述了利益共享的美好画面，兼顾到老人（奶奶）、自己以及睡觉了的妹妹，没有吃独食。

　　结论：好处大家享，不能吃独食。

阅读案例

海尔智家案例

　　2021 年 6 月 25 日，海尔智家股份有限公司（以下简称"公司"）召开 2020 年度股东大会审议通过了《海尔智家股份有限公司 2020 年度利润分配预案》，除回购账户内已回购股份外，公司拟向全体股东每 10 股派发现金红利人民币 3.66 元（含税）。按利润分配预案披露的扣除当时回购账户内已回购股份的公司总股本 9 282 179 268 股计算，分红金额共计 3 397 277 612.09 元（含税），对应本年度公司现金分红总额占归属于母公司股东的净利润比例为 38.27％。如在利润分配预案披露之日起至实施权益分派股权登记日期间，因回购股份、股权激励授予股份回购注销、重大资产重组股份回购注销等致使公司总股本发生变动的，公司拟维持每股分配比例不变，相应调整分配总额。本次权益分派将构成差异化分红。

　　思考：1. 为什么要进行利润分配，如果盈利后不分配会产生什么样的后果？

　　2. 公司盈利后，要进行相应的利润分配过程，如何分配？分配应兼顾眼前利益与长远发展。

第一节 利润的结转

本节内容框架

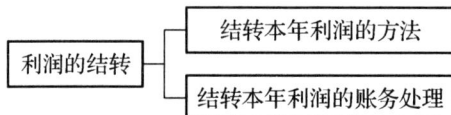

```
                    ┌─ 结转本年利润的方法
  利润的结转 ───────┤
                    └─ 结转本年利润的账务处理
```

一、结转本年利润的方法

会计期末,结转本年利润的方法有表结法和账结法两种。

(一)表结法

表结法下,各损益类科目每月末只需结计出本月发生额和月末累计余额,不结转到"本年利润"科目,只有在年末时才将全年累计余额结转入"本年利润"科目。但每月末要将损益类科目的本月发生额合计数填入利润表的本月数栏,同时将本月累计余额填入利润表的本年累计数栏,通过利润表计算反映各期的利润(或亏损)。表结法下,年终损益类科目无须结转入"本年利润"科目,从而减少了转账环节和工作量,同时并不影响利润表的编制及有关损益指标的利用。

(二)账结法

账结法下,每月末均需编制转账凭证,将在账上结出的各损益类科目的余额结转入"本年利润"科目。结转后"本年利润"科目的本月余额反映当月实现的利润或发生的亏损,"本年利润"科目的本年余额反映本年累计实现的利润或发生的亏损。账结法下,在各月均可通过"本年利润"科目提供当月及本年累计的利润(或亏损)额,但增加了转账环节和工作量。

二、结转本年利润的账务处理

企业应设置"本年利润"科目,用于核算企业当年实现的净利润或发生的净亏损。

(1)会计期末,企业应当将各损益类科目的余额转入"本年利润"科目,结平各损益类科目,即将收入类科目的贷方余额转入"本年利润"科目的贷方。会计分录为:

借:主营业务收入 ××

其他业务收入 ××

其他收益 ××

营业外收入 ××

贷:本年利润 ××

将支出类科目的借方余额转入"本年利润"科目的借方,会计分录为:

借:本年利润 ××

贷:主营业务成本　　　　　　　　　　　　　　　　　　××
　　其他业务成本　　　　　　　　　　　　　　　　　　××
　　税金及附加　　　　　　　　　　　　　　　　　　　××
　　管理费用　　　　　　　　　　　　　　　　　　　　××
　　销售费用　　　　　　　　　　　　　　　　　　　　××
　　财务费用　　　　　　　　　　　　　　　　　　　　××
　　资产减值损失　　　　　　　　　　　　　　　　　　××
　　信用减值损失　　　　　　　　　　　　　　　　　　××
　　营业外支出　　　　　　　　　　　　　　　　　　　××
　　所得税费用　　　　　　　　　　　　　　　　　　　××

"投资收益""公允价值变动损益""资产处置损益"科目如为净收益时,会计分录为:

借:投资收益　　　　　　　　　　　　　　　　　　　××
　　公允价值变动损益　　　　　　　　　　　　　　　　××
　　资产处置损益　　　　　　　　　　　　　　　　　　××
　　贷:本年利润　　　　　　　　　　　　　　　　　　××

如为净损失,其会计会计分录为:

借:本年利润　　　　　　　　　　　　　　　　　　　××
　　贷:投资收益　　　　　　　　　　　　　　　　　　××
　　　　公允价值变动损益　　　　　　　　　　　　　　××
　　　　资产处置损益　　　　　　　　　　　　　　　　××

期末结转损益类科目余额后,本年利润科目如为贷方余额,反映年初至本期期末累计实现的净利润;如为借方余额,反映年初至本期期末累计发生的净亏损。为了简化核算,企业在中期期末也可以不进行上述利润结转,年内各期实现的利润直接通过利润表计算;年度终了时,再将各损益类科目全年累计金额一次转入"本年利润"科目。

(2)年度终了,企业应将收入和支出相抵后结出的本年实现的净利润,转入"利润分配——未分配利润"科目,会计分录为:

借:本年利润　　　　　　　　　　　　　　　　　　　××
　　贷:利润分配——未分配利润　　　　　　　　　　　××

如果为净亏损,其会计分录为:

借:利润分配——未分配利润　　　　　　　　　　　　　××
　　贷:本年利润　　　　　　　　　　　　　　　　　　××

结转后,本年利润科目应无余额。

【例12-1】 虞山股份有限公司2021年度取得主营业务收入5 000万元,其他业务收入1 800万元,其他收益120万元,投资净收益800万元,营业外收入250万元;发生主营业务成本3 500万元,其他业务成本1 400万元,税金及附加60万元,销售费用380万元,管理费用340万元(研发费用150万元),财务费用120万元,资产减值损失110万元,信用减值损失90万元,公允价值变动净损失100万元,资产处置净损失160万元,营业外支出210万元;本年度确认的所得税费用为520万元。

假定虞山股份有限公司中期期末不进行利润结转,年末一次结转利润。虞山公司结转利润的会计处理如下:

(1) 2021 年 12 月 31 日,结转本年度损益类科目余额。

借:主营业务收入		50 000 000
其他业务收入		18 000 000
其他收益		1 200 000
投资收益		8 000 000
营业外收入		25 000 000
贷:本年利润		79 700 000

同时,

借:本年利润		69 900 000
贷:主营业务成本		35 000 000
其他业务成本		14 000 000
税金及附加		600 000
销售费用		3 800 000
管理费用		3 400 000
财务费用		1 200 000
资产减值损失		1 100 000
信用减值损失		900 000

(2) 2021 年 12 月 31 日,结转本年净利润。

借:本年利润		9 800 000
贷:利润分配——未分配利润		9 800 000

第二节　利润分配顺序

企业当期实现的净利润,加上年初未分配利润(或减去年初未弥补亏损)后的余额,为可供分配的利润。可供分配的利润,一般按下列顺序分配:

(1) 提取法定盈余公积,是指企业根据有关法律的规定,按照净利润的 10% 提取的盈余公积。法定盈余公积累计金额超过企业注册资本的 50% 以上时,可以不再提取。

(2) 提取任意盈余公积,是指企业按股东大会决议提取的盈余公积。

(3) 应付现金股利或利润,是指企业按照利润分配方案分配给股东的现金股利,也包括非股份有限公司分配给投资者的利润。

(4) 转作股本的股利,是指企业按照利润分配方案以分派股票股利的形式转作股本的股利,也包括非股份有限公司以利润转增的资本。

企业应当设置"利润分配"科目,核算利润的分配(或亏损的弥补)情况,以及历年积存的未分配利润(或未弥补亏损)。该科目还应当分别设置"提取法定盈余公积""提取任意盈余公积""应付现金股利(或利润)""转作股本的股利""盈余公积补亏"和"未分配利润"
等明细科目进行明细核算。年度终了,企业应将"利润分配"科目所属其他明细科目余额
转入"未分配利润"明细科目。结转后,除"未分配利润"明细科目外,其他明细科目应无
余额。

企业按有关法律规定提取的法定盈余公积,会计分录为:

借:利润分配——提取法定盈余公积　　　　　　　　　　　××
　　贷:盈余公积——法定盈余公积　　　　　　　　　　　　　　××

按股东大会或类似机构决议提取的任意盈余公积,会计分录为:

借:利润分配——提取任意盈余公积　　　　　　　　　　　××
　　贷:盈余公积——任意盈余公积　　　　　　　　　　　　　　××

按股东大会或类似机构决议分配给股东的现金股利,会计分录为:

借:利润分配——应付现金股利(或利润)　　　　　　　　××
　　贷:应付股利　　　　　　　　　　　　　　　　　　　　　　××

按股东大会或类似机构决议分配给股东的股票股利,在办理增资手续后,会计分
录为:

借:利润分配——转作股本的股利　　　　　　　　　　　　××
　　贷:股本(或实收资本)　　　　　　　　　　　　　　　　　××
　　　　资本公积——股本溢价(资本溢价)(可借可贷)　　　　××

企业用盈余公积弥补亏损,会计分录为:

借:盈余公积——法定盈余公积(或任意盈余公积)　　　　××
　　贷:利润分配——盈余公积补亏　　　　　　　　　　　　　××

年度终了,将"利润分配"科目所属其他明细科目余额转入"未分配利润"明细科目,会
计分录为:

借:利润分配——未分配利润　　　　　　　　　　　　　　××
　　贷:利润分配——提取法定盈余公积　　　　　　　　　　　××
　　　　　　　　——提取任意盈余公积　　　　　　　　　　　××
　　　　　　　　——应付现金股利(或利润)　　　　　　　　　××
　　　　　　　　——转作股本的股利　　　　　　　　　　　　××

或者:

借:利润分配——盈余公积补亏　　　　　　　　　　　　　××
　　贷:利润分配——未分配利润　　　　　　　　　　　　　　××

【例 12-2】　虞山股份有限公司 2021 年度实现净利润 980 万元,按净利润的 10% 提
取法定盈余公积,按净利润的 15% 提取任意盈余公积,向股东分派现金股利 350 万元,同
时分派每股面值 1 元的股票股利 250 万股。

(1) 提取盈余公积。

借:利润分配——提取法定盈余公积　　　　　　　　　　980 000
　　　　　　　　——提取任意盈余公积　　　　　　　　　1 470 000
　　贷:盈余公积——法定盈余公积　　　　　　　　　　　　980 000

——任意盈余公积	1 470 000

（2）分配现金股利。

借：利润分配——应付现金股利   3 500 000

   贷：应付股利   3 500 000

（3）分配股票股利，已办妥增资手续。

借：利润分配——转作股本的股利   2 500 000

   贷：股本   2 500 000

（4）结转"利润分配"科目所属其他明细科目余额。

借：利润分配——未分配利润   8 450 000

   贷：利润分配——提取法定盈余公积   980 000

      ——提取任意盈余公积   1 470 000

      ——应付现金股利   3 500 000

      ——转作股本的股利   2 500 000

此时本年度实现的"未分配利润"＝9 800 000－8 450 000＝1 350 000（元）

结合期初未分配利润，就可以求出截至本年年末累计实现的未分配利润。

课后练习题

第六篇 财务报告篇

第十三章 财务报告

学习目标

1. 掌握财务报告的概念及特点。
2. 掌握资产负债表、利润表、现金流量表的填列方法。
3. 熟悉所有者权益变动表的内容。
4. 了解财务报表附注的内容。

思政案例

华为集团副CFO史延丽在华为工作20余年,是华为培养起来的具备全球视野的高级财务干部,她经历了华为账务从手工记账到世界一流财务水平的全历程。她于2017年5月在《华为人》报上发表了一篇名为《做最真实的财报》的文章,文中详述了华为财务管理系统的演进过程。文章提到:回首过去,账务组织与公司共同发展,历经艰辛与磨难,收获成功与经验。展望未来,公司规模持续增长,新业务、新领域、新商业模式层出不穷,如何准确反映业务,高效支撑业务成功? 如何确保规模增长下的财报稳健? 如何真正实现敢于坚持原则,并且善于坚持原则,在服务中做好监控,支撑业务成功? 如何还原一本最真实的账,助力业务多打粮食? 财务部门需要更多探索。

分析:财务会计的职能是要提供真实可靠的财务报告供使用者决策,因此财务部门在围绕单位业务模式特征的前提下,面对纷繁复杂的商业环境,应该要坚持原则,提供高质量的会计报告。

结论:只有提供真实可靠的财务信息,管理层才能做出正确决策。

阅读案例

恒生电子(600570)的业绩预告

公告日期:2021年1月29日。

报告期:2020年12月31日。

业绩预告摘要:预计2020年1—12月归属于上市公司股东的净利润为123 664万元,与上年同期相比变动值为—17 921万元,与上年同期相比变动幅度为—12.66%。

业绩预告内容:预计2020年1—12月归属于上市公司股东的净利润为123 664万元,

与上年同期相比变动值为-17 921万元,与上年同期相比变动幅度为-12.66%。业绩变动原因说明:根据财政部的要求,公司报告期内执行新收入准则,对自行开发研制的软件产品收入和定制软件收入,从原来的完工百分比法调整为在客户取得相关商品控制权时点确认收入,从而收入增速有所放缓。报告期内,预计非经常性损益对公司净利润的影响金额为人民币57 513万元左右,主要系公司2020年度合并报表范围变更转回处置收益、处置金融资产收益增加所致。

详细经营情况请参阅年报资料。

思考:1.财务报表数据能给报表使用者带来何种信息?

2.财务报表由哪些内容构成?

3.准则变化会给企业财务报表带来什么影响?

第一节 财务报告概述

本节内容框架

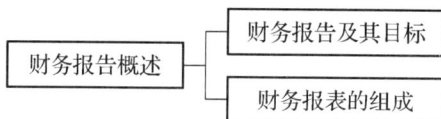

财务报告概述 —— 财务报告及其目标 / 财务报表的组成

一、财务报告及其目标

财务报告是指企业对外提供的反映企业某一特定日期的财务状况和某一会计期间的经营成果、现金流量等会计信息的文件。财务报告包括财务报表和其他应当在财务报告中披露的相关信息和资料。

财务报告的目标,是向财务报告使用者提供与企业财务状况、经营成果和现金流量等有关的会计信息,反映企业管理层受托责任履行情况,有助于财务报告使用者做出经济决策。财务报告使用者通常包括投资者、债权人、政府及其有关部门和社会公众等。

二、财务报表的组成

财务报表是对企业财务状况、经营成果和现金流量的结构性表述。一套完整的财务报表至少应当包括资产负债表、利润表、现金流量表、所有者权益(或股东权益)变动表以及附注。

资产负债表、利润表和现金流量表分别从不同角度反映企业的财务状况、经营成果和现金流量。资产负债表反映企业特定日期所拥有的资产、需偿还的债务以及股东(投资者)拥有的净资产情况;利润表反映企业一定期间的经营成果即利润或亏损的情况,表明企业运用所拥有的资产的获利能力;现金流量表反映企业在一定会计期间现金和现金等价物流入和流出的情况。

所有者权益变动表反映构成所有者权益的各组成部分当期的增减变动情况。企业的净利润及其分配情况是所有者权益变动的组成部分,相关信息已经在所有者权益变动表及其附注中反映,企业不需要再单独编制利润分配表。

附注是财务报表不可或缺的组成部分,是对在资产负债表、利润表、现金流量表和所有者权益变动表等报表中列示项目的文字描述或明细资料,以及对未能在这些报表中列示项目的说明等。

第二节　资产负债表

本节内容框架

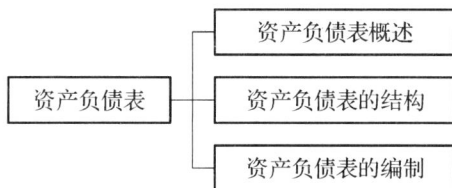

```
                    ┌─────────────────┐
                    │   资产负债表概述   │
                    └─────────────────┘
┌─────────┐         ┌─────────────────┐
│ 资产负债表 │─────────│  资产负债表的结构  │
└─────────┘         └─────────────────┘
                    ┌─────────────────┐
                    │  资产负债表的编制  │
                    └─────────────────┘
```

一、资产负债表概述

资产负债表是指反映企业在某一特定日期的财务状况的报表。资产负债表主要反映资产、负债和所有者权益三方面的内容,并满足"资产＝负债＋所有者权益"平衡式。

(一)资产

资产,反映由过去的交易或事项形成并由企业在某一特定日期所拥有或控制的、预期会给企业带来经济利益的资源。资产应当按照流动资产和非流动资产两大类别在资产负债表中列示,在流动资产和非流动资产类别下进一步按性质分项列示。

流动资产是指预计在一个正常营业周期中变现、出售或耗用,或者主要为交易目的而持有,或者预计在资产负债表日起一年内(含一年)变现的资产,或者自资产负债表日起一年内交换其他资产或清偿负债的能力不受限制的现金或现金等价物。资产负债表中列示的流动资产项目通常包括货币资金、以公允价值计量且其变动计入当期损益的金融资产、应收票据、应收账款、预付账款、应收利息、应收股利、其他应收款、存货和一年内到期的非流动资产等。

非流动资产是指流动资产以外的资产。资产负债表中列示的非流动资产项目通常包括长期股权投资、固定资产、在建工程、工程物资、固定资产清理、无形资产、开发支出、长期待摊费用以及其他非流动资产等。

(二)负债

负债,反映在某一特定日期企业所承担的、预期会导致经济利益流出企业的现时义务。负债应当按照流动负债和非流动负债两大类别在资产负债表中列示,在流动负债和非流动负债类别下再进一步按性质分项列示。

流动负债是指预计在一个正常营业周期中清偿,或者主要为交易目的而持有,或者自资产负债表日起一年内(含一年)到期应予以清偿,或者企业无权自主地将清偿推迟至资产负债表日后一年以上的负债。资产负债表中列示的流动负债项目通常包括短期借款、应付票据、应付账款、预收款项、应付职工薪酬、应交税费、应付利息、应付股利、其他应付款、一年内到期的非流动负债等。

非流动负债是指流动负债以外的负债。资产负债表中列示的非流动负债项目通常包括长期借款、应付债券和其他非流动负债等。

（三）所有者权益

所有者权益，是企业资产扣除负债后的剩余权益，反映企业在某一特定日期股东（投资者）拥有的净资产的总额。所有者权益一般按照实收资本、资本公积、其他综合收益、盈余公积和未分配利润分项列示。

二、资产负债表的结构

我国企业的资产负债表采用账户式结构。账户式资产负债表分左右两方，左方为资产项目，大体按资产的流动性大小排列，流动性大的资产如"货币资金""以公允价值计量且其变动计入当期损益的金融资产"等排在前面，流动性小的资产如"长期股权投资""固定资产"等排在后面。右方为负债和所有者权益项目，一般按要求清偿时间的先后顺序排列，"短期借款""应付票据""应付账款"等需要在一年以内或者长于一年的一个正常营业周期内偿还的流动负债排在前面，"长期借款"等在一年以上才需偿还的非流动负债排在中间，在企业清算之前不需要偿还的所有者权益项目排在后面。

企业衍生金融工具业务具有重要性的，应当在资产负债表资产项下"以公允价值计量且其变动计入当期损益的金融资产"项目和"应收票据"项目之间增设"衍生金融资产"项目，在资产负债表负债项下"以公允价值计量且其变动计入当期损益的金融负债"项目和"应付票据"项目之间增设"衍生金融负债"项目，分别反映企业衍生工具形成资产和负债的期末余额。

账户式资产负债表中资产各项目的合计等于负债和所有者权益各项目的合计，即资产负债表左方和右方平衡。因此，通过账户式资产负债表，可以反映资产、负债、所有者权益之间的内在关系，即"资产＝负债＋所有者权益"。我国企业的资产负债表格式如表13-1所示。

表 13-1　资产负债表

会企01表
单位:元

编制单位：　　　　　　　　　年　　月　　日

资 产	期末余额	期初余额	负债和所有者权益（或股东权益）	期末余额	期初余额
流动资产：			流动负债：		
货币资金			短期借款		
交易性金融资产			交易性金融负债		
衍生金融资产			衍生金融负债		
应收票据			应付票据		
应收账款			应付账款		
预付款项			预收款项		
其他应收款			合同负债		

资　产	期末余额	期初余额	负债和所有者权益 （或股东权益）	期末余额	期初余额
存货			应付职工薪酬		
合同资产			应交税费		
持有待售资产			其他应付款		
一年内到期的非流动资产			持有待售负债		
其他流动资产			一年内到期的非流动负债		
流动资产合计			其他流动负债		
非流动资产：			**流动负债合计**		
债权投资			非流动负债：		
其他债权投资			长期借款		
长期应收款			应付债券		
长期股权投资			其中:优先股		
其他权益工具投资			永续债		
其他非流动金融资产			长期应付款		
投资性房地产			预计负债		
固定资产			递延收益		
在建工程			递延所得税负债		
生产性生物资产			其他非流动负债		
油气资产			**非流动负债合计**		
无形资产			**负债合计**		
开发支出			所有者权益(或股东权益)：		
商誉			实收资本(或股本)		
长期待摊费用			其他权益工具		
递延所得税资产			其中:优先股		
其他非流动资产			永续债		
非流动资产合计			资本公积		
			减:库存股		
			其他综合收益		
			盈余公积		
			未分配利润		
			所有者权益(或股东权益) 合计		
资产总计			**负债和所有者权益(或股 东权益)总计**		

三、资产负债表的编制

(一) 资产负债表项目的填列方法

资产负债表各项目需填列"期初余额"和"期末余额"两栏。其中,"期初余额"栏内的各项数字,应根据上年年末资产负债表的"期末余额"栏内所列数字填列。"期末余额"栏主要有以下几种填列方法:

(1) 根据总账科目余额填列。如"短期借款""应付票据"等项目,根据"短期借款""应付票据"各总账科目的余额直接填列;有些项目则需根据几个总账科目的期末余额计算填列,如"货币资金"项目,需根据"库存现金""银行存款""其他货币资金"三个总账科目的期末余额的合计数填列。

(2) 根据明细账科目余额计算填列。如"应付账款"项目,需要根据"应付账款"和"预付款项"两个科目所属的相关科目的期末贷方余额计算填列;"应收账款"项目,需要根据"应收账款"和"预收款项"两个科目所属的相关明细科目的期末借方余额计算填列。

(3) 根据总账科目和明细账科目余额分析计算填列。如"长期借款"项目,需要根据"长期借款"总账科目余额扣除"长期借款"科目所属的明细科目中将在一年内到期且企业不能自主地将清偿义务展期的长期借款后的金额计算填列。

(4) 根据有关科目余额减去其备抵科目余额后的净额填列。如资产负债表中"应收票据""应收账款""长期股权投资""在建工程"等项目,应当根据"应收票据""应收账款""长期股权投资""在建工程"等科目的期末余额减去"坏账准备""长期股权投资减值准备""在建工程减值准备"等科目余额后的净额填列。"投资性房地产""固定资产"项目,应当根据"投资性房地产""固定资产"科目的期末余额减去"投资性房地产累计折旧""累计折旧""投资性房地产减值准备""固定资产减值准备"等科目余额后的净额填列;"无形资产"项目,应当根据"无形资产"科目的期末余额减去"累计摊销""无形资产减值准备"等科目余额后的净额填列。

(5) 综合运用上述填列方法分析填列。如资产负债表中的"存货"项目,需要根据"原材料""委托加工物资""周转材料""材料采购""在途物资""发出商品""材料成本差异"等总账科目期末余额的分析汇总数,减去"存货跌价准备"科目余额后的净额填列。

(二) 资产负债表项目的填列说明

资产负债表中资产、负债和所有者权益主要项目的填列说明如下。

1. 资产项目的填列说明

(1) "货币资金"项目,反映企业库存现金、银行结算户存款、外埠存款、银行汇票存款、银行本票存款、信用卡存款、信用证保证金存款等的合计数。本项目应根据"库存现金""银行存款""其他货币资金"科目期末余额的合计数填列。

(2) "交易性金融资产"项目,反映资产负债表日企业分类为以公允价值计量且其变动计入当期损益的金融资产,以及企业持有的直接指定为以公允价值计量且其变动计入当期损益的金融资产的期末账面价值。该项目应根据"交易性金融资产"科目的相关明细科目期末余额分析填列。自资产负债表日起超过一年到期且预期持有超过一年的以公允价值计量且其变动计入当期损益的非流动金融资产的期末账面价值,在"其他非流动金融资产"项目反映。

(3)"应收票据"项目,反映资产负债表日以摊余成本计量的,企业因销售商品、提供服务等而收到的商业汇票,包括银行承兑汇票和商业承兑汇票。本项目应根据"应收票据"科目的期末余额,减去"坏账准备"科目中相关坏账准备期末余额后的金额分析填列。

(4)"应收账款"项目,反映资产负债表日以摊余成本计量的,企业因销售商品、提供服务等经营活动应收取的款项。本项目应根据"应收账款"科目的期末余额,减去"坏账准备"科目中相关坏账准备期末余额后的金额分析填列。

(5)"预付款项"项目,反映企业按照购货合同规定预付给供应单位的款项等。本项目应根据"预付账款"和"应付账款"科目所属各明细科目的期末借方余额合计数,减去"坏账准备"科目中有关预付款项计提的坏账准备期末余额后的金额填列。如"预付账款"科目所属各明细科目期末有贷方余额,应在资产负债表"应付账款"项目内填列。

(6)"其他应收款"项目,反映企业除应收票据、应收账款、预付账款等经营活动以外的其他各种应收、暂付的款项。

(7)"存货"项目,反映企业期末在库、在途和在加工中的各种存货的成本或可变现净值。

(8)"合同资产"项目,反映企业已向客户转让商品而有权收取对价的权利(该权利取决于时间流逝之外的其他因素)的价值。

(9)"持有待售资产"项目,反映资产负债表日划分为持有待售类别的非流动资产及被划分为持有待售类别的处置组中的流动资产和非流动资产的期末账面价值。

(10)"一年内到期的非流动资产"项目,反映企业将于一年内到期的非流动资产项目金额。本项目应根据有关科目的期末余额填列。

(11)"其他流动资产"项目,反映企业除货币资金、交易性金融资产、应收票据及应收账款、存货等流动资产以外的其他流动资产。

(12)"债权投资"项目,反映企业业务管理模式为以特定日期收取合同现金流量为目的的以摊余成本计量的金融资产的账面价值。

(13)"其他债权投资"项目,反映企业既可能持有至到期收取现金流量,也可能在到期之前全部出售的债权投资的账面价值(即公允价值)。

(14)"长期应收款"项目,反映企业融资租赁产生的应收款项、采用递延方式具有融资性质的销售商品和提供劳务等产生的长期应收款项等。

(15)"长期股权投资"项目,反映企业持有的对子公司、联营企业和合营企业的长期股权投资。

(16)"其他权益工具投资"项目,反映企业不具有控制、共同控制和重大影响的股权及非交易性股票投资的账面价值(即公允价值)。

(17)"其他非流动金融资产"项目,反映企业自资产负债表日起超过一年到期且预期持有超过一年的以公允价值计量且其变动计入当期损益的非流动金融资产的期末账面价值。

(18)"投资性房地产"项目,反映企业持有的投资性房地产。企业采用成本模式计量投资性房地产的,本项目应根据"投资性房地产"科目的期末余额,减去"投资性房地产累计折旧(或摊销)"和"投资性房地产减值准备"科目期末余额后的金额填列。

(19)"固定资产"项目,反映企业各种固定资产的账面净额。

(20)"在建工程"项目,反映企业期末各项未完工程的实际支出数额。

(21)"生产性生物资产"项目,反映企业持有的生产性生物资产。

(22)"油气资产"项目,反映企业持有的矿区权益和油气井及相关设施的原价减去累计折耗和累计减值准备后的净额。

(23)"无形资产"项目,反映企业持有的无形资产,包括专利权、非专利技术、商标权、著作权、土地使用权等。

(24)"开发支出"项目,反映企业开发无形资产过程中能够资本化形成无形资产成本的支出部分。

(25)"商誉"项目,反映企业在合并中形成的商誉的价值。

(26)"长期待摊费用"项目,反映企业已经发生但应由本期和以后各期负担的分摊期限在一年以上的各项费用。

(27)"递延所得税资产"项目,反映企业确认的可抵扣暂时性差异产生的递延所得税资产。

(28)"其他非流动资产"项目,反映企业除长期股权投资、固定资产、在建工程、工程物资、无形资产等资产以外的其他非流动资产。

2. 负债项目的填列说明

(1)"短期借款"项目,反映企业向银行或其他金融机构等借入的期限在一年以下(含一年)的各种借款。

(2)"交易性金融负债"项目,反映企业承担的以公允价值计量且其变动计入当期损益的为交易目的所持有的金融负债。

(3)"应付票据"项目,反映企业因购买材料、商品和提供服务等而开出、承兑的商业汇票,包括银行承兑汇票和商业承兑汇票。本项目应根据"应付票据"科目的期末余额填列。

(4)"应付账款"项目,反映企业因购买材料、商品和提供服务等应支付的款项。本项目应根据"应付账款"和"预付账款"科目所属的相关明细科目的期末贷方余额合计数填列。

(5)"预收款项"项目,反映企业按照销货合同规定预收购买单位的款项。本项目应根据"预收账款"和"应收账款"科目所属各明细科目的期末贷方余额合计数填列。

(6)"合同负债"项目,反映企业已收客户对价而应向客户转让商品的义务的价值。本项目应根据"合同负债"科目的期末余额填列。

(7)"应付职工薪酬"项目,反映企业根据有关规定应付给职工的工资、职工福利、社会保险费、住房公积金、工会经费、职工教育经费、非货币性福利、辞退福利等各种薪酬。

(8)"应交税费"项目,反映企业按照税法规定计算应缴纳的各种税费,包括增值税、消费税、所得税、资源税、土地增值税、城市维护建设税、房产税、城镇土地使用税、车船税、教育费附加、矿产资源补偿费等。

（9）"其他应付款"项目，反映企业除应付票据、应付账款、预收账款、应付职工薪酬、应交税费等经营活动以外的其他各项应付、暂收的款项。

（10）"持有待售负债"项目，反映资产负债表日处置组中与划分为持有待售类别的资产直接相关的负债的期末账面价值。

（11）"一年内到期的非流动负债"项目，反映企业非流动负债中将于资产负债表日后一年内到期部分的金额，如将于一年内偿还的长期借款。

（12）"其他流动负债"项目，反映企业除短期借款、交易性金融负债、应付票据及应付账款、应付职工薪酬、应交税费等流动负债以外的其他流动负债。本项目应根据有关科目的期末余额填列。

（13）"长期借款"项目，反映企业向银行或其他金融机构借入的期限在一年以上（不含一年）的各项借款。

（14）"应付债券"项目，反映企业为筹集长期资金而发行的债券本金和利息。本项目应根据"应付债券"科目的期末余额填列。

（15）"长期应付款"项目，反映企业除长期借款和应付债券以外的其他各种长期应付款项。

（16）"预计负债"项目，反映企业确认的对外提供担保、未决诉讼、产品质量保证、重组义务、亏损性合同等预计负债。

（17）"递延收益"项目，反映企业应当在以后期间计入当期损益的政府补助。本项目应根据"递延收益"科目的余额填列。

（18）"递延所得税负债"项目，反映企业确认的应纳税暂时性差异产生的所得税负债。

（19）"其他非流动负债"项目，反映企业除长期借款、应付债券等负债以外的其他非流动负债。

3. 所有者权益项目的填列说明

（1）"实收资本（或股本）"项目，反映企业各投资者实际投入的资本（或股本）总额。

（2）"其他权益工具"项目，反映企业发行的除普通股以外的归类为权益工具的优先股、永续债的价值。

（3）"资本公积"项目，反映企业资本公积的期末余额。本项目应根据"资本公积"科目的期末余额填列。

（4）"库存股"项目，反映企业持有尚未转让或注销的本公司股份金额。本项目应根据"库存股"科目的期末余额填列。

（5）"其他综合收益"项目，是指企业根据其他会计准则规定未在当期损益中确认的各项利得和损失。

（6）"盈余公积"项目，反映企业盈余公积的期末余额。本项目应根据"盈余公积"科目的期末余额填列。

（7）"未分配利润"项目，反映企业尚未分配的利润。本项目应根据"本年利润"科目和"利润分配"科目的余额计算填列。未弥补的亏损在本项目内以"－"号填列。

【同步思考例 13－1】 多项选择题

下列各项中,属于企业流动资产的有( )。

A. 为交易目的而持有的资产

B. 预计自资产负债表日起一年内变现的资产

C. 自资产负债表日起一年内清偿负债的能力不受限制的现金

D. 预计在一个正常营业周期中变现的资产

【答案】 ABCD

【同步思考例 13－2】 单项选择题

下列各项中,应根据相应总账科目的余额直接在资产负债表中填列的是( )。

A. 短期借款   B. 固定资产

C. 长期借款   D. 应收账款

【答案】 A

【解析】"短期借款"是可以直接通过相应的总账科目的余额直接填列在资产负债表中的,选项 A 正确;"长期借款"需要根据总账科目和明细账科目余额分析计算填列,选项 C 错误;"固定资产"和"应收账款"需要根据有关科目余额减去其备抵科目余额后的净额填列,选项 B 和 D 错误。

第三节 利润表

本节内容框架

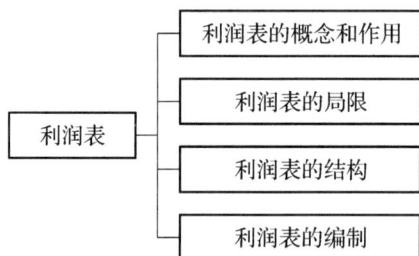

```
                    ┌─────────────────┐
                    │  利润表的概念和作用  │
                    └─────────────────┘
                    ┌─────────────────┐
                    │   利润表的局限     │
  ┌──────┐          └─────────────────┘
  │ 利润表 │─────────
  └──────┘          ┌─────────────────┐
                    │   利润表的结构     │
                    └─────────────────┘
                    ┌─────────────────┐
                    │   利润表的编制     │
                    └─────────────────┘
```

一、利润表的概念和作用

利润表又称收益表、损益表,是反映企业在一定会计期间的经营成果的财务报表。利润表的作用表现在以下几个方面:

(1) 为企业外部投资者以及信贷者做投资决策及贷款决策提供依据。

(2) 为企业内部管理层的经营决策提供依据。

(3) 为企业内部业绩考核提供重要的依据。

二、利润表的局限

(1) 由于采用货币计量,许多管理层的努力虽对公司的获利能力有重大帮助或提升,却无法被可靠地量化,因而无法在利润表中列示,如企业形象和顾客满意度的提升。

(2)由于采用历史成本计价,所耗用的资产按取得时的历史成本转销,而收入按现行价格计量,进行配比的收入与费用未建立在同一时间基础上,因而使收益的计量缺乏内在的逻辑上的统一性,使成本无法得到真正的回收,使资本的完整不能从实物形态或使用效能上得到保证。在物价上涨的情况下,无法区别企业的持有收益及营业收益,常导致产生虚盈实亏、虚利实分的现象,进而影响企业的持续经营能力。

(3)许多费用必须采用估计数,如坏账费用、产品售后服务成本、折旧年限及残值、或有损失等,可能在以后年度修正。

(4)由于一般公认会计原则允许采用不同的会计方法,如存货计价按先进先出法或加权平均法,折旧按直线法或年数总和法,使不同企业收益的比较受到影响。

(5)目前利润表多半按功能性分类,如营业成本、销售费用、管理费用等,而非按活动水准分类,如固定费用、变动费用,不利于预测未来利润及现金流量。

三、利润表的结构

我国企业的利润表采用多步式结构,如表13－2所示。

表 13－2 利润表

会企02表
单位:元

编制单位：　　　　　　　　　年　月

项　　目	本期金额	上期金额
一、营业收入		
减:营业成本		
税金及附加		
销售费用		
管理费用		
研发费用		
财务费用		
其中:利息费用		
利息收入		
资产减值损失		
信用减值损失		
加:其他收益		
投资收益(损失以"－"号填列)		
其中:对联营企业和合营企业的投资收益		
净敞口套期收益(损失以"－"号填列)		

项　目	本期金额	上期金额
公允价值变动收益（损失以"－"号填列）		
资产处置收益（损失以"－"号填列）		
二、营业利润（亏损以"－"号填列）		
加：营业外收入		
减：营业外支出		
三、利润总额（亏损总额以"－"号填列）		
减：所得税费用		
四、净利润（净亏损以"－"号填列）		
（一）持续经营净利润（净亏损以"－"号填列）		
（二）终止经营净利润（净亏损以"－"号填列）		
五、其他综合收益的税后净额		
（一）不能重分类进损益的其他综合收益		
1.重新计量设定受益计划变动额		
2.权益法下不能转损益的其他综合收益		
3.其他权益工具投资公允价值变动		
4.企业自身信用风险公允价值变动		
（二）将重分类进损益的其他综合收益		
1.权益法下可转损益的其他综合收益		
2.其他债权投资公允价值变动		
3.金融资产重分类计入其他综合收益的金额		
4.其他债权投资信用减值准备		
5.现金流量套期储备		
6.外币财务报表折算差额		
六、综合收益总额		
七、每股收益		
（一）基本每股收益		
（二）稀释每股收益		

四、利润表的编制

（一）利润表项目的填列方法

（1）"营业收入"项目，反映企业经营主要业务和其他业务所确认的收入总额。

（2）"营业成本"项目，反映企业经营主要业务和其他业务所发生的成本总额。

（3）"税金及附加"项目，反映企业经营业务应负担的消费税、城市维护建设税、资源税、土地增值税和教育费附加等。

（4）"销售费用"项目，反映企业在销售商品过程中发生的包装费、广告费等费用和为销售本企业商品而专设的销售机构的职工薪酬、业务费等经营费用。

（5）"管理费用"项目，反映企业为组织和管理生产经营发生的管理费用。本项目应根据"管理费用"科目的发生额分析填列。

（6）"研发费用"项目，反映企业为组织和管理生产经营发生的研发费用。

（7）"财务费用"项目，反映企业筹集生产经营所需资金等而发生的筹资费用。

（8）"资产减值损失"项目，反映企业各项资产发生的减值损失。本项目应根据"资产减值损失"科目的发生额分析填列。

（9）"信用减值损失"项目，反映企业计提的各项金融工具减值准备形成的预期信用损失。本项目应根据"信用减值损失"科目的发生额分析填列。

（10）"其他收益"项目，反映计入营业利润的政府补助等。本项目应根据"其他收益"科目的发生额分析填列。

（11）"投资收益"项目，反映企业以各种方式对外投资所取得的收益。本项目应根据"投资收益"科目的发生额分析填列。

（12）"净敞口套期收益"项目，反映净敞口套期下被套期项目累计公允价值变动转入当期损益的金额或现金流量套期储备转入当期损益的金额。

（13）"公允价值变动收益"项目，反映企业应当计入当期损益的资产或负债的公允价值变动收益。

（14）"资产处置收益"项目，反映企业出售划分为持有待售资产的非流动资产或处置组时确认的处置利得或损失。

（15）"营业利润"项目，反映企业实现的营业利润。如为亏损，本项目以"－"号填列。

（16）"营业外收入"项目，反映企业发生的与经营业务无直接关系的各项收入。

（17）"营业外支出"项目，反映企业发生的与经营业务无直接关系的各项支出。

（18）"利润总额"项目，反映企业实现的利润。

（19）"所得税费用"项目，反映企业应从当期利润总额中扣除的所得税费用。

（20）"净利润"项目，反映企业实现的净利润。

（21）"其他综合收益的税后净额"项目，反映企业根据其他会计准则规定未在当期损益中确认的各项利得和损失扣除所得税影响后的净额的合计数。

（22）"综合收益总额"项目，反映企业在某一期间除与所有者以其所有者身份进行的交易之外的其他交易或事项所引起的所有者权益变动。

（23）"基本每股收益"项目，只考虑当期实际发行在外的普通股股份，按照归属于普通股股东的当期净利润除以当期实际发行在外普通股的加权平均数计算确定。

（24）"稀释每股收益"项目，是以基本每股收益为基础，假设企业所有发行在外的稀释性潜在普通股均已转换为普通股，从而分别调整归属于普通股股东的当期净利润以及发行在外普通股的加权平均数计算而得的每股收益。

（二）利润表的填列说明

1. 上期金额栏的填列说明

利润表"上期金额"栏内各项数字，应根据上年该期利润表"本期金额"栏内所列数字填列。

2. 本期金额栏的填列说明

利润表"本期金额"栏内各项数字一般应根据损益类科目的发生额分析填列。

【例 13-1】 乙公司 2021 年度"资产减值损失"科目的发生额如下所示：存货减值损失合计 85 万元，坏账损失合计 15 万元，固定资产减值损失合计 174 万元，无形资产减值损失合计 26 万元。

解析： 乙公司 2021 年度利润表中"资产减值损失"项目"本期金额"的列报金额＝85＋174＋26＝285（万元），坏账损失 15 万元应该填列在"信用减值损失"项目。

第四节　现金流量表

本节内容框架

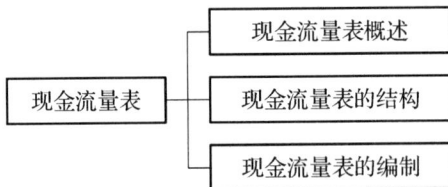

现金流量表 ── 现金流量表概述
　　　　　├─ 现金流量表的结构
　　　　　└─ 现金流量表的编制

一、现金流量表概述

现金流量表是反映企业在一定会计期间现金和现金等价物流入和流出的报表。通过现金流量表，可以为报表使用者提供企业一定会计期间内现金和现金等价物流入和流出的信息，便于使用者了解和评价企业获取现金和现金等价物的能力，据以预测企业未来现金流量。现金流量是一定会计期间内企业现金和现金等价物的流入和流出。企业从银行提取现金、用现金购买短期到期的国债等现金和现金等价物之间的转换不属于现金流量。

现金是指企业库存现金以及可以随时用于支付的存款，包括库存现金、银行存款和其他货币资金（如外埠存款、银行汇票存款、银行本票存款等）等。不能随时用于支付的存款不属于现金。现金等价物是指企业持有的期限短、流动性强、易于转换为已知金额现金、价值变动风险很小的投资。期限短,一般是指从购买日起三个月内到期。现金等价物通常包括三个月内到期的债券投资等。权益性投资变现的金额通常不确定,因而不属于现金等价物。企业应当根据具体情况,确定现金等价物的范围,一经确定不得随意变更。

企业产生的现金流量分为以下三类。

(一) 经营活动产生的现金流量

经营活动是指企业投资活动和筹资活动以外的所有交易和事项。经营活动主要包括销售商品、提供劳务、购买商品、接受劳务、支付工资和交纳税费等流入和流出现金和现金等价物的活动或事项。

(二) 投资活动产生的现金流量

投资活动是指企业长期资产的购建和不包括在现金等价物范围内的投资及其处置活动。投资活动主要包括购建固定资产、处置子公司及其他营业单位等流入和流出现金和现金等价物的活动或事项。

(三) 筹资活动产生的现金流量

筹资活动是指导致企业资本及债务规模和构成发生变化的活动。筹资活动主要包括吸收投资、发行股票、分配利润、发行债券、偿还债务等流入和流出现金和现金等价物的活动或事项。偿付应付账款、应付票据等商业应付款属于经营活动,不属于筹资活动。

二、现金流量表的结构

我国现金流量表采用报告式结构,分类反映经营活动产生的现金流量、投资活动产生的现金流量和筹资活动产生的现金流量,最后汇总反映企业某一期间现金及现金等价物的净增加额。我国企业现金流量表的格式如表 13-3 所示。

表 13-3　现金流量表

会企 03 表

编制单位:　　　　　　　　　　　　年　月　　　　　　　　　　　　　　单位:元

项　目	本期金额	上期金额
一、经营活动产生的现金流量		
销售商品、提供劳务收到的现金		
收到的税费返还		
收到的其他与经营活动有关的现金		
经营活动现金流入小计		
购买商品、接受劳务支付的现金		
支付给职工以及为职工支付的现金		
支付的各项税费		
支付的其他与经营活动有关的现金		

项　　目	本期金额	上期金额
经营活动现金流出小计		
经营活动产生的现金流量净额		
二、投资活动产生的现金流量		
收回投资收到的现金		
取得投资收益收到的现金		
处置固定资产、无形资产和其他长期资产收回的现金净额		
处置子公司及其他营业单位收到的现金净额		
收到其他与投资活动有关的现金		
投资活动现金流入小计		
购建固定资产、无形资产和其他长期资产支付的现金		
投资支付的现金		
取得子公司及其他营业单位支付的现金净额		
支付其他与投资活动有关的现金		
投资活动现金流出小计		
投资活动产生的现金流量净额		
三、筹资活动产生的现金流量		
吸收投资收到的现金		
取得借款收到的现金		
收到其他与筹资活动有关的现金		
筹资活动现金流入小计		
偿还债务支付的现金		
分配股利、利润或偿付利息支付的现金		
支付其他与筹资活动有关的现金		
筹资活动现金流出小计		
筹资活动产生的现金流量净额		
四、汇率变动对现金及现金等价物的影响		
五、现金及现金等价物净增加额		
加:期初现金及现金等价物余额		
六、期末现金及现金等价物余额		

三、现金流量表的编制

（一）现金流量表的编制方法

企业一定期间的现金流量可分为三部分，即经营活动现金流量、投资活动现金流量和筹资活动现金流量。编制现金流量表时，经营活动现金流量的方法有两种，一是直接法，二是间接法。这两种方法通常也称为编制现金流量表的直接法和间接法。

直接法和间接法各有特点。在直接法下，一般是以利润表中的营业收入为起算点，调节与经营活动有关项目的增减变动，然后计算出经营活动产生的现金流量。在间接法下，则是以净利润为起算点，调整不涉及现金的收入、费用、营业外收支等有关项目，剔除投资活动、筹资活动对现金流量的影响，据此计算出经营活动产生的现金流量。相对而言，采用直接法编制的现金流量表，便于分析企业经营活动产生的现金流量的来源和用途，预测企业现金流量的未来前景。而采用间接法不易做到这一点。

企业会计准则规定，企业应当采用直接法列示经营活动产生的现金流量。采用直接法具体编制现金流量表时，可以采用工作底稿法或 T 型账户法，也可以根据有关科目记录分析填列。

工作底稿法是以工作底稿为手段，以利润表和资产负债表数据为基础，结合有关科目的记录，对现金流量表的每一项目进行分析并编制调整分录，从而编制出现金流量表的一种方法。第一步，将资产负债表项目的期初余额和期末金额过入工作底稿中与之对应项目的期初数栏和期末数栏。第二步，对当期业务进行分析并编制调整分录。在调整分录中，有关现金及现金等价物的事项分别计入"经营活动产生的现金流量""投资活动产生的现金流量""筹资活动产生的现金流量"等项目，借记表明现金流入，贷记表明现金流出。第三步，将调整分录过入工作底稿中的相应部分。第四步，核对调整分录，借贷合计应当相等，资产负债表项目期初数加减调整分录中的借贷金额以后，应当等于期末数。

现金流量表各项目均需填列"本期金额"和"上期金额"两栏。现金流量表"上期金额"栏内各项数字，应根据上一期间现金流量表"本期金额"栏内所列数字填列。

（二）现金流量表主要项目说明

1. 经营活动产生的现金流量

（1）"销售商品、提供劳务收到的现金"项目，反映企业本期销售商品、提供劳务收到的现金，以及前期销售商品、提供劳务本期收到的现金（包括应向购买者收取的增值税销项税额）和本期预收的款项，减去本期销售本期退回商品和前期销售本期退回商品支付的现金。企业销售材料和代购代销业务收到的现金，也在本项目反映。

【例 13-2】虞山公司本期销售一批商品，开出的增值税专用发票上注明的销售价款为 1 400 000 元，增值税销项税额为 238 000 元，以银行存款收讫；应收票据期初余额为145 000 元，期末余额为 30 000 元；应收账款期初余额为 600 000 元，期末余额为 200 000元；年度内核销的坏账损失为 10 000 元。另外，本期因商品质量问题发生退货，支付银行存款 15 000 元，货款通过银行转账支付。

本期销售商品、提供劳务收到的现金计算如下：

本期销售商品收到的现金	1 638 000
加：本期收到前期的应收票据（145 000—30 000）	115 000
本期收到前期的应收账款（600 000—200 000—10 000）	390 000
减：本期因销售退回支付的现金	15 000
本期销售商品、提供劳务收到的现金	2 128 000

【例13-3】 虞山公司2021年有关资料如下：利润表中"营业收入"200 000元；资产负债表中"应收账款"项目年初余额90 000元、年末余额30 000元。本年度发生坏账3 000元已予以核销。根据上述资料，2021年度现金流量表中"销售商品、提供劳务收到的现金"项目的金额计算如下：

销售商品、提供劳务收到的现金＝200 000＋（90 000—30 000）＝260 000（元）

应注意的是，资产负债表中"应收账款"项目是根据"应收账款"余额和有关"坏账准备"余额之差填列的，所以，本年度核销坏账3 000元对"应收账款"项目的期末余额影响数为零。因此，在本题计算中不应将这3 000元予以扣减。

（2）"收到的税费返还"项目，反映企业收到返还的所得税、增值税、消费税、关税和教育费附加等各种税费返还款。

【例13-4】 虞山公司前期出口商品一批，已缴纳增值税，按规定应退增值税17 000元前期未退，本期以转账方式收讫；本期收到退回的税款36 000元，收到的教育费附加返还款66 000元，款项已存入银行。

本期收到的税费返还计算如下：

本期收到的出口退增值税额	17 000
加：收到的退税额	36 000
收到的退教育费附加返还款	66 000
本期收到的税费返还	119 000

（3）"收到其他与经营活动有关的现金"项目，反映企业经营租赁收到的租金等其他与经营活动有关的现金流入，金额较大的应当单独列示。

（4）"购买商品、接受劳务支付的现金"项目，反映企业本期购买商品、接受劳务实际支付的现金（包括增值税进项税额），以及本期支付前期购买商品、接受劳务的未付款项和本期预付款项，减去本期发生的购货退回收到的现金。企业购买材料和代购代销业务支付的现金，也在本项目反映。

【例13-5】 虞山公司本期购买原材料收到的增值税专用发票上注明的材料价款为300 000元，增值税进项税额为51 000元，款项已通过银行转账支付；本期支付应付票据300 000元；购买工程用物资150 000元，货款已通过银行转账支付。

本期购买商品、接受劳务支付的现金计算如下：

本期购买原材料支付的价款	300 000
加：本期购买原材料支付的增值税进项税额	51 000
本期支付的应付票据	300 000
本期购买商品、接受劳务支付的现金	651 000

【例 13-6】　虞山公司是商品流通企业,其 2021 年度利润表中"营业成本"1 200 000 元;资产负债表中"应付账款"项目年初余额 60 000 元、年末余额 40 000 元,"预付款项"项目年初余额 0 元、年末余额 10 000 元,"存货"项目年初余额 1 400 000 元、年末余额 1 800 000 元;当年接受投资人投入存货 160 000 元。

根据上述资料,2021 年度现金流量表中"购买商品、接受劳务支付的现金"项目的计算如下:

购买商品、接受劳务支付的现金＝1 200 000＋(60 000—40 000)＋10 000＋(1 800 000—1 400 000)—160 000＝1 470 000(元)

(5)"支付给职工以及为职工支付的现金"项目,反映企业实际支付给职工的工资、奖金、各种津贴和补贴等职工薪酬(包括代扣代缴的职工个人所得税),包括企业为获得职工提供的服务,本期实际给予的各种形式的报酬以及其他相关支出,如支付给职工的工资、奖金、各种津贴和补贴等,以及为职工支付的其他费用,不包括支付给在建工程人员的工资。支付给在建工程人员的工资,在"构建固定资产、无形资产和其他长期资产所支付的现金"项目中反映。

(6)"支付的各项税费"项目,反映企业发生并支付、前期发生本期支付以及预交的各项税费,包括所得税、增值税、消费税、印花税、房产税、土地增值税、车船税、教育费附加等。

【例 13-7】　虞山公司本期向税务机关缴纳增值税 68 000 元;本期发生的所得税 6 200 000 元已全部缴纳;企业期初未缴所得税 560 000 元,期末未缴所得税 240 000 元。

本期支付的各项税费计算如下:

本期支付的增值税额	68 000
加:本期发生并交纳的所得税额	6 200 000
前期发生本期交纳的所得税额(560 000—240 000)	320 000
本期支付的各项税费	6 588 000

(7)"支付其他与经营活动有关的现金"项目,反映企业经营租赁支付的租金、支付的差旅费、业务招待费、保险费、罚款支出等其他与经营活动有关的现金流出,金额较大的应当单独列示。

2.投资活动产生的现金流量

(1)"收回投资收到的现金"项目,反映企业出售、转让或到期收回除现金等价物以外的对其他企业长期股权投资等收到的现金,但处置子公司及其他营业单位收到的现金净额除外。

【例 13-8】　虞山公司出售某项长期股权投资,收回的全部投资金额为 960 000 元;出售某项长期债权性投资收回的全部投资金额为 820 000 元,其中,120 000 元是债券利息。

本期收回投资所收到的现金计算如下:

收回长期股权投资金额	960 000
加:收回长期债权性投资本金(820 000—120 000)	700 000
本期收回投资收到的现金	1 660 000

（2）"取得投资收益收到的现金"项目,反映企业除现金等价物以外的对其他企业的长期股权投资等分回的现金股利和利息等。

【例 13-9】 虞山公司期初长期股权投资余额 4 000 000 元,其中 3 000 000 元投资于联营企业 A 企业,占其股本的 25%,采用权益法核算;另外 400 000 元和 600 000 元分别投资于 B 企业和 C 企业,各占接受投资企业总股本的 5% 和 10%,采用成本法核算。当年 A 企业盈利 4 000 000 元,分配现金股利 1 600 000 元;B 企业亏损,没有分配股利;C 企业盈利 1 200 000 元,分配现金股利 400 000 元。企业已如数收到现金股利。

本期取得投资收益收到的现金计算如下:

取得 A 企业实际分回的投资收益(1 600 000×25%)	400 000
加:取得 B 企业实际分回的投资收益	0
取得 C 企业实际分回的投资收益(400 000×10%)	40 000
本期取得投资收益收到的现金	440 000

（3）"处置固定资产、无形资产和其他长期资产收回的现金净额"项目,反映企业出售、报废固定资产、无形资产和其他长期资产所取得的现金(包括因资产毁损而收到的保险赔偿收入),减去为处置这些资产而支付的有关费用后的净额。

【例 13-10】 虞山公司出售一台不需要设备,收到价款 60 000 元,该设备原价 80 000 元,已提折旧 30 000 元。支付该项设备拆卸费用 400 元,运输费用 160 元,设备已由购入单位运走。

本期处置固定资产、无形资产和其他长期资产收回的现金净额计算如下:

本期出售固定资产收到的现金	60 000
减:支付出售固定资产的清理费用	560
本期处置固定资产、无形资产和其他长期资产收回的现金净额	59 440

（4）"处置子公司及其他营业单位收到的现金净额"项目,反映企业处置子公司及其他营业单位所取得的现金,减去相关处置费用以及子公司及其他营业单位持有的现金和现金等价物后的净额。

（5）"购建固定资产、无形资产和其他长期资产支付的现金"项目,反映企业购买、建造固定资产、取得无形资产和其他长期资产所支付的现金(含增值税款等),以及用现金支付的应由在建工程和无形资产负担的职工薪酬,不包括为购建固定资产、无形资产和其他长期资产而发生的借款利息资本化部分,以及融资租入固定资产所支付的租赁费。为购建固定资产、无形资产和其他长期资产而发生的借款利息资本化部分,在"分配股利、利润或偿付利息支付的现金"项目中反映;融资租入固定资产所支付的租赁费,在"支付其他与筹资活动有关的现金"项目中反映。

【例 13-11】 虞山公司购入房屋一幢,价款 3 700 000 元,通过银行转账 3 600 000 元,其他价款用公司产品抵偿。为在建厂房购进建筑材料一批,价值为 320 000 元,价款通过银行转账支付。

本期购建固定资产、无形资产和其他长期资产支付的现金计算如下:

购买房屋支付的现金	3 600 000
加:为在建工程购买材料支付的现金	320 000

本期购建固定资产、无形资产和其他长期资产支付的现金　　3 920 000

（6）"投资支付的现金"项目，反映企业取得除现金等价物以外的对其他企业的长期股权投资等所支付的现金以及支付的佣金、手续费等附加费用，但取得子公司及其他营业单位支付的现金净额除外。

【例 13-12】 虞山公司以银行存款 6 000 000 元投资于 A 企业的股票。此外，购买某银行发行的金融债券，面值总额 400 000 元，票面利率 8%，实际支付金额为 408 000 元。

本期投资支付的现金计算如下：

投资于 A 企业的现金总额	6 000 000
加：投资于某银行金融债券的现金总额	408 000
本期投资支付的现金	6 408 000

（7）"取得子公司及其他营业单位支付的现金净额"项目，反映企业购买子公司及其他营业单位购买出价中以现金支付的部分，减去子公司及其他营业单位持有的现金和现金等价物后的净额。

（8）"收到其他与投资活动有关的现金""支付其他与投资活动有关的现金"项目，反映企业除上述（1）至（7）项目外收到或支付的其他与投资活动有关的现金，金额较大的应当单独列示。

3. 筹资活动产生的现金流量

（1）"吸收投资收到的现金"项目，反映企业以发行股票、债券等方式筹集资金实际收到的款项（发行收入减去支付的佣金等发行费用后的净额）。

【例 13-13】 虞山公司对外公开募集股份 2 000 000 股，每股 1 元，发行价每股 1.1 元，代理发行的证券公司为其支付的各种费用，共计 30 000 元。虞山公司已收到全部发行价款。

本期吸收投资收到的现金计算如下：

股票发行总额（2 000 000×1.1）	2 200 000
减：发行费用	30 000
本期吸收投资收到的现金	2 170 000

（2）"取得借款收到的现金"项目，反映企业举借各种短期、长期借款而收到的现金。

（3）"偿还债务支付的现金"项目，反映企业为偿还债务本金而支付的现金。

（4）"分配股利、利润或偿付利息支付的现金"项目，反映企业实际支付的现金股利、支付给其他投资单位的利润或用现金支付的借款利息、债券利息。

【例 13-14】 虞山公司期初应付现金股利为 42 000 元，本期宣布并发放现金股利 100 000 元，期末应付现金股利 24 000 元。

本期分配股利、利润或偿付利息支付的现金计算如下：

本期宣布并发放的现金股利	100 000
加：本期支付的前期应付股利（42 000—24 000）	18 000
本期分配股利、利润或偿付利息支付的现金	118 000

（5）"收到其他与筹资活动有关的现金""支付其他与筹资活动有关的现金"项目，反映企业除上述（1）至（4）项目外收到或支付的其他与筹资活动有关的现金，金额较大的应

当单独列示。

4. 汇率变动对现金及现金等价物的影响

"汇率变动对现金及现金等价物的影响"项目,反映下列两个金额之间的差额:

（1）企业外币现金流量折算为记账本位币时,采用现金流量发生日的即期汇率或按照系统合理的方法确定的、与现金流量发生日即期汇率近似的汇率折算的金额（编制合并现金流量表时折算境外子公司的现金流量,应当比照处理）；

（2）企业外币现金及现金等价物净增加额按资产负债表日即期汇率折算的金额。

第五节　所有者权益变动表

本节内容框架

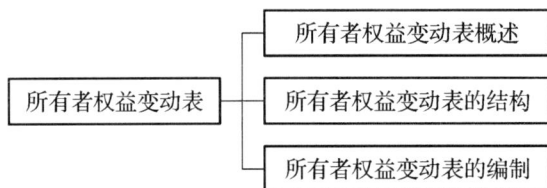

一、所有者权益变动表概述

所有者权益变动表是指反映构成所有者权益各组成部分当期增减变动情况的报表。通过所有者权益变动表,既可以为报表使用者提供所有者权益总量增减变动的信息,也能为其提供所有者权益增减变动的结构性信息,特别是能够让报表使用者理解所有者权益增减变动的根源。

二、所有者权益变动表的结构

在所有者权益变动表上,企业至少应当单独列示反映下列信息的项目:① 综合收益总额;② 会计政策变更和差错更正的累积影响金额;③ 所有者投入资本和向所有者分配利润等;④ 提取的盈余公积;⑤ 实收资本或资本公积、盈余公积、未分配利润的期初和期末余额及其调节情况。

所有者权益变动表以矩阵的形式列示:一方面,列示导致所有者权益变动的交易或事项,即所有者权益变动的来源,对一定时期所有者权益的变动情况进行全面反映;另一方面,按照所有者权益各组成部分（即实收资本、资本公积、其他综合收益、盈余公积、未分配利润和库存股）列示交易或事项对所有者权益各部分的影响。

我国企业所有者权益变动表的格式如表13-4所示。

表 13 - 4 所有者权益变动表

编制单位：　　　　　　　　　　　　　年度　　　　　　　　　　　　　　　　　　　　　　　　会企 04 表
单位：元

项 目	本年金额							上年金额						
	实收资本（或股本）	资本公积	减：库存股	其他综合收益	盈余公积	未分配利润	所有者权益合计	实收资本（或股本）	资本公积	减：库存股	其他综合收益	盈余公积	未分配利润	所有者权益合计
一、上年年末余额														
加：会计政策变更														
前期差错更正														
二、本年年初余额														
三、本年增减变动金额（减少以"－"号填列）														
（一）综合收益总额														
（二）所有者投入和减少资本														
1. 所有者投入资本														
2. 股份支付计入所有者权益的金额														
3. 其他														
（三）利润分配														
1. 提取盈余公积														
2. 对所有者（或股东）的分配														

续表

项目	本年金额							上年金额						
	实收资本（或股本）	资本公积	减：库存股	其他综合收益	盈余公积	未分配利润	所有者权益合计	实收资本（或股本）	资本公积	减：库存股	其他综合收益	盈余公积	未分配利润	所有者权益合计
3. 其他														
（四）所有者权益内部结转														
1. 资本公积转增资本（或股本）														
2. 盈余公积转增资本（或股本）														
3. 盈余公积弥补亏损														
4. 其他														
四、本年年末余额														

三、所有者权益变动表的编制

（一）所有者权益变动表项目的填列方法

所有者权益变动表各项目均需填列"本年金额"和"上年金额"两栏。所有者权益变动表"上年金额"栏内各项数字，应根据上年度所有者权益变动表"本年金额"栏内所列数字填列。上年度所有者权益变动表规定的各个项目的名称和内容同本年度不一致的，应对上年度所有者权益变动表各项目的名称和数字按照本年度的规定进行调整，填入所有者权益变动表的"上年金额"栏内。

所有者权益变动表"本年金额"栏内各项数字一般应根据"实收资本（或股本）""资本公积""其他综合收益""盈余公积""利润分配""库存股""以前年度损益调整"科目的发生额分析填列。

企业的净利润及其分配情况作为所有者权益变动的组成部分，不需要单独编制利润分配表列示。

（二）所有者权益变动表主要项目说明

（1）"上年年末余额"项目，反映企业上年资产负债表中实收资本（或股本）、资本公积、库存股、其他综合收益、盈余公积、未分配利润的年末余额。

（2）"会计政策变更"和"前期差错更正"项目，分别反映企业采用追溯调整法处理的会计政策变更的累积影响金额和采用追溯重述法处理的会计差错更正的累积影响金额。

（3）"本年增减变动金额"项目。

①"综合收益总额"项目，反映净利润和其他综合收益扣除所得税影响后的净额相加后的合计金额。

②"所有者投入和减少资本"项目，反映企业当年所有者投入的资本和减少的资本。

a."所有者投入资本"项目，反映企业接受投资者投入形成的实收资本（或股本）和资本溢价或股本溢价。

b."股份支付计入所有者权益的金额"项目，反映企业处于等待期中的权益结算的股份支付当年计入资本公积的金额。

③"利润分配"项目，反映企业当年的利润分配金额。

④"所有者权益内部结转"项目，反映企业构成所有者权益的组成部分之间的增减变动情况。

a."资本公积转增资本（或股本）"项目，反映企业以资本公积转增资本或股本的金额。

b."盈余公积转增资本（或股本）"项目，反映企业以盈余公积转增资本或股本的金额。

c."盈余公积弥补亏损"项目，反映企业以盈余公积弥补亏损的金额。

【同步思考例 13-3】　判断题

所有者权益变动表是反映构成所有者权益各组成部分当期增减变动情况的报表。

（　　）

【答案】√

第六节　附注

本节内容框架

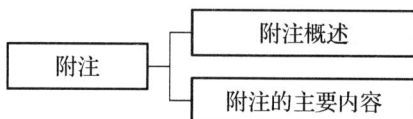

一、附注概述

附注是对在资产负债表、利润表、现金流量表和所有者权益变动表等报表中列示项目的文字描述或明细资料，以及对未能在这些报表中列示项目的说明等。附注主要起到两个方面的作用：第一，附注的披露，是对资产负债表、利润表、现金流量表和所有者权益变动表列示项目的含义的补充说明，帮助使用者更准确地把握其含义。例如，通过阅读附注中披露的固定资产折旧政策的说明，使用者可以掌握报告企业与其他企业在固定资产折旧政策上的异同，以便进行更准确的比较。第二，附注提供了对资产负债表、利润表、现金流量表和所有者权益变动表中未列示项目的详细说明或明细说明。例如，通过阅读附注中披露的存货增减变动情况，使用者可以了解资产负债表中未单列的存货分类信息。

通过附注与资产负债表、利润表、现金流量表和所有者权益变动表列示项目的相互参照关系，以及对未能在报表中列示项目的说明，可以使报表使用者全面了解企业的财务状况、经营成果和现金流量。

二、附注的主要内容

附注是财务报表的重要组成部分。企业应当按照以下顺序披露附注的内容。

（一）企业的基本情况

（1）企业注册地、组织形式和总部地址。

（2）企业的业务性质和主要经营活动。

（3）母公司以及集团最终母公司的名称。

（4）财务报告的批准报出者和财务报告批准报出日。

（5）营业期限有限的企业，还应当披露有关营业期限的信息。

（二）财务报表的编制基础

财务报表的编制基础是指财务报表是在持续经营基础上还是非持续经营基础上编制的。企业一般是在持续经营基础上编制财务报表，清算、破产属于非持续经营基础。

（三）遵循企业会计准则的声明

企业应当声明编制的财务报表符合企业会计准则的要求，真实、完整地反映了企业的财务状况、经营成果和现金流量等有关信息，以此明确企业编制财务报表所依据的制度基础。

（四）重要会计政策和会计估计

企业应当披露采用的重要会计政策和会计估计,不重要的会计政策和会计估计可以不披露。在披露重要会计政策和会计估计时,企业应当披露重要会计政策的确定依据和财务报表项目的计量基础,以及会计估计中所采用的关键假设和不确定因素。

会计政策的确定依据,主要是指企业在运用会计政策过程中所做的对报表中确认的项目金额最具影响的判断,有助于使用者理解企业选择和运用会计政策的背景,增加财务报表的可理解性。财务报表项目的计量基础,是指企业计量该项目采用的是历史成本、重置成本、可变现净值、现值还是公允价值,这直接影响使用者对财务报表的理解和分析。

在确定报表中确认的资产和负债的账面价值过程中,企业有时需要对不确定的未来事项在资产负债表日对这些资产和负债的影响加以估计,如企业预计持有至到期投资未来现金流量采用的折现率和假设。这类假设的变动对这些资产和负债项目金额的确定影响很大,有可能会在下一会计年度内做出重大调整,因此,强调这一披露要求,有助于提高财务报表的可理解性。

（五）会计政策和会计估计变更以及差错更正的说明

企业应当按照会计政策、会计估计变更和差错更正会计准则的规定,披露会计政策和会计估计变更以及差错更正的有关情况。

（六）报表重要项目的说明

企业对报表重要事项的说明,应当按照资产负债表、利润表、现金流量表、所有者权益变动表及其项目列示的顺序,采用文字和数字描述相结合的方式进行披露。报表重要项目的明细金额合计应当与报表项目金额相衔接,主要包括以下重要项目。

1. 以公允价值计量且其变动计入当期损益的金融资产

企业应当披露以公允价值计量且其变动计入当期损益的金融资产的账面价值,并分别反映交易性金融资产和在初始确认时指定为以公允价值计量且其变动计入当期损益的金融资产。对于指定为以公允价值计量且其变动计入当期损益的金融资产,应当披露下列信息:

（1）指定的金融资产性质;

（2）初始确认时对上述金融资产做出指定的标准;

（3）如何满足运用指定的标准。

2. 应收款项

企业应当披露应收款项的账龄结构和客户类别以及期初、期末账面余额等信息。

3. 存货

企业应当披露下列信息:

（1）各类存货期初和期末的账面价值;

（2）确定发出存货成本所采用的方法;

（3）存货可变现净值的确定依据,存货跌价准备的计提方法,当期计提的存货跌价准备的金额,当期转回的存货跌价准备的金额,以及计提和转回的有关情况;

（4）用于担保的存货的账面价值。

4. 长期股权投资

企业应当披露下列信息:

（1）对控制、共同控制、重大影响的判断；

（2）对投资性主体的判断及主体身份的转换；

（3）企业集团的构成情况；

（4）重要的非全资子公司的相关信息；

（5）对使用企业集团资产和清偿企业集团债务的重大限制；

（6）纳入合并财务报表范围的结构化主体的相关信息；

（7）企业在其子公司的所有者权益份额发生变化的情况；

（8）投资性主体的相关信息；

（9）合营安排和联营企业的基础信息；

（10）重要的合营企业和联营企业的主要财务信息；

（11）不重要的合营企业和联营企业的汇总财务信息；

（12）与企业在合营企业和联营企业中权益相关的风险信息；

（13）未纳入合并财务报表范围的结构化主体的基础信息；

（14）与权益相关资产负债的账面价值和最大损失敞口；

（15）企业是结构化主体的发起人但在结构化主体中没有权益的情况；

（16）向未纳入合并财务报表范围的结构化主体提供支持的情况；

（17）未纳入合并财务报表范围的结构化主体的额外信息披露。

5. 投资性房地产

企业应当披露下列信息：

（1）投资性房地产的种类、金额和计量模式；

（2）采用成本模式的，投资性房地产的折旧或摊销，以及减值准备的计提情况；

（3）采用公允价值模式的，公允价值的确定依据和方法，以及公允价值变动对损益的影响；

（4）房地产转换情况、理由，以及对损益或所有者权益的影响；

（5）当期处置的投资性房地产及其对损益的影响。

6. 固定资产

企业应当披露下列信息：

（1）固定资产的确认条件、分类、计量基础和折旧方法；

（2）各类固定资产的使用寿命、预计净残值和折旧率；

（3）各类固定资产的期初和期末原价、累计折旧额及固定资产减值准备累计金额；

（4）当期确认的折旧费用；

（5）对固定资产所有权的限制及金额和用于担保的固定资产账面价值；

（6）准备处置的固定资产名称、账面价值、公允价值、预计处置费用和预计处置时间等。

7. 无形资产

企业应当披露下列信息：

（1）无形资产的期初和期末账面余额、累计摊销额及减值准备累计金额；

（2）使用寿命有限的无形资产，其使用寿命的估计情况；使用寿命不确定的无形资产，其使用寿命不确定的判断依据；

（3）无形资产的摊销方法；

（4）用于担保的无形资产账面价值、当期摊销额等情况；

（5）计入当期损益和确认为无形资产的研究开发支出金额。

8. 职工薪酬

企业应当披露下列信息：

（1）应当支付给职工的工资、奖金、津贴和补贴及其期末应付未付金额；

（2）应当为职工缴纳的医疗保险费、工伤保险费和生育保险费等社会保险费及其期末应付未付金额；

（3）应当为职工缴存的住房公积金及其期末应付未付金额；

（4）为职工提供的非货币性福利及其计算依据；

（5）依据短期利润分享计划提供的职工薪酬金额及其计算依据；

（6）其他短期薪酬。

企业应当披露所设立或参与的设定提存计划的性质、计算缴费金额的公式或依据，当期缴费金额以及应付未付金额。

企业应当披露与设定受益计划有关的下列信息：

（1）设定受益计划的特征及与之相关的风险；

（2）设定受益计划在财务报表中确认的金额及其变动；

（3）设定受益计划对企业未来现金流量金额、时间和不确定性的影响；

（4）设定受益计划义务现值所依赖的重大精算假设及有关敏感性分析的结果。

企业应当披露支付的因解除劳动关系所提供辞退福利及其期末应付未付金额。

企业应当披露提供的其他长期职工福利的性质、金额及其计算依据。

9. 应交税费

企业应当披露应交税费的构成及期初、期末账面余额等信息。

10. 短期借款和长期借款

企业应当披露短期借款、长期借款的构成及期初、期末账面余额等信息。对于期末逾期借款，应分别按照贷款单位、借款金额、逾期时间、年利率、逾期未偿还原因和预期还款期等进行披露。

11. 应付债券

企业应当披露应付债券的构成及期初、期末账面余额等信息。

12. 长期应付款

企业应当披露长期应付款的构成及期初、期末账面余额等信息。

13. 营业收入

企业应当披露营业收入的构成及本期、上期发生额等信息。

14. 公允价值变动收益

企业应当披露公允价值变动收益的来源及本期、上期发生额等信息。

15. 投资收益

企业应当披露投资收益的来源及本期、上期发生额等信息。

16. 资产减值损失

企业应当披露各项资产的减值损失及本期、上期发生额等信息。

17. 营业外收入

企业应当披露营业外收入的构成及本期、上期发生额等信息。

18. 营业外支出

企业应当披露营业外支出的构成及本期、上期发生额等信息。

19. 所得税费用

企业应当披露下列信息：

(1) 所得税费用(收益)的主要组成部分；

(2) 所得税费用(收益)与会计利润关系的说明。

20. 其他综合收益

企业应当披露下列信息：

(1) 其他综合收益各项目及其所得税影响；

(2) 其他综合收益各项目原计入其他综合收益、当期转出计入当期损益的金额；

(3) 其他综合收益各项目的期初和期末余额及其调节情况。

21. 政府补助

企业应当披露下列信息：

(1) 政府补助的种类及金额；

(2) 计入当期损益的政府补助金额；

(3) 本期返还的政府补助金额及原因。

22. 借款费用

企业应当披露下列信息：

(1) 当期资本化的借款费用金额；

(2) 当期用于计算确定借款费用资本化金额的资本化率。

（七）或有和承诺事项、资产负债表日后非调整事项、关联方关系及其交易等需要说明的事项

略。

（八）有助于财务报表使用者评价企业管理资本的目标、政策及程序的信息

略。

课后练习题　　　　　延伸阅读

参考文献

1. 中华人民共和国财政部.企业会计准则：2022 年版[M].上海：立信会计出版社,2021.

2. 中华人民共和国财政部.企业会计准则应用指南：2022 年版[M].上海：立信会计出版社,2021.

3. 企业会计准则编审委员会.企业会计准则案例讲解：2022 年版[M].上海：立信会计出版社,2022.

4. 企业会计准则编审委员会.企业会计准则详解与实务[M].北京：人民邮电出版社,2022.

5. 国家税务总局.中华人民共和国税收基本法规（2021 年版）[M].北京：中国税务出版社,2021.

6. 许太谊.企业会计准则及相关法规应用指南（2018）[M].北京：中国市场出版社,2018.

7. 刘永泽,陈立军.中级财务会计[M].大连：东北财经大学出版社,2021.

8. 林钢.中级财务会计[M].北京：中国人民大学出版社,2020.

9. 朱学义,高玉梅,吕延荣.中级财务会计[M].北京：机械工业出版社,2021.

10. 杜兴强.中级财务会计[M].第 4 版.大连：东北财经大学出版社,2022.

11. 石本仁,曾亚敏.中级财务会计[M].北京：人民邮电出版社,2021.

12. 中国注册会计师协会.会计[M].北京：中国财政经济出版社,2022.

13. 葛家澍.财务会计理论研究[M].厦门：厦门大学出版社,2006.

14. 葛家澍,林志军.现代西方会计理论[M].厦门：厦门大学出版社,2002.

15. 王松年.国际会计前沿[M].上海：上海财经大学出版社,2005.

16. 常勋.国际会计[M].第 7 版.大连：东北财经大学出版社,2012.

17. 郭道扬.会计史研究：历史·现时·未来[M].北京：中国财政经济出版社,2004.

18. 葛家澍,余绪缨.会计学[M].北京：中国财政经济出版社,2007.

19. 夏成才.中级财务会计[M].北京：中国财政经济出版社,2013.

20. 哈里森,亨格瑞.财务会计[M].第 7 版.赵小鹿,译.北京：清华大学出版社,2010.

21. 盖地,赵书和.财务会计[M].第 4 版.北京：经济科学出版社,2010.

22. 罗伯特·N.安东尼,等.会计学教程与案例[M].王立彦,等译,北京：机械工业出版社,2006.

23. 美国会计准则委员会.美国会计准则[M].王世定,李海军,译,北京：经济科学出版社,2002.

　　24.财政部会计司组织.国际财务报告准则 2008[M].北京:中国财政经济出版社,2008.

　　25.财政部会计资格评价中心.中级会计[M].北京:中国财政经济出版社,2022.

　　26.财政部.小企业会计准则(2022 年版)[M].上海:立信会计出版社,2022.

　　27.中华人民共和国财政部.企业会计准则[M].北京:经济科学出版社,2020.

　　28.本哈斯·裴仁斯.国际财务报告准则——阐释与应用[M].第 3 版.上海:上海财经大学出版社,2019.

　　29.中国会计准则委员会.国际财务报告准则第 13 号——公允价值计量[M].北京:中国财政经济出版社,2013.

　　30.唐纳德·E.基索.中级会计学[M].第 3 版.戴德明,周华,等译.北京:中国人民大学出版社,2016.